Aktionärsklagen

Europäische Hochschulschriften Recht

European University Studies in Law

Publications Universitaires Européennes de Droit

Band/Volume **6144**

Robert Vollrath

Aktionärsklagen

Ungeschriebene Rechtsschutzmöglichkeiten des Aktionärs gegen Maßnahmen der Verwaltungsorgane

PETER LANG

Bibliografische Information der Deutschen Nationalbibliothek
Die Deutsche Nationalbibliothek verzeichnet diese Publikation in der Deutschen Nationalbibliografie; detaillierte bibliografische Daten sind im Internet über http://dnb.d-nb.de abrufbar.

Zugl.: Leipzig, Univ., Diss., 2019

15
ISSN 0531-7312
ISBN 978-3-631-80488-9 (Print)
E-ISBN 978-3-631-81253-2 (E-PDF)
E-ISBN 978-3-631-81254-9 (EPUB)
E-ISBN 978-3-631-81255-6 (MOBI)
DOI 10.3726/b16566

Peter Lang – Berlin · Bern · Bruxelles · New York · Oxford · Warszawa · Wien

Diese Publikation wurde begutachtet.

www.peterlang.com

Für Kathy

Vorwort

Die vorliegende Arbeit wurde im Januar 2015 als Promotionsschrift an der Juristenfakultät der Universität Leipzig eingereicht. Im Juli 2019 wurden die Fußnoten hinsichtlich der erschienenen Neuauflagen überarbeitet und neue Literatur ergänzt. Außerdem haben zwei aktuelle Entscheidungen des Bundesgerichtshofs (Urteil vom 10.07.2018 – II ZR 120/16 und Urteil vom 07.05.2019 – II ZR 278/16) Berücksichtigung gefunden.

Mein Dank gebührt Herrn Prof. Dr. Tim Drygala für die Anregung zum Thema dieser Arbeit, die Betreuung während ihrer Entstehung und die Erstellung des Erstgutachtens. Für die Erstellung des Zweitgutachtens danke ich Frau Prof. Dr. Dörte Poelzig, M.jur (Oxon).

Besonderer Dank gilt auch meiner Familie für ihre Unterstützung. Insbesondere danke ich meiner Mutter, meinen Schwiegereltern und meiner Großmutter für die zahlreichen Hinweise orthographischer Natur.

Der allergrößte Dank gebührt meiner lieben Frau. Ohne Dich wäre die Erstellung dieser Arbeit nicht geglückt.

Robert Vollrath, Juli 2019

Inhaltsverzeichnis

Abkürzungsverzeichnis

a. A.	anderer Ansicht
AcP	Archiv für die civilistische Praxis
AG	Je nach Zusammenhang: Aktiengesellschaft (Gesellschaft) oder: Die Aktiengesellschaft (Zeitschrift)
Alt.	Alternative
Anm.	Anmerkung
AktG	Aktiengesetz i. d. F. der Bekanntmachung vom 06.09.1965
AktR	Aktienrecht
BB	Betriebsberater
Bd.	Band
BeckOK	Beck'scher Online-Kommentar
Begr.	Begründung
Beschl. v.	Beschluss vom
BGB	Bürgerliches Gesetzbuch i. d. F. der Bekanntmachung vom 02.01.2002
BGBl.	Bundesgesetzblatt
BGH	Bundesgerichtshof
BGHZ	Entscheidungen des Bundesgerichtshofs in Zivilsachen
BörsG	Börsengesetz i. d. F. der Bekanntmachung vom 16.07.2007
BT-Drucks.	Bundestagsdrucksache
BVerfG	Bundesverfassungsgericht
BVerwG	Bundesverwaltungsgericht
BVerwGE	Entscheidungen des Bundesverwaltungsgerichts
bzgl.	bezüglich
DB	Der Betrieb
DCGK	Deutscher Corporate Governance Kodex i. d. F. vom 26.05.2010
ders.	derselbe
DJT	Deutscher Juristentag
DK	Der Konzern
DrittelbG	Gesetz über die Drittelbeteiligung der Arbeitnehmer im Aufsichtsrat i. d. F. der Bekanntmachung vom 18.05.2004
DZWir	Deutsche Zeitschrift für Wirtschafts- und Insolvenzrecht
Einf. v.	Einführung vor
EWiR	Entscheidungen zum Wirtschaftsrecht
f.	folgende (Seite)

FamFG	Gesetz über das Verfahren in Familiensachen und in den Angelegenheiten der freiwilligen Gerichtsbarkeit i. d. F. der Bekanntmachung vom 17.12.2008
ff.	folgende (Seiten)
FGG	Gesetz über die Angelegenheiten der freiwilligen Gerichtsbarkeit i. d. F. der Bekanntmachung vom 20.05.1898 (aufgehoben)
FGO	Finanzgerichtsordnung i. d. F. der Bekanntmachung vom 28.03.2001
Fn.	Fußnote
FS	Festschrift
GebrMG	Gebrauchsmustergesetz i. d. F. der Bekanntmachung vom 28.08.1986
gem.	gemäß
GmbH	Gesellschaft mit beschränkter Haftung
GmbHR	GmbH-Rundschau
ggf.	gegebenenfalls
grds.	grundsätzlich
GroßKomm	Großkommentar
GRUR	Gewerblicher Rechtsschutz und Urheberrecht
h. M.	herrschende Meinung
Hrsg.	Herausgeber
i. d. F.	in der Fassung
i. d. S.	in diesem Sinne
i. E.	im Ergebnis
insb.	insbesondere
InsO	Insolvenzordnung i. d. F. der Bekanntmachung vom 05.10.1994
i. S. d.	im Sinne des
i. S. v.	im Sinne von
i. V. m.	in Verbindung mit
JuS	Juristische Schulung
JW	Juristische Wochenschrift
JZ	Juristenzeitung
Kap.	Kapitel
KMRK	Kapitalmarktrechts-Kommentar
KölnKomm	Kölner Kommentar
krit.	kritisch
KSchG	Kündigungsschutzgesetz i. d. F. der Bekanntmachung vom 25.08.1969

LG	Landgericht
LMK	Lindenmaier-Möhring, Kommentierte BGH-Rechtsprechung
LZ	Leipziger Zeitschrift für Deutsches Recht
MarkenG	Gesetz über den Schutz von Marken und sonstigen Kennzeichen (Markengesetz) i. d. F. der Bekanntmachung vom 25.10.1994
MgVG	Gesetz über die Mitbestimmung der Arbeitnehmer bei einer grenzüberschreitenden Verschmelzung i. d. F. der Bekanntmachung vom 21.12.2006
MitbestErG	Gesetz zur Ergänzung des Gesetzes über die Mitbestimmung der Arbeitnehmer in den Aufsichtsräten und Vorständen der Unternehmen des Bergbaus und der Eisen und Stahl erzeugenden Industrie i. d. F. der Bekanntmachung vom 07.08.1956
MitbestG	Gesetz über die Mitbestimmung der Arbeitnehmer i. d. F. der Bekanntmachung vom 04.05.1976
MünchKomm	Münchener Kommentar
m. w. N.	mit weiteren Nachweisen
NJW	Neue Juristische Wochenschrift
Nr.	Nummer
NZG	Neue Zeitschrift für Gesellschaftsrecht
OLG	Oberlandesgericht
PatG	Patentgesetz i. d. F. der Bekanntmachung vom 16.12.1980
RegE	Regierungsentwurf
Rep.	Repertorium
RG	Reichsgericht
RGBl.	Reichsgesetzblatt
RGZ	Entscheidungen des Reichsgerichtes in Zivilsachen
Rn.	Randnummer
ROHG	Reichsoberhandelsgericht
ROHGE	Entscheidungen des Reichsoberhandelsgerichts
S.	Seite
SGG	Sozialgerichtsgesetz i. d. F. der Bekanntmachung vom 23.09.1975
s. o.	siehe oben
sog.	sogenannt
str.	streitig
s. u.	siehe unten
u. a.	und andere / unter anderem

UmwG	Umwandlungsgesetz i. d. F. der Bekanntmachung vom 28.10.1994
UrhG	Gesetz über Urheberrecht und verwandte Schutzrechte (Urheberrechtsgesetz) i. d. F. der Bekanntmachung vom 09.09.1965
Urt. v.	Urteil vom
u. U.	unter Umständen
UWG	Gesetz gegen den unlauteren Wettbewerb i. d. F. der Bekanntmachung vom 03.03.2010
Vorb. v.	Vorbemerkungen vor
Vorb. z.	Vorbemerkung(en) zu
VwGO	Verwaltungsgerichtsordnung i. d. F. der Bekanntmachung vom 19.03.1991
VwVfG	Verwaltungsverfahrensgesetz (des Bundes) i. d. F. der Bekanntmachung vom 23.10.2003
WG	Wechselgesetz i. d. F. der Bekanntmachung vom 21.06.1933
WM	Wertpapiermitteilungen
WpÜG	Wertpapiererwerbs- und Übernahmegesetz i. d. F. der Bekanntmachung vom 20.12.2001
z. B.	zum Beispiel
ZGR	Zeitschrift für Unternehmens- und Gesellschaftsrecht
ZHR	Zeitschrift für das gesamte Handelsrecht und Wirtschaftsrecht
Ziff.	Ziffer
ZInsO	Zeitschrift für das gesamte Insolvenzrecht
ZIP	Zeitschrift für Wirtschaftsrecht
ZPO	Zivilprozessordnung i. d. F. der Bekanntmachung vom 05.12.2005

1. Teil: Einleitung

A. Einführung und Ziel der Untersuchung

Die vorliegende Untersuchung handelt von ungeschriebenen Rechtsschutzmöglichkeiten des Aktionärs gegen Maßnahmen der Verwaltungsorgane, kurz gesagt: Aktionärsklagen.

In das Blickfeld der mit dem Aktienrecht befassten Juristen gelang die Aktionärsklage vor allem durch die berühmte und viel zitierte Holzmüller-Entscheidung[1]. In dieser hatte sich der BGH infolge einer Ausgliederung eines Unternehmensteils aus der – noch heute existierenden – J. F. Müller & Sohn AG erstmals mit einer Aktionärsklage zu befassen und befürwortete eine solche Rechtsschutzmöglichkeit. Die Entscheidung löste eine ganze Welle an rechtswissenschaftlichen Reaktionen aus. Die Thematik der Aktionärsklagen stand dabei zunächst weniger im Vordergrund. Größere Aufmerksamkeit wurde den ungeschriebenen Hauptversammlungskompetenzen gewidmet. *Marcus Lutter* brandmarkte diese Gewichtung nicht ganz zu Unrecht als Fehler[2]. Unterdessen wird dieser als bereinigt gelten dürfen.

Auf dem 63. Deutschen Juristentag (DJT) im Jahr 2000 hat *Karsten Schmidt* festgestellt, dass die nach der Holzmüller-Entscheidung erwartete Flut von klagenden Aktionären ausgeblieben ist[3]. Daran hat sich bis heute nichts geändert. Aktionärsklagen bilden nach wie vor eine Ausnahme. Daraus sollte aber nicht auf ihre rechtspolitische Bedeutungslosigkeit geschlossen werden[4]. Einerseits ist mit über 4,5 Millionen Aktionären[5], die auf ca. 16.300 Aktiengesellschaften verteilt sind[6], durchaus ein latentes Potential vorhanden. Andererseits zerbrechen sich Vorstände, Rechtsabteilungen und Anwälte in der Praxis ihre Köpfe über Kompetenzgrenzen und mögliche Rechtsbehelfe von Aktionären[7]. An diesen

---

1 BGH, Urt. v. 25.02.1982 – II ZR 174/80 (Holzmüller), BGHZ 83, 122.

2 LUTTER, JZ 2007, 371 (372).

3 K. SCHMIDT, Verhandlungen des 63. DJT 2000, Teil O, 11 (25 f.).

4 K. SCHMIDT, Verhandlungen des 63. DJT 2000, Teil O, 11 (26); a. A.: KRIEGER, ZHR 163 (1999), 343 (355).

5 Quelle: Aktionärszahlen des Deutschen Aktieninstituts 2013, S. 5 (abrufbar unter: https://www.dai.de/de/das-bieten-wir/studien-und-statistiken/studien.html – zuletzt abgerufen am 05.05.2014).

6 KORNBLUM, GmbHR 2013, 693 (694) – Stand 2013.

7 K. SCHMIDT, Verhandlungen des 63. DJT 2000, Teil O, 11 (26).

Umständen ist auch das Bedürfnis nach Rechtssicherheit zu messen. Zudem ist der Minderheitenschutz ein Aspekt, dem die Aktionärsklage dienen kann[8]. Mehrheitsaktionäre haben nicht selten Aufsichtsratsämter inne oder besitzen allein aufgrund ihres Stimmgewichtes einen starken Einfluss auf den Vorstand. Ist der Vorstand für diesen Einfluss empfänglich, kann es zu fremdmotivierten Kompetenzüberschreitungen und Verletzungen von Aktionärsrechten kommen[9].

Wird die Materie der Aktionärsklage angeschnitten, sehen sich alle Beteiligten häufig mit Ungewissheiten konfrontiert. Eine gesetzliche Regelung ist nicht vorhanden und die höchstrichterliche Rechtsprechung hilft nur in Teilen weiter. Es gibt Aktionärsklagen, soviel ist sicher[10] – wann und unter welchen Umständen es sie gibt, ist allerdings fraglich. Die Ansichten zur Reichweite der Aktionärsklagen reichen von dessen Ablehnung[11] bis hin zu einer grenzenlosen Klage, mit der ein Aktionär die Einhaltung von Gesetz und Satzung erzwingen kann[12]. Zur Begründung des Rechts, welches den Aktionär zur Erhebung einer Klage berechtigt, wird vorwiegend auf die Mitgliedschaft zurückgegriffen[13]. Andererseits wird auf gesetzesübersteigende Rechtsfortbildung abgestellt[14].

Den mitgliedschaftlichen Ansatz wählte auch *Klaus Brondics*, der als Erster eine ausführliche Monografie zur Aktionärsklage vorlegte[15]. Wenige Jahre später folgte die Dissertation von *Olaf Schulz-Gardyan*, mit der dieser Ansatz und überdies eine Aktionärsklage à la Holzmüller abgelehnt wurde[16]. Beide Arbeiten sowie andere Untersuchungen[17], die sich mitunter den Aktionärsklagen widmen, haben folgende Schwachstelle: Die Rechtsposition des Aktionärs in der

8 TEICHMANN, in: FS Mühl, 663 (664).

9 Vgl. HABERSACK, Die Mitgliedschaft – subjektives und „sonstiges" Recht, S. 299.

10 Vgl. BARTELS, ZGR 2008, 723 („gefestigte Rechtsprechung").

11 Vgl. vorerst nur: H. ROTH, in: FS Henckel, 707 (718 ff.); näher dazu unten: 5. Teil: B II 5.

12 Vgl. vorerst nur: BECKER, Verwaltungskontrolle durch Gesellschafterrechte, S. 621 f.; PAEFGEN, Unternehmerische Entscheidungen und Rechtsbindung der Organe in der AG, S. 294 ff.; ders., ZHR 172 (2008), 42 (79); näher dazu unten: 5. Teil: A.

13 Vgl. vorerst nur: BAUMS, Gutachten F zum 63. DJT 2000, S. 203; BRONDICS, Die Aktionärsklage, S. 79 ff.; CASPER, in: Spindler/Stilz, AktG, Vorb. z. §§ 241 ff., Rn. 15 ff.; HABERSACK, DStR 1998, 533 (534); näher dazu unten: 5. Teil: B II 4.

14 Vgl. vorerst nur: BARTELS, ZGR 2008, 723 (757 ff.); näher dazu unten: 5. Teil: B II 4 e.

15 BRONDICS, Die Aktionärsklage (1988), S. 79 ff.

16 SCHULZ-GARDYAN, Die sogenannte Aktionärsklage (1991), S. 50 ff., 104 ff.

17 PFLUGRADT, Leistungsklagen, passim; M. SCHWAB, Das Prozeßrecht gesellschaftsinterner Streitigkeiten, S. 5 ff.; ROLLIN, Die Aktionärsklage in England und Deutschland, S. 199 ff.

AG sowie in deren Kompetenz- und Kontrollsystem wird nicht deutlich genug herausgearbeitet, bevor zu der Frage Stellung genommen wird, inwieweit man dem einzelnen Aktionär eine Einflussnahme auf die AG erlauben will oder muss. Die vorliegende Untersuchung soll zur Beseitigung dieses Defizits beitragen. Es gilt – wie auch überall sonst – einen Weg zu finden, der Rechtsmissbrauch ausschließt und dennoch Rechtsgebrauch zulässt[18]. Dieser Beitrag versucht die materiell-rechtlichen Grundlagen der Aktionärsklage zu analysieren und die Optionen für eine angemessene Beschränkung solcher Rechtsschutzmöglichkeiten abzustecken.

B. Systematischer Überblick der Klageoptionen eines Aktionärs aus eigenem Recht

Die einem Aktionär aus eigenem Recht gegebenenfalls zustehenden Klagemöglichkeiten sind zunächst in die drei Klagearten des Zivilprozessrechts[19] zu untergliedern: Die Leistungsklage[20], die Gestaltungsklage und die Feststellungsklage[21].

Mit diesen drei Klagearten könnten grds. verschiedene Maßnahmen angegriffen werden: Hauptversammlungsbeschlüsse, Beschlüsse der Verwaltung und Ausführungshandlungen der Verwaltung[22].

Das Aktiengesetz regelt nur einen Teil dieser Klageoptionen. Von Bedeutung ist insbesondere der siebente Teil des aktienrechtlichen Regelwerks und die darin statuierten Klagen gegen fehlerhafte Hauptversammlungsbeschlüsse (§§ 241 ff. AktG). Hinzukommen einzelne Sonderfälle, wie Klagen des Aktionärs auf Feststellung der Zusammensetzung des Aufsichtsrats (§ 98 I, II Nr. 3 AktG) oder die Klage auf Nichtigerklärung der Gesellschaft (§§ 275 ff. AktG). Die für Hauptversammlungsbeschlüsse geregelten Klagemöglichkeiten werden in Anfechtungs- und Nichtigkeitsklagen unterteilt, sie haben jedoch den gleichen Gegenstand und das gleiche Ziel[23]. Gegenstand ist ein Hauptversammlungsbeschluss. Ziel ist die gegenüber jedermann wirkende Unwirksamkeit[24].

---

18 Vgl. RICHTER II, Verhandlungen des 63. DJT 2000, Teil O, 104 (104 f.).

19 GREGER, in: Zöller, ZPO, Vor § 253, Rn. 2; SCHILKEN, Zivilprozessrecht, Rn. 178.

20 Der Begriff der Leistungsklage umfasst auch die Unterlassungsklage. Letztere ist eine Leistungsklage, die auf Unterlassung gerichtet ist, vgl. dazu: GREGER, in: Zöller, ZPO, Vor § 253, Rn. 3; SCHILKEN, Zivilprozessrecht, Rn. 179.

21 BARTELS, ZGR 2008, 723; ZÖLLNER, ZGR 1988, 392.

22 BARTELS, ZGR 2008, 723 (724).

23 K. SCHMIDT, Gesellschaftsecht, § 15 II 2 a.

24 K. SCHMIDT, Gesellschaftsecht, § 15 II 2 a.

Alle übrigen anerkannten Klagemöglichkeiten haben sich in der Literatur und der Rechtsprechung entwickelt[25], wobei diese Entwicklung von einer wechselseitigen Einflussnahme geprägt ist[26]. Die Möglichkeit solcher Rechtsbehelfe ist inzwischen gefestigte Rechtsprechung[27], gleichwohl wird deren „Zulässigkeit"[28] im Hinblick auf das aktienrechtliche System oft stiefmütterlich behandelt. Das wird schon an schwammigen Bezeichnungen wie „sogenannte Aktionärsklage"[29] oder „Abwehrklage"[30] deutlich.

C. Terminologie

Die Begriffe „Aktionärsklage" und „Abwehrklage" sollen einige dieser eben aufgezeigten Klagemöglichkeiten betiteln oder zusammenfassen. Was die einzelnen Begriffe aber umfassen und was nicht, wird von der Literatur[31] und der Rechtsprechung[32] unterschiedlich verstanden. Häufig werden sie auch synonym

25 Vgl. BARTELS, ZGR 2008, 723 (723 f.).

26 Dazu sogleich im 2. Teil.

27 BARTELS, ZGR 2008, 723.

28 Der Begriff „Zulässigkeit" wird im Folgenden auch im Sinne eines materiell-rechtlichen Erlaubtseins verwendet und ist im Zweifel nicht streng prozessrechtlich zu verstehen.

29 SCHULZ-GARDYAN, Die sogenannte Aktionärsklage.

30 Vgl. vorerst nur: BAUMS, Gutachten F zum 63. DJT 2000, S. 197; K. SCHMIDT, in: Großkomm, AktG (4. Auflage), § 241, Rn. 4; ZÖLLNER, ZGR 1988, 392 (420); HOFFMANN-BECKING, ZHR 167 (2003), 357 ff.; näher dazu unten: 1. Teil: C I.

31 BAUMS fasst unter dem Begriff „Abwehrklage" die Beseitigungs- und Unterlassungsklage zusammen, Gutachten F zum 63. DJT 2000, S. 197; K. SCHMIDT versteht ihn eher weiter und erstreckt ihn auch auf Anfechtungs- und Nichtigkeitsklagen, in: Großkomm, AktG (4. Auflage), § 241, Rn. 4; ZÖLLNER verwendet die Bezeichnung „sogenannte Abwehrklage im besonderen", um den Rechtsschutz zur Verhinderung gesellschaftsrechtswidrigen Verhaltens der Gesellschaftsorgane zu beschreiben, ZGR 1988, 392 (420); bei HOFFMANN-BECKING ist die Verwendung des Begriffs „Abwehrklage" in Bezug auf Abwehr von Verwaltungsmaßnahmen herauszulesen, er benutzt synonym aber auch den Begriff „Aktionärsklage", ZHR 167 (2003), 357 ff.; CASPER fasst den Begriff der Abwehrklage weit und erstreckt ihn auch auf die Anfechtungsklage und nutzt die Bezeichnung „allgemeine Aktionärsklage", um Rechtsschutz zur Abwehr rechtswidrigen Handelns der Organe der AG oder Dritter zu umschreiben, in: Spindler/Stilz, AktG, Vorb. z. §§ 241 ff., Rn. 2.

32 Der BGH bezeichnet die in der Holzmüller-Entscheidung erhobene Klage als „Aktionärsklage auf Unterlassung oder Wiederherstellung", BGH, Urt. v. 25.02.1982 – II ZR 174/80 (Holzmüller), BGHZ 83, 122 (134). In einer anderen Entscheidung charakterisiert er eben dies als „Abwehrklage gegen eine Geschäftsführungsmaßnahme des Vorstands", BGH, Urt. v. 28.11.1988 – II ZR 57/88, ZIP 1989, 23 (26). Später

gebraucht. Hinzu kommt, dass Begriffe wie „Beseitigungsklage“[33] oder „Ausführungsunterlassungsklage“[34] in diesem Zusammenhang verwendet werden.

All diese begrifflichen Unterschiede können zu Missverständnissen führen. Die verschiedenen Klagearten haben unterschiedliche Zulässigkeitsvoraussetzungen und sind auf verschiedene Ziele gerichtet (Leistungs-/Unterlassungsurteil, Gestaltung oder Feststellung eines Rechtsverhältnisses)[35]. Das begriffliche Durcheinander verleitet auch dazu, pauschale und undifferenzierte Aussagen über die verschiedenen Klagen zu treffen[36].

Diese Probleme lassen sich bedauerlicherweise kaum vermeiden, da es im Kern um materiell-rechtliche Fragen geht[37], die mit dem prozessualen Teilterminus „Klage“ überschrieben werden. Häufig erschließt sich aber aus dem Kontext, was genau bezeichnet werden soll. Allenfalls eine gesetzliche Normierung könnte hier Abhilfe schaffen.

I. „Abwehrklage“

Der Begriff der Abwehrklage verdeutlicht, dass es sich um Rechtsschutz zur Abwehr handelt. Er lässt allerdings keinen Schluss auf konkrete Klagearten zu oder die davon umfassten materiell-rechtlichen Sachverhalte. Aus ihm geht noch nicht einmal hervor, dass lediglich Klagemöglichkeiten des Aktionärs umschrieben werden sollen.

Entscheidend für das Verständnis dieses Begriffs ist zunächst der Bezugspunkt für die „Abwehr“. Abgewehrt werden soll ein Eingriff in die Rechte des Aktionärs[38]. Der Bezugspunkt wäre demnach der Eingriff. Da die Ursache für einen Eingriff immer in einer Handlung zu suchen ist, kann der Bezugspunkt

---

konkretisiert der BGH diese Klagen und nennt sie unter Verweis auf die Holzmüller-Entscheidung in der Siemens/Nold-Entscheidung „Feststellungs- oder Unterlassungsklage des Aktionärs gegen die Gesellschaft“, BGH, Urt. v. 23.06.1997 – II ZR 132/93 (Siemens/Nold), BGHZ 136, 133. In der Mangusta/Commerzbank II-Entscheidung benutzt der BGH schließlich die Terminologie der Leistungs- (Unterlassungs-) und Feststellungsklage, BGH, Urt. v. 10.10.2005 – II ZR 90/03 (Mangusta/Commerzbank II), WM 2005, 2388 (2389 ff.). Zuletzt sprach er von „Aktionärsklagen“, BGH, Urt. v. 07.05.2019 – II ZR 278/16, NZG 2019, 937 (938).

33 BAUMS, Gutachten F zum 63. DJT 2000, S. 197.

34 PAEFGEN, ZIP 2004, 145 (155).

35 Vgl. ZÖLLNER, ZGR 1988, 392 (395).

36 Vgl. SCHULZ-GARDYAN, Die sogenannte Aktionärsklage, S. 15.

37 ADOLFF, ZHR 169 (2005), 310 (317).

38 Vgl. CASPER, in: Spindler/Stilz, AktG, Vorb. z. §§ 241 ff., Rn. 2.

weiter konkretisiert werden. Der Aktionär soll mit der „Abwehrklage“ rechtswidrige Handlungen abwehren können, die in seine Rechte eingreifen[39].

Auf den zweiten Blick scheint der Begriff der „Abwehrklage“ allerdings nah an einem Pleonasmus zu liegen. Allgemein betrachtet dient eine Klage bekanntlich immer der Abwehr: Mit ihr soll die Durchsetzung und der Schutz von Rechten erreicht werden. Handlungen, die rechtswidrige Eingriffe zur Folge haben, gilt es abzuwehren. Ferner dienen auch Feststellungsklagen der Abwehr, denn sie richten sich auf die Feststellung des Bestehens oder Nichtbestehens eines Rechtsverhältnisses und damit auf die vorsorgliche Abwehr von drohenden Rechtsverletzungen. Der Begriff der Abwehrklage ist insofern unvorteilhaft und deshalb zu vermeiden.

II. „Aktionärsklage“

Der Begriff der „Aktionärsklage“ ist etwas präziser. Er verdeutlicht immerhin, dass es sich um ein Rechtsschutzinstrument des Aktionärs handelt. Er umfasst begrifflich allerdings sämtliche Klagemöglichkeiten eines Aktionärs.

Er wird daher einerseits gebraucht, um Klagemöglichkeiten des Aktionärs aus eigenem Recht zu umschreiben. Hierunter fallen zunächst die gesetzlich geregelten Beschlussmängelklagen (§§ 241 ff. AktG). Außerdem werden Sonderfälle wie die Klage des Aktionärs auf Feststellung der Zusammensetzung des Aufsichtsrats (§ 98 I, II Nr. 3 AktG) oder die von der Rechtsprechung in Anlehnung daran entwickelte Klage auf Feststellung der Unwirksamkeit der Bestellung eines nach § 101 II AktG entsendeten Aufsichtsratsmitglieds[40] erfasst[41]. Darüber hinaus zählen auch die gesetzlich nicht geregelten Klagemöglichkeiten der Aktionäre aus eigenem Recht gegen Maßnahmen der Verwaltungsorgane zu den Aktionärsklagen, die den Gegenstand der vorliegenden Untersuchung bilden werden. Für diese letztgenannten Klagen wird der Begriff „Aktionärsklage“ zum Teil mit dem Zusatz „eigentliche“[42] oder „sogenannte“[43] versehen.

---

39 Vgl. HEIDEL, in: Heidel, AktR, § 246, Rn. 62; vgl. RIECKERS, in: Münchener Handbuch GesR, Bd. 4, § 18, Rn. 5.

40 BGH, Urt. v. 05.12.2005 – II ZR 291/03 (Sedlmayr/Spaten Franziskaner Bräu), ZIP 2006, 177.

41 Als Aktionärsklage wird auch die Klage auf Nichtigerklärung der Gesellschaft nach § 275 AktG bezeichnet, HIRSCHMANN, in: Hölters, AktG, § 275, Rn. 15; KOCH, in: Hüffer/Koch, AktG, § 275, Rn. 26.

42 GROßFELD/BRONDICS, JZ 1982, 589 (590 f.).

43 SCHULZ-GARDYAN, Die sogenannte Aktionärsklage, S. 13 ff., K. SCHMIDT, in: Großkomm, AktG (4. Auflage), § 241, Rn. 3; BRONDICS, Die Aktionärsklage, S. 21.

Auf der anderen Seite wird der Begriff „Aktionärsklage“ auch in Fällen der Prozessstandschaft nach § 148 AktG verwendet, bei denen der Aktionär Ansprüche der Gesellschaft im eigenen Namen auf Leistung an die Gesellschaft geltend machen kann[44].

Weil der Begriff der Aktionärsklage sowohl für Klagen aus eigenem als auch für Klagen aus fremdem Recht Verwendung findet, wird der Begriff der „Abwehrklage“ gern bevorzugt[45].

III. „Aktionärsklage“ im hier verwendeten Sinne

Ein Rest an Interpretationsspielraum über die mit einem bestimmten Begriff umschriebenen Fälle ist unvermeidlich. Der Begriff der „Aktionärsklage“ hat allerdings die Vorteile, dass er auf den ersten Blick verdeutlicht, dass es um Rechtsschutz des Aktionärs geht und dass er keine doppelten Aussagen beinhaltet.

Um eine thematische Abgrenzung zu den Fällen der Prozessstandschaft zu erlangen, kann von ungeschriebenen Aktionärsklagen gesprochen werden. Damit geht auch die Abgrenzung zu den Beschlussmängelklagen einher. Als weiteres einschränkendes Kriterium kann der Maßnahmenursprung herangezogen werden. Bei den hier zu behandelnden Aktionärsklagen geht es um Klagen gegen Maßnahmen der Verwaltungsorgane. Sonderfälle wie Klagen auf Feststellung der Zusammensetzung des Aufsichtsrats oder auf Feststellung der Unwirksamkeit der Bestellung eines entsendeten Aufsichtsratsmitglieds sollen nicht gegenständlich sein.

Wird im Folgenden von einer „Aktionärsklage“ gesprochen, so ist dieser Begriff im Sinne einer ungeschriebenen Rechtsschutzmöglichkeit des Aktionärs gegen Maßnahmen der Verwaltungsorgane zu verstehen[46].

D. Thematische Eingrenzung

I. Klagen aus eigenem Recht

Gegenstand dieser Untersuchung werden die Klagen des Aktionärs im soeben beschriebenen Sinne sein. Ein Vergleich zu den bestehenden Vorschriften über

44 HIRSCHMANN, in: Hölters, AktG, § 148, Rn. 4; KOCH, in: Hüffer/Koch, AktG, § 148, Rn. 4; LOCHNER, in: Heidel, AktR, § 148, Rn. 1.

45 RIECKERS, in: Münchener Handbuch GesR, Bd. 4, § 18, Rn. 5; vgl. K. SCHMIDT, in: Großkomm, AktG (4. Auflage), § 241, Rn. 7.

46 In diesem Sinne auch BRONDICS, Die Aktionärsklage, passim.

die Anfechtungs- und Nichtigkeitsklage ist an einigen Stellen erforderlich. Sie werden deshalb am Rande immer wieder eine Rolle spielen, stellen aber keinen eigenen Untersuchungsgegenstand dar.

II. Klagen aus fremdem Recht und actio pro socio

Nicht zum Gegenstand der Untersuchung gehören auch die Klagen des Aktionärs aus fremdem Recht. Dabei handelt es sich um Klagen, die der Aktionär im eigenen Namen, aber im Interesse der Gesamtheit der Mitglieder aus einem Recht der Gesellschaft erhebt[47]. Diese Figur wird als actio pro socio oder actio pro societate bezeichnet. Der Aktionär tritt dabei als (gesetzlicher) Prozessstandschafter für die Gesellschaft auf[48]. Die actio pro socio stammt aus dem Personengesellschaftsrecht und wird im Aktienrecht bis auf die gesetzlich geregelten Fälle (§§ 148, 309 IV 1 und 2, 310 IV, 317 IV, 318 IV AktG) überwiegend abgelehnt[49].

Gegen die allgemeine Anerkennung der actio pro socio spricht, dass der Gesetzgeber die Möglichkeit einer solchen Klage nur für bestimmte Einzelfälle geregelt hat[50]. Daraus ergibt sich im Umkehrschluss, dass die actio pro socio in

---

47 Im Themenkreis der actio pro socio ist vieles umstritten; dazu statt vieler: K. SCHMIDT, Gesellschaftsrecht, § 21 IV m. w. N.

48 Eingehend dazu: DRYGALA/STAAKE/SZALAI, Kapitalgesellschaftsrecht, § 13 II 3 b (Rn. 26); i. E. ebenso: HUEK/FASTRICH, in: Baumbach/Hueck GmbHG, § 13, Rn. 37; RIECKERS, in: Münchener Handbuch GesR, Bd. 4, § 18, Rn. 7; K. SCHMIDT, Gesellschaftsrecht, § 21 IV 4 a; a. A. (Klage aus eigenem Recht): LUTTER, ZHR 162 (1998), 164 (180); ZÖLLNER, ZGR 1988, 392 (437).

49 BAYER, NJW 2000, 2609 (2613); BAUMS, Gutachten F zum 63. DJT 2000, S. 200; CASPER, in: Spindler/Stilz, AktG, Vorb. z. §§ 241 ff., Rn. 29; DRYGALA/STAAKE/SZALAI, Kapitalgesellschaftsrecht, § 23 II 2 a (Rn. 6); HABERSACK, DStR 1998, 533 (533, 537); HENZE, in: Großkomm, AktG (4. Auflage), § 62, Rn. 55; KOCH, in: Hüffer/Koch, AktG, § 93, Rn. 61, § 148, Rn. 2; KRIEGER, ZHR 163 (1999), 343 (344); RIECKERS, in: Münchener Handbuch GesR, Bd. 4, § 18, Rn. 7; K. SCHMIDT, in: Großkomm, AktG (4. Auflage), § 241, Rn. 7; ders., Gesellschaftsrecht, § 21 IV 6 a; M. ARNOLD, in: MünchKomm, AktG, § 147, Rn. 55; VERSE, Der Gleichbehandlungsgrundsatz im Recht der Kapitalgesellschaften, S. 442 ff.; ZÖLLNER, ZGR 1988, 392 (408); a. A.: v. GERKAN, ZGR 1988, 441 (passim); BÜHRING-UHLE/NELLE, AG 1989, 41 (49 ff., insb. 52 f.); WELLKAMP, DZWir 1994, 221 (223 f.); im Allgemeinen kritisch auch: BECKER, Verwaltungskontrolle durch Gesellschafterrechte, S. 604 ff.; vereinzelt Ausnahmen machen: KOCH, in: Hüffer/Koch, AktG, § 53a, Rn. 19; KORT, in: Großkomm, AktG, vor § 76, Rn. 64.

50 HENZE, in: Großkomm, AktG (4. Auflage), § 62, Rn. 55; KRIEGER, ZHR 163 (1999), 343 (344); hierzu auch: ZÖLLNER, ZGR 1988, 392 (407 f.).

allen anderen Fällen nicht vorgesehen ist. Des Weiteren würde die Zulassung einer actio pro socio im Widerspruch zu § 148 I AktG[51] stehen: Die Erzwingung der Geltendmachung von Ersatzansprüchen der Gesellschaft ist quorumsabhängig. Könnte ein einzelner Aktionär auch ohne ein Quorum direkt für die Gesellschaft etwaige Ersatzansprüche verfolgen, wäre § 148 I AktG überflüssig[52].

Teile der Literatur wollen den Terminus „actio pro socio", sofern eine Übertragung ins Kapitalgesellschaftsrecht möglich ist, durch den der „actio pro societate" ersetzen[53]. Das ist unnötig. Der Terminus stammt aus dem römischen Recht und würde übersetzt „Klage als Gesellschafter" bedeuten[54]. An dieser Übersetzung ändert sich auch nichts, wenn er im Kapitalgesellschaftsrecht gebraucht wird. Über die dahinter stehende Figur ist man sich im Grunde einig. Beschrieben wird der Fall, dass ein Mitglied aus der Gemeinschaft im eigenen Namen[55] Ansprüche der Gemeinschaft geltend macht, sofern eine Geltendmachung durch die hierfür zuständigen Organe scheitert[56]. Warum also sollte man einen

51 Die Ablehnung der actio pro socio wegen § 148 I AktG stellt keinen Widerspruch zur Vereinbarkeit des § 148 I AktG mit einem – i. E. jedoch abzulehnenden – allgemeinen Anspruch des Aktionärs auf recht- und satzungsgemäßes Verhalten dar. Die Vereinbarkeit des allgemeinen Anspruchs des Aktionärs auf recht- und satzungsgemäßes Verhalten mit § 148 I AktG folgt aus dem unterschiedlichen gerichtlichen Prüfungsumfang (Zweckmäßigkeit) im jeweiligen Verhältnis zwischen Aktionär und Gesellschaft (dazu siehe unten: 5. Teil: A VII). Bei der actio pro socio klagt der Aktionär nicht gegen die Gesellschaft wegen einer Pflichtverletzung eines handelnden Organs, wie er es bei einem allgemeinen Anspruch des Aktionärs auf recht- und satzungsgemäßes Verhalten machen müsste. Er klagt direkt für die Gesellschaft und klammert damit die gerichtliche Prüfung der Zweckmäßigkeit einer Schadensersatzklage aus.

52 CASPER, in: Spindler/Stilz, AktG, Vorb. z. §§ 241 ff., Rn. 29; DRYGALA/STAAKE/SZALAI, Kapitalgesellschaftsrecht, § 23 II 2 a (Rn. 6); KOCH, in: Hüffer/Koch, AktG, § 148, Rn. 2; VERSE, Der Gleichbehandlungsgrundsatz im Recht der Kapitalgesellschaften, S. 443.

53 NIETSCHE, ZHR 128 (1966), 48 (50); HOMMELHOFF/TIMM, AG 1976, 329 (333); REHBINDER, ZGR 1976, 386 (393); LUTTER, AcP 180 (1980), 84 (135); WIEDEMANN, Gesellschaftsrecht I, § 8 IV 1 c aa (S. 458); LUTTER/HOMMELHOFF, in: Lutter/Hommelhoff, GmbHG, § 13, Rn. 31.

54 FLUME, Die juristische Person, § 8 V 1 (S. 301); K. SCHMIDT, in: Großkomm, AktG (4. Auflage), § 241, Rn. 7, Fn. 32; ders., Gesellschaftsrecht, § 21 IV 1, Fn. 156; BAUMS, Gutachten F zum 63. DJT 2000, S. 199; FASTRICH, in: Baumbach/Hueck, GmbHG, § 13, Rn. 36.

55 Vgl. Fn. 47, 48.

56 K. SCHMIDT, in: Großkomm, AktG (4. Auflage), § 241, Rn. 7; vgl. LUTTER, AcP 180 (1980), 84 (132); vgl. FLUME, Die juristische Person, § 8 V 1 (S. 300 f.).

historischen Begriff so zurechtbiegen, dass er als „Klage für die Gesellschaft" übersetzt werden kann, wenn über die dahinter stehende Figur weitestgehend Einigkeit besteht?

Aufgrund der Übersetzung „Klage als Gesellschafter" könnte man auch die hier gegenständliche Aktionärsklage als „actio pro socio" im weitesten Sinne verstehen[57]. Die Figur der actio pro socio wird allerdings nicht genutzt, um alle Fälle zu beschreiben, in denen jemand als Gesellschafter klagt, sondern nur für diejenigen, bei denen der Gesellschafter für die Gemeinschaft an die Gemeinschaft klagt. Das ist bei den hier zu behandelnden Aktionärsklagen nicht der Fall, denn der Aktionär macht bei diesen Klagen Rechte gegen – und nicht für – die Gesellschaft geltend. Außerdem klagt er aus eigenem – und nicht aus fremdem – Recht. Bei der Aktionärsklage handelt es sich mithin nicht um eine actio pro socio[58].

III. Ungeschriebene Hauptversammlungskompetenzen

Der Gesetzgeber wollte bei der Schaffung des Kompetenzsystems im Aktiengesetz die Kompetenzen der Hauptversammlung abschließend regeln[59]. Die realen Entwicklungen haben gezeigt, dass dies nicht möglich war[60]. Eine Rechtsfortbildung wurde notwendig[61]. Der BGH erkannte dies 1982 in der Holzmüller-Entscheidung[62] und verfestigte die Existenz von ungeschriebenen Hauptversammlungskompetenzen in den Entscheidungen Mactrotron[63] und Gelatine[64]. Mit der Anerkennung dieser Kompetenzen ergab sich das Problem, wie Kompetenzverletzungen geltend gemacht werden können und wer dazu befugt ist. An dieser Stelle entwickelte sich die Diskussion zur Aktionärsklage. Es handelt sich bei

57 BAUMS, Gutachten F zum 63. DJT 2000, S. 199 f.

58 ADOLFF, ZHR 169 (2005), 310 (316); BAUMS, Gutachten F zum 63. DJT 2000, S. 200; K. SCHMIDT, in: Großkomm, AktG (4. Auflage), § 241, Rn. 7, Fn. 32; ders., Gesellschaftsrecht, § 21 V 3 c; O. SEILER/SINGHOF, DK 2003, 313 (314, Fn. 16); ZÖLLNER, ZGR 1988, 392 (430).

59 „Absatz 1 ist zwingendes Recht. In anderen als in den danach zulässigen Fällen kann die Hauptversammlung nicht beschließen.", Begr. RegE zu § 119 AktG 1965, in: KROPFF, Aktiengesetz, S. 165.

60 Vgl. STAAKE, Ungeschriebene Hauptversammlungskompetenzen, S. 22 f.

61 Vgl. BGH, Urt. v. 26.04.2004 – II ZR 155/02 (Gelatine I), BGHZ 159, 30 (42 f.).

62 BGH, Urt. v. 25.02.1982 – II ZR 174/80 (Holzmüller), BGHZ 83, 122.

63 BGH, Urt. v. 25.11.2002 – II ZR 133/01 (Macrotron), BGHZ 153, 47.

64 BGH, Urt. v. 26.04.2004 – II ZR 155/02 (Gelatine I), BGHZ 159, 30; Urt. v. 26.04.2004 – II ZR 154/02 (Gelatine II), NGZ 2004, 575.

der Aktionärsklage um eine parallel laufende Thematik[65]. Die ungeschriebenen Hauptversammlungskompetenzen sollen keinen eigenen Gegenstand dieser Untersuchung bilden. Sie werden als bestehend vorausgesetzt.

E. Gang der Untersuchung

Zu Beginn soll die Entwicklung der Aktionärsklage in der Rechtsprechung und der Literatur nachgezeichnet werden. Dabei werden die Grundrisse des aktuellen Entwicklungsstands herausgearbeitet und die in der Einführung vorgestellten Probleme wieder aufgegriffen. Im 3. und 4. Teil sollen die Rechtsposition des Aktionärs in der Gesellschaft sowie seine Einbindung in das Kompetenz- und Kontrollsystem herausgearbeitet werden. Die gewonnenen Ergebnisse werden anschließend im Schwerpunkt der Untersuchung herangezogen, um Lücken im Aktionärsrechtsschutz und deren Beseitigung darzustellen. Eine Systematisierung der möglichen Gegenstände von Aktionärsklagen wird den Abschluss dieses 5. Teils bilden, bevor im 6. Teil auf weitere Klagearten neben der Leistungsklage und die Voraussetzungen des einstweiligen Rechtsschutzes eingegangen wird. Im 7. Teil werden materiell- und prozessrechtliche Einzelheiten der Aktionärsklage behandelt. Abschließend erfolgen eine Zusammenfassung der wesentlichen Ergebnisse sowie eine Stellungnahme zur Frage, ob sich eine gesetzliche Regelung empfiehlt.

65 STAAKE, Ungeschriebene Hauptversammlungskompetenzen, S. 32; vgl. SCHULZ-GARDYAN, Die sogenannte Aktionärsklage, S. 110.

2. Teil: Die Entwicklung der Aktionärsklage in Rechtsprechung und Literatur

Die Aktionärsklage war nie und ist auch heute nicht gesetzlich geregelt. Auf eine Darstellung der gesetzlichen Entwicklung und dem wiederholten Verzicht des Gesetzgebers eine Regelung zu schaffen, soll verzichtet werden, da bereits *Brondics*[66] hierzu einen ausführlichen Überblick erarbeitet hat.

Hervorzuheben ist allerdings, dass die heute geltende Machtverteilung in der Aktiengesellschaft erst 1937 eingeführt wurde. Seit dem 1. Oktober 1937[67] war nicht mehr die Hauptversammlung, sondern der Vorstand das geschäftsführende Organ der Aktiengesellschaft. Erst mit dieser Neuverteilung der Macht entstand die Gefahr, dass der Vorstand im Rahmen seiner unbeschränkten Leitungsmacht in die der Hauptversammlung verbleibenden Kompetenzen eingreifen kann. Die gesetzliche Entwicklung vor 1937 ist insofern nur dann von Bedeutung, wenn eine Aktionärsklage befürwortet werden soll, deren Anwendungsbereich über Kompetenzverletzungen der Hauptversammlung hinausgeht.

Die Aktionärsklage ist letztendlich ein Produkt der Rechtsprechung und Literatur, die sich über Jahrzehnte entwickelt hat. Dies soll im Folgenden veranschaulicht werden.

A. Die Entwicklung der Rechtsprechung zur Aktionärsklage

I. Die Rechtsprechung vor dem BGH

Noch bevor der BGH das erste Mal etwas zur Aktionärsklage sagen konnte, waren die Gerichte mit rechtsschutzsuchenden Einzelaktionären beschäftigt[68].

So formulierte schon das Reichsoberhandelsgericht (ROHG) in Leipzig im Jahre 1877 etwas von einem „Recht des Actionärs, um der Gesellschaft und seiner Mitgliedschaft willen zu verlangen, daß der Gesellschaftswille sich entsprechend den Gesetzen und statutarischen Bestimmungen bethätige. Dieses Recht

66 BRONDICS, Die Aktionärsklage, S. 29–47 (insb. S. 36 ff.).

67 AktG 1937 vom 30. Januar 1937, RGBl. Teil I 1937, 107; oder in: KROPFF, Aktiengesetz, S. 581; in Kraft ab dem 1. Oktober 1937, dazu: § 1 I Einführungsgesetz zum Gesetz über Aktiegesellschaften und Kommanditgesellschaften auf Aktien vom 30. Januar 1937, RGBl. Teil I 1937, 166; LUTTER, in: Bayer/Habersack, Aktienrecht im Wandel, Bd. II, S. 404 f.

68 Zur Rechtsprechung vor dem ROHG siehe: BRONDICS, Die Aktionärsklage, S. 35.

des Einzelactionärs, gemeinhin gegenüber geschehenen gesetz- oder statutenwidrigen Beschlüssen Anfechtungsrecht genannt, kann im Princip als bestehend anerkannt werden“[69]. Zwei Jahre später gönnte es erneut dem Aktionär „das Recht, daß die Gesellschaft die gesetzlichen und statutarischen Vorschriften zur Geltung bringe und befolge“[70]. Kurz nach dieser Entscheidung wurde das ROHG durch das RG ersetzt[71], welches der Linie des ROHG zunächst treu blieb. 1881 sprach das RG: „[…] hat der einzelne Aktionär ein Recht darauf, daß von den Gesellschaftsorganen den gesetzlichen Bestimmungen gemäß verfahren werde, und kann zur Realisierung dieses Rechts die richterliche Hilfe anrufen“[72].

Es folgte die Aktienrechtsnovelle 1884, in der die Stellung des Aufsichtsrats gestärkt und der Aktionärsschutz verbessert wurde[73]. Mithin deutete sich auch ein Wandel in der Rechtsprechung an[74]. Bis das RG schließlich eindeutig formulierte: „Die Rechte, welche dem einzelnen Aktionär als solchen in den Angelegenheiten der Gesellschaft, insb. in Bezug auf die Führung der Geschäfte zustehen, sind im Handelsgesetzbuch im einzelnen bestimmt. […] Weitere aus der Beteiligung an der Gesellschaft fließende Rechte auf Eingriffe in die Verwaltung der gesellschaftlichen Angelegenheiten hat der einzelne Aktionär nicht. Insbes. kann er nicht die Gesellschaft im Klagewege zur Vornahme von geschäftlichen Maßnahmen oder rechtlichen Handlungen zwingen. Das erscheint auch dann ausgeschlossen, wenn Anzeichen dafür vorliegen, dass die Gesellschaftsorgane sich nicht innerhalb des gesetzmäßigen Rahmens halten werden. Auch in solchen Fällen ist der einzelne Aktionär darauf beschränkt, seine Rechte auf

69 ROHG, Urt. v. 20.10.1877 – Rep. 822/77, ROHGE 23, 273 (275); dazu noch unten: 5. Teil: A IV; dies auch schon vorher andeutend: ROHG, Urt. v. 13.09.1873 – Rep. 530/73, ROHGE 11, 118 (121 ff.); ROHG, Urt. v. 26.10.1874 – Rep. 734/74, ROHGE 14, 354 (357); ebenso: HABERSACK, Die Mitgliedschaft – subjektives und „sonstiges“ Recht, S. 286.

70 ROHG, Urt. v. 09.09.1879 – Rep. 657/79, ROHGE 25, 307 (310); dazu noch unten unter: 5. Teil: A IV.

71 Dies geschah durch das In-Kraft-Treten der Reichsjustizgesetze am 01.10.1979; näher dazu: KISSEL, NJW 1979, 1953; ders., NJW 2004, 2872.

72 RG, Urt. v. 19.02.1881 – Rep. I. 872/80, RGZ 3, 123 (126); ferner zu Klagerechten des Aktionärs auch: RG, Urt. v. 26.05.1883 – Rep. I. 197/83, RGZ 10, 67 (72 f.); Urt. v. 15.10.1883 – Rep. I. 283/83, RGZ 10, 74 (76).

73 HOFFMANN-BECKING, in: Münchener Handbuch GesR, Bd. 4, § 1, Rn. 6; näher dazu: BRONDICS, Die Aktionärsklage, S. 36 f.; HOFER, in: Bayer/Habersack, Aktienrecht im Wandel, Bd. I, S. 403 ff.

74 RG, Urt. v. 13.02.1892 – Rep. I. 325/91, RGZ 29, 2 (5 ff.); RG, Urt. v. 19.11.1926 – II 403/25, RGZ 115, 246 (251 f.).

dem im Aktienrecht dafür vorgesehenen Weg zu verfolgen, insbes. in der Generalversammlung bestimmte Anträge zu stellen und eventuell deren Beschlüsse anzufechten“[75].

Diese Haltung der Rechtsprechung überdauerte mehrere Jahrzehnte[76], bis der BGH schließlich im Fall „Holzmüller“ die Wende einläutete.

II. Die BGH-Rechtsprechung

1. „Holzmüller“

1982 entschied der BGH[77] das erste Mal, dass ein einzelner Aktionär gegen die Gesellschaft mit dem Ziel klagen kann, dass die Gesellschaft eine Vorstandshandlung unterlässt oder rückgängig macht (Leistung). Dieser Entscheidung lag folgender Sachverhalt zu Grunde:

Die J. F. Müller & Sohn AG war ein Unternehmen, das mit Holz handelte und dazu einen Seehafen in Hamburg betrieb. Nach einer Erweiterung des Unternehmensgegenstands auf die Errichtung und Beteiligung an jeglichen anderen Unternehmen und der Möglichkeit ihren Betrieb solchen Unternehmen ganz oder teilweise zu überlassen[78], gründete die AG eine hundertprozentige Tochter – die Holzmüller Seehafenbetrieb KGaA – und brachte den Seehafenbetrieb im Wege der Sacheinlage ein. Dieser Seehafenbetrieb war das Herzstück des Unternehmens und deshalb klagte ein einzelner Aktionär. Er sah sich durch die Ausgliederung in seinen Rechten verletzt und wollte unter anderem 1) die Nichtigkeit dessen festgestellt wissen und 2) hilfsweise die AG zur Rückübertragung verurteilt haben[79].

Die Entscheidung ist aus zweierlei Gesichtspunkten ins Interesse der juristischen Öffentlichkeit geraten. Zum einen ging es um ungeschriebene Hauptversammlungskompetenzen (sog. „Holzmüller-Kompetenz“) und zum anderen um

---

75 RG, Urt. v. 04.03.1927 – II 231/26, JW 1927, 1677 (1678 f.); mit anderem Wortlaut, aber ebenso deutlich: RG, Urt. v. 14.11.1933 – II 163/33, RGZ 142, 223 (227 f.); vgl. dazu auch HABERSACK, Die Mitgliedschaft – subjektives und „sonstiges“ Recht, S. 286.

76 So z. B.: OLG Düsseldorf, Urt. v. 14.04.1960 – 6 U 26/60, AG 1960, 161 (164); OLG Düsseldorf, Urt. v. 16.11.1967 – 6 U 280/66, DB 1967, 2155 (2156); LG Mainz, Urt. v. 01.04.1977 – 11 HO 4/77, WM 1977, 904 (905 f.).

77 BGH, Urt. v. 25.02.1982 – II ZR 174/80 (Holzmüller), BGHZ 83, 122 (Ausgangsentscheidung: LG Hamburg, Urt. v. 01.10.1979 – 69 O 113/75, AG 1980, 199; Berufungsentscheidung: OLG Hamburg, Urt. v. 05.09.1980 – 11 U 1/80, JZ 1981, 231).

78 BGH, Urt. v. 25.02.1982 – II ZR 174/80 (Holzmüller), BGHZ 83, 122 (123).

79 BGH, Urt. v. 25.02.1982 – II ZR 174/80 (Holzmüller), BGHZ 83, 122 (125).

klagbare Rechte des Einzelaktionärs. Dieser zweite Aspekt soll hier im Vordergrund stehen[80].

Den Feststellungsantrag zu 1) hielt der BGH für zulässig. Der Aktionär braucht sich nicht entgegenhalten lassen, „er dürfe seine Mitspracherechte in Angelegenheiten der Gesellschaft nur durch Abstimmung in der Hauptversammlung ausüben", wenn es „gerade darum geht, ob Rechtsgeschäfte wegen unzulässiger Übergehung der Hauptversammlung nichtig sind"[81]. Der BGH stellte sodann fest, dass der Vorstand im Rahmen von § 119 II AktG nicht nur fakultativ die Berechtigung gehabt hätte, die Hauptversammlung um Zustimmung zu erbitten, sondern dazu auch verpflichtet gewesen wäre. Letztendlich schlägt diese Rechtsverletzung aus dem Innverhältnis aber nicht aufs Außenverhältnis durch, weshalb eine Nichtigkeit der Übertragung des Seehafens nicht festgestellt wurde[82].

Bei dem Antrag zu 2) handelt es sich um ein Begehren des Klägers auf Leistung[83]. Auch diesen hielt der BGH für zulässig und im Grunde sogar für begründet. Er bescheinigte dem einzelnen Aktionär einen „verbandsrechtlichen Anspruch darauf, daß die Gesellschaft seine Mitgliedsrechte achtet und alles unterlässt, was sie über das durch Gesetz und Satzung gedeckte Maß hinaus beeinträchtigt"[84]. Gegen eine Verletzung kann sich der Aktionär mittels einer darauf gestützten „Aktionärsklage auf Unterlassung oder Wiederherstellung" wehren[85]. Am Ende war der Antrag nur deshalb unbegründet, weil er zweieinhalb Jahre nach der gegenständlichen Seehafenausgliederung gestellt wurde[86].

2. „Siemens/Nold"

1997 äußerte sich der BGH[87] dann das zweite Mal zur Aktionärsklage. In einer Anfechtungsklage des Aktionärs Henry Nold gegen die Siemens AG erklärte er am Rande, dass der Vorstand bei pflichtwidrigem Verhalten damit rechnen

80 S. o.: 1. Teil: C III.

81 BGH, Urt. v. 25.02.1982 – II ZR 174/80 (Holzmüller), BGHZ 83, 122 (127).

82 BGH, Urt. v. 25.02.1982 – II ZR 174/80 (Holzmüller), BGHZ 83, 122 (132 f.).

83 BGH, Urt. v. 25.02.1982 – II ZR 174/80 (Holzmüller), BGHZ 83, 122 (133 ff.).

84 BGH, Urt. v. 25.02.1982 – II ZR 174/80 (Holzmüller), BGHZ 83, 122 (133).

85 BGH, Urt. v. 25.02.1982 – II ZR 174/80 (Holzmüller), BGHZ 83, 122 (133 f.).

86 BGH, Urt. v. 25.02.1982 – II ZR 174/80 (Holzmüller), BGHZ 83, 122 (135 f.).

87 BGH, Urt. v. 23.06.1997 – II ZR 132/93 (Siemens/Nold), BGHZ 136, 133 (Ausgangsentscheidung: LG München, Urt. v. 02.04.1992 – 5 HKO 8840/91, WM 1992, 1151; Berufungsentscheidung: OLG München, Urt. v. 24.03.1993 – 7 U 3350/92, WM 1993, 840).

muss, dass sein Verhalten zum Gegenstand einer Feststellungs- oder Unterlassungsklage des Aktionärs gegen die Gesellschaft gemacht wird[88].

Der BGH bestätigt damit erstmalig sein Holzmüller-Urteil und bleibt bei einem recht unbestimmten Anwendungsbereich der Aktionärsklage (Pflichtwidrigkeiten des Vorstands), den er an der zitierten Stelle nicht näher konkretisiert. Betrachtet man die Aussage allerdings im entsprechenden Kontext der gesamten Entscheidung, so bejaht der BGH hier die Möglichkeit einer Aktionärsklage nur für den Fall der pflichtwidrigen Ausnutzung eines genehmigten Kapitals mit Bezugsrechtsausschluss (§§ 202 II, 203 I, 186 III AktG)[89].

3. „Mangusta/Commerzbank"

Nachdem sich der BGH in der Siemens/Nold-Entscheidung positiv zum Rechtsschutz des Einzelaktionärs bei der pflichtwidrigen Ausnutzung eines genehmigten Kapitals mit Bezugsrechtsausschluss geäußert hatte, sollte es nicht lange dauern, bis die Praxis darauf reagierte. Die Commerzbank AG wollte im September 2000 von genehmigtem Kapital mit Bezugsrechtsausschluss Gebrauch machen und eine Mangusta Beteiligungs-Gesellschaft mbH – hinter der ein sog. „räuberischer Aktionär" stand – überzog die Commerzbank AG mit einer ganzen Reihe von Verfahren.

Mit einem Verfahren im einstweiligen Rechtsschutz[90] verlangte die Antragstellerin Unterlassung der Durchführung der Kapitalerhöhung und Rücknahme des Antrags der AG beim Handelsregister auf Eintragung der Kapitalerhöhung. Sie tat also genau das, was der BGH in der Siemens/Nold-Entscheidung angesprochen hatte. Die Möglichkeit dieses Rechtsbehelfs wurde auch nicht in Frage gestellt. Die Pflichtwidrigkeit des Vorstands sollte allerdings darin bestehen, dass er den Aktionären nicht schon vor der Ausnutzung des genehmigten Kapitals mit Bezugsrechtsausschluss Bericht erstattet hat. Eine solche Pflicht wurde durchweg verneint, das Verfahren im einstweiligen Rechtsschutz[91] blieb erfolglos. Im zugehörigen Hauptsacheverfahren bestätigte schließlich auch der BGH

88 BGH, Urt. v. 23.06.1997 – II ZR 132/93 (Siemens/Nold), BGHZ 136, 133 (141).

89 BGH, Urt. v. 23.06.1997 – II ZR 132/93 (Siemens/Nold), BGHZ 136, 133 (140 f.); vgl. HOFFMANN-BECKING, ZHR 167 (2003), 357.

90 LG Frankfurt a. M., Urt. v. 25.09.2000 – 3/1 O 129/00, WM 2000, 2159.

91 LG Frankfurt a. M., Urt. v. 25.09.2000 – 3/1 O 129/00, WM 2000, 2159; die dagegen eingelegte Berufung blieb ebenfalls erfolglos, weil die Kapitalerhöhungen inzwischen eingetragen waren und die Frage nach der Pflichtwidrigkeit des Vorstandshandelns eine Vorwegnahme der Hauptsache gewesen wäre: OLG Frankfurt a. M., Urt. v. 12.12.2000 – 5 U 146/00, WM 2001, 206.

in seiner Mangusta/Commerzbank I-Entscheidung[92], dass es eine solche Pflicht nicht gibt.

Parallel dazu klagte die Mangusta Beteiligungs-Gesellschaft mbH aber auch gegen den Beschluss des Vorstands, in dem die Ausnutzung des genehmigten Kapitals mit Bezugsrechtsauschluss beschlossen wurde und gegen den entsprechenden Zustimmungsbeschluss des Präsidialausschusses des Aufsichtsrats (§§ 204 I 2, § 107 III 1 AktG)[93]. Der BGH stellte zunächst klar, dass ein Aktionär weder direkt noch entsprechend mit der Nichtigkeits- und Anfechtungsklage gem. §§ 241 ff. AktG gegen einen Beschluss eines Verwaltungsorgans vorgehen kann[94]. Solche Anträge seien unzulässig. Für zulässig beurteilte der BGH allerdings eine entsprechende allgemeine Feststellungsklage gem. § 256 I ZPO[95]. Er führte aus, dass „das Aktienrecht für die Austragung eines Streits über die Nichtigkeit eines Verwaltungsbeschlusses zur Ausnutzung von genehmigtem Kapital keine abschließende Regelung" enthalte und eine entsprechende Feststellungsklage „eine vom Gesetzgeber gelassene Lücke" schließt[96]. Er gibt den Aktionären „auf dem Wege einer allgemeinen zivilprozessualen Klageform eine Art »Kontrollrecht«", das er allerdings unter die Voraussetzung stellt, dass dem Aktionär Rechtsnachteile drohen[97]. Er spricht insofern – wie schon in der Holzmüller-Entscheidung – auch von dem „in seinen Mitgliedschaftsrechten beeinträchtigten Aktionär"[98].

---

92 BGH, Urt. v. 10.10.2005 – II ZR 148/03 (Mangusta/Commerzbank I), ZIP 2005, 2205; vorgehend: LG Frankfurt a. M., Urt. v. 22.01.2001 – 3/1 O 134/00 (nicht veröffentlicht); Berufungsentscheidung: OLG Frankfurt a. M., Urt. v. 01.04.2003 – 5 U 54/01, ZIP 2003, 902; nachfolgend und den BGH bestätigend: BVerfG, Beschl. v. 14.07.2006 – 2 BvR 264/06, ZIP 2006, 1486.

93 BGH, Urt. v. 10.10.2005 – II ZR 90/03 (Mangusta/Commerzbank II), WM 2005, 2388; vorgehend: LG Frankfurt a. M., Urt. v. 05.02.2001 – 3/1 O 139/00 (nicht veröffentlicht); Berufungsentscheidung: OLG Frankfurt a. M., Urt. v. 04.02.2003 – 5 U 61/01, WM 2003, 744.

94 BGH, Urt. v. 10.10.2005 – II ZR 90/03 (Mangusta/Commerzbank II), WM 2005, 2388 (2389); kritisch: HIRTE, EWiR 2006, 65.

95 BGH, Urt. v. 10.10.2005 – II ZR 90/03 (Mangusta/Commerzbank II), WM 2005, 2388 (2389 ff.); bestätigt durch: BGH, Urt. v. 10.07.2018 – II ZR 120/16, NJW 2018, 2796 (2797).

96 BGH, Urt. v. 10.10.2005 – II ZR 90/03 (Mangusta/Commerzbank II), WM 2005, 2388 (2391).

97 BGH, Urt. v. 10.10.2005 – II ZR 90/03 (Mangusta/Commerzbank II), WM 2005, 2388 (2391).

98 BGH, Urt. v. 10.10.2005 – II ZR 90/03 (Mangusta/Commerzbank II), WM 2005, 2388 (2390).

Für die Entwicklung der Aktionärsklage ist dieses Urteil von großer Bedeutung. Der BGH führt aus, warum eine Analogie zu Beschlussmängelklagen ausscheidet und warum dennoch Rechtsschutz des Aktionärs notwendig und geboten ist. Er beschäftigt sich mit einem möglichen Kompetenzkonflikt und einer Umgehung von § 147 AktG[99]. Insofern konkretisiert der II. Zivilsenat des BGH seine beiden vorherigen Entscheidungen[100]. Prozessual bejaht er ein Feststellungsinteresse trotz Vollzug der Maßnahme, denn der Aktionär könnte bei einer dem Feststellungsurteil zuwider handelnden Verwaltung darauf hinwirken, dass der Verwaltung die Entlastung verweigert wird (§ 120 AktG), dass Aufsichtsratsmitglieder abberufen werden (§ 103 AktG) oder er kann dies zur Grundlage von Schadensersatzansprüchen (§ 147 AktG) machen[101].

4. Fazit

Der BGH hat seit der Holzmüller-Entscheidung einen notwendigen Schutz der Mitgliedschaft wiederholt betont und so die Rechtsposition des Aktionärs gestärkt[102]. Er geht bei Leistungsklagen von einem Anspruch auf Wahrung der Mitgliedschaftsrechte aus und im Bereich der Feststellungsklagen von einem Feststellungsinteresse, wenn Mitgliedsrechte betroffen sein können. Der BGH betont bei der Notwendigkeit der Aktionärsklage immer wieder den Eingriff in Mitgliedschaftsrechte[103] und Kompetenzüberschreitungen[104] der handelnden Organe.

Von einem allgemeinen Anspruch des Aktionärs auf gesetz- und satzungsmäßiges Verwaltungshandeln spricht der BGH – und die Gelegenheit wäre

99 BGH, Urt. v. 10.10.2005 – II ZR 90/03 (Mangusta/Commerzbank II), WM 2005, 2388 (2391). Richtigerweise kritisiert HIRTE, dass der BGH nicht deutlich genug betont, dass es vordergründig um einen Verwässerungsschaden der Aktionärsrechte geht, EWiR 2006, 65 (66); unzutreffend: BUNGART, BB 2005, 2757 (2758); PASCHOS, DB 2005, 2731 (2732), die hier ein Spannungsverhältnis erblicken.

100 Vgl. BUNGART, BB 2005, 2757 (2758).

101 BGH, Urt. v. 10.10.2005 – II ZR 90/03 (Mangusta/Commerzbank II), WM 2005, 2388 (2390 f.).

102 Vgl. HEIDEL, in: Heidel, AktR, § 246, Rn. 64a.

103 BGH, Urt. v. 25.02.1982 – II ZR 174/80 (Holzmüller), BGHZ 83, 122 (133); BGH, Urt. v. 10.10.2005 – II ZR 90/03 (Mangusta/Commerzbank II), WM 2005, 2388 (2390 f.); vgl. HIRTE, der auf eine Verwässerung der Aktionärsrechte verweist, EWiR 2006, 65 (66).

104 „Zuständigkeitsordnung [...] vom Vorstand verletzt“, BGH, Urt. v. 25.02.1982 – II ZR 174/80 (Holzmüller), BGHZ 83, 122 (134).

mehrfach günstig gewesen – nicht. Etwas anderes könnte allenfalls dem oben schon zitierten Satz[105] entnommen werden. Allerdings ist hierbei der Kontext zu beachten. Die Entscheidung hat eine Verletzung der Hauptversammlungszuständigkeit zum Gegenstand und die Argumentation für den notwendigen Rechtsschutz stützt sich auf eine Schutzlücke, die entsteht, wenn der Vorstand die Hauptversammlung und damit die einzelnen Aktionäre übergeht[106]. Den weiteren Ausführungen des BGH ist ebenso eher Gegenteiliges zu entnehmen. Denn schon im nächsten Absatz betont er, dass die gegenständliche Klage des Aktionärs vor allem deswegen in Betracht komme, weil es sich nicht um eine gewöhnliche Geschäftsführungsmaßnahme handelt[107]. So kann der Satz zu Recht als obiter dictum[108] und „zu weit geraten"[109] charakterisiert werden.

Der BGH sieht in seinen Entscheidungen das Konfliktpotential zum aktienrechtlichen Kompetenzsystem, geht allerdings den einfachen Weg und thematisiert diesbezüglich nur, dass die bejahten Rechtsschutzmöglichkeiten gerade dazu dienen, das System zu erhalten und deshalb kein Konflikt vorliegt.[110] Es fehlt eine allgemeine Begründung oder gar Herleitung für diese Gesetzeslücke, aus der der BGH ein Kontrollrecht nimmt[111].

---

105 „Wie jeder Aktionär hat der Kläger einen verbandsrechtlichen Anspruch darauf, daß die Gesellschaft seine Mitgliedsrechte achtet und alles unterlässt, was sie über das durch Gesetz und Satzung gedeckte Maß hinaus beeinträchtigt.", BGH, Urt. v. 25.02.1982 - II ZR 174/80 (Holzmüller), BGHZ 83, 122 (133).

106 BGH, Urt. v. 25.02.1982 - II ZR 174/80 (Holzmüller), BGHZ 83, 122 (133).

107 BGH, Urt. v. 25.02.1982 - II ZR 174/80 (Holzmüller), BGHZ 83, 122 (134); vgl. BARTELS, ZGR 2008, 723 (754).

108 ADOLFF, ZHR 169 (2005), 310 (320).

109 ZÖLLNER, ZGR 1988, 392 (425 f.); ADOLFF, ZHR 169 (2005), 310 (320); kritisch zu diesem Satz auch: SCHULZ-GARDYAN, Die sogenannte Aktionärsklage, S. 51 f.; BARTELS, ZGR 2008, 723 (757).

110 BGH, Urt. v. 25.02.1982 - II ZR 174/80 (Holzmüller), BGHZ 83, 122 (134); BGH, Urt. v. 10.10.2005 - II ZR 90/03 (Mangusta/Commerzbank II), WM 2005, 2388 (2391); kritisch dazu auch: BUNGART, BB 2005, 2757 (2758); NOACK, LMK 2006, 169673 (beck-online).

111 NOACK wirft dem BGH bzgl. der Mangusta/Commerzbank II-Entscheidung eine Argumentation vom Ergebnis her vor, er sagt (ad horrendum), dass die Argumentation des BGH auch dem Staatsbürger ein Klagerecht ermöglichen würde, um gegen einen Beschluss der Bundesregierung vorzugehen mit der Begründung, die grundgesetzliche Ordnung erhalten zu wollen, LMK 2006, 169673 (beck-online); noch weiter geht WACLAWIK, der sowohl das Vorliegen einer Lücke als auch dessen Schließung mittels einer Aktionärsklage in Frage stellt, ZIP 2006, 397 (402 f.).

Deshalb ist der BGH auch vorsichtig, wenn es um einen Anspruch auf Leistung in Form von Tun geht. Während er in der Holzmüller-Entscheidung noch einen Anspruch auf Wiederherstellung in Betracht zieht[112], wird ein solcher in der Siemens/Nold-Entscheidung nicht mehr benannt. Lediglich von einer „Feststellungs- oder – soweit noch möglich – einer Unterlassungsklage“[113] wird gesprochen.

III. Die Rechtsprechung der Instanzgerichte

Nachdem der BGH im Holzmüller-Urteil die Aktionärsklage anerkannte, hatten auch die Instanzgerichte vermehrt mit klagenden Einzelaktionären zu tun. Aktionärsklagen wurden zum Beispiel über folgende Gegenstände erhoben:

- Feststellung von Pflichtverletzungen einzelner Vorstandsmitglieder wegen der Tätigkeit in einem anderen Vorstand[114],
- Abschluss eines Beherrschungs- und Gewinnabführungsvertrags[115],
- Unterlassung negativer Werbemaßnahmen des Vorstands in Bezug auf ein Übernahmeangebot[116],
- Feststellung einer unrichtig berechneten Aufsichtsratsvergütung[117],
- Feststellung, dass die Hauptversammlung eines Mutterunternehmens dem Börsengang der Tochter zustimmen muss und dass der Vorstand den Aktionären des Mutterunternehmens die Aktien des Tochterunternehmens vor dem Börsengang zur Zeichnung und Übernahme anbieten muss[118],
- Unterlassung der Ausgliederung eines Unternehmensteils, der etwa 15 % des Gesellschaftswerts repräsentiert[119],

---

112 BGH, Urt. v. 25.02.1982 – II ZR 174/80 (Holzmüller), BGHZ 83, 122 (133, 135: „Rückübertragung“, 134: „Wiederherstellung“).

113 BGH, Urt. v. 23.06.1997 – II ZR 132/93 (Siemens/Nold), BGHZ 136, 133 (141).

114 LG Köln, Urt. v. 03.02.1992 – 91 O 203/91 (Winterthur/Nordstern), AG 1992, 238.

115 OLG München, Urt. v. 12.05.1993 – 27 U 459/92 (Spinnerei), AG 1994, 134.

116 LG Düsseldorf, Beschl. v. 14.12.1999 – 10 O 495/99 (Mannesmann/Vodafone), WM 2000, 528; nach der dort erfolgten Streitwertfestsetzung analog § 247 AktG legte der Antragsteller Beschwerde gegen die Streitwertfestsetzung ein: OLG Düsseldorf, Beschl. v. 31.08.2000 – 6 W 33/00, DB 2000, 2210 und verlor erneut.

117 LG Frankfurt a. M., Urt. v. 03.04.2001 – 3/5 O 109/00 (Agiv AG), AG 2001, 491.

118 OLG Düsseldorf, Urt. v. 18.07.2002 – I-6 U 170/01 (ThyssenKrupp), Rn. 6 (juris).

119 LG Berlin, Beschl. v. 10.05.2002 – 91 O 58/02 (Condat) (nicht veröffentlicht); zur Entscheidung aber: ZIP 2002, A 41 Nr. 125; SINEWE, EWiR 2002, 839 (840); MARKWARDT, ZIP 2004, 211 (216).

- Unterlassung des Verkaufs von Anteilen an einem Unternehmen, wenn damit die Aufgabe der eigenen Mehrheitsbeteiligung einhergeht[120],
- Verpflichtung der AG auf Vorlage eines Kooperations- und Partnerschaftsvertrags zur Entscheidung der Hauptversammlung[121],
- Unterlassung der Veräußerung von Immobilien oder Anteilen an Immobilienfonds[122],
- (pauschale) Unterlassung, Geschäftsbereiche oder Teile davon ohne Zustimmung der Hauptversammlung mit Dritten zu fusionieren und/oder an die Börse zu bringen[123],
- Feststellung der Rechtswidrigkeit von Vorstands- und Aufsichtsratsbeschlüssen zum Verkauf und zur Übertragung eines Unternehmensteils und zu einzelnen Strukturmaßnahmen, die zur Eingliederung in einem Konzern führen sollen[124],
- Rückabwicklung der Übertragung eines Unternehmensteils und der Strukturmaßnahmen, die zur Eingliederung in einem Konzern führen sollen[125] und
- Feststellung, dass die AG verpflichtet ist, von einer neuen Muttergesellschaft den Abschluss eines Beherrschungsvertrages zu verlangen[126].

Ein Teil der erhobenen Aktionärsklagen geht auf ungeschriebene Hauptversammlungskompetenzen nach den Holzmüller/Gelatine-Grundsätzen zurück. Allerdings zeigen die anderen Fälle, dass die möglichen Gegenstände der

120 LG Duisburg, Beschl. v. 29.05.2002 – 21 O 106/02 (Badcock Borsig), NZG 2002, 643; daneben gab es auch noch eine weitere einstweilig Verfügung, die den Verkauf von einer Beteiligung an der HDW in Höhe von 25 % und einer Aktie untersagte: LG Duisburg, Beschl. v. 10.06.2002 – 21 O 118/02 (nicht veröffentlicht); beide Verfahren wurden miteinander verbunden und von der Badcock Borsig AG mittels Widerspruch (erfolglos) angegriffen: LG Duisburg, Urt. v. 27.06.2002 – 21 O 106/02, DB 2003, 441; zur ersten Entscheidung auch: SINEWE, EWiR 2002, 839; zu letzterer auch: MARKWARDT, ZIP 2004, 211 (215 f.).

121 OLG Stuttgart, Urt. v. 13.07.2005 – 20 U 1/05, ZIP 2005, 1415; nachgehend erhob der Kläger Beschwerde gegen die Nichtzulassung zur Revision und verlor erneut: BGH, Beschl. v. 20.11.2006 – II ZR 226/05, AG 2007, 203.

122 OLG Hamm, Urt. v. 19.11.2007 – 8 U 216/07 (Arcandor), AG 2008, 421.

123 OLG Hamm, Urt. v. 19.11.2007 – 8 U 216/07 (Arcandor), AG 2008, 421.

124 OLG Köln, Urt. v. 15.01.2009 – 18 U 205/07 (Strabag), Rn. 29 f., 32 f. (juris), Entscheidung verkürzt auch in: ZIP 2009, 1469 und AG 2009, 416.

125 OLG Köln, Urt. v. 15.01.2009 – 18 U 205/07 (Strabag), Rn. 34 f. (juris).

126 OLG Köln, Urt. v. 15.01.2009 – 18 U 205/07 (Strabag), Rn. 36 (juris).

Aktionärsklage vielfältig und aufgrund der Fantasie einzelner Aktionäre auch kaum abzuschätzen sind[127].

Stattgegeben wurde den Begehren dieser Aktionäre kaum. Nur in den Verfahren „Condat“[128] und „Badcock Borsig“[129] wurden einstweilige Verfügungen erlassen, die den Anträgen der Aktionäre entsprachen. Allerdings stammen diese Entscheidungen aus der Zeit vor den Gelatine-Entscheidungen[130], in der Unsicherheit über das quantitative Eingriffskriterium der ungeschriebenen Holzmüller-Kompetenzen bestand[131].

Soweit es sich um Feststellungsklagen handelt, wurden diese teils als unzulässig[132] und teils als unbegründet[133] abgewiesen. Seit der Mangusta/Commerzbank II-Entscheidung werden allgemeine Feststellungsklagen dann als zulässig beurteilt – bzw. dahingehend ausgelegt[134] –, soweit sich der Aktionär auf die Verletzung von ungeschriebenen Hauptversammlungskompetenzen stützt. Ist eine solche Verletzung allerdings nicht erkennbar, sei die Klage bereits unzulässig, denn „die allgemeine Feststellungsklage eines Aktionärs gegen jedwedes rechtswidriges Handeln [...] ist im Aktiengesetz gerade nicht vorgesehen“[135].

Im Bereich der Leistungsklagen lehnen die Instanzgerichte den vom Aktionär geltend gemachten Anspruch häufig ab. So verneinte das OLG München[136] einen Anspruch auf positives Tun in Bezug auf den Abschluss eines Beherrschungs- und Gewinnabführungsvertrags. Das Gericht folgte zwar der „neuen Meinung“ des BGH aus der Holzmüller-Entscheidung, interpretierte den BGH aber dahingehend, dass dem Aktionär nur ein eingeschränkter Anspruch bei schwerwiegenden Eingriffen in seine Rechtssphäre und Interessen zustehe. Insofern hätte

---

127 Vgl. HOFFMANN-BECKING, ZHR 167 (2003), 357 (359).

128 LG Berlin, Beschl. v. 10.05.2002 (Condat) (nicht veröffentlicht).

129 LG Duisburg, Beschl. v. 29.05.2002 – 21 O 106/02 (Badcock Borsig), NZG 2002, 643.

130 BGH, Urt. v. 26.04.2004 – II ZR 155/02 (Gelatine I), BGHZ 159, 30; Urt. v. 26.04.2004 – II ZR 154/02 (Gelatine II), NGZ 2004, 575.

131 S. u.: 4. Teil: A III; KOCH, in: Hüffer/Koch, AktG, § 119, Rn. 25 m. w. N.

132 LG Köln, Urt. v. 03.02.1992 – 91 O 203/91 (Winterthur/Nordstern), AG 1992, 238 (240); LG Frankfurt a. M., Urt. v. 03.04.2001 – 3/5 O 109/00 (Agiv AG), AG 2001, 491 (492); OLG Frankfurt a. M., Urt. v. 04.02.2003 – 5 U 63/01 (Mangusta/Commerzbank II – Berufungsentscheidung), WM 2003, 744. (745 f.); OLG Köln, Urt. v. 15.01.2009 – 18 U 205/07 (Strabag), Rn. 187 ff. (juris).

133 OLG Düsseldorf, Urt. v. 18.07.2002 – I-6 U 170/01 (ThyssenKrupp); OLG Köln, Urt. v. 15.01.2009 – 18 U 205/07 (Strabag), Rn. 98 ff. (juris).

134 OLG Köln, Urt. v. 15.01.2009 – 18 U 205/07 (Strabag), Rn. 77 ff. (juris).

135 OLG Köln, Urt. v. 15.01.2009 – 18 U 205/07 (Strabag), Rn. 190 (juris).

136 OLG München, Urt. v. 12.05.1993 – 27 U 459/92 (Spinnerei), AG 1994, 134 (135).

auch der BGH keinen Anspruch auf aktives Tun bejaht, sondern nur auf Rückgängigmachung.

Das OLG Stuttgart[137] hatte die Gelegenheit sich zu einem Anspruch des Aktionärs auf Beteiligung der Hauptversammlung zu äußern, wenn sich der Tätigkeitsbereich der Gesellschaft durch Vorstandsmaßnahmen dauerhaft außerhalb des satzungsmäßigen Unternehmensgegenstands bewegt. Bejaht wurde lediglich die Verpflichtung des Vorstands die Hauptversammlung zu beteiligen oder diesen Zustand zu beenden. Ohne zu erwähnen, ob es parallel zu dieser Verpflichtung auch einen Anspruch des Aktionärs gibt, wird ein solcher jedenfalls deshalb abgelehnt, weil im konkreten Fall die tatsächliche Tätigkeit gerade noch von der Satzung gedeckt war. Auch das OLG Köln[138] war zurückhaltend mit einem Anspruch auf Rückabwicklung eines Vertrags, durch den es zu einer Satzungsunterschreitung hinsichtlich des Unternehmensgegenstands gekommen sein sollte. Die Rückabwicklung des konkreten Vertrags wäre nicht die einzige Möglichkeit den satzungsmäßigen Unternehmensgegenstand wieder auszufüllen. Hier dürfe der Aktionär nicht in die Geschäftsführungskompetenz des Vorstands eingreifen.

Sowohl im Bereich der Leistungsklagen als auch bei den Feststellungsklagen bestand nach der Holzmüller-Entscheidung Rechtsunsicherheit. Zumindest ein Teil dieser Unsicherheit wurden durch die Mangusta/Commerzbank II-Entscheidung bereinigt, aber auch nicht vollständig beseitigt. Nach wie vor umstritten ist, was für einen Anspruch der Aktionär konkret hat und woher dieser kommt. Dies wird unter anderem daran deutlich, dass immer wieder Klagen gestützt auf angebliche Pflichtverletzungen der Verwaltungsorgane erhoben werden.

So herrscht nicht zuletzt auch bei den klagenden Aktionären Unsicherheit. Sie behaupten – überspitzt gesagt – eine Verletzung ihrer Mitgliedschaft und eine Klage hiergegen sei nach den Grundsätzen der Holzmüller- und Mangusta/Commerzbank-Rechtsprechung zulässig. Die materiellrechtlichen Gesichtspunkte hinter dieser Rechtsprechung werden nicht überblickt und bleiben Sache der urteilenden Instanzgerichte, die in ihrer Argumentation auf das Prinzip „Hier liegt der Fall nicht wie bei Holzmüller oder/und Mangusta/Commerzbank“ zurückgreifen. Darüber hinaus verweisen die Gerichte – wenn überhaupt – pauschal auf das aktienrechtliche System und die Beeinträchtigung von

137 OLG Stuttgart, Urt. v. 13.07.2005 – 20 U 1/05, ZIP 2005, 1415 (1419).
138 OLG Köln, Urt. v. 15.01.2009 – 18 U 205/07 (Strabag), Rn. 185 (juris).

Mitgliedsrechten. Letztendlich hangeln sie sich aber doch an der BGH-Rechtsprechung entlang.

Das liegt daran, dass die hinter der BGH-Rechtsprechung liegenden systematischen Überlegungen nicht deutlich gemacht wurden. Der verbandsrechtliche Anspruch darauf, dass die Gesellschaft die Mitgliedsrechte des Aktionärs achtet und alles unterlässt, was sie über das durch Gesetz und Satzung gedeckte Maß hinaus beeinträchtigt[139], ist für den Einzelfall zu ungenau.

B. Die Entwicklung der Literatur zur Aktionärsklage

I. Anstoß durch Knobbe-Keuk

Dass der BGH im Fall Holzmüller die Wende in der Rechtsprechung zu den Aktionären einleiten konnte, wird oftmals *Brigitte Knobbe-Keuk* zugeschrieben. Sie soll es gewesen sein, die 1975 in der Festschrift für Ballerstedt die Aktionärsklage wieder in Erinnerung rief[140].

Ihr Beitrag „Das Klagerecht des Gesellschafters einer Kapitalgesellschaft wegen gesetzes- und satzungsgemäßer Maßnahmen der Geschäftsführung" zeigt Lücken im System des Aktionärsschutzes auf, die *Knobbe-Keuk* mit einem allgemeinen Anspruch auf gesetz- und satzungsmäßiges Verhalten der Verwaltungsorgane schließen möchte[141]. Um Kompetenzkonflikte zu vermeiden, will sie die Klagbarkeit dieses Anspruchs einschränken[142].

II. Folgen der Holzmüller-Entscheidung

Nachdem ihr der BGH im Ergebnis folgte[143], geriet die Aktionärsklage vermehrt in das Auge der Literatur. Es folgten zahlreiche Aufsätze[144], neue Passagen in

---

139 BGH, Urt. v. 25.02.1982 – II ZR 174/80 (Holzmüller), BGHZ 83, 122 (133).

140 FLUME, Die juristische Person, § 8 V 4 (S. 310); HABERSACK, DStR 1998, 533 (535); HOMMELHOFF, ZHR 151 (1987), 493 (513); K. SCHMIDT, Gesellschaftsrecht, § 21 V 3 a; TIMM, AG 1980, 172 (185).

141 KNOBBE-KEUK, in: FS Ballerstedt, 239 (246 ff.).

142 KNOBBE-KEUK, in: FS Ballerstedt, 239 (251 f.); näher dazu siehe unten: 5. Teil: A II, V 1 b.

143 BGH, Urt. v. 25.02.1982 – II ZR 174/80 (Holzmüller), BGHZ 83, 122 (135).

144 Z. B.: GROẞFELD/BRONDICS, JZ 1982, 589; HOMMELHOFF, ZHR 151 (1987), 493 (513 ff.); ZÖLLNER, ZGR 1988, 392; RAISER, ZHR 153 (1989), 1; REHBINDER, ZGR 1983, 92; SÜNNER, AG 1983, 169; H. P. WESTERMANN, ZGR 1984, 352.

Monographien[145] und zwei Dissertationen speziell zum Thema der Aktionärsklagen[146].

1. Brondics – Die Aktionärsklage[147]

Nachdem *Brondics* das Holzmüller-Urteil zusammen mit *Großfeld* besprochen hatte[148], widmete er sich der Thematik der Aktionärsklagen als Erster detaillierter. *Brondics* betrachtet – nach einem historischen Abriss zur Gesetzesentwicklung[149] – das rechtliche Umfeld des Aktionärs[150] und teilt dessen Rechte in vier Gruppen ein, in denen sich Ansprüche der Aktionäre und ihre Durchsetzbarkeit unterscheiden[151]. Aus diesem Überblick zieht er den Schluss, dass der bestehende Aktionärsschutz dort unvollkommen ist, wo es um die Stellung des Aktionärs als Mitglied geht[152]. *Brondics* folgert (ganz im Sinne vom BGH): Ein „umfassender Anspruch auf Beachtung der Mitgliedschaft, die Aktionärsklage" sei ein Instrument, mit der sich diese Lücke schließen lässt[153].

Als dogmatischen Anknüpfungspunkt wählt er die Mitgliedschaft als subjektives Recht, das dem Aktionär die Befugnis gebe, unrechtmäßige Eingriffe in seine Rechtsstellung zu beseitigen und abzuwehren[154]. Einen deliktischen Ansatz lehnt *Brondics* ab, weil das Deliktsrecht nicht geeignet sei, den verbandsspezifischen Besonderheiten Rechnung zu tragen[155]. Neben der gesellschaftsrechtlichen Herleitung werden verfassungsrechtliche Bezüge zur Eigentumsgarantie und zum Demokratiegebot aufgezeigt, die den umfassenden Anspruch auf Schutz der Mitgliedschaft stützen sollen[156].

145 Z. B.: FLUME, Die juristische Person, § 8 V 4 (S. 310 ff.); K. SCHMIDT, Gesellschaftsrecht, § 21 V 3; RAISER/VEIL, Recht der Kapitalgesellschaften, § 11 III 1 (Rn. 25 ff.).

146 BRONDICS, Die Aktionärsklage; SCHULZ-GARDYAN, Die sogenannte Aktionärsklage; ferner zur Untersuchung von Aktionärsklagen auch: PFLUGRADT, Leistungsklagen, passim; M. SCHWAB, Das Prozeßrecht gesellschaftsinterner Streitigkeiten, S. 5 ff.; ROLLIN, Die Aktionärsklage in England und Deutschland, S. 199 ff.

147 Ausführliche Rezension: SUNDERMANN, AcP 190 (1990), 198.

148 GROßFELD/BRONDICS, JZ 1982, 589.

149 BRONDICS, Die Aktionärsklage, S. 24 ff.

150 BRONDICS, Die Aktionärsklage, S. 47 ff.

151 BRONDICS, Die Aktionärsklage, S. 56 f.

152 BRONDICS, Die Aktionärsklage, S. 58.

153 BRONDICS, Die Aktionärsklage, S. 71.

154 BRONDICS, Die Aktionärsklage, S. 79 ff.

155 BRONDICS, Die Aktionärsklage, S. 86 f.

156 BRONDICS, Die Aktionärsklage, S. 90 ff.

Im Folgenden geht *Brondics* auf den Inhalt des allgemeinen Abwehranspruchs ein und lehnt einen allgemeinen Anspruch auf gesetz- und satzungsmäßiges Verhalten der Verwaltungsorgane ab[157], bevor er den umfassenden Anspruch auf Beachtung der Mitgliedschaft inhaltlich und zeitlich durch die Treuepflicht des Aktionärs gegenüber der Gesellschaft beschränkt[158].

Hiernach widmet er sich der Klagbarkeit dieses Anspruchs und untersucht dessen Vereinbarkeit mit der inneren Ordnung der Aktiengesellschaft. Er folgt dem Grundsatz „Alle Ansprüche sind klagbar“[159] und kommt zu dem Ergebnis, dass nicht der Aktionär in die innere Ordnung der Aktiengesellschaft eingreift, sondern der Vorstand, wenn er die Aktionärsrechte missachtet[160].

2. Schulz-Gardyan – Die sogenannte Aktionärsklage[161]

Nur wenige Jahre später legt *Schulz-Gardyan* nach. Er setzt sich zunächst mit den Rechtsbeziehungen des einzelnen Aktionärs zur Gesellschaft, zu anderen Aktionären und zu Mitgliedern des Vorstands bzw. Aufsichtsrats auseinander[162]. Dabei kommt er zu dem Ergebnis, dass keine rechtsgeschäftlichen Beziehungen zwischen einem Aktionär und seinen Mitaktionären oder den Verwaltungsmitgliedern bestehen. Eine solche bestehe nur zur Gesellschaft[163].

Ausgehend davon untersucht er einzelne Ansprüche des Aktionärs. Nachdem auch er einen allgemeinen Anspruch auf gesetz- und satzungsmäßiges Verhalten der Gesellschaft ablehnt[164], widmet er sich dem – u. a. vom BGH und *Brondics* vertretenen – allgemeinen Abwehranspruch[165].

Zunächst arbeitet er heraus, dass die verschiedenen Modelle eines allgemeinen Abwehranspruchs an die Verletzung subjektiver Rechte anknüpfen. Seine darauf folgende Darstellung zur Mitgliedschaft[166] endet mit dem Resümee, dass es sich bei der Mitgliedschaft nicht um ein subjektives Recht des einzelnen Aktionärs handle[167]. Es fehle folglich an der dogmatischen Grundlage für einen

157 BRONDICS, Die Aktionärsklage, S. 106 f.
158 BRONDICS, Die Aktionärsklage, S. 117 ff.
159 BRONDICS, Die Aktionärsklage, S. 121.
160 BRONDICS, Die Aktionärsklage, S. 125.
161 Ausführliche Rezension: K. SCHMIDT, ZHR 157 (1993), 87.
162 SCHULZ-GARDYAN, Die sogenannte Aktionärsklage, S. 26 ff.
163 SCHULZ-GARDYAN, Die sogenannte Aktionärsklage, S. 42.
164 SCHULZ-GARDYAN, Die sogenannte Aktionärsklage, S. 43 ff.
165 SCHULZ-GARDYAN, Die sogenannte Aktionärsklage, S. 50 ff.
166 SCHULZ-GARDYAN, Die sogenannte Aktionärsklage, S. 57 ff.
167 SCHULZ-GARDYAN, Die sogenannte Aktionärsklage, S. 65 ff.

allgemeinen Abwehranspruch[168]. Nach dieser Absage an den BGH und *Brondics* prüft *Schulz-Gardyan* die Übertragbarkeit der actio pro societate auf das Aktienrecht[169]. Auch hier fällt das Resultat negativ aus[170].

Im letzten Teil lehnt er schließlich auch noch einen Anspruch des Aktionärs auf Entscheidungsteilhabe – mit einem Verweis auf die drohende Umgehung von § 122 AktG – ab[171]. Den gebotenen Aktionärsschutz erreicht *Schulz-Gardyan* durch einen Anspruch auf Nichtdurchführung eines angefochtenen Beschlusses[172], einen Anspruch auf Herbeiführung eines Gewinnverwendungsbeschlusses[173] und für bestimmte Situationen einen Anspruch aus dem Gleichbehandlungsgrundsatz (§ 53a AktG)[174].

III. Der 63. Deutsche Juristentag

Im Jahr 2000 befasste sich der 63. DJT mit dem Thema der Aktionärsklage. Zur Vorbereitung verfasste *Baums* ein Gutachten zum Thema „Empfiehlt sich eine Neuregelung des aktienrechtlichen Anfechtungs- und Organhaftungsrechts, insbesondere der Klagemöglichkeiten von Aktionären?“. Auf der Sitzung am 27. und 28. September 2000 wurde zum Thema referiert[175], diskutiert[176] und schlussendlich über einige Thesen zur Aktionärsklage Beschluss gefasst[177].

1. Das Gutachten von Baums

Neben Ausführungen zur „Anfechtung von Hauptversammlungsbeschlüssen“ befasst sich das Gutachten von *Baums* auch mit der „Beseitigungs- und Unterlassungsklage (Abwehrklage)“[178].

Baums sieht die Aktionärsklage als einen im Mitgliedschaftsverhältnis wurzelnden, gesellschaftlichen Rechtsbehelf[179] und teilt ihn in drei Fallgruppen ein, die sich zum Teil überschneiden sollen: (1) Die Abwehrklage als Ergänzung der

---

168 SCHULZ-GARDYAN, Die sogenannte Aktionärsklage, S. 72.
169 SCHULZ-GARDYAN, Die sogenannte Aktionärsklage, S. 73 ff.
170 SCHULZ-GARDYAN, Die sogenannte Aktionärsklage, S. 103.
171 SCHULZ-GARDYAN, Die sogenannte Aktionärsklage, S. 110 ff.
172 SCHULZ-GARDYAN, Die sogenannte Aktionärsklage, S. 116 f.
173 SCHULZ-GARDYAN, Die sogenannte Aktionärsklage, S. 118 ff.
174 SCHULZ-GARDYAN, Die sogenannte Aktionärsklage, S. 120 ff.
175 Verhandlungen des 63. DJT 2000, Teil O, 11 ff. (Band II/1).
176 Verhandlungen des 63. DJT 2000, Teil O, 88 ff., insb. 209 ff. (Band II/2).
177 Verhandlungen des 63. DJT 2000, Teil O, 78 f. (Band II/1), 225 f. (Band II/2).
178 BAUMS, Gutachten F zum 63. DJT 2000, S. 197 ff.
179 BAUMS, Gutachten F zum 63. DJT 2000, S. 203.

Anfechtungs- und Nichtigkeitsklage, (2) die Klage zur Abwehr der Verletzung aktionärschützender gesetzlicher Vorschriften und (3) die Klage zur Abwehr der Verletzung aktionärsbezogener Pflichten[180].

Den Anwendungsbereich der ersten Fallgruppe unterteilt er in Aktionärsklagen parallel zur Anfechtungs- und Nichtigkeitsklage und in Aktionärsklagen im Anschluss an eine stattgegebene Anfechtungs- und Nichtigkeitsklage. Bei Ersteren käme eine Aktionärsklage nur bei sofort wirksamen Beschlüssen in Betracht[181]. Im Übrigen wäre eine Aktionärsklage durch die Vorschriften der §§ 241 ff. AktG ausgeschlossen[182], denn das Feststellungsinteresse fehle[183] oder dem Aktionär sei ein Abwarten zuzumuten[184]. Bei Letzteren könne der Aktionär mittels einer Aktionärsklage die Unterlassung der weiteren Ausführung des nichtigen Beschlusses oder die Beseitigung der bereits vollzogenen Ausführung, soweit dies möglich ist, verlangen[185]. Dies sei vor allem bei Hauptversammlungsbeschlüssen der Fall, die zum Handelsregister angemeldet werden müssen[186].

Bei der zweiten Fallgruppe bejaht *Baums* die Aktionärsklage für Übergriffe der Verwaltung in die Zuständigkeit der Hauptversammlung und den rechtswidrigen Bezugsrechtsausschluss seitens der Verwaltung im Rahmen einer genehmigten Kapitalerhöhung[187].

Unter der dritten Fallgruppe – die auch als Auffanggruppe für Fälle, in denen die in Rede stehende verletzte Pflicht gesetzlich nicht geregelt ist, dient[188] – fasst er zwei Typen von Pflichten: Einerseits Treuepflichten der Aktionäre untereinander und andererseits Pflichten im Interesse der Aktionäre, die von einem Gesellschaftsorgan wahrzunehmen sind[189]. Ob Klagen, die aus Treuepflichten der Aktionäre untereinander resultieren, „Aktionärsklagen" sind, ist eine Frage der Begriffsdefinition. Nach dem oben erläuterten Verständnis gehören sie nicht dazu[190].

180 BAUMS, Gutachten F zum 63. DJT 2000, S. 204.
181 BAUMS, Gutachten F zum 63. DJT 2000, S. 205 ff, insb. S. 207.
182 BAUMS, Gutachten F zum 63. DJT 2000, S. 205 ff.
183 BAUMS, Gutachten F zum 63. DJT 2000, S. 206.
184 BAUMS, Gutachten F zum 63. DJT 2000, S. 207.
185 BAUMS, Gutachten F zum 63. DJT 2000, S. 206.
186 BAUMS, Gutachten F zum 63. DJT 2000, S. 205.
187 BAUMS, Gutachten F zum 63. DJT 2000, S. 209 ff.
188 BAUMS, Gutachten F zum 63. DJT 2000, S. 212.
189 BAUMS, Gutachten F zum 63. DJT 2000, S. 212 ff.
190 S. o.: 1. Teil: C II, III.

Baums kommt zu dem Ergebnis, dass sich eine umfassende Regelung der Aktionärsklage nicht empfiehlt, weil die Aktionärsklage durch höchstrichterliche Rechtsprechung anerkannt und zugleich überzeugend beschränkt sei und die Literatur dies ganz überwiegend gebilligt hätte. So bestehe letztendlich rechtspolitisch kein Anlass für eine Normierung materieller Voraussetzungen[191]. Allenfalls prozessuale Aspekte könnten geregelt werden[192].

2. Das Referat von K. Schmidt

Anderer Auffassung ist *K. Schmidt*. Er referierte auf dem 63. DJT und sprach sich für eine gesetzliche Grundlage aus[193]. Die eigentliche Kernfrage – die Abgrenzung zwischen Geschäftsführungsmaßnahmen und Hauptversammlungskompetenzen – könne zwar nicht tatbestandlich in einer Definition erfasst werden, doch müsse für die zugehörige Klage zumindest eine Domestizierung und Instrumentalisierung stattfinden[194]. Die Klagemöglichkeit sollte streng auf die Wahrung der Hauptversammlungskompetenz beschränkt werden (Domestizierung)[195] und Regelungsteile der Anfechtungsklage sollten auf sie erstreckt werden (Instrumentalisierung)[196]. Von einer gesetzlichen Ausdehnung auf alle Fälle, in denen aktionärsschützende Vorschriften verletzt werden, rät er ab[197].

3. Die Abstimmung

Mit deutlicher Mehrheit angenommen wurde die These: „Aus der Eigenschaft als Aktionär sollte kein allgemeines Klagerecht gegen gesetz- und satzungswidriges Verhalten der Verwaltungsorgane hergeleitet werden, das durch die Abwehrklage geltend gemacht werden könnte.“[198], ebenso wie die These: „Eine

---

191 BAUMS, Gutachten F zum 63. DJT 2000, S. 215; ders. (in der zugehörigen Diskussion), Verhandlungen des 63. DJT 2000, Teil O, 218; i. E. ebenso: MARSCH-BARNER, Verhandlungen des 63. DJT 2000, Teil O, 55 (64); ders. (in der zugehörigen Diskussion), Verhandlungen des 63. DJT 2000, Teil O, 219.

192 BAUMS, Gutachten F zum 63. DJT 2000, S. 216.

193 K. SCHMIDT, Verhandlungen des 63. DJT 2000, Teil O, 11 (26) – mit einem Vorschlag für eine gesetzliche Regelung (S. 34); i. E. ebenso (in der zugehörigen Diskussion): GÖTZ, Verhandlungen des 63. DJT 2000, Teil O, 215 (216 f.).

194 K. SCHMIDT, Verhandlungen des 63. DJT 2000, Teil O, 11 (27).

195 K. SCHMIDT, Verhandlungen des 63. DJT 2000, Teil O, 11 (27 f.).

196 K. SCHMIDT, Verhandlungen des 63. DJT 2000, Teil O, 11 (28).

197 K. SCHMIDT, Verhandlungen des 63. DJT 2000, Teil O, 11 (37, These 12).

198 Abstimmungsergebnis: angenommen: 43: 16: 5 (Verhandlungen des 63. DJT 2000, Teil O, 78 f., 225 f.).

gesetzliche Regelung der Aktionärsklage zur Abwehr rechtswidrigen Verwaltungshandelns ist derzeit nicht zu empfehlen. Die weitere Entwicklung in der Praxis und Rechtsprechung sollte abgewartet werden“[199].

Deutlich knapper gingen die Abstimmungen zu den Fragen der inhaltlichen Beschränkung der Aktionärsklage und ihrer gesetzlichen „Domestizierung und Instrumentalisierung“ aus. Die Beschränkung auf Eingriffe der Verwaltung in konkrete, aus der Mitgliedschaft folgende subjektive Rechte wurde abgelehnt[200], ebenso wie der Vorschlag von *K.Schmidt* zur „Domestizierung und Instrumentalisierung“[201]. Angenommen wurde hingegen eine Begrenzung auf Verletzungen der Hauptversammlungskompetenzen[202].

4. Würdigung

Bei der Fallgruppeneinteilung von *Baums* stellt sich die Frage, ob es sinnvoll ist, erst Fallgruppen zu bilden, diese dann jede für sich im aktienrechtlichen System zu betrachten und dadurch so weit einzuschränken, dass sich die weitere Frage stellt, ob überhaupt ein Fallbeispiel für jede Fallgruppe übrig bleibt, das nicht auch einer anderen Fallgruppe zugeordnet werden kann.

Eine vorangestellte systematische Betrachtung könnte eine Fallgruppeneinteilung erübrigen und die gebotene Beschränkung der theoretischen Klagemöglichkeiten erreichen.

Von diesem Gedanken werden auch die Überlegungen von *K. Schmidt* getragen, der mit seiner „Domestizierung und Instrumentalisierung“ die Richtung weist, allerdings die notwendigen systematischen Überlegungen nicht ausführt, was sicherlich dem Umstand geschuldet war, dass es sich um ein Referat handelte.

Die Abstimmungsergebnisse dieses Juristentags zeigen, dass man sich über das gewünschte Ergebnis weitestgehend einig ist: Es soll eine Aktionärsklage geben, die irgendwie beschränkt werden muss. Im Hinblick auf konkrete Beschränkungskriterien und einen möglichen legalen Rahmen besteht allerdings

199 Abstimmungsergebnis: angenommen: 45: 8: 7 (Verhandlungen des 63. DJT 2000, Teil O, 79, 226).

200 Abstimmungsergebnis: abgelehnt: 27: 37: 2 (Verhandlungen des 63. DJT 2000, Teil O, 79, 226).

201 Abstimmungsergebnis: abgelehnt: 22: 36: 4 (Verhandlungen des 63. DJT 2000, Teil O, 79, 226).

202 Abstimmungsergebnis: angenommen: 36: 26: 3 (Verhandlungen des 63. DJT 2000, Teil O, 79, 226).

kein Einvernehmen. Zwar will die Mehrheit eine Beschränkung auf Verletzung der Hauptversammlungskompetenzen, aber eben diese schafft es nicht, sich für eine Normierung dessen auszusprechen. Gerade damit wird aber die bestehende Rechtsunsicherheit aufrechterhalten. Es solle doch lieber der Rechtsprechung und der Fantasie klagender Aktionäre überlassen bleiben, hier Kriterien oder weitere Fallbeispiele zu finden. Die Gerichte sollen sich also weiter an den richterlich entwickelten Holzmüller-Grundsätzen entlang hangeln und klagende Aktionäre sollen wirtschaftlich risikobehaftete Verfahren anstrengen.

IV. Die grenzenlose Aktionärsklage

Neben den Stimmen, die sich für eine beschränkte Aktionärsklage aussprechen, gibt es auch solche, die eine Aktionärsklage in einem größeren Umfang befürworten, was nicht zuletzt durch den fehlenden legalen Rahmen der Aktionärsklage begünstigt wird.

Ansatzpunkt dieser grenzenlosen Aktionärsklage ist die materielle Rechtsordnung. Der Schutz der Rechtsordnung wäre unvollkommen, würde man sich auf Schadensersatz im Fall eines Verstoßes beschränken[203]. Es müsse auch ihre Einhaltung verlangt und durchgesetzt werden können. Deshalb stehe den Aktionären ein allgemeiner Anspruch auf gesetz- und satzungsmäßiges Verhalten zu. Dort wo sich die Verwaltungsorgane außerhalb der Satzung und des Gesetzes bewegen, hätten sie auch keine Möglichkeit eine Eigenkompetenz herzuleiten, weshalb ein Kompetenzkonflikt ausscheide[204].

Nachdem dieser Gedanke von *Grunewald*[205] und *Wellkamp*[206] aufgeworfen wurde, wurde er vor allem von *Becker*[207] und in jüngerer Zeit von *Paefgen*[208] vertreten.

Anhand dieser weiten Auslegung der Aktionärsklagemöglichkeiten werden das Potential und die Bedeutung der Aktionärsklage besonders deutlich. Mit einer Klage dieses Umfangs bekäme die Aktiengesellschaft eine komplett andere

---

203 PAEFGEN, ZHR 172 (2008), 42 (79); vgl. GRUNEWALD, DB 1981, 407 (408).

204 WELLKAMP, DZWir 1994, 221 (225); vgl. BECKER, Verwaltungskontrolle durch Gesellschafterrechte, S. 622.

205 GRUNEWALD, DB 1981, 407 (408 f.).

206 WELLKAMP, DZWir 1994, 221 (224 ff.) – mit der Einschränkung auf Gesellschaften mit einem geschlossenen Gesellschafterkreis.

207 BECKER, Verwaltungskontrolle durch Gesellschafterrechte, S. 618 ff.

208 PAEFGEN, Unternehmerische Entscheidungen und Rechtsbindung der Organe in der AG, S. 294 ff.; ders., ZHR 172 (2008), 42 (75 ff.).

Struktur. Der Aktionär könnte deutlich aktiver an der Unternehmensgestaltung teilnehmen, als es bisher praktisch der Fall ist.

V. Nach dem 63. DJT

Auch nach dem 63. DJT verebbte das Interesse der Literatur an der Aktionärsklage nicht[209]. Nachdem sich *Paefgen* für den allgemeinen Anspruch auf gesetz- und satzungsmäßiges Verhalten ausgesprochen hatte[210], wurde sich auch vermehrt mit der Reichweite der Aktionärsklage auseinandergesetzt und eine grenzenlose Aktionärsklage überwiegend abgelehnt[211].

Die Mangusta/Commerzbank II-Entscheidung[212] lenkte das Augenmerk dann noch auf die Aktionärsklage in Gestalt der Feststellungsklage[213].

VI. Fazit

Die Ergebnisse der Abstimmungen auf dem 63. DJT könnten auch zur Darstellung des aktuellen Meinungsstands in der Literatur herangezogen werden. Die Existenz der Aktionärsklage ist anerkannt und die vom BGH aufgestellten prozessualen Voraussetzungen werden hingenommen. Dogmatischer Anknüpfungspunkt ist ein Eingriff in die Mitgliedschaft. Teilweise wird die Aktionärsklage auf Eingriffe in die Hauptversammlungszuständigkeit begrenzt. Ein allgemeiner Abwehranspruch wird überwiegend abgelehnt. Die Aktionärsklage wird oft im Zusammenhang mit ungeschriebenen Hauptversammlungskompetenzen oder als ergänzender Rechtsschutz zu Beschlussmängelklagen behandelt.

Problematisch ist die Begründung für eine Beschränkung der Aktionärsklage. Kaum wird auf das vom Aktiengesetz vorgegebene Kompetenz- und Kontrollsystem eingegangen oder auf das, was mit dem Begriff Mitgliedschaft

---

209 Im Nachgang zum 63. DJT: BAYER, NJW 2000, 2609; LUTTER, JZ 2000, 837 (841); in der Kommentierung zum AktG: CASPER, in: Spindler/Stilz, AktG, Vorb. z. §§ 241 ff., Rn. 14 ff.; DRINHAUSEN, in: Hölters, AktG, § 119, Rn. 28; HEIDEL, in: Heidel, AktR, § 246, Rn. 61 ff.; KUBIS, in: MünchKomm, AktG, § 119, Rn. 103; K. SCHMIDT, in: Großkomm, AktG (4. Auflage), § 241, Rn. 6; SPINDLER, in: K. Schmidt/Lutter, AktG, § 119, Rn. 48.

210 PAEFGEN, Unternehmerische Entscheidungen und Rechtsbindung der Organe in der AG, S. 294 ff.; ders., ZHR 172 (2008), 42 (75 ff.).

211 ADOLFF, ZHR 169 (2005), 310; BARTELS, ZGR 2008, 723 (756 ff.); HOFFMANN-BECKING, ZHR 167 (2003), 357.

212 BGH, Urt. v. 10.10.2005 – II ZR 90/03 (Mangusta/Commerzbank II), WM 2005, 2388.

213 BARTELS, ZGR 2008, 723; BUNGART, BB 2005, 2757; NOACK, LMK 2006, 169673 (beck-online); PASCHOS, DB 2005, 2731 (2732); WACLAWIK, ZIP 2006, 397.

beschrieben wird. Auch die Frage, ob ein Anspruch auf Rückgängigmachung besteht, ist offen.

Überlagert werden diese Fragen von der rechtspolitischen Diskussion, wie ein Ausgleich zwischen gebotener Kontrolle und bestehenden Missbrauchsmöglichkeiten geschaffen werden kann.

3. Teil: Das Bedürfnis nach ungeschriebenem Rechtsschutz

Die erste Frage, die man sich stellen muss, wenn es um die Problematik ungeschriebener Rechtsschutzmöglichkeiten geht, ist die des „Warums?". Was ist bereits gesetzlich geregelt und warum ist verbesserter Rechtsschutz notwendig?

Die Notwendigkeit der Aktionärsklagen wird überwiegend mit einem unzureichenden Schutz der Mitgliedschaft begründet[214]. Als Ausgangspunkt dient die Mitgliedschaft als subjektives[215] oder absolutes Recht[216] oder ein unzureichender Schutz einzelner mitgliedschaftlicher Rechte[217]. Auch im Innenverhältnis der Gesellschaft sei das Mitglied grundsätzlich schutzwürdig. Eingriffe in die Mitgliedschaft sollen eine Aktionärsklage notwendig machen.

Der BGH führt zum Bedürfnis nach verbessertem Rechtsschutz ähnliches aus, wenn er sagt: „Eine materiell begründete Rechtsverfolgung darf aber grundsätzlich nicht daran scheitern, daß die dem Aktiengesetz eigenen Rechtsbehelfe tatbestandsmäßig versagen. Vielmehr muß der in seinen Rechten verletzte Aktionär dann auf die Mittel zurückgreifen können, die ihm die allgemeinen Gesetze zur Verfügung stellen, es sei denn, der Sinn einer aktienrechtlichen Bestimmung liegt gerade darin, diese Möglichkeit aus besonderen Gründen zu unterbinden"[218].

Die folgenden Ausführungen widmen sich daher der Mitgliedschaft

214 BAUMS, Gutachten F zum 63. DJT 2000, S. 197, 203; BRONDICS, Die Aktionärsklage, S. 59 ff., 79, 93; DRYGALA/STAAKE/SZALAI, Kapitalgesellschaftsrecht, § 23 II 2 b (Rn. 10).

215 CASPER, in: Spindler/Stilz, AktG, Vorb. z. §§ 241 ff., Rn. 15; NOACK, Fehlerhafte Beschlüsse in Gesellschaften und Vereinen, S. 45.

216 K. SCHMIDT, Gesellschaftsrecht, § 21 V 3 a.

217 ZÖLLNER, ZGR 1988, 392 (426); vgl. RAISER/VEIL, Recht der Kapitalgesellschaften, § 11 III 2 (Rn. 29); vgl. SAENGER, Gesellschaftsrecht, Rn. 566.

218 BGH, Urt. v. 25.02.1982 – II ZR 174/80 (Holzmüller), BGHZ 83, 122 (127); diese Aussage traf der BGH in Bezug auf den Antrag die Seehafenausgliederung für nichtig zu erklären. Im Hilfsantrag, die Gesellschaft auf Rückübertragung des Seehafens zu verurteilen, bestätigte er dies noch einmal mit der Formulierung: „Vielmehr muss der Aktionär, soll er nicht rechtlos gestellt sein, diese Klage jedenfalls dann erheben können, wenn zur Wahrung seiner Rechte ebenso geeignete aktienrechtliche Behelfe nicht zur Verfügung stehen", BGHZ 83, 122 (134).

A. Die Mitgliedschaft

Der Begriff Mitgliedschaft bezeichnet in tatsächlicher Hinsicht die Zugehörigkeit einer Person zu einer Gruppe[219]. Eine solche Gruppe kann die Familie sein, aber auch eine bestimmte Bevölkerungsgruppe kann als Gruppe mit Mitgliedern verstanden werden. Jeder, dem eine bestimmte Eigenschaft anhaftet, ist dann Mitglied[220]. Es gibt aber auch Gruppen, in denen ein Mitglied in einer rechtlichen Beziehung zur Gruppe oder zu den anderen Mitgliedern steht[221], wie zum Beispiel[222] bei Gesellschaften im rechtlichen Sinne. Hier beschreibt der Begriff Mitgliedschaft zusätzlich auch dessen rechtliche Position[223].

Die Aktiengesellschaft ist eine solche Gruppe. Sie ist Kapitalgesellschaft und juristische Person (§ 1 I AktG). Ist eine Person Mitglied einer Aktiengesellschaft, bestehen zwischen dieser und der AG sowie zwischen den Aktionären untereinander rechtliche Beziehungen. Umschrieben wird dies mit dem Begriff „Mitgliedschaft".

Mitglied einer Aktiengesellschaft ist eine Person dann, wenn sie Inhaber eines Anteils am Grundkapital der Gesellschaft ist (Anteilseigner). Dieser Anteil kann von einer Person originär erworben werden, das heißt durch Beteiligung am Gründungsvermögen oder durch Beteiligung bei einer Kapitalerhöhung[224]. Der Erwerb kann aber auch derivativ erfolgen, also durch rechtsgeschäftliche Übertragung oder durch Gesamtrechtsnachfolge[225]. Der Anteil am Grundkapital

---

219 LUTTER, AcP 180 (1980), 84 (87).

220 Vgl. LUTTER, AcP 180 (1980), 84 (86 f.).

221 Dies ist vor allem bei sozialen Gruppen der Fall (anders etwa bei Bevölkerungsgruppen oder Zielgruppen). Der Begriff Mitgliedschaft lässt bei sozialen Gruppen in der Regel einen rechtlichen Schimmer erkennen, denn der Begriff Mitglied bedeutet dann zugleich, dass jemand in einer Gruppe auch aufgenommen wurde. Die Zugehörigkeit zu einer Gruppe kann insofern nicht allein auf tatsächliche Gegebenheiten (Haarfarbe, Bildung, Geschlecht) gestützt werden. Umgangssprachlich wird der Begriff Mitgliedschaft häufig mit sozialen Gruppen verknüpft. Untypisch ist es hingegen, das Mitglied einer bestimmten Bevölkerungsgruppe auch als Mitglied zu bezeichnen. Insofern wird eher vom Teil einer solchen Gruppe gesprochen.

222 Rechtliche Beziehungen bestehen daneben auch in Gruppen, die auf Zwang beruhen; LUTTER, AcP 180 (1980), 84 (87 f.); zu Gesellschaften im rechtlichen Sinne: SAENGER, Gesellschaftsrecht, Rn. 1 ff.

223 K. SCHMIDT, Gesellschaftsrecht, § 19 I 1 b.

224 DRYGALA/STAAKE/SZALAI, Kapitalgesellschaftsrecht, § 22 I (Rn. 2); SAENGER, Gesellschaftsrecht, Rn. 548; K. SCHMIDT, Gesellschaftsrecht, § 19 II 1, § 28 I 1 b.

225 DRYGALA/STAAKE/SZALAI, Kapitalgesellschaftsrecht, § 22 I (Rn. 3); SAENGER, Gesellschaftsrecht, Rn. 549; K. SCHMIDT, Gesellschaftsrecht, § 19 II 1, § 28 I 1 b.

heißt Aktie[226] (§ 1 II AktG) und ist zwingende Voraussetzung für das Bestehen der Mitgliedschaft[227].

Mit dem Erwerb eines Anteils wird die Person zum Aktionär und es besteht das Verhältnis „Mitgliedschaft". Dieses Verhältnis ist als Rechtsverhältnis zu qualifizieren[228], denn ein Rechtsverhältnis ist im Gegensatz zu sonstigen Lebensverhältnissen eine rechtlich geregelte Beziehung zwischen Personen[229] und dies ist bei dem Verhältnis zwischen dem Aktionär und der AG sowie zwischen den Aktionären untereinander der Fall. Die Mitgliedschaft ist ein Dauerrechtsverhältnis eigener Art[230].

I. Die Mitgliedschaft als Bündel von Einzelrechten und -pflichten

Inhalt der Rechtsposition des Aktionärs sind verschiedene einzelne Rechte, die einer Person als Mitglied zustehen und Pflichten, die sie in der Gruppe zu erfüllen hat[231]. Deshalb wird die Mitgliedschaft auch als Summe oder Bündel von Rechten und Pflichten bezeichnet[232]. Die einzelnen Rechte und Pflichten sind hinsichtlich ihres Inhalts in zwei Gruppen zu unterscheiden[233].

---

226 Der Begriff wird im Übrigen auch dafür verwendet, das Wertpapier zu benennen, das den Anteil am Grundkapital verkörpern kann. Eine Aktie muss nicht zwangsläufig verbrieft werden, jedoch hat nach h. M. der Aktionär einen Anspruch auf Verbriefung; KOCH, in: Hüffer/Koch, AktG, § 10, Rn. 3; näher zum Begriff „Aktie": DRYGALA/STAAKE/SZALAI, Kapitalgesellschaftsrecht, § 18 IV (Rn. 11 ff.).

227 DRYGALA/STAAKE/SZALAI, Kapitalgesellschaftsrecht, § 18 IV 3 (Rn. 15).

228 FLUME, Die juristische Person, § 8 I (S. 258); LUTTER, AcP 180 (1980), 84 (97); K. SCHMIDT, Gesellschaftsrecht, § 19 I 3; WIEDEMANN, Die Übertragung und Vererbung von Mitgliedschaftsrechten bei Handelsgesellschaften, S. 39; a. A.: HADDING, in: FS Steindorff, 31 (37).

229 LARENZ/WOLF, Allgemeiner Teil des Bürgerlichen Rechts, § 13 (Rn. 1, 11); BOEMKE/ULRICI, BGB AT, § 17 A I (Rn. 4); eine a. A. will diese Definition um die rechtliche Beziehung zu einem Rechtsobjekt, insb. zu einer Sache, erweitern: BGH, Urt. v. 07.06.2001 – I ZR 21/99, NJW 2001, 3789; BGH, Urt. v. 31.05.2000 – XII ZR 41/98, NJW 2000, 2663 (2664); LEIPOLD, BGB I, § 7 VI 2 (Rn. 35); kritisch auch: MEDICUS/PETERSEN, Allgemeiner Teil des BGB, Rn. 54.

230 RAISER/VEIL, Recht der Kapitalgesellschaften, § 11 I 1 (Rn. 1); SAENGER, Gesellschaftsrecht, Rn. 546; vgl. K. SCHMIDT, Gesellschaftsrecht, § 19 I 3.

231 LUTTER, AcP 180 (1980), 84 (86); WÜRDINGER, Aktienrecht und das Recht der verbundenen Unternehmen, § 11 I 1 a.

232 LUTTER, AcP 180 (1980), 84 (86); DRYGALA/STAAKE/SZALAI, Kapitalgesellschaftsrecht, § 13 I (Rn. 1), § 18 IV 3 (Rn. 15), § 23 I (Rn. 1).

233 Zum Teil werden noch „Schutzrechte" als dritte Gruppe benannt; LUTTER, AcP 180 (1980), 84 (86); K. SCHMIDT, Gesellschaftsrecht, § 19 I 3 c aa. Hier gibt es kein

Die erste sind die vermögensrechtlichen Rechte und Pflichten. Dazu zählt etwa die Pflicht, die Einlage zu leisten (§ 54 AktG), das Recht auf Beteiligung am Bilanzgewinn (§§ 58 IV, 60 AktG), das Bezugsrecht bei Kapitalerhöhungen (§§ 186 I, 212 AktG) und ein Recht auf Beteiligung am Liquidationserlös (§ 271 AktG).

Die zweite Gruppe bilden die Mitverwaltungsrechte und -pflichten. Dazu zählen die Rechte und Pflichten des einzelnen Aktionärs, durch die er an den Angelegenheiten der Gesellschaft teilhaben kann. Mitverwaltungsrechte sind etwa das Recht auf Teilnahme an der Hauptversammlung (§ 118 AktG), das Rederecht, das Stimmrecht (§§ 12, 134 AktG), das Anfechtungsrecht (§ 245 AktG) und das Einsichtsrecht in Dokumente der Rechnungslegung (§ 175 AktG)[234]. Die wichtigste Mitverwaltungspflicht ist die Pflicht, den Gesellschaftszweck zu fördern. Dieser Grundsatz ist für Personengesellschaften in § 705 BGB geregelt. Er gilt aber darüber hinaus auch bei den Kapitalgesellschaften[235]. Im Aktienrecht wird häufig nur auf die Treuepflicht des Aktionärs verwiesen. Im Ergebnis sind diese aus der Treuepflicht fließenden Pflichten nichts anderes als die Pflichten, die sich aus der Pflicht den Gesellschaftszweck zu fördern, ergeben[236].

Sowohl vermögensrechtliche Rechte und Pflichten als auch Mitverwaltungsrechte und -pflichten sind in ihrem Bestand zwingend an den Anteil einer Person am Grundkapital, d. h. an die Mitgliedschaft gebunden[237].

Richtig und kein Falsch. Allerdings geht mit jeder zunehmenden Differenzierung durch eine Gruppenbildung auch eine Annäherung an die einzugruppierenden Rechte einher. Die Gruppenbildung geht zunehmend verloren und es treten Abgrenzungsschwierigkeiten auf. So können Mitverwaltungsrechte eine Schutzfunktion haben und „Schutzrechte" wie das Anfechtungsrecht dienen der Sicherung der ordnungsgemäßen Ausübung der Mitverwaltungsrechte. Im Folgenden wird daher von einer Zweiteilung ausgegangen. I. E. wie hier: DRYGALA/STAAKE/SZALAI, Kapitalgesellschaftsrecht, § 23 II 1 (Rn. 2 ff.); SAENGER, Gesellschaftsrecht, Rn. 558, 560; WÜRDINGER, Aktienrecht und das Recht der verbundenen Unternehmen, § 11.

234 Näher dazu unten: 4. Teil: A V.

235 Vgl. dazu MARKWARDT, ZIP 2004, 211 (213).

236 LUTTER, AcP 180 (1980), 84 (102 f.); vgl. WIEDEMANN, Gesellschaftsrecht I, § 2 I 1 b bb (S. 95).

237 K. SCHMIDT, Gesellschaftsrecht, § 19 III 3.

II. Die Mitgliedschaft als ein Recht

1. Eigenständigkeit der Mitgliedschaft und Nähe zum Eigentum

Die Mitgliedschaft als Bündel von Rechten und Pflichten des Aktionärs weist selbst eine gewisse Eigenständigkeit auf[238]. Über den Anteil am Grundkapital und damit über die Mitgliedschaft als Ganzes kann verfügt werden[239], in sie kann vollstreckt werden (§§ 808, 821 ff. ZPO)[240], sie ist erblich[241] und es besteht die Möglichkeit, dass gegenüber einer Person die Mitgliedschaft als Ganzes bestritten wird[242]. Häufig ist die Mitgliedschaft verbrieft und genießt dann gem. § 935 II BGB oder gem. § 68 I AktG i. V. m. Art. 16 II WG auch einen Gutglaubensschutz[243]. Zudem sind einzelne dem Aktionär zustehende Rechte (z. B.: Teilnahmerecht, Stimmrecht, Auskunftsrecht) nicht losgelöst vom Anteil am Grundkapital übertragbar (Abspaltungsverbot)[244].

Die Summe bzw. das Bündel von Rechten und Pflichten des Aktionärs könnte daher auch selbst wie ein Recht zu behandeln sein[245].

---

238 FLUME, Die juristische Person, § 8 I (S. 258); LUTTER, AcP 180 (1980), 84 (99 f.); K. SCHMIDT, Gesellschaftsrecht, § 19 IV 1.

239 Sofern die Aktien verbrieft sind, gilt bei Inhaberaktien: Das Recht aus dem Papier folgt dem Recht am Papier. Über das Papier Inhaberaktie kann nach §§ 929 ff., 1069 I, 1081 ff., 1293, 1205 ff. BGB verfügt werden. Namensaktien sind Orderpapiere. Auch hier gilt: Das Recht aus dem Papier folgt dem Recht am Papier. Über Namensaktien kann nach § 68 AktG, §§ 1069 I, 1081 ff., 1292 BGB verfügt werden; K. SCHMIDT, Gesellschaftsrecht, § 19 IV 2. Ist die Aktie (§ 1 II AktG) nicht verbrieft, kann über die Mitgliedschaft als Recht nach §§ 398, 413, 1273 ff. BGB verfügt werden; KUBIS, in: MünchKomm, AktG, § 121, Rn. 80; RIECKERS, in: Spindler/Stilz, AktG, § 121, Rn. 57; VATTER, in: Spindler/Stilz, AktG, § 10, Rn. 67.

240 DRYGALA/STAAKE/SZALAI, Kapitalgesellschaftsrecht, § 22 III (Rn. 21 f.); K. SCHMIDT, Gesellschaftsrecht, § 19 IV 3; vgl. dazu auch § 71 I Nr. 5 AktG.

241 DRYGALA/STAAKE/SZALAI, Kapitalgesellschaftsrecht, § 22 IV (Rn. 23).

242 LUTTER, AcP 180 (1980), 84 (131).

243 BRONDICS, Die Aktionärsklage, S. 81; WÜRDINGER, Aktienrecht und das Recht der verbundenen Unternehmen, § 12 II.

244 BGH, Urt. v. 10.11.1951 – II ZR 111/50, BGHZ 3, 354 (357); VATTER, in: Spindler/Stilz, AktG, § 8, Rn. 50; HABERSACK, Die Mitgliedschaft – subjektives und „sonstiges“ Recht, S. 78 ff.; K. SCHMIDT, Gesellschaftsrecht, § 19 III 4; vgl. BRONDICS, Die Aktionärsklage, S. 81.

245 So schon: MÜLLER-ERZBACH, Das private Recht der Mitgliedschaft als Prüfstein eines kausalen Rechtsdenkens, S. 290.

Dass einzelne Rechte und Pflichten in einem eigenen Recht zusammengefasst werden, welches als solches schutzwürdig ist, ist nicht unüblich[246]. So ist auch das Eigentum (i. S. d. BGB) als Rechtsposition die Summe von Einzelrechten und -pflichten[247]. Der Eigentümer kann mit der Sache nach Belieben verfahren, muss aber zugleich sicherstellen, dass er nicht in Rechtspositionen Dritter eingreift (§ 903 BGB). Der Eigentümer kann grundsätzlich andere von der Einwirkung auf die Sache ausschließen (§ 903 BGB), muss sie aber unter bestimmten Voraussetzungen auch dulden (§ 904 BGB). Als Bündel stellt das Eigentum selbst ein Recht dar, das von § 823 I BGB geschützt ist. Der Nutzen ist vor allem praktischer Natur[248]. So kann der Inhaber des Rechts „Eigentum" dieses gegen eine Wegnahme pauschal verteidigen, ohne detailliert darlegen zu müssen, dass er ohne diese Wegnahme in der konkreten Situation anders mit der Sache verfahren wäre und deshalb sein Recht aus § 903 BGB beeinträchtigt sei.

Bei der Mitgliedschaft liegt es ähnlich[249]. Aufgrund ihrer Eigenständigkeit ist es sinnvoll, sie als ein Recht zu behandeln und sie grds.[250] einer pauschalen Verteidigung zugänglich zu machen. Andernfalls müsste die Person, deren Mitgliedschaft bestritten wird, konkret darlegen, in welchem Recht sie dadurch beeinträchtigt wird. Sie müsste beispielsweise verdeutlichen, dass sie im Zeitpunkt der kommenden Hauptversammlung noch Aktionär wäre und dann ihr Stimmrecht nicht ausüben könne. Sie müsste erklären, dass sie als Nichtmitglied nicht zur Hauptversammlung geladen wird, sie ohne Ladung an der Hauptversammlung nicht teilnehmen kann und deshalb nicht abstimmen dürfe. So wie die Mitgliedschaft als Ganzes übertragen oder bestritten werden kann, so muss sie auch verteidigt werden können.

---

246 Ebenso: SCHULZ-GARDYAN, Die sogenannte Aktionärsklage, S. 66 f.

247 HABERSACK, Die Mitgliedschaft – subjektives und „sonstiges" Recht, S. 68; LEUSCHNER, in: MünchKomm, BGB, § 38, Rn. 4; WIEDEMANN, Die Übertragung und Vererbung von Mitgliedschaftsrechten bei Handelsgesellschaften, S. 39; zum Eigentumsbegriff: HERRLER, in: Palandt, BGB, Überblick vor § 903, Rn. 1; BRÜCKNER, in: MünchKomm, BGB, § 903, Rn. 7 ff., insb. Rn. 12; ALTHAMMER, in: Staudinger (2016), BGB, Einleitung zu § 903, Rn. 6.

248 Vgl. SCHULZ-GARDYAN, Die sogenannte Aktionärsklage, S. 66.

249 CASPER, in: Spindler/Stilz, AktG, Vorb. z. §§ 241 ff., Rn. 16; vgl. WIEDEMANN, Gesellschaftsrecht I, § 2 I 1 b bb (S. 95); ders, Die Übertragung und Vererbung von Mitgliedschaftsrechten bei Handelsgesellschaften, S. 39.

250 Siehe hierzu unten: 5. Teil: B II 4 c aa (3).

Auch der Gesetzgeber ging bei der Konzeption des Aktiengesetzes vom Aktionär als wirtschaftlichen Eigentümer der Gesellschaft aus[251]. Er wollte, dass sich die Stellung des Mitglieds an der eines Eigentümers orientiert[252].

2. Die Mitgliedschaft als subjektives Recht

Wenn die Mitgliedschaft als *ein* Recht behandelt werden soll, müsste ihre Rechtsnatur als *ein* subjektives Recht qualifizierbar sein.

a. Was ist ein subjektives Recht?

Damit die Mitgliedschaft als subjektives Recht qualifiziert werden kann, ist zunächst der Begriff subjektives Recht zu definieren. Was der Begriff subjektives Recht genau beschreibt, war und ist schon Gegenstand jahrzehntelanger Untersuchungen[253]. Darauf an dieser Stelle detaillierter einzugehen, verspricht für den Fortgang der Arbeit keinen tieferen Nutzen, denn es handelt sich um ein außerordentliches Grundsatzproblem, dass nur mit einer gehörigen Portion Rechtsphilosophie zu beantworten wäre. Im Ergebnis lässt sich folgendes zum subjektiven Recht festhalten:

Das objektive Recht ist die Summe aller Rechtsnormen einer Rechtsordnung. Es verpflichtet alle, die der Rechtsordnung unterworfen sind. Es berechtigt aber nicht jedermann, von jedem dessen Einhaltung oder die Ausübung von Rechten zu verlangen. Hierfür gibt es subjektive Rechte. Ein subjektives Recht ist die „dem Berechtigten von der Rechtsordnung verliehene Rechtsmacht zur selbstbestimmten Wahrnehmung der durch das jeweilige Recht geschützten Interessen“[254]. Ein subjektives Recht hat damit drei Merkmale.

Die erste zwingende Voraussetzung eines subjektiven Rechts ist seine Zuordnung zu einem Rechtssubjekt (natürliche oder juristische Person). Subjektlose Rechte gibt es nicht[255]. Wenn das Recht jemandem zugeordnet ist, geht damit

---

251 Vgl. Allg. Begründung RegE zum AktG 1965, in: KROPFF, Aktiengesetz, S. 14.

252 Vgl. BRONDICS, Die Aktionärsklage, S. 81.

253 Dazu statt vieler: HABERSACK, Die Mitgliedschaft – subjektives und „sonstiges“ Recht, S. 21 ff. m. w. N.

254 LARENZ/WOLF, Allgemeiner Teil des Bürgerlichen Rechts, § 14 I (Rn. 1).

255 Deshalb regelt das BGB beim Tod eines Rechtssubjekts die automatische Gesamtrechtsnachfolge (§ 1922 BGB) und bei der Auflösung eines Vereins dessen faktisches Fortbestehen, bis keine Rechte und Pflichten mehr bestehen (§ 49 II BGB). Sogar den Sonderfall der Leibesfrucht als noch nicht rechtsfähiger (§ 1 BGB) Erbe hat der Gesetzgeber bedacht (§ 1912 II BGB); LARENZ/WOLF, Allgemeiner Teil des Bürgerlichen Rechts, § 14 III 4 (Rn. 21 ff.).

einher, dass dem Rechtssubjekt auch der Inhalt des jeweiligen Rechts zugewiesen ist. Es hat also einen individuellen Zuweisungsgehalt. Definiert wird das subjektive Recht daher auch mit den Formulierungen, dass „jemandem etwas rechtens gebührt“ oder, dass „ihm etwas rechtens zukommt oder zugewiesen wird“[256]. Im Gegensatz zum subjektiven Recht fehlt ein solcher Zuweisungsgehalt bei der Rechtsfähigkeit oder der Geschäftsfähigkeit. Sie stehen allen zu und sind somit keine subjektiven Rechte[257].

Zweites Merkmal ist die Rechtsmacht. Der Begriff Rechtsmacht beschreibt das „Handeln-Dürfen und das rechtliche Können“ des Rechtssubjekts[258]. Das jeweilige Recht wird so hinsichtlich seines Inhalts näher definiert und zugleich beschränkt[259].

Drittes Merkmal ist der Zweck des subjektiven Rechts: der rechtliche Schutz von Interessen. Dieses Merkmal dient zur Konkretisierung der Rechtsmacht. Es soll vor allem die Abgrenzung zur unzulässigen Rechtsausübung ermöglichen[260]. Denn eine Begrenzung des Rechts durch seinen Inhalt ist nicht für jede Situation ausreichend. Ein grundsätzlich geschütztes Recht kann unter besonderen Umständen einzuschränken sein[261]. Ist das Handeln-Dürfen des Rechtssubjekts nicht rechtlich schutzwürdig, soll diese Position nicht die Qualität eines subjektiven Rechts besitzen.

Eine detailliertere Definition ist abzulehnen, denn mit zusätzlichen oder konkreteren Merkmalen ließen sich nicht mehr alle Arten von subjektiven Rechten (z. B.: Forderungsrechte, Gestaltungsrechte oder Herrschaftsrechte)[262] zusammenfassen[263].

b. Einordnung der Mitgliedschaft als subjektives Recht

Die Mitgliedschaft erfüllt alle Merkmale eines subjektiven Rechts.

---

256 LARENZ/WOLF, Allgemeiner Teil des Bürgerlichen Rechts, § 14 III 3 (Rn. 15 ff.); HABERSACK, Die Mitgliedschaft – subjektives und „sonstiges“ Recht, S. 27.

257 LARENZ/WOLF, Allgemeiner Teil des Bürgerlichen Rechts, § 14 III 3 (Rn. 18).

258 LARENZ/WOLF, Allgemeiner Teil des Bürgerlichen Rechts, § 14 III 1 (Rn. 11 ff.).

259 LARENZ/WOLF, Allgemeiner Teil des Bürgerlichen Rechts, § 14 III 1 (Rn. 13).

260 LARENZ/WOLF, Allgemeiner Teil des Bürgerlichen Rechts, § 14 III 2 (Rn. 14).

261 LARENZ/WOLF, Allgemeiner Teil des Bürgerlichen Rechts, § 16 III (Rn. 9).

262 Näher zu den Arten subjektiver Rechte: LARENZ/WOLF, Allgemeiner Teil des Bürgerlichen Rechts, § 15.

263 LARENZ/WOLF, Allgemeiner Teil des Bürgerlichen Rechts, § 14 III (Rn. 10); näher dazu auch: HABERSACK, Die Mitgliedschaft – subjektives und „sonstiges“ Recht, S. 22 ff.

Die einzelnen aus der Mitgliedschaft folgenden Rechte und Pflichten sind dem Mitglied zugeordnet. Die Summe dieser Einzelrechte und damit die Mitgliedschaft als Ganzes sind folglich auch dem Mitglied individuell zugewiesen.

Das Mitglied hat die Herrschaftsmacht über die Rechtsposition als Ganzes, denn nur es kann und darf über seinen Anteil am Grundkapital verfügen und entscheiden, wie und wann es von den beinhalteten Rechten Gebrauch macht.

Letztendlich wird auch das Interesse des Aktionärs an der Mitgliedschaft als Ganzes vom Gesetzgeber als schutzwürdig angesehen. Dafür lässt sich die Existenz des Bezugsrechts (§ 186 AktG) anführen. Das Bezugsrecht soll bei einer Kapitalerhöhung sowohl vor einer Entwertung des Stimmrechts als auch vor einer vermögensmäßigen Entwertung schützen. Freilich sind damit insbesondere Einzelrechte geschützt, aber zugleich auch die mitgliedschaftliche Stellung als Ganzes[264]. Ein weiteres Beispiel für den Schutz der Mitgliedschaft als Ganzes bietet der gutgläubige Erwerb verbriefter Anteile. Hier wird der gute Glaube desjenigen geschützt, der einen Anteil am Grundkapital und damit die Mitgliedschaft als Ganzes durch Übereignung des Inhaberpapiers oder durch Indossament erlangt. Die Verbriefung des Anteils am Grundkapital ist die Regel. Der Aktionär soll sogar einen Anspruch auf Verbriefung haben, wenn der Anteil unverbrieft ist[265]. Für die Rechtsnatur der Mitgliedschaft als ein subjektives Recht spricht ferner seine Nähe zum Eigentum, die auch vom Gesetzgeber gewollt ist[266]. Auch systematische Überlegungen sprechen für die Einordnung der Mitgliedschaft als subjektives Recht. Die einzelnen Rechte sind in ihrem Bestand zwingend an das Rechtsverhältnis Mitgliedschaft gebunden. Sie haben außerhalb des Rechtsverhältnisses keine eigenständige Bedeutung. Daraus folgt, dass das Rechtsverhältnis auch nur einheitlich übertragen werden kann[267] und insofern als einheitlicher Gegenstand behandelt wird[268].

---

264 Vgl. dazu: KÜBLER/MENDELSON/MUNDHEIM, AG 1990, 461; HIRTE, AG 1991, 166 (169); KOCH, in: Hüffer/Koch, AktG, § 186, Rn. 2.

265 KOCH, in: Hüffer/Koch, AktG, § 10, Rn. 3; VATTER, in: Spindler/Stilz, AktG, § 10, Rn. 29.

266 Vgl. Allg. Begründung RegE zum AktG 1965, in: KROPFF, Aktiengesetz, S. 14; vgl. BRONDICS, Die Aktionärsklage, S. 80 f.

267 HADDING spricht hier von einer Übertragung als „Gesamtheit", in: FS Steindorff, 31 (38).

268 Vgl. HABERSACK, Die Mitgliedschaft – subjektives und „sonstiges" Recht, S. 64; allgemein zur einheitlichen Übertragung: LARENZ/WOLF, Allgemeiner Teil des Bürgerlichen Rechts, § 13 III 2 (Rn. 44).

Selbst wenn die Mitgliedschaft kein Recht, sondern bloß ein Rechtsverhältnis – d. h. nicht zugleich ein Recht – wäre, würde sie faktisch wie ein Recht behandelt. Die Charakterisierung der Mitgliedschaft als „bloßes Rechtsverhältnis" ist in diesem Punkt unlogisch und ginge an der Rechtstatsächlichkeit vorbei. Zudem überzeugt die Qualifizierung der Mitgliedschaft als „bloßes Rechtsverhältnis" auch hinsichtlich der Verbriefung nicht. Denn Folge dieser Qualifizierung wäre, dass bei der – einheitlichen – Übertragung der mitgliedschaftlichen Rechte, die Regelungen der Vertragsübernahme anzuwenden wären[269]. Die AG müsste dabei grundsätzlich mitwirken. Sofern der Anteil am Grundkapital und damit die Mitgliedschaft verbrieft ist, soll dann aber eine Verfügung ohne Genehmigung der Gesellschaft[270] möglich sein[271]. Es müsste an dieser Stelle begründet werden, warum der Gesetzgeber bei verbrieften Anteilen am Grundkapital etwas anderes wolle als ohne Verbriefung. Angesichts der Tatsache, dass er dies – wie im Falle von § 68 II AktG – hätte regeln können, aber nicht tat, wird ein solcher Nachweis schwierig zu erbringen sein.

Die Mitgliedschaft ist nach alldem (zumindest im Aktienrecht[272]) *ein* subjektives Recht[273].

---

269 HABERSACK, Die Mitgliedschaft – subjektives und „sonstiges" Recht, S. 63 f., 65 f.; für die Übertragbarkeit mittels Vertragsübernahme konsequent: HADDING, in: FS Steindorff, 31 (38 f. und für die AG 40 f.).

270 Ausnahme: Vinkulierte Namensaktien (§ 68 II AktG).

271 Das erkennt auch HADDING an, in: FS Steindorff, 31 (40 f.).

272 Die Mitgliedschaft ist für die vorliegende Untersuchung nur als Gegenstand des Aktienrechts von Bedeutung und wurde auch nur im aktienrechtlichen Zusammenhang untersucht. Eine Stellungnahme zu anderen Rechtsträgern soll damit nicht verbunden sein. Zu Unterschieden gegenüber Personengesellschaften siehe: FLUME, Die juristische Person, § 8 I (S. 259 ff.).

273 HABERSACK, Die Mitgliedschaft – subjektives und „sonstiges" Recht, S. 62 ff.; FLUME, Die juristische Person, § 8 I (S. 258); LUTTER, AcP 180 (1980), 84 (101 f.); K. SCHMIDT, Gesellschaftsrecht, § 19 I 3; WIEDEMANN, Gesellschaftsrecht I, § 2 I 1 b bb (S. 95); ders., Die Übertragung und Vererbung von Mitgliedschaftsrechten bei Handelsgesellschaften, S. 39; a. A.: HADDING, in: FS Kellermann, 91 (102 ff.); ders. in: FS Steindorff, 31 (38); SCHULZ-GARDYAN, Die sogenannte Aktionärsklage, S. 67; M. SCHWAB, Das Prozeßrecht gesellschaftsinterner Streitigkeiten, S. 19 ff.; BEUTHIEN, in: FS Wiedemann, 755 (756 ff.); HENNRICHS, ZIP 1995, 794 (798); gegen eine Qualifizierung der Mitgliedschaft in einer Personengesellschaft als subjektives Recht auch: STEINBECK, DB 1995, 761 (762).

3. Die Mitgliedschaft als „sonstiges Recht" i. S. v. § 823 I BGB

a. *Folge der Eigenständigkeit der Mitgliedschaft*

Weil die Mitgliedschaft als Ganzes übertragen oder bestritten werden kann, muss sie auch als Ganzes verteidigt werden können. Der dargelegten Eigenständigkeit der Mitgliedschaft sollte - wie beim Eigentum - auch eine pauschale, eigenständige Verteidigungsmöglichkeit folgen. Dafür bietet der Wortlaut von § 823 I BGB mit der Formulierung „sonstiges Recht" einen tauglichen Ansatzpunkt. Da die Mitgliedschaft *ein* subjektives Recht ist, könnte sie auch *ein* „sonstiges Recht" i. S. v. § 823 I BGB sein[274].

b. *Die Mitgliedschaft als absolutes Recht*

Die in § 823 I BGB genannten Rechtsgüter (Leben, Körper, Gesundheit, Freiheit, Eigentum) sind absolute Rechte[275], also solche, die gegenüber jedermann wirken[276]. Forderungen hingegen sind grds. keine absoluten, sondern relative Rechte und genießen daher keinen deliktischen Schutz als „sonstiges Recht"[277].

---

274 HABERSACK, Die Mitgliedschaft - subjektives und „sonstiges" Recht, S. 127.

275 Zum Teil wird auch noch zwischen „Recht" und „Rechtsgut" unterschieden. Das Eigentum ist veräußerlich und ihm ist ein „äußerlicher" Gegenstand (die Sache) zugeordnet. Das Eigentum ist daher ein Recht. Leben, Körper, Gesundheit und Freiheit hingegen sind unveräußerlich und daher Rechtsgüter; LARENZ/CANARIS, Schuldrecht Bd. II 2, § 76 I 1 a. Aus dieser Unterteilung folgt, dass es ein Herrschafts*recht* nur am Eigentum geben kann. Bei Rechtsgütern handelt es sich eher um eine Ausschlussfunktion die dem Rechtsgutsinhaber zugewiesen ist. Andererseits hat auch der Mensch über sein Leben, seinen Körper, seine Gesundheit und seine Freiheit die „Herrschaft" und obwohl es das Wort „Recht" im Namen trägt, müsste das Persönlichkeits*recht* auch als Rechtsgut qualifiziert werden. Die Unterscheidung zwischen Recht und Rechtsgut ist daher nur begrifflicher Natur. Im Folgenden soll auf eine solche Differenzierung verzichtet werden; schließlich haben alle in § 823 I BGB genannten Rechte/Rechtsgüter einen Herrschaftscharakter; begrifflich ebenso: HADDING, in: FS Kellermann, 91 (104); REUTER, in: FS Hermann Lange, 707 (711).

276 HABERSACK, Die Mitgliedschaft - subjektives und „sonstiges" Recht, S. 130 ff.; K. SCHMIDT, JZ 1991, 157 (158); SPICKHOFF, in: Soergel, BGB, § 823, Rn. 86.

277 HABERSACK, Die Mitgliedschaft - subjektives und „sonstiges" Recht, S. 133 f.; SPRAU, in: Palandt, BGB, § 823, Rn. 11; WAGNER, in: MünchKomm, BGB, § 823, Rn. 291.

Damit die Mitgliedschaft „sonstiges Recht"[278] sein kann, müsste sie auch als absolutes Recht zu qualifizieren sein[279].

Ein absolutes Recht liegt zumindest dann vor, wenn dem Recht ein Herrschaftscharakter zukommt[280]. Der Herrschaftscharakter setzt voraus, dass einem Rechtssubjekt die unmittelbare Herrschaftsmacht über ein Rechtsgut zugeordnet ist[281]. Rechtsgüter können Gegenstände bzw. Rechtsobjekte sein. Gegenstände bzw. Rechtsobjekte sind typischerweise Sachen, Immaterialgüter, aber auch Forderungen[282]. Unmittelbare Herrschaftsmacht heißt, das Rechtssubjekt kann alle anderen Rechtssubjekte von dem ihm zugeordneten Rechtsobjekt ausschließen[283].

Das Eigentum und die Freiheit sind absolute Rechte. Gegenstände dieser „Rechte" sind Sachen und der eigene Aufenthalt. Beide Gegenstände kann der Rechtsinhaber grds. gegenüber jedermann in jeder Situation verteidigen. Das gilt für die Rechtsposition als Ganzes sowie für deren Inhalt. Der Eigentümer kann verlangen, dass seine Sachen von einem anderen Rechtssubjekt nicht entzogen, benutzt oder berührt werden. Der Mensch kann verlangen, dass sein Aufenthalt nicht von einem anderen Rechtssubjekt bestimmt oder beeinträchtigt wird.

Bei der Forderung muss man unterscheiden: Kein Herrschaftsrecht besteht hinsichtlich des Inhalts oder des Bestehens der Forderung[284]. Der Forderungsinhaber kann nicht von jedermann verlangen, die Erfüllbarkeit der Forderung nicht zu beeinträchtigen[285]. Andererseits stellt die Inhaberschaft der Forderung

---

278 Zur Struktur und Merkmalen eines „sonstigen Rechts": HABERSACK, Die Mitgliedschaft – subjektives und „sonstiges" Recht, S. 127 ff.; LARENZ/CANARIS, Schuldrecht Bd. II 2, § 76 II 4 e.

279 Diese Frage beantwortete der BGH nicht im Urt. v. 12.03.1990 – II ZR 179/89 (Schärenkreuzer), BGHZ 110, 323 (327 f., 334); kritisiert wurde dies von HADDING, in: FS Kellermann, 91 (104 f.).

280 HABERSACK, Die Mitgliedschaft – subjektives und „sonstiges" Recht, S. 132 f., 138; K. SCHMIDT, JZ 1991, 157 (158).

281 HABERSACK, Die Mitgliedschaft – subjektives und „sonstiges" Recht, S. 142; K. SCHMIDT, JZ 1991, 157 (158).

282 HABERSACK, Die Mitgliedschaft – subjektives und „sonstiges" Recht, S. 142.

283 Vgl. LARENZ/CANARIS, Schuldrecht Bd. II 2, § 76 I 1: „Zuweisungsgehalt und Ausschlussfunktion".

284 Grund dafür ist die Relativität des Schuldverhältnisses; WAGNER, in: MünchKomm, BGB, § 823, Rn. 291; vgl. i. E.: SPRAU, in: Palandt, BGB, § 823, Rn. 11.

285 Näher dazu: HAGER, in: Staudinger (2017), BGB, § 823, Rn. B 160 ff.

ein absolutes Recht dar[286]. Ein Rechtssubjekt kann gegenüber allen anderen Rechtssubjekten geltend machen, dass ihm selbst die Forderung zusteht, zum Beispiel um dessen Erfüllung zu fordern oder über dessen Abtretung zu entscheiden[287].

Bei der Mitgliedschaft kann das Mitglied (Rechtssubjekt) von jedermann verlangen, dass die Mitgliedschaft als Ganzes nicht bestritten wird. Zudem kann es grds. – im Unterschied zur Forderung – verlangen, dass der Inhalt der Mitgliedschaft beachtet wird[288]. Inhalt der Mitgliedschaft ist die Stellung des Mitglieds im Verband und die einzelnen ihm zustehenden Rechte[289]. Der Aktionär kann beispielsweise von jedermann fordern, dass dieser nicht für ihn auf der Hauptversammlung redet oder abstimmt. Insofern weist die Mitgliedschaft Herrschaftscharakter auf.

Das Mitglied (Rechtssubjekt) hat somit Herrschaftsmacht über die Mitgliedschaft. Die Mitgliedschaft (als Ganzes) ist der Gegenstand, auf den sich die Herrschaftsmacht erstreckt, also das Rechtsobjekt[290].

Zum Teil wird auch der Verband als Rechtsobjekt angesehen[291]. Die daran geübte Kritik, der Verband sei selbst Rechtssubjekt und könne daher nicht Rechtsobjekt sein[292], ist unberechtigt[293]. Der Verband, also die AG, kann beides sein. Es kommt auf den Blickwinkel an. Bei einem Unternehmenskauf in Form eines Share Deals ist der Verband Rechtsobjekt. Schließt die AG als juristische Person (§ 1 I AktG) Verträge ab, ist sie Rechtssubjekt. Der Gegenstand der Mitgliedschaft über den der Aktionär bestimmen kann, ist allerdings nicht der Verband, denn der Aktionär ist selbst nur ein Teil dessen. So ist die Mitgliedschaft

---

286 Str.; zum Meinungsstand: HAGER, in: Staudinger (2017), BGB, § 823, Rn. B 163 f.; im Ergebnis wie hier: HAGER, in: Staudinger (2017), BGB, § 823, Rn. B 165; SPICKHOFF, in: Soergel, BGB, § 823, Rn. 88; WAGNER, in: MünchKomm, BGB, § 823, Rn. 292 f.

287 Die Bedeutung dessen ist allerdings gering, da es grundsätzlich keinen gutgläubigen Forderungserwerb gibt; WAGNER, in: MünchKomm, BGB, § 823, Rn. 292 f.

288 Die Frage, ob ein deliktischer Schutz auch im Innenverhältnis der Aktiengesellschaft möglich ist, kann hier noch offen bleiben. Dazu noch unten im 5. Teil: B II 4 c aa (3).

289 Vgl. HABERSACK, Die Mitgliedschaft – subjektives und „sonstiges" Recht, S. 143.

290 LUTTER, AcP 180 (1980), 84 (99, 130 f.): „dass die Mitgliedschaft als Rechtsverhältnis, das eben zugleich als Gegenstand verselbstständigt ist.", „sie ist […] selbstständiger Gegenstand".

291 HABERSACK, Die Mitgliedschaft – subjektives und „sonstiges" Recht, S. 142 ff.

292 A. ARNOLD, in: MünchKomm, BGB (7. Auflage), § 38, Rn. 16; WAGNER, in: MünchKomm, BGB, § 823, Rn. 307.

293 LEUSCHNER, in: MünchKomm, BGB, § 38, Rn. 5.

nicht automatisch verletzt, wenn der Verband geschädigt wird[294]. Richtig wäre es, das Rechtsobjekt als Stellung des Aktionärs im Verband (und die damit verbundenen Rechte) zu charakterisieren[295]. Eben diese Stellung ist aber vergegenständlicht und daher selbst Rechtsobjekt[296].

Obwohl die Rechtsposition Mitgliedschaft dem Eigentum ähnlich ist[297], gibt es doch auch strukturelle Unterschiede[298]. Die Mitgliedschaft ist – im Gegensatz zum Eigentum und der Freiheit – das Produkt eines vertraglich begründeten Verbands. Dies widerspricht allerdings nicht dem Charakter der Mitgliedschaft als absolutes Recht[299]. Auch die Ehe beruht auf einem Vertrag (§ 1310 BGB)[300] und aus ihr entsteht der absolut geschützte Bereich der ehelichen Wohnung[301].

Zum absolut geschützten Recht „Mitgliedschaft" gehört auch dessen Inhalt, also die Stellung des Mitglieds im und zum Verband[302]. So wird versucht die Mitgliedschaft als absolutes Recht nicht über den Herrschaftscharakter, sondern über eine Parallele zur elterlichen Sorge herzuleiten[303]. Denn in beiden Fällen gehe es um ein Verhältnis eines Rechtssubjekts (Mitglied bzw. Eltern) zu einem

---

294 LARENZ/CANARIS, Schuldrecht Bd. II 2, § 76 II 4 e.

295 In diese Richtung müsste man K. SCHMIDT interpretieren, wenn er schreibt, dass Herrschaftsrechte „dem Berechtigten eine unmittelbare Herrschaftsmacht über einen Rechtsgegenstand oder einen Kompetenzbereich geben.", JZ 1991, 157 (158); a. A.: HABERSACK, Die Mitgliedschaft – subjektives und „sonstiges" Recht, S. 144 f.

296 Vgl. LUTTER, AcP 180 (1980), 84 (99); genau dies übersehen A. ARNOLD und WAGNER, wenn sie statt mit einer verobjektivierten Mitgliedschaft nur mit einzelnen Rechten und Pflichten des Mitglieds argumentieren, A. ARNOLD, in: MünchKomm, BGB (7. Auflage), § 38, Rn. 16; WAGNER, in: MünchKomm, BGB, § 823, Rn. 307.

297 BRONDICS, Die Aktionärsklage, S. 82; CASPER, in: Spindler/Stilz, AktG, Vorb. z. §§ 241 ff., Rn. 16.

298 Zu den strukturellen Unterschieden: HABERSACK, Die Mitgliedschaft – subjektives und „sonstiges" Recht, S. 69 f.

299 HABERSACK, Die Mitgliedschaft – subjektives und „sonstiges" Recht, S. 145.

300 BRUDERMÜLLER, in: Palandt, BGB, Vorb. v. § 1310, Rn. 3.

301 BGH, Urt. v. 26.06.1952 – IV ZR 228/51, BGHZ 6, 360 (366); BGH, Urt. v. 16.12.1960 – II ZR 162/59, BGHZ 34, 80 (87); BGH, Urt. v. 17.04.1961 – IV ZR 30/61, BGHZ 35, 302 (304); BGH, Urt. v. 14.03.1962 – IV ZR 253/61, BGHZ 37, 38 (41); BGH, Urt. v. 19.12.1989 – IVb ZR56/88, NJW 1990, 706 (708); HAGER, in: Staudinger (2017), BGB, § 823, Rn. B 175 ff.; krit.: WAGNER, in: MünchKomm, BGB, § 823, Rn. 301.

302 Vgl. HABERSACK, Die Mitgliedschaft – subjektives und „sonstiges" Recht, S. 143.

303 LEUSCHNER, in: MünchKomm, BGB, § 38, Rn. 5; WAGNER, in: MünchKomm, BGB, § 823, Rn. 307; zur Ablehnung dieses Vergleichs: HABERSACK, Die Mitgliedschaft – subjektives und „sonstiges" Recht, S. 140; HAGER, in: Staudinger (2017), BGB, § 823, Rn. B 141.

anderen Rechtssubjekt (Verband bzw. Kind). Jedoch betrachtet diese Ansicht nur einen Teil der Mitgliedschaft und lässt dessen Eigenständigkeit außer Acht. Doch selbst wenn man die Mitgliedschaft als Parallele zu einem solchen Familienrecht[304] und nicht über seinen Herrschaftscharakter[305] als absolutes Recht einordnen würde, ändert das am Ergebnis nichts.

Die Mitgliedschaft ist ein absolutes Recht. Sie kann nicht eindeutig kategorisiert werden. So wird gefordert, eine solche müsse grundsätzlich ungenau bleiben[306] oder sie wird als Herrschaftsrecht sui generis bezeichnet[307].

Übereinstimmung herrscht jedoch weitestgehend darin, dass die Mitgliedschaft als sonstiges Recht i. S. v. § 823 I BGB zu qualifizieren ist[308].

III. Fazit und Angreifbarkeit der Qualifizierung der Mitgliedschaft als subjektives Recht

1. Doppelnatur der Mitgliedschaft

Der Begriff „Mitgliedschaft" umschreibt damit zwei wesentliche Aspekte. Die Mitgliedschaft ist einmal das Rechtsverhältnis, aus dem alle Rechte und Pflichten erwachsen, die den Aktionär in seiner Zugehörigkeit zur Gesellschaft betreffen.

---

304 LEUSCHNER, in: MünchKomm, BGB, § 38, Rn. 5; WAGNER, in: MünchKomm, BGB, § 823, Rn. 307.

305 Dafür (zu Recht): HABERSACK, Die Mitgliedschaft – subjektives und „sonstiges" Recht, S. 142 ff.; K. SCHMIDT, JZ 1991, 157 (158); HAGER, in: Staudinger (2017), BGB, § 823, Rn. B 141; LARENZ/CANARIS, Schuldrecht Bd. II 2, § 76 II 4 e.

306 LUTTER, AcP 180 (1980), 84 (102).

307 HABERSACK, Die Mitgliedschaft – subjektives und „sonstiges" Recht, S. 139 ff.

308 BGH, Urt. v. 12.03.1990 – II ZR 179/89 (Schärenkreuzer), BGHZ 110, 323 (327 f., 334); zuvor schon (obiter dictum): RG, Urt. v. 26.11.1920 – VII 286/20, RGZ 100, 274 (278); RG, Urt. v. 21.09.1938 – II 183/37, RGZ 158, 248 (255); BRONDICS, Die Aktionärsklage, S. 83; CASPER, ZHR 163 (1999), 54 (68 f.); HABERSACK, Die Mitgliedschaft – subjektives und „sonstiges" Recht, S. 117 ff.; ders., DStR 1998, 533 (534); HAGER, in: Staudinger (2017), BGB, § 823, Rn. B 141 m. w. N.; LUTTER, AcP 180 (1980), 84 (130 ff.); MARKWARDT, ZIP 2004, 211 (214); MERTENS, in: FS Fischer, 461 (468); RIECKERS, in: Münchener Handbuch GesR, Bd. 4, § 18, Rn. 12; ROLLIN, Die Aktionärsklage in England und Deutschland, S. 174; K. SCHMIDT, JZ 1991, 157 (158 ff.); ders., Gesellschaftsrecht, § 19 I 3; WAGNER, in: MünchKomm, BGB, § 823, Rn. 306; WIEDEMANN, Gesellschaftsrecht I, § 7 III 2 a (S. 382 f.); a. A.: HADDING, in: FS Kellermann, 91 (102 ff.); M. SCHWAB, Das Prozeßrecht gesellschaftsinterner Streitigkeiten, S. 22 ff.; BEUTHIEN, in: FS Wiedemann, 755 (764 ff.).

Zugleich ist sie aber auch ein Recht. Als ein Recht ist sie sowohl subjektives Recht als auch „sonstiges Recht" i. S. v. § 823 I BGB[309].

Die Mitgliedschaft hat somit eine Doppelnatur[310].

Diese beiden Naturelle widersprechen sich auch nicht[311]. Sowohl bei einem Rechtsverhältnis als auch bei einem subjektiven Recht geht es um die rechtliche Beziehung zwischen Rechtssubjekten. Sie sind damit grundsätzlich gleicher Struktur[312]. Der Unterschied ist, dass bei dem Rechtsverhältnis neben der berechtigenden Seite des subjektiven Rechts auch die passive Seite Beachtung findet[313]. Der scheinbare Widerspruch ergibt sich nur, weil beide Aspekte der Mitgliedschaft mit dem Begriff „Mitgliedschaft" benannt werden[314].

2. Verhältnis zwischen Eigenständigkeit der Mitgliedschaft und Charakterisierung als ein subjektives Recht

Gegen die Klassifizierung der Mitgliedschaft als ein subjektives Recht wird vorgebracht, dass eine Schlussfolgerung von der Nähe zum Eigentum bzw. von deren Eigenständigkeit auf ihre Qualität als subjektives Recht unzulässig sei[315]. Andererseits wird angemerkt, dass die Eigenständigkeit der Mitgliedschaft erst

---

309 Vgl. aber auch: 5. Teil: B II 4 c aa (3).

310 HABERSACK, Die Mitgliedschaft – subjektives und „sonstiges" Recht, S. 98; daraus folgt aber nicht, dass beide Elemente einander gleichgesetzt werden, so aber: M. SCHWAB, Das Prozeßrecht gesellschaftsinterner Streitigkeiten, S. 21.

311 So (zu Recht) immer wieder: K. SCHMIDT, JZ 1991, 157 (157 f.); ders., Gesellschaftsrecht, § 19 I 3; ders. ZGR 2011, 108 (114 f.); klassisch unterscheidet man zwischen Rechtsverhältnis und subjektivem Recht; dazu: LEHMANN/HÜBNER, Allgemeiner Teil des BGB, § 80 II, III, § 48 I; beide sollen sich gegenseitig ausschließen, HADDING, in: FS Reinhardt, 249 (261); ders., in: FS Kellermann, 91 (103 f.); gegen die Möglichkeit Rechtsverhältnis und subjektives Recht gleichzeitig im Begriff Mitgliedschaft zu verarbeiten: M. SCHWAB, Das Prozeßrecht gesellschaftsinterner Streitigkeiten, S. 20.

312 HABERSACK, Die Mitgliedschaft – subjektives und „sonstiges" Recht, S. 66 f.

313 HABERSACK, Die Mitgliedschaft – subjektives und „sonstiges" Recht, S. 67; LARENZ, Allgemeiner Teil des Bürgerlichen Rechts (7. Auflage), § 12 I (S. 198 f.); vgl. LARENZ/WOLF, Allgemeiner Teil des Bürgerlichen Rechts, § 13 II 1 a (Rn. 24).

314 K. SCHMIDT, JZ 1991, 157 (158).

315 SCHULZ-GARDYAN, Die sogenannte Aktionärsklage, S. 59; besprochen und sein methodisches Vorgehen kritisiert durch: K. SCHMIDT, ZHR 157 (1993), 87 (89).

die Folge der rechtsdogmatischen Einordnung der Mitgliedschaft als subjektives Recht sein kann[316].

Beides trifft nicht zu. Die oben aufgezeigte Definition[317] des subjektiven Rechts („rechtliches Können", „rechtlicher Schutz von Interessen") baut maßgeblich auf das auf, was der Gesetzgeber regelt. Regelt der Gesetzgeber etwas nicht ausdrücklich, ist das Geregelte auszulegen. Im Ergebnis heißt das jedoch, dass die Frage, ob eine Rechtsposition ein Recht oder bloß Rechtsverhältnis ist, immer anhand des Gesetzes zu bestimmen ist[318].

Wenn der Gesetzgeber – wie im Fall der Mitgliedschaft – an mehreren Stellen von der Eigenständigkeit der Mitgliedschaft ausgeht und selbst die Nähe zu Eigentum wollte, dann kann daraus sehr wohl auf den Charakter der Mitgliedschaft als ein Recht geschlossen werden. Die Frage, ob die Mitgliedschaft ein subjektives Recht sein kann oder bloß Rechtsverhältnis ist, lässt sich ohne eine solche Subsumption nicht beantworten.

B. Unzureichender Schutz der Mitgliedschaft

Einen unzureichenden Schutz der Mitgliedschaft versucht vor allem *Brondics*[319] herauszuarbeiten. Er betrachtet zunächst die Entwicklung des Schutzes mitgliedschaftlicher Rechte durch den Gesetzgeber und die sich parallel dazu entwickelnde Rechtsprechung. Vor 1884 wäre ein ausreichender Schutz der Mitgliedschaft vorhanden gewesen, weil die Rechtsprechung[320] einen Anspruch des Aktionärs auf recht- und satzungsmäßiges Verhalten des Vorstands und Aufsichtsrats anerkannt habe. Als mit der Aktienrechtsnovelle 1884 das Anfechtungsrecht eingeführt wurde[321], sei diese Rechtsprechung in den Hintergrund geraten[322]. *Brondics* kommt deshalb zu der Schlussfolgerung, dass sich der Schutz

316 Vgl. HABERSACK, Die Mitgliedschaft – subjektives und „sonstiges" Recht, S. 65; M. SCHWAB, Das Prozeßrecht gesellschaftsinterner Streitigkeiten, S. 21; WIEDEMANN, Gesellschaftsrecht I, § 2 I 1 b bb (S. 95).

317 S. o.: 3. Teil: A II 2 a.

318 HABERSACK, Die Mitgliedschaft – subjektives und „sonstiges" Recht, S. 26 f.

319 BRONDICS, Die Aktionärsklage, S. 59 ff.

320 BRONDICS zitiert die ROHG Rechtsprechung (an dieser Stelle) nicht ausdrücklich, gemeint sind aber folgende Entscheidungen: ROHG, Urt. v. 20.10.1877 – Rep. 822/77, ROHGE 23, 273 (275); ROHG, Urt. v. 09.09.1879 – Rep. 657/79, ROHGE 25, 307 (310).

321 Art. 222 i. V. m. Art. 190a ADHGB; siehe dazu auch: § 13 III B Allgemeine Begr. zum Gesetzesentwurf 1884 in: Schubert/Hommelhoff, Hundert Jahre modernes Aktienrecht, S. 467 f.

322 FLUME, Die juristische Person, § 8 V 4 (S. 310).

der Mitgliedschaft im Wesentlichen auf das Instrument der Anfechtungsklage reduziert[323]. Da dieses Instrument aber einen Beschluss der Hauptversammlung voraussetzt, geht es ins Leere, wenn Gefahren durch tatsächliche Handlungen des Vorstands, des Aufsichtsrats oder eines anderen Aktionärs drohen[324]. Zusätzliche quorumsabhängige Rechte würden keinen notwendigen Schutz mit sich bringen[325] und schärfere Kontrollpflichten zwischen den Organen würden auch nicht genügen, um den notwendigen Interessenausgleich zwischen dem Unternehmen und den verschiedenen Aktionärsgruppen vorzunehmen[326]. Daraus folge ein Bedürfnis nach Rechtsfortbildung[327]. Um die Durchsetzung der dem Aktionär vom Gesetzgeber gegebenen Rechte zu sichern, sei ein umfassender Anspruch auf Beachtung der Mitgliedschaft notwendig[328].

Brondics geht daher im Ansatz davon aus, dass ein ausreichender Schutz der Mitgliedschaft nur erreicht werden könne, indem man einen allgemeinen Anspruch des Aktionärs auf gesetz- und satzungsmäßiges Verhalten der Verwaltungsorgane anerkennt[329]. Letztendlich lehnt er einen solchen Anspruch allerdings ab[330].

C. Kritik

Bisher hat dieser Ansatz nur vereinzelt Kritik erfahren. Gerügt wird vor allem, dass er sehr weit ist[331]. Alle Rechte, die einer Person als Aktionär zustehen können, – seien es anerkannte, umstrittene oder völlig abwegige – lassen sich auf die Mitgliedschaft zurückführen. Sei es, weil das fragliche Recht zwingend an die Mitgliedschaft gebunden ist oder sei es, weil der Aktionär in seiner Stellung als Mitglied irgendwie berührt sein

---

323 BRONDICS, Die Aktionärsklage, S. 61; vgl. auch: BAUMS, Gutachten F zum 63. DJT 2000, S. 197.

324 BRONDICS, Die Aktionärsklage, S. 60 f.

325 BRONDICS, Die Aktionärsklage, S. 60 f., 65 f.

326 BRONDICS, Die Aktionärsklage, S. 60 f., 69 f.

327 BRONDICS, Die Aktionärsklage, S. 61.

328 BRONDICS, Die Aktionärsklage, S. 71.

329 Ebenso: FLUME, Die juristische Person, § 8 V 4 (S. 310 f.); KNOBBE-KEUK, in: FS Ballerstedt, 239.

330 BRONDICS, Die Aktionärsklage, S. 106 f.

331 ZÖLLNER, ZGR 1988, 392 (426); vgl. HOFFMANN-BECKING, ZHR 167 (2003), 357 (363); kritisch auch: BARTELS, ZGR 2008, 723 (757); KRIEGER: „Mit dem Schlagwort von der Verletzung des Mitgliedschaftsrechts kommt man nicht weiter.", ZHR 163 (1999), 343 (356); vgl. auch DRINKUTH, AG 2006, 142 (145).

könnte[332]. Zudem werden alle Pflichtverletzungen der Organe der Aktiengesellschaft das Rechtsverhältnis Mitgliedschaft mehr oder weniger mittelbar tangieren. So bilanziert *Hoffmann-Becking*: Wenn man das Bedürfnis nach verbessertem Rechtsschutz auf die Mitgliedschaft stützt oder auf deren unzureichenden Schutz, so kommt dies einem allgemeinen Anspruch auf gesetz- und satzungsmäßiges Verhalten der Verwaltungsorgane gleich[333].

Im Übrigen seien auch im Gesetz Anhaltspunkte ersichtlich, dass ein Betroffensein der Mitgliedschaft für ein Einzelklagerecht des Aktionärs nicht per se ausreichend sein kann[334]: Die §§ 147, 148 AktG fordern für die Geltendmachung von Schadensersatzansprüchen der Gesellschaft gegen Organmitglieder ein Quorum und versagen dem Aktionär ein Einzelklagerecht. Dabei betrifft auch die Nichtverfolgung von Schadensersatzansprüchen den Aktionär in seiner Mitgliedschaft, denn dadurch schmälert sich das Vermögen der Gesellschaft und mithin der Wert der Beteiligung des Aktionärs[335].

Diese Kritik verdient durchaus Beachtung. Allein der Umstand, dass *Brondics* die Notwendigkeit eines Rechtsschutzinstruments erst in vollem Umfang für die Mitgliedschaft bejaht und es später inhaltlich wieder einschränkt, zeigt erste Schwächen. Denn durch diese Einschränkung entstünde wieder eine Rechtsschutzlücke innerhalb des zuvor bejahten notwendigen Umfangs.

Problematisch an diesem Begründungsansatz ist aber auch, dass er von der falschen Prämisse ausgeht. Wie noch zu zeigen sein wird, gibt es keinen allgemeinen Anspruch des Aktionärs auf gesetz- und satzungsmäßiges Verhalten der Verwaltungsorgane und es darf ihn auch nicht geben[336]. Auch die frühere Rechtsprechung hat einen solch weitreichenden Aktionärsrechtsschutz nicht gewährt[337].

Überdies ist es fragwürdig, die Mitgliedschaft als etwas zu charakterisieren, das sich selbst regelt und definiert bzw. von deren Existenz auf deren Inhalt geschlossen werden kann. Plausibler scheint es, das Gesetz und die Satzung als die Instrumente zu begreifen, welche die Rechtsfragen innerhalb des Rechtsverhältnisses Mitgliedschaft regeln und die das subjektive Recht Mitgliedschaft definieren und begrenzen. Wer hingegen (pauschalisiert) von der Mitgliedschaft auf

332 Siehe hierzu RAISER, der als Beispiel dafür das gesetz- oder satzungswidrige Übergehen des Aufsichtsrats durch den Vorstand benennt, ZHR 153 (1989), 1 (30).

333 HOFFMANN-BECKING, ZHR 167 (2003), 357 (363).

334 KRIEGER, ZHR 163 (1999), 343 (356).

335 KRIEGER, ZHR 163 (1999), 343 (356).

336 S. u.: 5. Teil: A.

337 S. u.: 5. Teil: A IV.

einzelne Rechte bzw. ein notwendiges Maß an Rechtsschutz schließt, droht dieses Verhältnis umzudrehen und muss sich dem Vorwurf aussetzen, das Ergebnis zur Begründung zu machen.

D. Zwischenergebnis

Die Notwendigkeit der Aktionärsklage mit dem unzureichenden Schutz der Mitgliedschaft zu begründen, scheint problematisch zu sein. Dieser Ansatz ist an anderer Stelle noch detailliert zu prüfen[338]. Alternativ käme in Betracht, das Bedürfnis nach verbessertem Rechtsschutz konkret anhand des Gesetzes und der Satzung zu bestimmen. Eine Lücke im Aktionärsrechtsschutz könnte dort erblickt werden, wo dem Aktionär durch das Gesetz und/oder die Satzung eine schützenswerte Position eingeräumt wird, ihm aber die Möglichkeit fehlt, diese durchzusetzen und für die Nichtdurchsetzbarkeit keine Rechtfertigung möglich ist. Im Folgenden gilt es zunächst solche Lücken aufzuzeigen und die Möglichkeiten deren Schließung darzustellen.

Dies schließt einen unzureichenden Schutz der Mitgliedschaft nicht aus. Allerdings könnte er dann eher als Konsequenz solcher Lücken begriffen werden und eben nicht als Begründungsansatz für das Bedürfnis nach ungeschriebenem Rechtsschutz.

338 S. u.: 5. Teil: B II 4.

4. Teil: Grundsatz der restriktiven Handhabung von Aktionärsklagen

Um Lücken beim Aktionärsrechtsschutz zu finden, ist die rechtliche Position des Aktionärs in der Aktiengesellschaft zu untersuchen. Er ist Gesellschafter und damit ein Teil einer Gemeinschaft, die sich zur Verfolgung gemeinsamer Ziele zusammengeschlossen hat[339].

Die rechtliche Position des Aktionärs in der Aktiengesellschaft wird stark durch das vom Aktiengesetz vorgegebene Kompetenz- und Kontrollsystem beeinflusst. Vor diesem Hintergrund sind auch die Möglichkeiten zu beurteilen, in denen ein Aktionär gegen Maßnahmen der Verwaltungsorgane vorgehen kann. Bevor einzelne Lücken durch ergänzenden Rechtsschutz geschlossen werden können, gilt es, die Einordnung des Aktionärs in das Kompetenz- und Kontrollsystem fruchtbar zu machen.

A. Kompetenzsystem

Das Aktiengesetz schreibt die Kompetenzverteilung innerhalb einer Aktiengesellschaft genau vor. Der Grundsatz lautet: Der Vorstand leitet, der Aufsichtsrat überwacht und die Hauptversammlung entscheidet bei wichtigen Sachen. Dieser Grundsatz ist in den §§ 76 I, 111 I und § 119 I AktG normiert und wird in den zahlreichen weiteren Vorschriften konkretisiert. Hinzu kommt die Satzung der Gesellschaft, die gesetzliche Pflichten – soweit zulässig (§ 23 V AktG) – ergänzen und konkretisieren kann.

I. Vorstand

Der Vorstand ist eines der beiden Verwaltungsorgane der Aktiengesellschaft[340]. Ihm obliegt die Geschäftsführung (§ 77 I AktG) und die Vertretung der Gesellschaft (§ 78 AktG). Darüber hinaus legt er die Richtlinien der Unternehmenspolitik fest. § 76 I AktG umschreibt die Aufgabe des Vorstands allumfassend mit der Leitung der Gesellschaft unter eigener Verantwortung[341]. Sofern keine Kompetenzzuweisung zu einem anderen Organ besteht, fällt der zu entscheidende

339 Näher dazu: LUTTER, AcP 180 (1980), 84 (89 ff.).

340 MERTENS/CAHN, in: KölnKomm, AktG, Vorb. § 76, Rn. 2.

341 SAENGER, Gesellschaftsrecht, Rn. 574.

Sachverhalt unter die Leitung des Vorstands. So wird gewährleistet, dass für jeden denkbaren Sachverhalt die Kompetenzfrage beantwortet werden kann (Vermeidung negativer Kompetenzkonflikte)[342].

Nicht alle Entscheidungen darf (nur) der Vorstand treffen. Nach § 111 IV 2 AktG ist bei bestimmten Arten von Geschäften die Zustimmung des Aufsichtsrats erforderlich. Dies ist vor allem bei Maßnahmen und Entscheidungen der Fall, welche die Ertragsaussichten der Gesellschaft oder ihre Risikoexposition grundlegend verändern[343]. Wann ein solcher Fall vorliegt, kann zudem durch die Satzung festgelegt werden. Hier ist das Kompetenzsystem ausnahmsweise nicht abschließend gesetzlich geregelt (§ 23 V i. V. m. § 111 IV 2 AktG). Wenn die Satzung keine Bestimmungen dazu trifft, hat der Aufsichtsrat diese Fälle selbst nach pflichtgemäßem Ermessen zu bestimmen[344].

Darüber hinaus gibt es zahlreiche Einzelvorschriften im AktG, HGB, UmwG und WpÜG, die die Entscheidungsgewalt des Vorstands beschränken, indem sie eine Kompetenz der Hauptversammlung begründen oder Maßnahmen von ihrer Zustimmung abhängig machen[345]. Die wichtigsten dieser Hauptversammlungskompetenzen sind in § 119 I AktG beispielhaft genannt. Grund für die Zuständigkeitsverschiebungen ist die Schaffung eines ausgewogenen Machtverhältnisses zwischen den Gesellschaftsorganen[346].

Man kann insofern von einer Abstufung der Vorstandszuständigkeit in Abhängigkeit der Bedeutung der Maßnahme sprechen. Normale Geschäftsführungsmaßnahmen nimmt er selbst vor, für bedeutende braucht er die Zustimmung von Aufsichtsrat und/oder der Hauptversammlung und bei grundlegenden Entscheidungen ist er schon gar nicht zuständig.

In normalen Angelegenheiten der Geschäftsführung kann der Vorstand aber trotzdem einen Beschluss der Hauptversammlung anstreben (§ 119 II AktG), auch wenn eine notwendige Zustimmung des Aufsichtsrats nicht erteilt wurde (§ 111 IV 3 AktG). Dies hätte für ihn den Vorteil der Enthaftung (§ 93 IV 1 AktG).

---

342 STAAKE, Ungeschriebene Hauptversammlungskompetenzen, S. 21.

343 Begr. RegE BT-Drucks. 14/8769, S. 17.

344 KOCH, in: Hüffer/Koch, AktG, § 111, Rn. 36.

345 Z. B.: §§ 50, 52 I, 84 III, 93 IV 3, 103 I, 113 I, 147, 293 I AktG, §§ 65, 73 UmwG, § 33 II WpÜG; ausführliche Übersicht bei: DRINHAUSEN, in: Hölters, AktG, § 119, Rn. 7 f. oder BUNGERT, in: Münchener Handbuch GesR, Bd. 4, § 35, Rn. 12.

346 KOCH, in: Hüffer/Koch, AktG, § 76, Rn. 5; RAISER/VEIL, Recht der Kapitalgesellschaften, § 16 I 1 (Rn. 1); SAENGER, Gesellschaftsrecht, Rn. 606.

II. Aufsichtsrat

Der Aufsichtsrat ist das zweite Verwaltungsorgan der Aktiengesellschaft[347]. Seine Hauptaufgabe ist die Überwachung der Tätigkeit des Vorstands (§ 111 I AktG)[348]. Dazu gehören die Kontrolle und die Beratung des Vorstands[349]. Ein Weisungsrecht besitzt er nicht[350]. Der Aufsichtsrat ist außerdem bei Maßnahmen und Entscheidungen zu beteiligen, welche die Ertragsaussichten der Gesellschaft oder ihre Risikoexposition grundlegend verändern können (§ 111 IV 2 AktG). Er hat zu entscheiden, ob er der konkreten Maßnahme zustimmt oder nicht. Eine Maßnahme wird dann von beiden Verwaltungsorganen getragen[351] und beide können sich schadensersatzpflichtig machen (§§ 93, 116 AktG). Gleichwohl darf dem Aufsichtsrat eine Maßnahme der Geschäftsführung nicht übertragen werden (§ 111 IV 1 AktG). Deshalb erstreckt sich die Beteiligung des Aufsichtsrats auch nur auf die Zustimmung. Zur effektiven Überwachung hat er ausgeprägte Informationsansprüche. Der Vorstand muss ihm Bericht erstatten (§ 90 AktG) und er hat ein Einsichtsrecht in Bücher und Schriften der Gesellschaft (§ 111 II AktG). Er vertritt die AG gegenüber dem Vorstand (§ 112 AktG), bestellt den Vorstand (§ 84 I AktG) und beruft ihn ggf. auch wieder ab (§ 84 III AktG).

Auch der Aufsichtsrat hat die Möglichkeit einen Hauptversammlungsbeschluss anzustreben. Er muss die Hauptversammlung einberufen, wenn es das Wohl der Gesellschaft erfordert (§ 111 III AktG)[352] und er hat ein Beschlussvorschlagsrecht nach § 124 III AktG. Er kann allerdings keine Fragen der Geschäftsführung durch die Hauptversammlung entscheiden lassen, § 119 II AktG gibt diese Befugnis ausschließlich dem Vorstand. Andernfalls könnte der Aufsichtsrat in die Leitung durch den Vorstand eingreifen[353].

---

347 MERTENS/CAHN, in: KölnKomm, AktG, Vorb. § 76, Rn. 2.

348 Im Falle der Auflösung einer Aktiengesellschaft obliegt ihm auch die Überwachung der Abwickler (§ 268 II 2 AktG).

349 LUTTER/KRIEGER/VERSE, Rechte und Pflichten des Aufsichtsrats, Rn. 62.

350 KOCH, in: Hüffer/Koch, AktG, § 76, Rn. 5; LUTTER/KRIEGER/VERSE, Rechte und Pflichten des Aufsichtsrats, Rn. 62.

351 Begr. RegE BT-Drucks. 14/8769 S. 17.

352 Nach vorzugswürdiger Ansicht auch außerhalb des Kompetenzbereichs des § 119 I AktG; dazu statt vieler: DRYGALA, in: K. Schmidt/Lutter, AktG, § 111, Rn. 46 m. w. N.

353 Begr. RegE zu § 119 AktG 1965, in: KROPFF, Aktiengesetz, S. 165.

III. Hauptversammlung

Die Hauptversammlung ist die tatsächliche Zusammenkunft der Aktionäre und ist das dritte Organ der Aktiengesellschaft. In diesem Organ üben die Aktionäre ihre Rechte in den Angelegenheiten der Gesellschaft aus (§ 118 I AktG). Die Hauptversammlung entscheidet vor allem über die in § 119 I AktG normierten wesentlichen Angelegenheiten der Gesellschaft (Enumerationsprinzip)[354]. So hat allein die Hauptversammlung die Kompetenz, die Satzung zu ändern (§§ 119 I Nr. 5, 179 AktG) und kann damit die Grenzen festlegen, innerhalb denen der Vorstand leiten darf. Mit der Satzungsautonomie kann die Hauptversammlung auch bestimmte Maßnahmen und Entscheidungen von der Zustimmung des Aufsichtsrats abhängig machen (vgl. § 111 IV 2 AktG) und Leitlinien für die Geschäftsordnungen des Vorstands (vgl. § 77 II AktG) und Aufsichtsrats[355] aufstellen[356]. Zudem bestellt (§§ 119 I Nr. 1, 101 I 1 Alt. 1 AktG)[357] und entlässt (§ 103 I AktG) sie die Mitglieder des Aufsichtsrats.

Hauptversammlungskompetenzen sind auch außerhalb des Aktiengesetzes zu finden, etwa in §§ 65, 73 UmwG (Verschmelzung) oder § 125 i. V. m. §§ 65, 73 UmwG (Spaltung)[358]. § 33 I WpÜG betrifft den bereits oben angesprochen Fall[359] der negativen Werbung des Vorstands bei einer Übernahmesituation. Hier besteht nach richtiger Ansicht keine Hauptversammlungskompetenz[360].

---

354 DRYGALA/STAAKE/SZALAI, Kapitalgesellschaftsrecht, § 21 IV 1 (Rn. 198).

355 LUTTER/KRIEGER/VERSE, Rechte und Pflichten des Aufsichtsrats, Rn. 652 f.

356 BUNGERT, in: Münchener Handbuch GesR, Bd. 4, § 35, Rn. 5.

357 Dies gilt nicht bei den Mitgliedern des ersten Aufsichtsrats, die durch die Gründer bestellt werden (§§ 30 I 1, 31 I 1 AktG). Außerdem gibt es Fälle, in denen Mitglieder in den Aufsichtsrat zu entsenden sind (§§ 101 I 1 Alt. 2, II AktG) oder nach den Mitbestimmungsgesetzen (MitbestG, MitbestErG, DrittelbG, MgVG) unmittelbar oder mittelbar von Arbeitnehmern gewählt werden (§ 101 I 1 Alt. 3). Schließlich kann auch das Gericht in bestimmten Situationen die Bestellung vornehmen (§ 104 AktG); SIMONS, in: Hölters, AktG, § 101, Rn. 1.

358 MÜLBERT, in: Großkomm, AktG, § 119, Rn. 27.

359 LG Düsseldorf, Beschl. v. 14.12.1999 – 10 O 495/99 (Mannesmann/Vodafone), WM 2000, 528; s. o.: 2. Teil: A III.

360 Str.; wie hier: GLADE, in: Heidel, AktR, § 33 WpÜG, Rn. 25; NOACK/ZETZSCHE, in: Schwark/Zimmer, KMRK, § 33 WpÜG, Rn. 46; SCHLITT, in: MünchKomm, AktG, § 33 WpÜG, Rn. 58, 237, 239; BRANDI, in: Angerer/Geibel/Süßmann, WpÜG, § 33, Rn. 17; STEINMEYER, in: Steinmeyer, WpÜG, § 33, Rn. 9; a. A.: WINTER/HARBARATH, ZIP 2002, 1 (17).

Während der Gesetzgeber 1965 noch das Bild von § 119 I AktG als abschließende Regelung im Sinn hatte[361], haben sich seitdem auch ungeschriebene Hauptversammlungskompetenzen etabliert[362]. Es handelt sich dabei um eine Durchbrechung des gesetzlichen Kompetenzsystems für Ausnahmefälle. Für die Bestimmung des Vorliegens einer solchen Durchbrechung hatten sich zwei Fallgruppen herausgebildet[363], wovon inzwischen nur noch eine vom BGH bejaht wird[364].

Die erste Fallgruppe (Holzmüller/Gelatine-Grundsätze) bilden schwerwiegende Eingriffe in Aktionärsrechte (Eingriffslösung[365]). Ein solcher Eingriff ist unter folgenden Voraussetzungen als schwerwiegend zu qualifizieren[366]: Erstens muss die Maßnahme die Struktur der Gesellschaft oder des von ihr betriebenen Unternehmens derart ändern, dass es zu einer faktischen Verkürzung mitgliedschaftlicher Vermögens- und Verwaltungsrechte kommt (Mediatisierungseffekt)[367]. Zweitens muss der Eingriff eine Intensität erreichen, die an die Kernkompetenz der Hauptversammlung heranreicht[368]. Es müssen nämlich die Maßnahmen aussortiert werden, die zwar einen Mediatisierungseffekt haben, aber über die der Vorstand im Rahmen seiner Leitungsbefugnis zu entscheiden hat[369]. Die Durchbrechung des Kompetenzsystems kann erst dann gerechtfertigt

---

361 „Absatz 1 ist zwingendes Recht. In anderen als in den danach zulässigen Fällen kann die Hauptversammlung nicht beschließen." Begr. RegE zu § 119 AktG 1965, in: KROPFF, Aktiengesetz, S. 165.

362 Vor allem durch die Entscheidungen: BGH, Urt. v. 25.02.1982 – II ZR 174/80 (Holzmüller), BGHZ 83, 122; BGH, Urt. v. 25.11.2002 – II ZR 133/01 (Macrotron), BGHZ 153, 47; BGH, Urt. v. 26.04.2004 – II ZR 155/02 (Gelatine I), BGHZ 159, 30; BGH, Urt. v. 26.04.2004 – II ZR 154/02 (Gelatine II), NGZ 2004, 575; vgl. aber auch: BGH, Beschl. v. 08.10.2013 – II ZB 26/12 (Frosta), ZIP 2013, 2254.

363 Ausführlich dazu: DRYGALA/STAAKE/SZALAI, Kapitalgesellschaftsrecht, § 21 IV 2 b (Rn. 199 ff.).

364 Dazu sogleich im übernächsten Absatz.

365 Zu weiteren Ansätzen siehe: STAAKE, Ungeschriebene Hauptversammlungskompetenzen, S. 37 ff.

366 DRINHAUSEN, in: Hölters, AktG, § 119, Rn. 20; DRYGALA/STAAKE/SZALAI, Kapitalgesellschaftsrecht, § 21 IV 2 b aa (Rn. 203 ff.); SAENGER, Gesellschaftsrecht, Rn. 607.

367 BGH, Urt. v. 26.04.2004 – II ZR 155/02 (Gelatine I), BGHZ 159, 30 (40); DRYGALA/STAAKE/SZALAI, Kapitalgesellschaftsrecht, § 21 IV 2 b aa (Rn. 203); SPINDLER, in: K. Schmidt/Lutter, AktG, § 119, Rn. 30.

368 BGH, Urt. v. 26.04.2004 – II ZR 155/02 (Gelatine I), BGHZ 159, 30 (44 f.); RAISER/VEIL, Recht der Kapitalgesellschaften, § 16 I 5 (Rn. 16); SPINDLER, in: K. Schmidt/Lutter, AktG, § 119, Rn. 31.

369 Vgl. RAISER/VEIL, Recht der Kapitalgesellschaften, § 16 I 5 (Rn. 16).

sein, wenn die konkrete Maßnahme in ihrer Bedeutung die Verfassung der Gesellschaft betrifft. Die Grenze dafür wird überschritten, wenn Auswirkungen auf ca. 80 % des Gesellschaftsvermögens zu erwarten sind[370]. Beispiele für einen Mediatisierungseffekt sind die Ausgliederung eines Unternehmensteils auf eine dazu gegründete Tochtergesellschaft im Wege der Einzelrechtsnachfolge[371] oder konzerninterne Umstrukturierungen[372]. Je nach Größenordnung dieser Maßnahmen kommt eine ungeschriebene Hauptversammlungszuständigkeit in Betracht. Dogmatisch handelt es sich bei dieser ungeschriebenen Kompetenz um eine offene Rechtsfortbildung[373].

Die zweite Fallgruppe (Macrotron-Grundsätze) hatte sich in der Rechtsprechung und in der Literatur am Fall des Delistings entwickelt[374]. Wenn sich die Gesellschaft vollständig von der Börse zurückzieht (Delisting), wird dem Aktionär die Möglichkeit genommen, seine Anteile an der Börse zu veräußern und dadurch würde in seine schutzwürdigen Aktionärsrechte eingegriffen. Folglich sei vor einem Delisting die Zustimmung der Hauptversammlung erforderlich. Die dogmatische Begründung dieser Hauptversammlungskompetenz war umstritten. Der BGH zog Art. 14 GG heran[375], in der Literatur wurde u. a. auf

---

370 Die Höhe dieses quantitativen Eingriffskriteriums war umstritten. Vertreten wurden verschiedenste Höhen zwischen 10 % und 80 %; dazu: KOCH, in: Hüffer/Koch, AktG, § 119, Rn. 25 m. w. N.; MERTENS/CAHN, in: KölnKomm, AktG, § 76, Rn. 62 m. w. N. Seit der Gelatine-I-Entscheidung ist jedoch klar, dass die Höhe nicht zu niedrig angesetzt werden darf, BGH, Urt. v. 26.04.2004 – II ZR 155/02 (Gelatine I), BGHZ 159, 30 (44 f.).

371 BGH, Urt. v. 25.02.1982 – II ZR 174/80 (Holzmüller), BGHZ 83, 122.

372 BGH, Urt. v. 26.04.2004 – II ZR 155/02 (Gelatine I), BGHZ 159, 30 (41); BGH, Urt. v. 26.04.2004 – II ZR 154/02 (Gelatine II), NGZ 2004, 575 (578). Weitere Beispiele siehe: RAISER/VEIL, Recht der Kapitalgesellschaften, § 16 I 5 (Rn. 15).

373 Der BGH stützte sich anfangs nur auf § 119 II AktG, das Ermessen des Vorstands, die Hauptversammlung zu beteiligen, sei auf Null reduziert, Urt. v. 25.02.1982 – II ZR 174/80 (Holzmüller), BGHZ 83, 122 (131). Später stützte er sich auf eine „offene Rechtsfortbildung“, weil er die auf das Innenverhältnis beschränkte Wirkung des § 119 II AktG mit dem qualifizierten ¾-Mehrheitserfordernis verbinden wollte, Urt. v. 26.04.2004 – II ZR 155/02 (Gelatine I), BGHZ 159, 30 (42 f.). In der Literatur gab es ein sehr breites Meinungsspektrum, heute wird überwiegend auf die offene Rechtsfortbildung verwiesen; näher zur dogmatischen Herleitung: STAAKE, Ungeschriebene Hauptversammlungskompetenzen, S. 57 ff.

374 BGH, Urt. v. 25.11.2002 – II ZR 133/01 (Macrotron), BGHZ 153, 47.

375 BGH, Urt. v. 25.11.2002 – II ZR 133/01 (Macrotron), BGHZ 153, 47 (54 f.); a. A.: BÜRGERS, NJW 2003, 1642 (1643); zur dogmatischen Grundlage der

eine Analogie zum Umwandlungsrecht verwiesen[376]. Das BVerfG[377] hat dann entschieden, dass die mit dem Delisting einhergehenden Folgen nicht vom Schutzbereich des Art. 14 GG erfasst werden. Damit wurde dem BGH die verfassungsrechtliche Grundlage entzogen, zugleich wurde vom BVerfG allerdings betont, dass das Ergebnis gesellschaftsrechtlich haltbar wäre[378]. Der BGH[379] gab daraufhin seine Macrotron-Grundsätze auf, erteilte dabei auch der Analogie zum Umwandlungsrecht eine Absage[380] und beseitigte so eine ungeschriebene Hauptversammlungskompetenz beim Delisting (und zugleich auch die beim Downlisting). Im Grundsatz gelte immer noch § 119 I AktG und wenn der Vorstand Maßnahmen nicht allein verantworten soll, dann sei in erster Linie der Aufsichtsrat und nicht die Hauptversammlung zur Mitwirkung berufen[381]. Mit Aufgabe der Macrotron-Grundsätze hat der BGH den Ausnahmecharakter der ungeschriebenen Hauptversammlungskompetenzen verfestigt.

Die Hauptversammlung verwaltet selbst nicht und hat auch keine eigene Kompetenz, in Geschäftsführungsfragen zu entscheiden[382]. Dies ergibt sich aus den §§ 76 I, 119 II AktG. Sie hat auch keine mit dem Aufsichtsrat vergleichbare Überwachungsfunktion[383]. Aus diesen Gründen kann die Hauptversammlung auch nicht als oberstes Organ der Aktiengesellschaft bezeichnet werden[384].

Macrotron-Grundsätze ferner: ADOLFF/TIEVES, BB 2003, 797 (800); GEYRHALTER/ZIRNGIBL, DStR 2004, 1048 (1049).

376 DRYGALA/STAAKE/SZALAI, Kapitalgesellschaftsrecht, § 21 IV 2 b bb (Rn. 212 ff.); STAAKE, Ungeschriebene Hauptversammlungskompetenzen, S. 164 f.

377 BVerfG, Urt. v. 11.07.2012 – 1 BvR 3142/07, 1 BvR 1569/08, ZIP 2012, 1402; dazu: DRYGALA/STAAKE, ZIP 2013, 905.

378 BVerfG, Urt. v. 11.07.2012 – 1 BvR 3142/07, 1 BvR 1569/08, ZIP 2012, 1402 (1406 ff.); vgl. DRYGALA/STAAKE, ZIP 2013, 905 (907); THOMALE, DStR 2013, 2529.

379 BGH, Beschl. v. 08.10.2013 – II ZB 26/12 (Frosta), ZIP 2013, 2254; dazu: THOMALE, DStR 2013, 2529.

380 BGH, Beschl. v. 08.10.2013 – II ZB 26/12 (Frosta), ZIP 2013, 2254 (2254 f.).

381 BGH, Beschl. v. 08.10.2013 – II ZB 26/12 (Frosta), ZIP 2013, 2254 (2255).

382 MERTENS/CAHN, in: KölnKomm, AktG, Vorb. § 76, Rn. 2; SAENGER, Gesellschaftsrecht, Rn. 607 a. E.

383 Dazu siehe unten: 4. Teil: B.

384 BUNGERT, in: Münchener Handbuch GesR, Bd. 4, § 35, Rn. 4; KOCH, in: Hüffer/Koch, AktG, § 118, Rn. 4; K. SCHMIDT, Gesellschaftsrecht, § 28 IV 1; RAISER/VEIL, Recht der Kapitalgesellschaften, § 16 I 1 (Rn. 1); DRYGALA/STAAKE/SZALAI, Kapitalgesellschaftsrecht, § 21 IV 1 (Rn. 194); SAENGER, Gesellschaftsrecht, Rn. 606; a. A.: SEMLER, in: Münchener Handbuch GesR, Bd. 4 (3. Auflage), § 34, Rn. 4.

Vielmehr handelt es sich um ein System der Machtbalance, in dem Kompetenzen verteilt und nicht gebündelt werden[385].

IV. Fazit

Vom oben genannten Grundsatz gibt es zahlreiche positiv geregelte Ausnahmen. Zu Gunsten eines ausgewogenen Machtverhältnisses werden Kompetenzen in Abhängigkeit ihrer möglichen Auswirkung und grundsätzlichen Bedeutung für die Gesellschaft zwischen den Organen verschoben und vernetzt. Zugleich will das Aktiengesetz den Grundsatz vor einer Aushöhlung durch diese Ausnahmen schützen. Das zeigen Vorschriften wie § 111 IV 1 und § 119 II AktG. Der Gesetzgeber hat hier ein sehr fein differenziertes Kompetenzverteilungssystem zwischen den Organen geschaffen, welches im Grunde abschließend geregelt ist[386]. Gefestigt wird dies zusätzlich durch das Gebot der Satzungsstrenge (§ 23 V AktG).

V. Stellung des einzelnen Aktionärs im Kompetenzsystem

Der Aktionär hat einen Anteil am Grundkapital der Aktiengesellschaft. Daher sind die Aktionäre aus wirtschaftlicher Sicht Eigentümer der Gesellschaft[387]. Ihr Vermögen wird durch die Gesellschaft verwaltet. Die rechtliche Position des Aktionärs wird mit dem Begriff Mitgliedschaft umschrieben[388]. Die Mitgliedschaft hat eine Doppelnatur. Sie ist einerseits Dauerrechtsverhältnis eigener Art und verkörpert die Gesamtheit aller Rechte und Pflichten der Aktionäre gegenüber der Aktiengesellschaft und anderen Aktionären[389]. Gleichzeitig ist die Mitgliedschaft aber auch ein subjektives Recht[390].

Für die Stellung des Aktionärs im Kompetenzsystem sind vor allem seine Mitverwaltungsrechte[391] von Bedeutung. Diese sind grundsätzlich an die

385 In diesem Sinn urteilte auch der BGH, der von einer „wohlaustarierten Kompetenzverteilung in der Aktiengesellschaft“ spricht, Urt. v. 26.04.2004 – II ZR 155/02 (Gelatine I), BGHZ 159, 30 (39).

386 MERTENS/CAHN, in: KölnKomm, AktG, Vorb. § 76, Rn. 1.

387 Allgemeine Begr. RegE zum AktG 1965, in: KROPFF, Aktiengesetz, S. 14 f.; SAENGER, Gesellschaftsrecht, Rn. 546.

388 S. o.: 3. Teil: A.

389 S. o.: 3. Teil: A I.

390 S. o.: 3. Teil: A II 2.

391 Mitverwaltungsrechte können wiederum in Mitwirkungs- und Informationsrechte unterschieden werden, SAENGER, Gesellschaftsrecht, Rn. 558, 560.

Hauptversammlung gebunden (§ 118 I AktG) und damit auch zwingend an deren Kompetenzen[392]. Der Aktionär hat ein Recht auf Teilnahme an der Hauptversammlung[393] und im Rahmen dieser hat er auch ein Auskunfts- und Fragerecht (§ 131 I 1 AktG), ein Rederecht und ein Stimmrecht (§§ 12, 134 AktG)[394]. Bei fehlerhaften Hauptversammlungsbeschlüssen hat er die Möglichkeit diese mittels Nichtigkeits- oder Anfechtungsklage (§§ 241 ff. AktG) anzugreifen.

Außerhalb bzw. ohne die Hauptversammlung hat der einzelne Aktionär keine starke Stellung[395]. Das Aktiengesetz räumt ihm hier nur vereinzelt[396] oder an ein bestimmtes Quorum[397] geknüpfte Rechte ein. Nicht versammlungsgebunden sind etwa die Anfechtungsbefugnis (§ 245 AktG), das Recht Nichtigkeitsklage zu erheben (§ 249 AktG), Ansprüche auf Mitteilung nach § 125 II und IV AktG und das Recht auf Einsichtnahme und Erteilung von Abschriften[398]. Obwohl diese (Verwaltungs-)Rechte nicht in der Hauptversammlung ausgeübt werden, haben sie einen engen Bezug zur Hauptversammlung. Entweder dienen sie der nachträglichen Kontrolle deren Tätigkeit oder sie dienen der Vorbereitung und Information des Aktionärs. Zudem weisen auch die quorumsabhängigen Rechte stets ein enges Verhältnis zur Hauptversammlung auf. Sie sind entweder – zum Minderheitenschutz – als Parallele zu Hauptversammlungskompetenzen ausgestaltet oder dienen gerade dazu, die Rechtswahrnehmung in der Hauptversammlung zu unterstützen[399].

---

392 RAISER/VEIL, Recht der Kapitalgesellschaften, § 11 I 1 (Rn. 4); SAENGER, Gesellschaftsrecht, Rn. 560.

393 HOFFMANN, in: Spindler/Stilz, AktG, § 118, Rn. 11.

394 Daneben besteht auch die Möglichkeit das Stimmrecht generell oder im Einzelfall auszuschließen oder zu beschränken (z. B.: Vorzugsaktien nach §§ 139 ff. AktG). Weitere Fälle bei: DRYGALA/STAAKE/SZALAI, Kapitalgesellschaftsrecht, § 21 IV 7d (Rn. 272 ff.).

395 ADOLFF, ZHR 169 (2005), 310 (314); vgl. BRONDICS, Die Aktionärsklage, S. 124; BUNGERT, in: Münchener Handbuch GesR, Bd. 4, § 35, Rn. 1 f.

396 Beispiel für ein solches Einzelrecht ist das Recht, in Vorbereitung auf die Hauptversammlung, Dokumente der Rechnungslegung einzusehen (§ 175 II AktG). Ein Informationsrecht eines Aktionärs außerhalb der Hauptversammlung besteht nach vorzugswürdiger Ansicht nicht. Auch nicht unter dem Blickwinkel der Gleichbehandlung (§ 53a AktG), wenn andere Aktionäre diese Informationen erhalten haben. Nach § 131 IV AktG hat der Aktionär nur ein Informationsrecht in der Hauptversammlung; so: KOCH, in: Hüffer/Koch, AktG, § 131, Rn. 76; DRYGALA, in: KölnKomm, AktG, § 53a, Rn. 43; a. A.: ECKHARDT, in: Geßler/Hefermehl, AktG, § 131, Rn. 161.

397 Z. B.: §§ 122, 148 I, 260, 265 III AktG.

398 KOCH, in: Hüffer/Koch, AktG, § 118, Rn. 9.

399 Dazu: Tabelle 1 (Tabelle zu quorumsabhängigen Rechten des Aktionärs).

Tab. 1: Tabelle zu quorumsabhängigen Rechten des Aktionärs

Quorumsabhängiges Recht	**Parallele zur Hauptversammlungskompetenz**	**Zweck: Unterstützung der Rechtswahrnehmung in der Hauptversammlung**
§ 50 1 AktG	§ 50 1 AktG[400]	
§ 93 IV 3 AktG	§ 93 IV 3 AktG[401]	
§ 103 III 3 AktG		§§ 101 I, 103 I AktG[402]
§ 120 I 2 Alt. 2 AktG	§ 120 I 2 Alt. 1 AktG	
§ 122 I 1 AktG		Einberufung der Hauptversammlung[403]
§ 122 II 1 AktG		Ergänzung Tagesordnung der Hauptversammlung[404]
§ 137 AktG		§ 127 AktG[405]
§ 142 II 1 AktG	§ 142 I 1 AktG	
§ 142 IV 1 AktG		§ 142 II 1 AktG[406]
§ 147 II 2 AktG	§ 147 II 1 AktG	
§ 148 I 1 AktG	§ 147 I AktG	
§ 254 II 3 AktG	§ 254 I AktG	
§ 258 II 3 AktG		§ 174 I AktG, vgl. § 261 III 2 AktG[407]
§ 260 I 1 AktG		§ 258 AktG / § 174 I AktG[408]
§ 260 III 4 AktG		§§ 260, 258 AktG / § 174 I AktG[409]
§ 265 III 1 AktG	§ 265 II 1 AktG[410]	
§ 302 III 3 AktG	§ 302 III 3 AktG[411]	
§ 309 III 1 AktG	§ 309 III 1 AktG[412]	

400 § 50 1 AktG handelt vom Verzicht auf Ersatzansprüche durch die Hauptversammlung; ein Verzicht ist nicht möglich, wenn eine Minderheit widerspricht.

401 § 93 IV 3 AktG handelt vom Verzicht auf Ersatzansprüche durch die Hauptversammlung; ein Verzicht ist nicht möglich, wenn eine Minderheit widerspricht.

402 Grundsätzlich ist für die Bestellung und Abberufung eines Aufsichtsratmitglieds die Hauptversammlung zuständig (§§ 101 I, 103 I AktG). Möglich ist allerdings, dass die Satzung Sonderregelungen trifft (§ 101 II AktG). So kann auch ein aktionärgebundenes oder aktiengebundenes Entsendungsrecht geschaffen werden. Für die Abberufung eines entsendeten Aufsichtsratsmitglieds ist nach § 103 II AktG auch der zur Entsendung Berechtigte zuständig. § 103 III 3 AktG gibt parallel dazu einer Minderheit ein Recht zur Abberufung, jedoch unter der zusätzlichen Voraussetzung eines wichtigen

Grunds. Eine Minderheit kann so ein – für die Gesellschaft untragbares – Aufsichtsratsmitglied abberufen, wenn sich der grundsätzlich zur Entsendung und Abberufung Berechtigte noch nicht für eine Abberufung entschieden hat oder nicht will. Damit wird letztendlich die, durch eine Satzungsregelung nach § 101 II AktG etwas ausgehöhlte, Hauptversammlungszuständigkeit nach §§ 101 I, 103 I AktG geschützt.

403 KOCH, in: Hüffer/Koch, AktG, § 122, Rn. 1.

404 DRINHAUSEN, in: Hölters, AktG, § 122, Rn. 1; KOCH, in: Hüffer/Koch, AktG, § 122, Rn. 1.

405 KOCH, in: Hüffer/Koch, AktG, § 137, Rn. 1.

406 § 142 IV 1 AktG komplettiert den Minderheitenschutz aus § 142 II 1 AktG; dazu: MOCK, in: Spindler/Stilz, AktG, § 142, Rn. 205 ff.

407 § 258 III 1 AktG schützt vor Unterbewertungen in der Bilanz und damit die Hauptversammlungszuständigkeit nach § 174 AktG über die Verwendung des Bilanzgewinns; KOCH, in: MünchKomm, AktG, § 258, Rn. 3. Deshalb entscheidet auch die Hauptversammlung im Fall einer Feststellung einer höheren Bewertung durch die Sonderprüfer (§ 261 III 2 AKtG). Nicht geschützt ist das Individualinteresse des Aktionärs an einer höheren Dividende; KOCH, in: Hüffer/Koch, AktG, § 258, Rn. 1.

408 § 260 I 1 AktG komplettiert den Schutz von § 258 AktG. Besteht über die Bewertung der Sonderprüfer Streit, kann das Gericht angerufen werden; KOCH, in: MünchKomm, AktG, § 260, Rn. 2.

409 § 260 III 4 AktG komplettiert den Schutz von § 260 I 1 AktG.

410 § 265 AktG stärkt die Position der Hauptversammlung, weil die Personalkompetenz vom Aufsichtsrat auf die Hauptversammlung übergeht (§ 265 II 1, V 1 AktG); vgl. HIRSCHMANN, in: Hölters, AktG, § 265, Rn. 2; KOCH, in: MünchKomm, AktG, § 265, Rn. 2; ders., in: Hüffer/Koch, AktG, § 265, Rn. 1; Das quorumsabhängige Recht aus § 265 III 1 AktG bezweckt parallel dazu den Minderheitenschutz; vgl. KOCH, in: Hüffer/Koch, AktG, § 265, Rn. 1.

411 Die parallele Kompetenz hat hier nicht die Hauptversammlung, sondern nur ein Teil davon. § 302 AktG regelt die Verlustübernahme durch die Konzernmutter, § 302 III AktG den Verzicht oder Vergleich hinsichtlich dieses Ausgleichsanspruchs; dazu: ALTMEPPEN, in: MünchKomm, AktG, § 302, Rn. 97 f. Dass hier nicht die komplette Hauptversammlung abstimmen darf, liegt in der Natur der Sache. Nichtsdestotrotz stellt das Recht der Minderheit hier eine Parallele zur Kompetenz der „außenstehenden Aktionärsvereinigung“ dar. Ein Verzicht ist nicht möglich, wenn eine Minderheit widerspricht.

412 § 309 III 1 AktG handelt auch vom Verzicht auf Ersatzansprüche durch die außenstehenden Aktionäre. Ein Verzicht ist nicht möglich, wenn eine Minderheit widerspricht. Auch hier liegt es in der Natur der Sache, dass nicht die gesamte Hauptversammlung abstimmen darf (vgl. Fn. 411).

Eine Satzung kann diese Stellung des Aktionärs auch nicht deutlich ausweiten (§ 23 V AktG)[413]. Der einzelne Aktionär hat keinen direkten Einfluss auf die Geschäftsführung. Diese schwächere Position des einzelnen Teilhabers in der Verwaltungsstruktur der Gesellschaft ist gerade für die Aktiengesellschaft typisch[414]. Es handelt sich hier um eine Prinzipal-Agent-Beziehung zwischen Aktionär und den beiden Verwaltungsorganen. Teilhaberschaft und Verwaltung sind klar getrennt. Die Aktionäre bedienen sich des Vorstands und Aufsichtsrats als Treuhänder[415]. Diesen obliegt die Verwaltung der Gesellschaft. Die Aktionäre geben lediglich gemeinschaftlich durch die Hauptversammlung die grundlegende Richtung vor. Dadurch wird gewährleistet, dass die Gesellschaft im Wirtschaftsleben auf äußere Veränderungen flexibel und schnell reagieren kann[416].

B. Kontrollsystem

Das eben beschriebene Kompetenzsystem weckt ein allgemeines Bedürfnis nach gegenseitiger Kontrolle[417]. Dies ist erforderlich, um die Einhaltung dieses Systems zu gewährleisten. Da die Kompetenzen verteilt und vernetzt sind, muss die Kontrolle dessen ebenso aufgebaut sein. Damit kontrolliert werden kann, müssen Informationen zugänglich sein und es müssen Maßnahmen zur Verfügung stehen, um auf erkannte Verstöße zu reagieren. All dies muss aber auch die Funktionsfähigkeit der Gesellschaft im Auge behalten. Es sind daher auch Abstufungen hinsichtlich Kontrolldichte und möglicher Reaktionsmaßnahmen vorzunehmen. Das Aktiengesetz regelt dieses Kontrollsystem verteilt auf einzelne Vorschriften.

I. Kontrolle des Vorstands

1. Durch den Aufsichtsrat, § 111 I AktG

Der Vorstand soll nach § 111 I AktG vom Aufsichtsrat kontrolliert werden. Diese Kontrolle ist zum einen auf die in der Vergangenheit liegenden Tätigkeiten des Vorstands bezogen (repressive Kontrolle) und soll Fehler aufdecken und weitere oder gleiche Fehler verhindern[418]. Die Kontrollaufgabe umfasst aber auch

---

413 Vgl. RAISER/VEIL, Recht der Kapitalgesellschaften, § 11 I 1, II 1 (Rn. 4, 11); BUNGERT, in: Münchener Handbuch GesR, Bd. 4, § 35, Rn. 1.

414 ADOLFF, ZHR 169 (2005), 310 (314).

415 DRYGALA/STAAKE/SZALAI, Kapitalgesellschaftsrecht, § 21 I 2 (Rn. 5 ff.).

416 BRONDICS, Die Aktionärsklage, S. 135.

417 Vgl. BRONDICS, Die Aktionärsklage, S. 125.

418 LUTTER/KRIEGER/VERSE, Rechte und Pflichten des Aufsichtsrats, Rn. 62.

die kontinuierliche Beratung des Vorstands. Im Rahmen einer ständigen Diskussion zwischen den Organen soll der Aufsichtsrat den Vorstand zum rechtmäßigen Handeln anleiten. Die Kontrolle erstreckt sich daher auch auf Fragen der zukünftigen Geschäftspolitik (präventive Kontrolle)[419]. Sogar die Wirtschaftlichkeit der Vorstandsentscheidungen und Handlungen wird davon erfasst[420]. Das wird zwar nicht ausdrücklich im AktG geregelt, allerdings ergibt sich dies aus dem heutigen Verständnis[421] der Überwachungsaufgabe des Aufsichtsrats[422]. Beispielhaft für dieses Verständnis ist auch Ziff. 5.1.1. DCGK, welche eine regelmäßige Beratung empfiehlt[423]. Der Aufsichtsrat nimmt somit aktiv an der Unternehmensplanung teil[424].

Zur Erfüllung dieser Aufgaben hat der Aufsichtsrat ein Informationsrecht (§ 90 AktG)[425], ein Einsichtsrecht (§ 111 II AKtG) und er darf sich sachkundige Unterstützung holen (§§ 109 I 2 AktG). Um den Vorstand bei abweichenden Entscheidungen sanktionieren zu können, hat der Aufsichtsrat die Möglichkeit, Schadensersatz von den Vorstandsmitgliedern geltend zu machen (§§ 93, 112 AktG) oder notfalls den Vorstand aus wichtigem Grund abzuberufen (§ 84 III AktG)[426].

---

419 BGH, Urt. v. 25.03.1991 – II ZR 188/89, BGHZ 114, 127 (129); LUTTER/KRIEGER/VERSE, Rechte und Pflichten des Aufsichtsrats, Rn. 62, 103 ff.; HOPT/M. ROTH, in: Großkomm, AktG, § 111, Rn. 47; KOCH, in: Hüffer/Koch, AktG, § 111, Rn. 13; SAENGER, Gesellschaftsrecht, Rn. 595; DRYGALA/STAAKE/SZALAI, Kapitalgesellschaftsrecht, § 21 III 1 a (Rn. 110).

420 BGH, Urt. v. 25.03.1991 – II ZR 188/89, BGHZ 114, 127 (129 f.); LUTTER/KRIEGER/VERSE, Rechte und Pflichten des Aufsichtsrats, Rn. 89 f.

421 Früher wurde der Aufsichtsrat als ein rein repressiv tätig werdendes Kontrollorgan verstanden.

422 Vgl. HOPT/M. ROTH, in: Großkomm, AktG, § 111, Rn. 47, 50.

423 Die Empfehlungen des DCGK haben allerdings keine rechtlich verpflichtende Wirkung, auch nicht für börsennotierte Aktiengesellschaften, die eine Entsprechungserklärung nach § 161 AktG abgegeben haben, DRYGALA/STAAKE/SZALAI, Kapitalgesellschaftsrecht, § 21 I 3 c cc (Rn. 20 ff.).

424 DRYGALA, in: K. Schmidt/Lutter, AktG, § 111, Rn. 5; HOPT/M. ROTH, in: Großkomm, AktG, § 111, Rn. 50 ff.; KOCH, in: Hüffer/Koch, AktG, § 111, Rn. 13.

425 Das Informationsrecht kann entweder durch Anregung eines Verfahrens nach § 388 ff. FamFG durchgesetzt werden oder (nach h. M.) im Wege einer Klage der Gesellschaft (§ 112 AktG) gegen die Mitglieder des Vorstands als notwendige Streitgenossenschaft, KRIEGER/SAILER-COCEANI, in: K. Schmidt/Lutter, AktG, § 90, Rn. 68 ff.

426 HAMBLOCH-GESINN/GESINN, in: Hölters, AktG, § 111, Rn. 9.

Die präventive Überwachungsfunktion wird zum Teil von dem Zustimmungsbedürfnis nach § 111 IV 2 AktG überlagert und ergänzt[427]. Mit diesem Vetorecht wird die Effektivität der präventiven Kontrolle gesteigert. Der Aufsichtsrat kann in diesen Fällen nicht nur beraten und zum rechtmäßigen Handeln anmahnen, er kann Maßnahmen auch blockieren. Eine beachtliche Schwächung dieser Position tritt auch nicht dadurch ein, dass der Vorstand den Aufsichtsrat nach § 111 IV 3 AktG mit einem Hauptversammlungsbeschluss überstimmen lassen kann[428]. Die Einberufung der Hauptversammlung muss nämlich mit zeitlichem Vorlauf erfolgen (§ 123 I AktG) und zudem würde ein solches Vorstandsverhalten den Aktionären zeigen, dass zwischen Vorstand und Aufsichtsrat die Kooperationsbereitschaft fehlt[429]. § 111 IV 3 AktG ist daher praktisch kaum von Bedeutung[430].

Nach umstrittener Ansicht steht dem Aufsichtsrat noch zusätzlich das Instrument einer Interorganklage gegen den Vorstand zur Verfügung[431]. Er könnte damit die Beseitigung rechtwidriger Zustände oder die Unterlassung bestimmter Maßnahmen verlangen[432].

2. Durch die Hauptversammlung

a. Entlastung, § 120 AktG

Zudem wird der Vorstand durch die Hauptversammlung kontrolliert. Die Hauptversammlung hat nach §§ 119 I Nr. 3, 120 AktG über die Entlastung des Vorstands zu entscheiden.

Mit einer erteilten Entlastung wird die Tätigkeit des Vorstands gebilligt (§ 120 II AktG) und zugleich wird ihr das Vertrauen für die zukünftige Unternehmensführung ausgesprochen[433]. Um darüber zu beschließen, benötigt die

427 Vgl. DRYGALA, in: K. Schmidt/Lutter, AktG, § 111, Rn. 49; vgl. KOCH, in: Hüffer/Koch, AktG, § 111, Rn. 33.

428 Dazu: DRYGALA, in: K. Schmidt/Lutter, AktG, § 111, Rn. 62; HABERSACK, in: MünchKomm, AktG, § 111, Rn. 130.

429 BÜDENBENDER, JA 1999, 813 (814); SPINDLER, in: Spindler/Stilz, AktG, § 111, Rn. 74.

430 DRYGALA, in: K. Schmidt/Lutter, AktG, § 111, Rn. 63; HABERSACK, in: MünchKomm, AktG, § 111, Rn. 130; SPINDLER, in: Spindler/Stilz, AktG, § 111, Rn. 74.

431 Vgl. vorerst nur: DRYGALA, in: K. Schmidt/Lutter, AktG, § 111, Rn. 16; näher dazu unten: 7. Teil: A, insb. Fn. 1499

432 DRYGALA, in: K. Schmidt/Lutter, AktG, § 111, Rn. 16.

433 KOCH, in: Hüffer/Koch, AktG, § 120, Rn. 2; MÜLBERT, in: Großkomm, AktG, § 120, Rn. 35; SPINDLER, in: K. Schmidt/Lutter, AktG, § 120, Rn. 31; ZÖLLNER, in: Köln-Komm, AktG (1. Auflage), § 120, Rn. 24.

Hauptversammlung ein ausreichendes Maß an Informationen über die konkreten Entscheidungen und Tätigkeiten des Vorstands. Diese müssen ihr im Rahmen von §§ 175, 176 erteilt werden[434]. Dazu kommen das Auskunfts- und Fragerecht (§ 131 I 1 AktG) und das Rederecht der einzelnen Aktionäre. So wird ermöglicht, dass die Arbeit des Vorstands in der Hauptversammlung diskutiert und letztendlich eine kollektive Entscheidung getroffen werden kann[435]. Es handelt sich dabei um eine repressive Kontrolle[436]. Die Effektivität dieser Kontrolle ist jedoch beschränkt, denn ihr kommt nur eine geringe rechtliche Wirkung[437] zu. Eine verweigerte Entlastung hat ihr Gewicht überwiegend im außerrechtlichen Bereich (vgl. § 120 II 2 AktG)[438]. Dort entfaltet sie ihre Signalwirkung[439] und hat psychologische Bedeutung[440]. Das zeigt auch folgendes Zitat eines Betroffenen: „Die Verweigerung der Entlastung ist das Schlimmste, was dir als Vorstand oder Aufsichtsrat passieren kann. Es ist das ultimative Misstrauensvotum"[441].

Gegenüber von Arbeitnehmern, Kunden und Lieferanten kann eine verweigerte Entlastung dazu führen, dass der Vorstand im Ansehen sinkt und sein Durchsetzungsvermögen verliert. Obendrein kann sich die verweigerte Entlastung auf personalpolitische Entscheidungen auswirken. Es steigt die Gefahr, im Amt eines Vorstandsmitglieds nicht bestätigt zu werden. Ein späterer Wechsel

---

434 KOCH, in: Hüffer/Koch, AktG, § 120, Rn. 15.

435 MÜLBERT, in: Großkomm, AktG, § 120, Rn. 9.

436 ZÖLLNER, in: KölnKomm, AktG (1. Auflage), § 120, Rn. 25; vgl. KOCH, in: Hüffer/Koch, AktG, § 120, Rn. 2.

437 Rechtliche Bedeutung kann ihr dann zukommen, wenn die verweigerte Entlastung einen wichtigen Grund darstellt, der ein Vorstandsmitglied zur fristlosen Kündigung seines Dienstvertrags mit der Aktiengesellschaft berechtigt, MÜLBERT, in: Großkomm, AktG, § 120, Rn. 58; ferner versperrt eine erteilte Entlastung die Möglichkeit des Vertrauensentzugs durch die Hauptversammlung i. S. v. § 84 III 2 Alt. 3 AktG, sofern beiden Maßnahmen derselbe Sachverhalt zu Grunde liegt, MÜLBERT, in: Großkomm, AktG, § 120, Rn. 55.

438 BUNGERT, in: Münchener Handbuch GesR, Bd. 4, § 35, Rn. 37; MÜLBERT, in: Großkomm, AktG, § 120, Rn. 23.

439 SPINDLER, in: K. Schmidt/Lutter, AktG, § 120, Rn. 3; ZÖLLNER, in: KölnKomm, AktG (1. Auflage), § 120, Rn. 25.

440 KUBIS, in: MünchKomm, AktG, § 120, Rn. 2; ZÖLLNER, in: KölnKomm, AktG (1. Auflage), § 120, Rn. 24.

441 Prof. Dr. Löschke, ehemaliger Vorstand der Softline AG, in einem Interview mit heise online (abrufbar unter: http://www.heise.de/resale/artikel/Softline-Prof-Dr-Knut-Suendenbock-1319227.html – zuletzt abgerufen am: 05.05.2014).

in den Aufsichtsrat wird gefährdet oder die Entscheidung sein Amt vorzeitig niederzulegen, kann angeregt bzw. gefördert werden[442].

b. Erzwingung von Schadensersatz und Bestellung von Sonderprüfern, §§ 147, 142 AktG

Zudem hat die Hauptversammlung die Möglichkeit, für einzelne Handlungen des Vorstands eine gerichtliche Kontrolle zu erzwingen (§ 147 AktG). Dafür muss die Geltendmachung eines Schadensersatzanspruchs der Gesellschaft gegen Vorstandsmitglieder beschlossen werden. Diese Ansprüche der Gesellschaft gegen den Vorstand sollen eigentlich vom Aufsichtsrat geltend gemacht werden (§ 112 AktG), solche gegen den Aufsichtsrat vom Vorstand (§ 78 AktG). Hier fehlt es der gegenseitigen Kontrolle an Objektivität[443]. Zum einen könnten in einem Prozess belastende Tatsachen bekannt werden, die das eigene Organ betreffen. Zum anderen erwächst aus der Beratungsaufgabe des Aufsichtsrats eine kollegiale Verbundenheit, sodass „die eine Krähe der anderen kein Auge aushackt." Diese Lücke will § 147 AktG schließen[444]. Durch die Bestellung eines besonderen Vertreters gem. § 147 II AktG kann zusätzliche Effizienz geschaffen werden[445].

Im Vorfeld eines solchen Beschlusses kann die Hauptversammlung sich mittels eines Sonderprüfers Informationen beschaffen (§ 142 AktG)[446]. Auch dies dient der Kontrolle durch die Hauptversammlung. Die Sonderprüfung umfasst den gesamten Verantwortungsbereich des Vorstands[447]. Über ihre Ergebnisse ist schriftlich zu berichten (§ 145 VI AktG). Aufgrund dessen kann – oder muss[448] – die Hauptversammlung über weitere Folgen (Durchsetzung von Ersatzansprüchen, Vertrauensentzug, Entlastungsverweigerung) entscheiden.

II. Kontrolle des Aufsichtsrats

Auch der Aufsichtsrat als Kontrollorgan unterliegt einer Kontrolle durch die übrigen Organe.

---

442 MÜLBERT, in: Großkomm, AktG, § 120, Rn. 23.
443 Vgl. LUTTER, JZ 2000, 837 (840); ders., NJW 1995, 1133 (1134).
444 KOCH, in: Hüffer/Koch, AktG, § 147, Rn. 1.
445 KOCH, in: Hüffer/Koch, AktG, § 147, Rn. 1.
446 BRONDICS, Die Aktionärsklage, S. 53.
447 KOCH, in: Hüffer/Koch, AktG, § 142, Rn. 4.
448 S. u.: 4. Teil: B III 2.

1. Durch die Hauptversammlung

Der Aufsichtsrat hat nach § 171 II AktG die Pflicht, die Hauptversammlung schriftlich über das Ergebnis seiner Prüfung des Jahresabschlusses und des Lageberichts zu informieren.[449] Zudem muss er über die Wahrnehmung seiner Aufgaben berichten[450]. Auf diese Weise wird die Hauptversammlung über die Arbeit des Aufsichtsrats informiert und sie kann sich ein Bild davon machen, ob und inwieweit der Aufsichtsrat seinen Pflichten nachgekommen ist[451]. Sie kann den Aufsichtsrat repressiv kontrollieren[452].

Der Wissensstand der Hauptversammlung über die Aufsichtsratstätigkeit ist maßgeblich vom Aufsichtsrat selbst abhängig. Von einer umfassenden objektiven Kontrolle kann daher nicht gesprochen werden. Allerdings handelt es sich um die Kontrolle des Kontrollorgans. Bei einer solchen Kontrollleiter muss es eine Abstufung der Kontrolldichte geben, anderenfalls leidet die Funktionsfähigkeit der einzelnen Organe.

Je nachdem wie weit man die Informationspflichten des Aufsichtsrats fasst, beinhaltet die Berichterstattung auch einen präventiven Aspekt. Wenn der Aufsichtsrat seine Entscheidungen unter dem Blickwinkel trifft, dass er der Hauptversammlung über die Wahrnehmung oder Nichtwahrnehmung einzelner Überwachungsmaßnahmen berichten muss, wird er sich wegen des Rechtfertigungsdrucks im Zweifel für eine strengere Überwachung entscheiden[453]. Eine solche Ausdehnung der Berichtspflichten lässt aber das Beratungsgeheimnis im Aufsichtsrat (§ 116 2 AktG) außer Acht[454]. Dies schränkt die Informationspflichten ein, weshalb der präventive Aspekt letztlich gering ausfällt[455]. Kompensiert

---

449 HENNRICHS/PÖSCHKE, in: MünchKomm, AktG, § 171, Rn. 181.

450 DRYGALA, AG 2007, 381 (382); KOCH, in: Hüffer/Koch, AktG, § 171, Rn. 17; HENNRICHS/PÖSCHKE, in: MünchKomm, AktG, § 171, Rn. 184; zu Einzelheiten siehe: LUTTER, AG 2008, 1 (5 ff.).

451 DRYGALA, AG 2007, 381 (382).

452 LUTTER, AG 2008, 1.

453 DRYGALA, AG 2007, 381 (382 f.); vgl. HENNRICHS/PÖSCHKE, in: MünchKomm, AktG, § 171, Rn. 195.

454 DRYGALA, AG 2007, 381 (384 f.); irrig nimmt EKKENGA diesbezüglich an, dass zwischen Beratungsgeheimnis und Berichtspflichten kein Spannungsverhältnis besteht; dabei beruft er sich darauf, dass § 171 II AktG nur einen Bericht über das Ergebnis verlange, nicht hingegen darüber, wie dieses zu Stande gekommen ist, in: KölnKomm, AktG, § 171, Rn. 69; EKKENGA führt bei dieser Auslegung von § 171 II 2 AktG eine Argumentation vom Ergebnis her und übersieht dabei, dass § 171 II 2 AktG von Art und Umfang der Überwachungstätigkeit des Aufsichtsrats spricht.

455 Näher dazu: DRYGALA, AG 2007, 381 (385 ff.); LUTTER, AG 2008, 1 (10).

werden kann dieses Informationsminus durch einen Bericht des Abschlussprüfers über die zurückliegende Aufsichtsratstätigkeit[456]. Das hat nicht nur den Vorteil, dass es ein milderes Mittel darstellt[457], sondern bringt auch mehr Objektivität bei der Information der Hauptversammlung.

Kontradiktorisch zur Kontrolldichte auf der Kontrollleiter verhalten sich die Reaktionsmaßnahmen bei festgestellten Verstößen. Während der Aufsichtsrat einen wichtigen Grund braucht, um Vorstandsmitglieder abzuberufen (§ 84 III AktG), kann die Hauptversammlung die Abberufung eines von ihr gewählten Aufsichtsratsmitglieds ohne sachlichen oder wichtigen Grund beschließen (§ 103 I 1 AktG)[458]. Der Beschluss muss mit Dreiviertelmehrheit gefasst werden (§ 103 I 2 AktG). Einem positiven Beschluss entnimmt man, dass die Hauptversammlung dem Aufsichtsrat nicht mehr vertraut[459].

Zudem beschließt die Hauptversammlung auch über die Entlastung des Aufsichtsrats (§ 120 AktG). Insofern gilt das zur Entlastung des Vorstands oben Gesagte entsprechend[460].

Letztendlich kann die Hauptversammlung auch – wie beim Vorstand – eine gerichtliche Kontrolle von Aufsichtsratshandlungen erzwingen (§ 147 AktG) und Sonderprüfer bestellen (§ 142 AktG)[461].

2. Durch den Vorstand, § 93 III Nr. 7 AktG

Auch der Vorstand hat die Pflicht den Aufsichtsrat zu kontrollieren. Diese Pflicht ergibt sich aus § 93 III Nr. 7 AktG und erstreckt sich auf die Vergütung des Aufsichtsrats[462]. Kontrolliert werden muss, ob die Vergütung des Aufsichtsrats rechtmäßig im Sinne der §§ 113, 114 AktG ist[463]. So hat der Vorstand einzuschreiten, wenn einem Aufsichtsrat eine Vergütung für seine Aufsichtsratstätigkeit gezahlt wird, ohne dass eine solche in der Satzung festgesetzt oder von der Hauptversammlung bewilligt wurde (§ 113 I 2 AktG)[464] oder wenn der Aufsichtsrat als

456 DRYGALA, AG 2007, 381 (391).

457 DRYGALA, AG 2007, 381 (392).

458 KOCH, in: Hüffer/Koch, AktG, § 103, Rn. 3.

459 SPINDLER, in: Spindler/Stilz, AktG, § 103, Rn. 5.

460 S. o.: 4. Teil: B I 2 a.

461 Geschäftsführung i. S. v. § 142 I AktG erfasst auch die Tätigkeit des Aufsichtsrats; KOCH, in: Hüffer/Koch, AktG, § 142, Rn. 5.

462 SPINDLER, in: MünchKomm, AktG, § 93, Rn. 116.

463 Ausschußbericht zu § 93 III AktG 1965, in: KROPFF, Aktiengesetz, S. 123; KOCH, in: Hüffer/Koch, AktG, § 93, Rn. 71; SPINDLER, in: MünchKomm, AktG, § 93, Rn. 260.

464 Vgl. BGH, Urt. v. 11.03.1991 – II ZR 187/89 (juris).

Organ einem Vertrag i. S. v. § 114 AktG nicht zugestimmt hat, ein solcher aber bereits vollzogen wird.

Der Vorstand muss zunächst den Aufsichtsratsvorsitzenden von seinen Feststellungen unterrichten und ihn zum rechtmäßigen Handeln ermahnen[465]. Anderenfalls muss er für die Aktiengesellschaft (§ 78 I AktG) gegen das betroffene Aufsichtsratsmitglied einen Rückzahlungsanspruch (§ 114 II und §§ 116, 93 III Nr. 7 AktG) geltend machen[466]. Es besteht zudem die Möglichkeit, die Hauptversammlung einzuberufen und darauf zu hoffen, dass diese einzelne Aufsichtsratsmitglieder abberuft[467]. Der Vorstand hat dafür allerdings kein Beschlussvorschlagsrecht (§ 124 III AktG), weshalb diese Option wenig geeignet ist, um rechtmäßige Zustände herbeizuführen.

Die Überwachungsaufgabe des Vorstands ist allerdings auf diesen Bereich beschränkt, sodass die wesentliche Überwachung des Aufsichtsrats durch die Hauptversammlung stattfindet.

III. Kontrolle der Hauptversammlung

1. Durch Beschlussmängelklagen im Allgemeinen

Die Hauptversammlung handelt fast ausschließlich durch Beschlüsse[468]. Diese können mittels der Anfechtungs- und Nichtigkeitsklage (§§ 246, 249 AktG) umfassend kontrolliert werden[469]. Leidet ein Beschluss an einem Mangel, handelt es sich um einen fehlerhaften Beschluss[470]. Das Gesetz unterscheidet nach der Schwere des Mangels. Ein Hauptversammlungsbeschluss, der (nur) gegen das Gesetz oder die Satzung verstößt, kann angefochten werden (§ 243 I AktG). Der Beschluss ist zunächst wirksam und kann durch ein Gestaltungsurteil

---

465 SPINDLER, in: MünchKomm, AktG, § 93, Rn. 116.

466 Vgl. KOCH, in: Hüffer/Koch, AktG, § 114, Rn. 10; SPINDLER, in: Spindler/Stilz, AktG, § 114, Rn. 27.

467 SPINDLER, in: MünchKomm, AktG, § 93, Rn. 116.

468 Eine andere Maßnahme der Hauptversammlung ist zum Beispiel die Zustimmung zu der vom Leiter der Hauptversammlung festgesetzten Beschränkung der Redezeit eines Aktionärs; BGH, Urt. v. 11.11.1965 – II ZR 122/63, BGHZ 44, 245; SEMLER, in: Münchener Handbuch GesR, Bd. 4 (3. Auflage), § 41, Rn. 25.

469 Im Übrigen können auch Sonderbeschlüsse (§ 138 AktG) angegriffen werden (§ 138 2 AktG). Sonderbeschlüsse sind allerdings keine Hauptversammlungsbeschlüsse, sondern Beschlüsse bestimmter Aktionärsgruppen; HÜFFER/SCHÄFER, in: MünchKomm, AktG, § 241, Rn. 10.

470 Dazu: K. SCHMIDT, Gesellschaftsrecht, § 15 II; SAENGER, Gesellschaftsrecht, Rn. 618 ff..

(§ 248 I AktG) aufgehoben werden. Beschlüsse, die an besonders schweren Mängeln leiden, müssen nicht vom Gericht für nichtig erklärt werden, sie sind es bereits von Anfang an. Wann ein Mangel besonders schwer wiegt, bestimmt § 241 AktG. Trotzdem kann es dazu kommen, dass ein nach § 241 AktG nichtiger Beschluss in der Welt ist und der Vorstand daran festhält. Um die Nichtigkeit solcher Beschlüsse feststellen zu lassen, kann eine Nichtigkeitsklage nach § 249 AktG erhoben werden.

Die Nichtigkeitsklage kann jedes Organmitglied erheben – gleich welchem der drei Organe es angehört – und der Vorstand als Organ (§ 249 I 1 AktG). Die Anfechtungsklage kann vom einzelnen Aktionär, vom Vorstand als Organ[471] und unter der Voraussetzung, dass bei Beschlussausführung straf- oder zivilrechtliche Sanktionen drohen, auch von Vorstands- oder Aufsichtsratsmitgliedern erhoben werden (§ 245 AktG).

Das Handeln der Hauptversammlung ist damit repressiv kontrollierbar[472]. Die weiteste Kontrollbefugnis haben die Aktionäre unter den Voraussetzungen von § 245 Nr. 1–3 AktG. Sie können mit der Geltendmachung von Beschlussmängeln persönliche Interessen verfolgen oder solche der Gesellschaft. Danach kommt der Vorstand als Organ. Seine Kontrollbefugnis rechtfertigt sich durch seine Leitungsaufgabe (§ 76 I AktG). Dazu gehört auch die Wahrung von Gesetz und Satzung durch die Gesellschaft und ihre Organe[473]. Außerdem ist der Vorstand nach §§ 82 II, 83 II AktG an Hauptversammlungsbeschlüsse gebunden[474]. Er ist daher für dessen Rechtmäßigkeit mitverantwortlich[475]. Er kann allerdings keine eigenen Belange verfolgen[476]. Die kleinste Kontrollbefugnis hinsichtlich eines Hauptversammlungsbeschlusses haben einzelne Mitglieder des Vorstands und Aufsichtsrats. Sie sind zur Kontrolle befugt, wenn der Beschluss von vornherein nichtig ist (§ 249 AktG) oder – nicht notwendig eigene [477]– Individualschutzinteressen[478] i. S. v. § 245 Nr. 5 AktG betroffen sind.

---

471 Ausnahme: Alleinvorstand; HÜFFER/SCHÄFER, in: MünchKomm, AktG, § 245, Rn. 66.

472 Vgl. HÜFFER/SCHÄFER, in: MünchKomm, AktG, § 245, Rn. 8, 15, 17.

473 HÜFFER/SCHÄFER, in: MünchKomm, AktG, § 245, Rn. 64; ENGLISCH, in: Hölters, AktG, § 245, Rn. 37.

474 Begr. RegE zu § 119 AktG 1965, in: KROPFF, Aktiengesetz, S. 166.

475 Vgl. KOCH, in: Hüffer/Koch, AktG, § 245, Rn. 4.

476 HÜFFER/SCHÄFER, in: MünchKomm, AktG, § 245, Rn. 15, 64.

477 Begr. RegE zu § 245 AktG 1965, in: KROPFF, Aktiengesetz, S. 333.

478 HÜFFER/SCHÄFER, in: MünchKomm, AktG, § 245, Rn. 17; a. A. zum Zweck von § 245 Nr. 5 AktG: M. SCHWAB, in: K. Schmidt/Lutter, AktG, § 245, Rn. 35.

Inhaltlich erstrecken sich die Beschlussmängelklagen auf die Kontrolle der Gesetz- und Satzungsmäßigkeit eines Hauptversammlungsbeschlusses. Die Zweckmäßigkeit ist keiner gerichtlichen Kontrolle zugänglich.

2. Durch Anfechtung eines Entlastungsbeschlusses

Wesentliche Kontrollfunktion könnte dem Entlastungsbeschluss zukommen, wenn er unter dem Blickwinkel der Beschlussanfechtung betrachtet wird. Bei einer Anfechtung nach §§ 243 ff. AktG wird ein Beschluss gerichtlich auf Fehler untersucht. Legt man der Entscheidung über die Billigung i. S. v. § 120 II AktG das materiell-rechtliche Kriterium des im Großen und Ganzen gesetzes- und satzungsgemäßen Verhaltens des Vorstands zu Grunde, würde sich die gerichtliche Kontrolle des Entlastungsbeschlusses auch auf einzelne Vorstandsentscheidungen und -handlungen erstrecken. Das Verhalten des Vorstands könnte – zumindest im Großen und Ganzen – repressiv kontrolliert werden.

a. Meinungsstand zur Billigung i. S. v. § 120 II 1 AktG

Auf welche Kriterien sich das Billigen i. S. v. § 120 II AktG erstreckt, ist umstritten. Häufig werden die Ansichten dazu in zwei Lager eingeteilt[479].

Das eine sieht die Entlastung als Bestätigung, dass das Verhalten des Vorstands im Großen und Ganzen gesetzes- und satzungsgemäß war[480]. Diese Ansicht führt dazu, dass die Anfechtung eines Entlastungsbeschlusses auf justiziable Pflichtverletzungen gestützt werden könnte.

Das andere Lager betrachtet die Entlastung nur als Zuspruch, dass das Unternehmen zweckmäßig geleitet wurde[481]. Weil die Zweckmäßigkeit von Verwaltungshandlungen gerade nicht justiziabel ist, kann so auch einer „pflichtvergessenen“ Verwaltung[482] rechtmäßig die Entlastung erteilt werden[483]. Eine

479 So: KOCH, in: Hüffer/Koch, AktG, § 120, Rn. 11; KUBIS, in: MünchKomm, AktG, § 120, Rn. 15.

480 HOFFMANN, in: Spindler/Stilz, AktG, § 120, Rn. 26 f.; KOCH, in: Hüffer/Koch, AktG, § 120, Rn. 12; VOLHARD, in: Semler/Volhard/Reichert, Arbeitshandbuch für die Hauptversammlung (3. Auflage), § 16 I (Rn. 3 f.); ZÖLLNER, in: KölnKomm, AktG (1. Auflage), § 120, Rn. 47.

481 OLG Düsseldorf, Urt. v. 22.02.1996 - 6 U 20/95, WM 1996, 777 (781); OLG München, Urt. v. 04.07.2001 - 7 U 5285, AG 2002, 294 (295); DRINHAUSEN, in: Hölters, AktG, § 120, Rn. 18; KUBIS, in: MünchKomm, AktG, § 120, Rn. 15; LUTTER, NJW 1973, 113 (113 f.); MÜLBERT, in: Großkomm, AktG, § 120, Rn. 37 und 91 ff.

482 Begriff nach: LUTTER, NJW 1973, 113 (114).

483 MÜLBERT, in: Großkomm, AktG, § 120, Rn. 92.

Anfechtung des Entlastungsbeschlusses, gestützt auf eine Pflichtverletzung, wäre nicht möglich.

Bei dieser Aufspaltung der Ansichten in zwei Lager besteht die Gefahr, dass der allen gemeinsame Ausgangspunkt untergeht. Einig ist man sich darüber, dass Billigung i. S. v. § 120 II 1 AktG nicht heißt, dass jede – der Hauptversammlung bekannte – Vorstands- oder Aufsichtsratshandlung als gesetzes- und satzungsgemäß bestätigt wird. Deshalb kann auch nicht jede Pflichtverletzung eine Anfechtbarkeit begründen[484]. Der Hauptversammlung ist bei der Billigung ein Ermessensspielraum zu gewähren. Die eigentlich umstrittene Frage ist: Wie groß ist das der Hauptversammlung zustehende Ermessen bei ihrer Billigung, bzw. inwieweit kann dieses Ermessen durch Pflichtverletzungen des Vorstands eingeschränkt werden?

Der BGH vertrat früher[485] – zwar nicht eindeutig, aber zumindest tendenziell – den Standpunkt, dass dieses Ermessen nicht eingeschränkt werden kann. Im Jahr 2002 stellte er dann klar, dass der Entlastungsbeschluss bei schwerwiegenden Gesetzes- oder Satzungsverstößen anfechtbar ist[486]. Daraus wird gefolgert, dass das Ermessen der Hauptversammlung eingeschränkt werden kann und ein Billigen i. S. v. § 120 II 1 AktG nur rechtmäßig ist, wenn das Verhalten des Vorstands im Großen und Ganzen gesetzes- und satzungsgemäß gewesen ist[487].

b. Stellungnahme

Die Anfechtung des Entlastungsbeschlusses kann auch auf schwerwiegende Pflichtverletzungen gestützt werden.

Im Grunde bedeutet „billigen" i. S. v. § 120 II 1 AktG, dass die Hauptversammlung die Zweckmäßigkeit des Verwaltungshandelns bestätigt. Nichts anderes hatte der Gesetzgeber im Sinn, als er diesen Begriff wählte und in der

---

484 HOFFMANN, in: Spindler/Stilz, AktG, § 120, Rn. 26.

485 BGH, Urt. v. 30.03.1967 – II ZR 245/63, DB 1967, 940 (942); noch deutlicher in einem Urteil zur Entlastung bei der GmbH: BGH, Urt. v. 20.05.1985 – II ZR 165/84, BGHZ 94, 324 (326 f.).

486 BGH, Urt. v. 25.11.2002 – II ZR 133/01 (Macrotron), BGHZ 153, 47 (50 ff.); bestätigt durch: BGH, Urt. v. 18.10.2004 – II ZR 250/02 (ThyssenKrupp), BGHZ 160, 385 (388), BGH, Beschl. v. 26.11.2007 – II ZR 227/06, NZG 2008, 309 (310); BGH, Urt. v. 16.02.2009 – II ZR 185/07 (Kirch/Deutsche Bank), NJW 2009, 2207 (2209 ff.); BGH, Urt. v. 21.09.2009 – II ZR 174/08, NZG 2009, 1270 (1272).

487 HOFFMANN, in: Spindler/Stilz, AktG, § 120, Rn. 27; KOCH, in: Hüffer/Koch, AktG, § 120, Rn. 12.

Begründung sagte, dass sich die Wirkung im Billigen erschöpfen soll[488]. Damit räumt er der Hauptversammlung ein weites Ermessen ein. So kann auch die Hauptversammlung, die von „gewöhnlichen" Pflichtverletzungen weiß, sich für eine Entlastung entscheiden, weil sie das Verhalten des Vorstands insgesamt für zweckmäßig hält. Umgekehrt kann die Hauptversammlung auch die Entlastung versagen, wenn keine Pflichtverletzungen vorliegen.

Dieses Ermessen findet allerdings seine Grenze, wenn schwerwiegende Pflichtverletzungen des Vorstands vorliegen. Erteilt die Hauptversammlung trotz bekannter schwerwiegender Pflichtverletzungen die Entlastung, handelt sie selbst rechtswidrig (§ 243 I AktG)[489]. In diesen Fällen ist das Ermessen der Hauptversammlung auf Null reduziert.

Auch wenn die rechtliche Bedeutung der Entlastung gering ist, so hat sie doch mittelbare rechtliche Auswirkungen[490] und psychologische Bedeutung. Es ist mit dem Rechtsverständnis eines vernünftig Denkenden nicht zu vereinen, wenn die psychologische Wirkung der Entlastung jemanden zu weiteren schwerwiegenden Pflichtverletzungen animieren dürfte. Die beschließenden Aktionäre würden gegen ihre Treuepflichten gegenüber der Gesellschaft verstoßen[491]. Ein solcher Entlastungsbeschluss kann nicht rechtmäßig sein. Andernfalls könnte „eine zur Billigung rechtsbrechenden Verhaltens entschlossene Mehrheit gegen den Widerstand einer gesetzes- und satzungstreuen Minderheit eine Entlastung der Verwaltung jederzeit durchsetzen"[492].

Dagegen wird eingewandt, dass sich auf diese Weise der Einzelne über die Entscheidung des Kollektivs setzen könnte[493]. Das ist im Kern richtig, es ist allerdings auch nicht zu beanstanden. Der Einzelne kann sich nämlich nur dann über die Meinung des Kollektivs hinwegsetzen, wenn das Kollektiv selbst gesetzeswidrig handelt. In allen Fällen, in denen keine schwerwiegende Pflichtverletzung vorliegt, ist er der Meinung des Kollektivs unterworfen.

---

488 Begr. RegE zu § 120 II AktG 1965, in: KROPFF, Aktiengesetz, S. 167.

489 SÜNNER, AG 2006, 450 (451); vgl. DRYGALA/STAAKE/SZALAI, Kapitalgesellschaftsrecht, § 23 III 3 (Rn. 20, 23).

490 S. o.: 4. Teil: B I 2 a.

491 Der BGH spricht nur von Treuepflichten der Mehrheit gegenüber der Minderheit, Urt. v. 25.11.2002 – II ZR 133/01 (Macrotron), BGHZ 153, 47 (51).

492 VOLHARD, in: Semler/Volhard/Reichert, Arbeitshandbuch für die Hauptversammlung (3. Auflage), § 16 I (Rn. 4); sich ihm anschließend: BGH, Urt. v. 25.11.2002 – II ZR 133/01 (Macrotron), BGHZ 153, 47 (51); dagegen: KUBIS, NZG 2005, 791 (794).

493 KUBIS, in: MünchKomm, AktG, § 120, Rn. 17.

Folge dieser Auslegung sind Abgrenzungsprobleme und Rechtsunsicherheit[494]. Die Grenze, wann eine schwerwiegende Pflichtverletzung vorliegt, darf nicht zu früh gezogen werden, sonst würde das der Hauptversammlung zustehende Ermessen unzulässig verkürzt[495]. Zudem entstünde ein Widerspruch zu § 148 AktG, der die Verfolgung von Pflichtverletzungen von einem Quorum abhängig macht[496]. Eine schwerwiegende Pflichtverletzung kann zum Beispiel bei kriminellen Handlungen vorliegen oder wenn Kardinalpflichten verletzt wurden[497]. Die Rechtsprechung hat hier Zurückhaltung zu üben[498]. Das gilt vor allem, wenn man sich vergegenwärtigt, dass Aktionäre sämtliche Pflichtverletzungen als Aufhänger für eine Anfechtungsklage nutzen könnten.

Schwerwiegende Gesetzes- und Satzungsverstöße sah der BGH bisher bei einem Verstoß gegen die Prüfungspflicht des Aufsichtsrats nach § 314 II AktG[499] und in einer unrichtigen Entsprechungserklärung i. S. v. § 161 AktG[500]. Eine pflichtwidrige Interviewäußerung sei hingegen noch keine Pflichtverletzung, auf die ohne weiteres eine Anfechtungsklage gestützt werden könne[501]. Das OLG Stuttgart[502] hingegen leitete jüngst aus einer Interviewäußerung die Erklärung eines Aufsichtsrats her, er habe seine Kardinalpflicht aus § 111 I AktG verletzt.

Streng von der inhaltlichen Anfechtbarkeit des Entlastungsbeschlusses aufgrund schwerwiegender Pflichtverletzungen zu unterscheiden, ist die Frage, ob der Vorstand die Hauptversammlung ausreichend informiert hat. Ist dem nicht so, kann erfolgreich angefochten werden[503]. Einen Rückgriff auf die Ermessensreduzierung auf Null infolge einer schwerwiegenden Pflichtverletzung bedarf es hier nicht[504].

---

494 KUBIS, in: MünchKomm, AktG, § 120, Rn. 18; SPINDLER, in: K. Schmidt/Lutter, AktG, § 120, Rn. 33.

495 Aus diesem Grund ist auch die Bezeichnung des Maßstabs mit „im Großen und Ganzen gesetz- und satzungsmäßiges Verhalten" zu weit und irreführend.

496 SPINDLER, in: K. Schmidt/Lutter, AktG, § 120, Rn. 33.

497 So zutreffend schon: OLG Hamburg, Urt. v. 11.01.2002 – 11 U 145/01, AG 2002, 460 (462).

498 SPINDLER, in: K. Schmidt/Lutter, AktG, § 120, Rn. 33.

499 BGH, Urt. v. 25.11.2002 – II ZR 133/01 (Macrotron), BGHZ 153, 47 (52 f.).

500 BGH, Urt. v. 16.02.2009 – II ZR 185/07 (Kirch/Deutsche Bank), NJW 2009, 2207 (2209 f.); BGH, Urt. v. 21.09.2009 – II ZR 174/08, NZG 2009, 1270 (1272).

501 BGH, Urt. v. 16.02.2009 – II ZR 185/07 (Kirch/Deutsche Bank), NJW 2009, 2207 (2214).

502 OLG Stuttgart, Urt. v. 29.02.2012 – 20 U 3/11 (Piëch), ZIP 2012, 625 (627 ff.).

503 KOCH, in: Hüffer/Koch, AktG, § 120, Rn. 15; MÜLBERT, in: Großkomm, AktG, § 120, Rn. 144.

504 Unklar diesbezüglich: BGH, Beschl. v. 26.11.2007 – II ZR 227/06, NZG 2008, 309 (310).

c. Fazit

Zu einer umfassenden repressiven Kontrolle von Vorstandshandlungen taugt die Anfechtung eines Entlastungsbeschlusses nicht. Das Gericht hat im Rahmen einer Anfechtungsklage nicht unmittelbar das Handeln der Verwaltung, sondern das der Hauptversammlung zu überprüfen[505]. Daher sind „gewöhnliche" Pflichtverletzungen von einem Gericht nicht zu beachten. Allenfalls bei schwerwiegenden Pflichtverletzungen kommt eine mittelbare Prüfung in Betracht. Diese Fälle sind restriktiv zu handhaben, auch wenn die Praxis gegenteiliges befürchten lässt[506]. Der Kontrollaspekt ist nicht groß, aber er existiert.

IV. Kontrolle innerhalb der Organe

Innerhalb der Organe existiert eine gegenseitige Kontrolle. Der Aufsichtsrat[507] und die Hauptversammlung (§ 133 I AktG) entscheiden grundsätzlich durch Mehrheitsbeschluss. Eine Modifizierung ist nur in die Richtung eines strengeren Quorums zulässig[508]. Der Vorstand kann grundsätzlich nur einstimmig beschließen (§ 77 I 1 AktG). Davon kann durch eine Satzungsbestimmung abgewichen werden (§ 77 I 2 HS 1 AktG). Diese Möglichkeit wird üblicherweise auch genutzt[509]. So kann die Satzung das Quorum auf einen Mehrheitsbeschluss herabsetzen oder sogar Einzelgeschäftsführung bestimmen[510]. Dem Gesamtvorstand verbleibt dabei aber stets ein Interventionsrecht (§ 77 I 2 HS 2 AktG) und die Pflicht, einen eingesetzten Einzelgeschäftsführer zu überwachen[511]. Die Willensbildung im Vorstand kann daher faktisch auch nur einstimmig oder mehrheitlich erfolgen[512]. Darüber

505 OLG Stuttgart, Urt. v. 29.02.2012 – 20 U 3/11 (Piëch), ZIP 2012, 625 (626).

506 REICHERT/SENGER verweisen auf die Möglichkeit der Anfechtung einer erteilten Entlastung wegen rechtswidriger Ausnutzung von genehmigtem Kapital mit Bezugsrechtsausschluss, DK 2006, 338 (344 f.).

507 Für den Aufsichtsrat ist zwar geregelt, dass er durch Beschluss entscheidet (§ 108 I AktG), allerdings fehlt es an einer Regelung über das Zustandekommen. In Anlehnung an § 32 I 3 BGB und § 133 AktG gilt auch hier das Mehrheitsprinzip; DRYGALA, in: K. Schmidt/Lutter, AktG, § 108, Rn. 30; HAMBLOCH-GESINN/GESINN, in: Hölters, AktG, § 108, Rn. 23; KOCH, in: Hüffer/Koch, AktG, § 108, Rn. 6.

508 Dazu: DRYGALA, in: K. Schmidt/Lutter, AktG, § 108, Rn. 31 ff.; HAMBLOCH-GESINN/GESINN, in: Hölters, AktG, § 108, Rn. 25 ff.; HIRSCHMANN, in: Hölters, AktG, § 133, Rn. 1; KOCH, in: Hüffer/Koch, AktG, § 108, Rn. 7 f.

509 WEBER, in: Hölters, AktG, § 77, Rn. 6.

510 KOCH, in: Hüffer/Koch, AktG, § 77, Rn. 10.

511 WEBER, in: Hölters, AktG, § 77, Rn. 31.

512 KOCH, in: Hüffer/Koch, AktG, § 77, Rn. 16.

hinaus besteht die Möglichkeit, in der Satzung ein Vetorecht für ein einzelnes Vorstandsmitglied zu statuieren. Der Einzelne könnte dann eine mehrheitliche Entscheidung – zumindest vorübergehend bis zu einer erneuten Beschlussfassung – verhindern[513].

In allen drei Organen kann sich eine zu rechtsbrechendem Verhalten entschlossene Minderheit nicht gegen eine gesetzes- und satzungstreue Mehrheit durchsetzen. Insofern kann von einer präventiven organinternen Kontrolle gesprochen werden.

V. Stellung des Aktionärs im Kontrollsystem

1. Aktionärskontrolle in der Hauptversammlung und Einzelkontrolle

Der einzelne Aktionär hat ganz abstrakt gesehen die Aufgabe, alle drei Organe der Aktiengesellschaft zu überwachen. Für diese Aufgabe unterscheidet das Aktiengesetz zwischen dem Organ, dem er selbst angehört und den übrigen. Es findet eine Abstufung von Kontrollbefugnissen und Kontrollmöglichkeiten statt.

Die Kontrolle des Organs, dem der Aktionär angehört, ist nahezu uneingeschränkt (vgl. § 245 Nr. 1–3 AktG) mit der Anfechtungs- und Nichtigkeitsklage möglich. Hier übt der Aktionär seine Rechte in Angelegenheiten der Gesellschaft aus (§ 118 I AktG). Hier ist sein Bedürfnis nach Kontrolle unmittelbar.

Für die Kontrolle der übrigen Organe ist der einzelne Aktionär an die Hauptversammlung gebunden. Er unterliegt damit den Kontrollbefugnissen der Hauptversammlung und auch der kollektiven Beschlussfassung. Nur unter diesen Bedingungen sieht das Gesetz eine Kontrolle des Vorstands und des Aufsichtsrats durch den einzelnen Aktionär vor. Im Übrigen soll sich der Aktionär auf die Kontrolle des Vorstands durch den Aufsichtsrat verlassen. Eine unmittelbare Vorstandskontrolle wollte der Gesetzgeber nicht. In der Gesetzesbegründung heißt es: „Um die Kontrolle der Aktionäre über die laufende Verwaltung der Gesellschaft zu stärken, enthält der Entwurf ferner Vorschriften, die einer Aktivierung der Arbeit des Aufsichtsrats dienen sollen“[514].

Grund dafür ist die Funktionsfähigkeit der Gemeinschaft. Würde der einzelne Aktionär Informationen über jede Verwaltungsentscheidung und -handlung fordern dürfen, um diese zu kontrollieren, wären die Verwaltungsorgane von ihren eigentlichen Aufgaben abgehalten, Geheimhaltungsinteressen könnten

513 Ob das Vetorecht eine Entscheidung nur vorübergehend oder endgültig verhindern kann, ist umstritten; dazu m. w. N.: KOCH, in: Hüffer/Koch, AktG, § 77, Rn. 12; SPINDLER, in: MünchKomm, AktG, § 77, Rn. 17.

514 Allg. Begründung RegE zum AktG 1965, in: KROPFF, Aktiengesetz, S. 15.

verletzt werden und die Einstellung des einzelnen Verwaltungsmitglieds zu seinen Aufgaben könnte sich durch einen ständigen Rechtfertigungsdruck nachteilig ändern.

Deshalb werden Aktionäre im Kollektiv in Vorbereitung auf die Hauptversammlung und auf dieser informiert und sie können sich als Kollektiv weitere Informationen mittels einer Sonderprüfung beschaffen. Den wichtigen Kontrollaspekt, der sich aus der Prinzipal-Agent-Beziehung zwischen Aktionär und den Verwaltungsorganen ergibt, entscheidet das Aktiengesetz zu Gunsten einer Kontrolle durch das Kollektiv der Prinzipale.

2. Einschränkung der Einzelkontrolle durch die Treuepflicht

Für den einzelnen Aktionär ist diese Einschränkung der Kontrollmöglichkeit dogmatisch in der Treuepflicht zu verorten.

Sie gebietet den Aktionären in allen gesellschaftlichen Angelegenheiten auf die Interessen der Aktiengesellschaft und die gesellschaftsbezogenen Interessen der Mitaktionäre Rücksicht zu nehmen[515]. Diese Pflicht zur Rücksichtnahme trifft ihn vor allem bei der Ausübung von Mitverwaltungs- und Kontrollrechten[516].

Das Interesse eines einzelnen Aktionärs, außerhalb der Hauptversammlung Informationen zu erhalten und die Organtätigkeit zu kontrollieren, wird schon durch das Aktiengesetz nicht hoch bewertet. Ein Informationsrecht steht ihm nach § 131 AktG nur in der Hauptversammlung zu. Selbst unter dem Blickwinkel der Gleichbehandlung (§ 53a AktG) existiert außerhalb der Hauptversammlung kein Informationsanspruch[517]. Werden dem Aktionär Informationen anderweitig bekannt (z. B.: durch Medienberichte oder Hörensagen), kann ein Kontrollinteresse nur in der Vermeidung von Schäden für die Gesellschaft bestehen. Diese Gefahren zu beurteilen, liegt aber im Kompetenzbereich des Vorstands, dessen Überwachung durch den Aufsichtsrat stattzufinden hat. Dem einzelnen Aktionär obliegt die Endkontrolle der Verwaltungshandlungen in der Hauptversammlung. Das Interesse des Einzelnen muss hinter dem der Gemeinschaft an der Einhaltung dieses Systems zurückstehen[518].

---

515 SAENGER, Gesellschaftsrecht, Rn. 569; K. SCHMIDT, Gesellschaftsrecht, § 20 IV 2 c.

516 BGH, Urt. v. 20.03.1995 – II ZR 205/94 (Girmes), BGHZ 129, 136 (142); K. SCHMIDT, Gesellschaftsrecht, § 20 IV 2 c.

517 Str. ebenso: DRYGALA, in: KölnKomm, AktG, § 53a, Rn. 43 m. w. N.; KOCH, in: Hüffer/Koch, AktG, § 131, Rn. 42; a. A.: ECKHARDT, in: Geßler/Hefermehl, AktG, § 131, Rn. 161.; vgl. Fn. 396.

518 Vgl. NOACK, Fehlerhafte Beschlüsse in Gesellschaften und Vereinen, S. 45.

C. Folge der restriktiven Handhabung von Aktionärsklagen

Der Aktionär ist im Kompetenz- und Kontrollsystem maßgeblich an die Hauptversammlung gebunden[519]. Dort übt er seine Rechte aus und dort kann er im Kollektiv die beiden Verwaltungsorgane kontrollieren. Wird der Aktionär dabei in seinen Rechten verletzt, so hält das Aktiengesetz ihm die Möglichkeit der Beschlussmängelklagen bereit. Parallel dazu bestehende oder darüber hinausgehende Rechtsschutzmöglichkeiten sieht das Aktiengesetz grds. nicht vor.

Außerhalb der Hauptversammlung werden ihm nur vereinzelt - in Vorbereitung oder in Ergänzung seiner Rechtsausübung in der Hauptversammlung - geschützte Positionen eingeräumt. Dies ist nämlich der Herrschaftsbereich der Verwaltungsorgane. Wenn ein Aktionär sich gegen Maßnahmen der Verwaltungsorgane wenden will, muss er sich in diesen fremden Herrschaftsbereich begeben. Er agiert dann grundsätzlich außerhalb der ihm durch das Aktiengesetz zugewiesenen rechtlichen Position.

Folglich ist mit Klagemöglichkeiten des Aktionärs zurückhaltend umzugehen[520]. Jede Klage außerhalb der Hauptversammlung greift zunächst in den Herrschaftsbereich des Vorstands und ggf. des Aufsichtsrats ein. Und jede Klage parallel oder ergänzend zu Beschlussmängelklagen muss sich dem Vorwurf stellen, dass der Gesetzgeber eine solche Klagemöglichkeit neben den Beschlussmängelklagen gerade nicht kodifizieren wollte oder die Beschlussmängelklagen absichtlich nicht entsprechend weit gefasst hat.

Im Grundsatz ist damit von einer restriktiven Handhabung von Aktionärsklagen auszugehen.

---

519 Vgl. MARKWARDT, ZIP 2004, 211 (212).

520 Vgl. MARKWARDT, ZIP 2004, 211 (213).

5. Teil: Die Lücken im Aktionärsrechtsschutz und deren Schließung

Sollen Lücken beim Rechtsschutz der Aktionäre untersucht werden, so sind diese Lücken das Spiegelbild der Diskussion um die Reichweite der Aktionärsklage. Die geführte Diskussion um die Reichweite setzt allerdings am Ergebnis an und betrachtet nur selten die tatsächlichen Ursachen (Lücken) für das Bedürfnis nach verbessertem Rechtsschutz. Im Wesentlichen lassen sich die zur Reichweite der Aktionärsklage vorgebrachten Ansichten in drei Gruppen einteilen.

Die Ansicht, die den Aktionärsschutz am weitesten ausdehnt, wird als „Lehre der Universalkontrolle"[521] bezeichnet und befürwortet einen allgemeinen Anspruch des Aktionärs auf gesetz- und satzungsmäßiges Verhalten der Verwaltungsorgane (A)[522].

Eine zweite Ansicht beschränkt den Aktionärsschutz auf Verletzungen der Hauptversammlungskompetenzen[523] und bildet damit den kleinsten gemeinsamen Nenner aller Ansichten (B).

Die dritte Gruppe bilden die „vermittelnden Ansichten"[524]. Sie befürworten eine Aktionärsklage, die über den Rechtsschutz bei Verletzungen der Hauptversammlungskompetenzen hinausgeht und andererseits nicht bis an einen allgemeinen Anspruch des Aktionärs auf gesetz- und satzungsmäßiges Verhalten heranreicht (C)[525].

---

521 Terminus nach: ADOLFF, ZHR 169 (2005), 310 (317); ihm folgend: BARTELS, ZGR 2008, 723 (756, 760).

522 BECKER, Verwaltungskontrolle durch Gesellschafterrechte, S. 621 f.; PAEFGEN, ZHR 172 (2008), 42 (79); GRUNEWALD, DB 1981, 407 (408 f.); zumindest für Gesellschaften mit geschlossenem Gesellschafterkreis auch: WELLKAMP, DZWir 1994, 221 (224 ff.).

523 ADOLFF, ZHR 169 (2005), 310 (324 ff.); BARTELS, ZGR 2008, 723 (764); LUTTER, JZ 2000, 837 (841); vgl. aber auch: ders., AcP 180 (1980), 84 (127); RIECKERS, in: Münchener Handbuch GesR, Bd. 4, § 18, Rn. 10; K. SCHMIDT, Verhandlungen des 63. DJT 2000, Teil O, 11 (27 f.); vgl. aber auch: ders., Gesellschaftsrecht, § 21 V 3 b.

524 Terminus nach: ADOLFF, ZHR 169 (2005), 310 (318); ihm folgend: BARTELS, ZGR 2008, 723 (756).

525 BAUMS, Gutachten F zum 63. DJT 2000, S. 203 ff.; BAYER, NJW 2000, 2609 (2610 f.); BRONDICS, Die Aktionärsklage, S. 93, 103 ff.; HABERSACK, DStR 1998, 533 (535 ff.); HOFFMANN-BECKING, ZHR 167 (2003), 357 (360 ff.); KRIEGER, ZHR 163 (1999), 343 (356 ff.); KUBIS, DStR 2006, 188 (191); WILSING, ZGR 2006, 722 (737 ff.).

A. Allgemeine Lücke bei der Verwaltungskontrolle und der allgemeine Anspruch des Aktionärs auf gesetz- und satzungsmäßiges Verhalten

Könnten Aktionäre nicht die Einhaltung der materiellen Rechtsordnung verlangen und durchsetzen, wäre diese unvollkommen[526] – so lautet die These zur Lehre der Universalkontrolle. Das Aktiengesetz enthält keinen allgemeinen Anspruch des Aktionärs auf gesetz- und satzungsmäßiges Verhalten. Insofern könnte eine Lücke bei der Kontrolle der Verwaltungsorgane gesehen werden.

I. Allgemeiner Anspruch des Aktionärs auf gesetz- und satzungsmäßiges Verhalten der Verwaltungsorgane nach Paefgen und Becker

Ein allgemeiner Anspruch auf gesetz- und satzungsmäßiges Verhalten der Verwaltungsorgane wird vor allem von *Paefgen*[527] und *Becker*[528] bejaht[529].

Beide arbeiten vergleichend mit dem US-amerikanischen Recht, *Paefgen* zudem auch mit dem britischen. Ausgehend davon schließen sie auf Lücken im deutschen aktienrechtlichen Rechtsschutzsystem[530]. Es bestehe ein Bedürfnis nach präventiver Verwaltungskontrolle[531] bzw. nach einem gebotenen Maß an Kontrolldichte[532]. Mit einem allgemeinen Anspruch auf gesetz- und satzungsmäßiges Verhalten der Verwaltungsorgane sei dies zu erreichen.

Sie berufen sich dazu auch auf historische Rechtsprechung des Reichsoberhandelsgerichts (ROHG)[533]. In einer Entscheidung sprach das ROHG von einem „Recht des Actionärs, um der Gesellschaft und seiner Mitgliedschaft willen zu verlangen, daß der Gesellschaftswille sich entsprechend den Gesetzen und statutarischen Bestimmungen bethätige“[534]. In einer weiteren wurde „das Recht, daß

---

526 PAEFGEN, ZHR 172 (2008), 42 (79); vgl. GRUNEWALD, DB 1981, 407 (408).

527 PAEFGEN, Unternehmerische Entscheidungen und Rechtsbindung der Organe in der AG, S. 294 ff.; ders., ZHR 172 (2008), 42 (79).

528 BECKER, Verwaltungskontrolle durch Gesellschafterrechte, S. 621 f.

529 Ebenso: GRUNEWALD, DB 1981, 407 (408 f.); zumindest für Gesellschaften mit geschlossenem Gesellschafterkreis auch: WELLKAMP, DZWir 1994, 221 (224 ff.).

530 PAEFGEN, ZHR 172 (2008), 42 (78 f.); vgl. BECKER, Verwaltungskontrolle durch Gesellschafterrechte, S. 326 f., 622.

531 PAEFGEN, ZHR 172 (2008), 42 (79).

532 BECKER, Verwaltungskontrolle durch Gesellschafterrechte, S. 621 f.

533 PAEFGEN, ZHR 172 (2008), 42 (79); BECKER, Verwaltungskontrolle durch Gesellschafterrechte, S. 620.

534 ROHG, Urt. v. 20.10.1877 – Rep. 822/77, ROHGE 23, 273 (275).

die Gesellschaft die gesetzlichen und statutarischen Vorschriften zur Geltung bringe und befolge", benannt[535]. Diese Rechtsanschauung wäre auch heute geboten[536]. Argumentiert wird zudem mit einem Vergleich zum öffentlichen Recht. Es handle sich bei dem allgemeinen Anspruch des Aktionärs auf gesetz- und satzungsmäßiges Verhalten der Verwaltungsorgane um ein verbandsrechtliches „Pendant zur Gesetzesbindung der Verwaltung nach Art. 20 III GG"[537].

Als dogmatische Grundlage wird von *Paefgen* ein „kooperationsrechtlicher Rechtsbefolgungsanspruch, der auf dem Sozialkontakt als der rechtlichen Grundlage des Gesellschaftsverhältnisses beruht" vorgeschlagen[538].

II. Allgemeiner Anspruch des Aktionärs auf gesetz- und satzungsmäßiges Verhalten der Verwaltungsorgane nach Knobbe-Keuk

Zuvor bejahte schon *Knobbe-Keuk*[539] einen allgemeinen Anspruch auf gesetz- und satzungsmäßiges Verhalten der Verwaltungsorgane und stützt sich dafür ebenfalls auf die zitierte historische Rechtsprechung des ROHG[540]. Sie schränkt allerdings dessen Klagbarkeit ein, um einen Konflikt mit dem Kompetenzsystem des Aktiengesetzes zu vermeiden[541]. Als Abgrenzungskriterium bedient sie sich des Maßstabs einer Geschäftsführungshandlung. Solange es sich um Maßnahmen innerhalb der Geschäftsführung handelt, soll auch ein Verstoß gegen andere Gesetze nicht zur Klage berechtigen. Der Aktionär müsse es deshalb hinnehmen, wenn der Vorstand betrügerische oder Schmuggelgeschäfte veranstaltet oder Geschäfte unter Verstoß gegen das Wirtschaftsstrafrecht abschließt[542]. Klagbar sei der Anspruch nur bei Maßnahmen außerhalb der Geschäftsführung, etwa wenn der Vorstand den Unternehmensgegenstand ändert[543].

---

535 ROHG, Urt. v. 09.09.1879 – Rep. 657/79, ROHGE 25, 307 (310).

536 PAEFGEN, ZHR 172 (2008), 42 (79); BECKER, Verwaltungskontrolle durch Gesellschafterrechte, S. 620.

537 BECKER, Verwaltungskontrolle durch Gesellschafterrechte, S. 79 ff.; PAEFGEN, Unternehmerische Entscheidungen und Rechtsbindung der Organe in der AG, S. 316.

538 PAEFGEN, Unternehmerische Entscheidungen und Rechtsbindung der Organe in der AG, S. 314 ff.; ders., ZHR 172 (2008), 42 (79).

539 KNOBBE-KEUK, in: FS Ballerstedt, 239 (246 ff., 251); zustimmend: FLUME, Die juristische Person, § 8 V 4 (S. 310 f.).

540 KNOBBE-KEUK, in: FS Ballerstedt, 239 (247 f.).

541 KNOBBE-KEUK, in: FS Ballerstedt, 239 (251 f.).

542 KNOBBE-KEUK, in: FS Ballerstedt, 239 (252).

543 KNOBBE-KEUK, in: FS Ballerstedt, 239 (252); BECKER bringt gegen diese Einschränkung vor, dass Klagerecht und Kompetenzordnung unabhängig voneinander

III. Folgen eines allgemeinen Anspruchs des Aktionärs auf gesetz- und satzungsmäßiges Verhalten der Verwaltungsorgane

Würde ein allgemeiner Anspruch bestehen, könnte ein einzelner Aktionär gegen die Gesellschaft bei jedem Gesetzes- und Satzungsverstoß klagen. Er könnte mittels Leistungsklage die Gesellschaft verpflichten, bestimmte Beschlüsse zu fassen, wenn die Unterlassung dieses Beschlusses eine Pflichtverletzung des betroffenen Organs darstellt (Leistungsklage). Er könnte auch verlangen, dass die Durchführung gefasster rechtswidriger Beschlüsse zu unterlassen ist (Leistungsklage in Form der Unterlassungsklage). Zu beachten ist aber, dass bei all diesen Klagen keine Zweckmäßigkeitskontrolle durch das Gericht stattfinden soll[544]. Ein bestimmter – unverzichtbar weiter[545] – unternehmerischer Entscheidungsspielraum ist hier nicht justiziabel[546]. Diesen hat zunächst der BGH in der ARAG/Garmenbeck-Entscheidung[547] konkretisiert und schließlich der Gesetzgeber durch das UMAG[548] mit § 93 I 2 AktG umgesetzt. Die sogenannte Business Judgment Rule soll den Maßstab für die Abgrenzung zwischen Pflichtverletzungen und rechtmäßigen – u. U. für die Gesellschaft nachteiligen oder ungünstigen – Entscheidungen bilden[549]. Sie gilt gem. § 93 I 2 AktG für den Vorstand und über den Verweis in § 116 AktG auch für den Aufsichtsrat.

Allerdings betrifft diese Einschränkung der Einwirkungsmöglichkeiten des Aktionärs auf Maßnahmen des Vorstands nur die materielle Rechtmäßigkeit. Die formelle Rechtmäßigkeit wäre voll justiziabel. Eine Kontrolle der gesetz- und

seien, was § 245 AktG beispielhaft belege, Verwaltungskontrolle durch Gesellschafterrechte, S. 621. Er übersieht dabei, dass die Rechtfertigung für eine unabhängig vom Betroffensein des Aktionärs bestehende Anfechtungsbefugnis nach § 245 AktG gerade in der engen Bindung des Aktionärs an die Hauptversammlung zu finden ist (s. u.: 6. Teil: B I). Damit besteht sehr wohl eine Verbindung zwischen Kompetenzordnung und „Klagerecht".

544 PAEFGEN, ZHR 172 (2008), 42 (75); BECKER, Verwaltungskontrolle durch Gesellschafterrechte, S. 617; in diese Richtung auch: GRUNEWALD, DB 1981, 407 (408 f.).

545 KOCH, in: Hüffer/Koch, AktG, § 93, Rn. 8.

546 BECKER, Verwaltungskontrolle durch Gesellschafterrechte, S. 621.

547 BGH, Urt. v. 21.04.1997 – II ZR 175/95 (ARAG/Garmenbeck), BGHZ 135, 244 (253 ff.).

548 Gesetz zur Unternehmensintegrität und Modernisierung des Anfechtungsrechts vom 22.09.2005, BGBl. I 2005, 2802.

549 PAEFGEN, ZHR 172 (2008), 42 (75); in diese Richtung auch schon: GRUNEWALD, DB 1981, 407 (408).

satzungsmäßen Einberufung, Beratung und Beschlussfassung der Verwaltungsorgane wäre möglich.

IV. ROHG-Rechtsprechung als Argument für einen allgemeinen Anspruch

Die Heranziehung der ROHG-Rechtsprechung[550] ist aus mehreren Gründen abzulehnen. Zunächst können die zitierten Formulierungen nicht ohne den nötigen Zusammenhang betrachtet werden. Beide Entscheidungen[551] hatten keinen derart weitreichenden Anspruch zum Gegenstand[552]. Ein umfassendes Recht des einzelnen Aktionärs auf gesetz- und satzungsmäßiges Verhalten der Verwaltungsorgane hat das ROHG in diesen Entscheidungen de facto nicht bejaht[553], denn in beiden gibt es auch einschränkende Elemente.

Die frühere Entscheidung handelt vom unzulässigen Erwerb eigener Aktien durch die AG. Erhoben wurde eine Anfechtungs- und Feststellungsklage[554]. Im Rahmen der Auslegung des Klageantrags wurde auf mögliche Folgeansprüche eingegangen, die sich aus einer festgestellten Nichtigkeit ergeben könnten[555]. Über diese Folgeansprüche „lassen sich aber allgemeine Grundsätze nicht aufstellen“[556]. Am Ende wies das ROHG die Klage ab, weil der Vorstand die Aktien schon wieder verkauft hatte und der Aktionär – nunmehr – gerade kein gerechtfertigtes Interesse daran hatte, den Gesetzesverstoß allein seiner selbst willen rückgängig zu machen[557]. Selbst wenn die Aktien noch im Besitz der Gesellschaft

550 ROHG, Urt. v. 20.10.1877 – Rep. 822/77, ROHGE 23, 273 (275); ROHG, Urt. v. 09.09.1879 – Rep. 657/79, ROHGE 25, 307 (310).

551 Dazu auch: BRONDICS, Die Aktionärsklage, S. 35 f.; HABERSACK, Die Mitgliedschaft – subjektives und „sonstiges“ Recht, S. 286 ff.; NOACK, Fehlerhafte Beschlüsse in Gesellschaften und Vereinen, S. 44; SCHULZ-GARDYAN, Die sogenannte Aktionärsklage, S. 44 f.; ZÖLLNER, ZGR 1988, 392 (421 f.).

552 ZÖLLNER, ZGR 1988, 392 (421).

553 Vgl. ZÖLLNER, ZGR 1988, 392 (421 f.); vgl. NOACK, Fehlerhafte Beschlüsse in Gesellschaften und Vereinen, S. 44.

554 „[…] die Beschlüsse und Contracte des Aufsichtsrathes, Vorstandes und der Generalversammlung, zufolge welcher die 16 Actien angekauft, für nichtig, für die Gesellschaft nicht existent und für die Kläger nicht rechtsverbindlich oder […] für sie ohne Rechtsfolge zu erklären“, ROHG, Urt. v. 20.10.1877 – Rep. 822/77, ROHGE 23, 273 (274).

555 ROHG, Urt. v. 20.10.1877 – Rep. 822/77, ROHGE 23, 273 (274 ff.).

556 ROHG, Urt. v. 20.10.1877 – Rep. 822/77, ROHGE 23, 273 (275).

557 ROHG, Urt. v. 20.10.1877 – Rep. 822/77, ROHGE 23, 273 (278); vgl. SCHULZ-GARDYAN, Die sogenannte Aktionärsklage, S. 44; vgl. NOACK, Fehlerhafte Beschlüsse in Gesellschaften und Vereinen, S. 44.

sein sollten, könne der Aktionär lediglich Feststellung verlangen[558] und somit wohl keine Leistung[559]. Die Möglichkeit nach Schadensersatz ließ das ROHG offen[560].

Die zweite Entscheidung handelte von einer fehlerhaften Bewertung einzelner Bilanzposten[561]. Der klagende Aktionär wollte diese feststellen und korrigieren lassen. Das ROHG beginnt mit allgemeinen Ausführungen zum Aktionär und sagt sinngemäß, dass der Aktionär sich der fremden Vermögensverwaltung nur unter den durch das Gesetz und die Satzung vorgegebenen Grenzen unterworfen hat. Deshalb habe er auch „das Recht, dass die Gesellschaft die gesetzlichen und statutarischen Vorschriften zur Geltung bringe und befolge“[562]. Dieses Recht muss der Aktionär auch „durch Klage verfolgen können. Von einer hierin liegenden unstatthaften Einwirkung des einzelnen Actionärs auf die Rechte der Gesamtheit oder der einzelnen anderen Actionäre kann nicht die Rede sein, wenn es sich darum handelt, dass etwas nach Gesetz oder Statut Unstatthaftes unterlassen oder danach Gebotenes getan werden soll, und nur in diesen Grenzen bewegt sich das statuierte Einzelrecht“[563]. Diese getroffenen Aussagen waren in dieser Allgemeinheit aber nicht entscheidungserheblich. Das ROHG selbst konkretisiert „das Recht, dass die Gesellschaft die gesetzlichen und statutarischen Vorschriften zur Geltung bringe und befolge“ wenig später[564], indem es sagt, es entstehe „ein sonderbarer Rechtszustand, wenn der Actionär zwar Anspruch auf die aus der festgesetzten Bilanz sich ergebende Dividende verfolgen könne, aber gegenüber der Weisung der Gesellschaftsorgane, überhaupt Bilanz zu ziehen, machtlos wäre“[565]. Am Ende erkennt es einen Anspruch auf Feststellung einer Bilanz auch nur unter zusätzlichen engen Voraussetzungen an[566].

So ist festzustellen, dass die Formulierungen des ROHG gegenüber dem Gemeinten zu weit geraten sind[567]. *Zöllner*[568] wirft dem ROHG diesbezüglich

558 ROHG, Urt. v. 20.10.1877 – Rep. 822/77, ROHGE 23, 273 (278).
559 Ebenso: ZÖLLNER, ZGR 1988, 392 (422, Fn. 102).
560 ROHG, Urt. v. 20.10.1877 – Rep. 822/77, ROHGE 23, 273 (278 f.).
561 ROHG, Urt. v. 09.09.1879 – Rep. 657/79, ROHGE 25, 307 (308 f.).
562 ROHG, Urt. v. 09.09.1879 – Rep. 657/79, ROHGE 25, 307 (310).
563 ROHG, Urt. v. 09.09.1879 – Rep. 657/79, ROHGE 25, 307 (311).
564 Vgl. SCHULZ-GARDYAN, Die sogenannte Aktionärsklage, S. 45.
565 ROHG, Urt. v. 09.09.1879 – Rep. 657/79, ROHGE 25, 307 (310 f.).
566 Vgl. ROHG, Urt. v. 09.09.1879 – Rep. 657/79, ROHGE 25, 307 (325); ZÖLLNER, ZGR 1988, 392 (422).
567 NOACK, Fehlerhafte Beschlüsse in Gesellschaften und Vereinen, S. 44.
568 ZÖLLNER, ZGR 1988, 392 (422); i. E. zustimmend: SCHULZ-GARDYAN, Die sogenannte Aktionärsklage, S. 44.

sogar vor, es habe sich hier als „Prinzipien-Maulheld" betätigt, wie es zu dieser Zeit gelegentlich vorgekommen sein soll.

Gestützt wird dies auch durch die Aussagen des ROHG in einem Gutachten[569], welches das ROHG in Vorbereitung auf die Aktienrechtsnovelle 1884 anfertigte. In diesem nimmt das ROHG ausdrücklich zu Individualrechten der Aktionäre Stellung[570]. Ein vermeintliches Recht auf gesetz- und satzungsmäßiges Verhalten der Verwaltungsorgane wird nur vereinzelt[571] im Zusammenhang mit der Verantwortlichkeit des Vorstands angesprochen[572] und selbst dabei weist das ROHG auf die „Stellung des Einzelactionärs zur Gesellschaft bez. zu deren Organen"[573] hin[574]. Vor diesem Hintergrund kommt es schließlich auch zu dem Ergebnis, dass systematische Bedenken gegen ein *Individual*recht des Aktionärs sprechen[575]. Das von ihm benannte Recht des Aktionärs auf gesetz- und satzungsmäßiges Verhalten der Verwaltungsorgane sei vielmehr ein abgeleitetes Recht der Gesellschaft[576]. Letztendlich empfiehlt es, ein unmittelbares Klagerecht

569 „Gutachten über die geeignetsten Mittel zur Abhülfe der nach den Erfahrungen des Reichs-Oberhandelsgerichts bei der Gründung, der Verwaltung und dem geschäftlichen Betriebe von Aktienunternehmen hervorgetretenen Uebelstände" vom 31.03.1877, in: Schubert/Hommelhoff, Hundert Jahre modernes Aktienrecht, S. 157 ff.

570 § 17 ROHG-Gutachten, in: Schubert/Hommelhoff, Hundert Jahre modernes Aktienrecht, S. 253 ff.

571 § 11 b, § 17 ROHG-Gutachten, in: Schubert/Hommelhoff, Hundert Jahre modernes Aktienrecht, S. 213 f., 258 f.

572 HABERSACK, Die Mitgliedschaft – subjektives und „sonstiges" Recht, S. 287 f.

573 § 11 b ROHG-Gutachten, in: Schubert/Hommelhoff, Hundert Jahre modernes Aktienrecht, S. 213 f.; vgl. auch: § 17 ROHG-Gutachten, in: Schubert/Hommelhoff, Hundert Jahre modernes Aktienrecht, S. 253 f.

574 HABERSACK, Die Mitgliedschaft – subjektives und „sonstiges" Recht, S. 287 f.

575 Vgl. § 11 b ROHG-Gutachten, in: Schubert/Hommelhoff, Hundert Jahre modernes Aktienrecht, S. 214: „[…] so läßt sich legislatorisch nur die Ausbildung einer derartigen mittelbaren, vom Rechte der Gesellschaft abgeleiteten Rechts des Einzelactionärs empfehlen, […] weil die Gesellschaftsorgane nicht zugleich der Gesellschaft und den Einzelactionären neben einander haftbar sein können, und weil nach dem Rechtsverhältniß zwischen Actionär und Gesellschaft zunächst nur Letzterer die Verfügung über die Ansprüche an die Gesellschaftsorgane zuzustehen hat".

576 § 11 b ROHG-Gutachten, in: Schubert/Hommelhoff, Hundert Jahre modernes Aktienrecht, S. 214.

des Aktionärs gegen den Vorstand für den Fall der Gesetzes- oder Satzungsverletzung nicht gesetzlich zu statuieren[577].

Selbst wenn man davon ausgeht, dass das ROHG eine Aussage mit dieser Reichweite treffen wollte, wäre aus heutiger Sicht die Entwicklung des Aktiengesetzes zu beachten. In den Jahren 1877 und 1879 musste die Rechtsprechung ihren Entscheidungen ein anderes gesetzliches System zu Grunde legen. Die General- und heutige Hauptversammlung war das oberste Organ der Aktiengesellschaft[578], das auch die Aufgabe der Führung der Gesellschaft innehatte[579]. Der Vorstand hatte hauptsächlich repräsentative Funktion[580]. Der einzelne Aktionär hingegen wurde durch das ADHGB nicht geschützt. Das ADHGB 1861[581] gab dem Aktionär kein Anfechtungsrecht, es gab keine quorumsabhängigen Rechte auf Einberufung der Hauptversammlung oder Ergänzung der Tagesordnung[582].

Ausgangspunkt für die beiden – ohnehin zu weit geratenen – Formulierungen des ROHG war demnach schon eine ganz andere – gegenüber dem heutigen Recht wesentlich stärkere – Position des Aktionärs im Kompetenzsystem, die allerdings deutlich weniger gesetzlich geschützt war. Ein am damaligen System richterlich entwickelter Rechtsschutz musste daher zwangsläufig weiter ausfallen. Auch deshalb kann die historische Rechtsprechung nicht herangezogen werden, um einen aus heutiger Sicht notwendigen Schutz des Aktionärs zu begründen.

---

577 § 11 b ROHG-Gutachten, in: Schubert/Hommelhoff, Hundert Jahre modernes Aktienrecht, S. 213; dazu: HABERSACK, Die Mitgliedschaft – subjektives und „sonstiges" Recht, S. 288.

578 HOPT/M. ROTH, Großkomm, AktG, § 95, Rn. 5.

579 Art. 224 ADHGB 1961, abgedruckt im: BGBl. des Norddeutschen Bundes 1869, 379 (449). Das ADHGB 1861 wurde 1869 als Bundesgesetz im Norddeutschen Bund eingeführt; LIEDER, in: Bayer/Habersack, Aktienrecht im Wandel, Bd. I, S. 332. Deshalb wird gelegentlich auch vom ADHGB 1869 gesprochen; HOPT/M. ROTH, Großkomm, AktG, § 95, Rn. 3 ff.

580 Art. 227 ff. ADHGB 1961, abgedruckt im BGBl. des Norddeutschen Bundes 1869, 379 (450). Die Änderungen des ADHGB 1870 haben dieses System nicht geändert, vgl. BGBl. des Norddeutschen Bundes 1870, 375. Die nächste Änderung des ADHGB fand erst 1884, mithin nach den zitierten Entscheidungen, statt, vgl. RGBl. 1984, 123. Das heutige System wurde erst 1937 eingeführt. Näher zur gesetzlichen Entwicklung: K. SCHMIDT, Gesellschaftsrecht, § 26 II 2; HOPT/M. ROTH, Großkomm, AktG, § 95, Rn. 4 ff.

581 Abgedruckt im BGBl. des Norddeutschen Bundes 1869, 379 (404 ff.).

582 Vgl. HOFFMANN-BECKING, in: Münchener Handbuch GesR, Bd. 4, § 1, Rn. 5 f.

V. Der allgemeine Anspruch im Kompetenz- und Kontrollsystem

1. Kompetenzsystem

a. Kompetenzkonflikt

Ein allgemeiner Anspruch ist mit dem Kompetenzsystem der Aktiengesellschaft nicht zu vereinen[583]. Der Vorstand würde in seiner eigenverantwortlichen Leitung beeinträchtigt. Der einzelne Aktionär bekäme eine Stellung, die das Aktiengesetz nicht vorsicht. Er könnte beispielsweise „erzwingen, dass die Gesellschaft Umweltschutzvorschriften in exotischen Ländern beachtet, die dort nur auf dem Papier bestehen, aber von niemandem eingehalten werden“[584]. Genauso verhält es sich mit den Kompetenzen des Aufsichtsrats. Er bekäme als Kontrollorgan Konkurrenz durch den einzelnen Aktionär. Der Aktionär könnte erzwingen, dass der Vorstand den Aufsichtsrat entsprechend § 111 IV 2 AktG beteiligt, obwohl das Aktiengesetz dem Aktionär eine solche Kompetenz nicht einräumt[585]. Auch die formelle Rechtswidrigkeit eines Vorstandsbeschlusses könnte der Aktionär geltend machen und die Unterlassung von dessen Umsetzung erzwingen. Ob den Verwaltungsorganen insofern aber auch ein „rechtlicher Zweckmäßigkeitsspielraum“ zusteht, kann hier offen bleiben. Jedenfalls läge eine Kontrolle dessen durch den einzelnen Aktionär außerhalb seiner Kompetenzen.

b. Vermeidung des Kompetenzkonflikts durch Einschränkung der Klagbarkeit

Auch *Knobbe-Keuk* erkennt das Spannungsverhältnis mit dem Kompetenzsystem[586]. Um den Konflikt zu vermeiden, beschränkt sie die Klagbarkeit des allgemeinen Anspruchs auf Verstöße gegen das Aktiengesetz und die Satzung. Bei Verstößen gegen allgemeine gesetzliche Vorschriften soll eine Klagbarkeit

583 BRONDICS, Die Aktionärsklage, S. 106 ff., 123 ff.; KNOBBE-KEUK, in: FS Ballerstedt, 239 (251 f.); KRIEGER, ZHR 163 (1999), 343 (353); NOACK, Fehlerhafte Beschlüsse in Gesellschaften und Vereinen, S. 44 f.; SCHULZ-GARDYAN, Die sogenannte Aktionärsklage, S. 48; vgl. BAUMS, Gutachten F zum 63. DJT 2000, S. 200 ff.; vgl. LUTTER, AcP 180 (1980), 84 (143 f.); i. E. auch VERSE, Der Gleichbehandlungsgrundsatz im Recht der Kapitalgesellschaften, S. 381; a. A.: WELLKAMP mit dem Hinweis, dass bei rechtswidrigen Maßnahmen keine Kompetenzzuweisung beansprucht werden könne, DZWir 1994, 221 (224 f).

584 KRIEGER, ZHR 163 (1999), 343 (353); sich ihm anschließend: ADOLFF, ZHR 169 (2005), 310 (320).

585 BAUMS, Gutachten F zum 63. DJT 2000, S. 202.

586 KNOBBE-KEUK, in: FS Ballerstedt, 239 (251 f.).

hingegen ausscheiden[587]. Diese Abgrenzung umschrieb sie sodann mit „Maßnahmen der Geschäftsführung“[588].

Richtig ist, dass ein Anspruch nicht generell klagbar sein muss. Das zeigt § 1297 I BGB[589] und wird auch bei der Auslegung von § 656 I 1 BGB vertreten[590]. Im Grundsatz gilt allerdings: Ansprüche sind klagbar[591]. Problematisch wird es, wenn man die Klagbarkeit eines Anspruchs nicht komplett ausschließen, sondern nur zum Teil einschränken will. Vor allem, wenn man den Nachweis erbringen möchte, dass der betroffene Anspruch überhaupt besteht[592].

Schränkt man die Klagbarkeit eines – in seiner Reichweite fraglichen – Anspruchs ein, führt das faktisch zu seiner Entleerung. Es drängt sich die Frage auf, warum der Anspruch nicht von vornherein nur in dem klagbaren Maße bestehen kann. Warum soll der Grundsatz „Ansprüche sind klagbar“ durchbrochen werden, wenn eine Durchbrechung durch genauere Definition des Anspruchs nicht notwendig ist? Diesen Nachweis hat *Knobbe-Keuk* nicht erbracht und er ist hier auch nicht möglich. Ein weiterer Kritikpunkt liegt in der von ihr konkret vorgenommenen Einschränkung[593]. Diese ist nämlich widersprüchlich: Wenn eine Vorstandshandlung gegen strafrechtliche Vorschriften

587 KNOBBE-KEUK, in: FS Ballerstedt, 239 (253).

588 KNOBBE-KEUK, in: FS Ballerstedt, 239 (252 f.).

589 Das Verlöbnis begründet nach der herrschenden Vertragstheorie die Verpflichtung zur Eheschließung. Dieser Anspruch ist wegen der Freiheit des Willens zur Eheschließung nicht klagbar (§ 1297 I BGB); näher dazu: LÖHNIG, in: Staudinger (2015), BGB, Vorbemerkungen zu § 1297, Rn. 20 ff.; BRUDERMÜLLER, in: Palandt, BGB, Einf. v. § 1297, Rn. 1, 3.

590 Bei der Heiratsvermittlung nach § 656 I 1 BGB wird um dessen Rechtsnatur gestritten. Zum Teil wird vertreten, es handle sich um eine Naturalobligation. Danach würde zwar ein Anspruch bestehen, dieser wäre allerdings nicht klagbar (unzulässig); so zum Beispiel: BGH, Urt. v. 25.05.1983 – IVa ZR 182/81, BGHZ 87, 309 (314 f.); nach anderer Ansicht handelt es sich um ein wirkungsgemindertes Schuldverhältnis, das zwar keinen Anspruch erzeugt, jedoch einen Rechtsgrund gibt; eine Klage wäre danach zulässig, jedoch unbegründet; zum Streit m. w. N.: A. ARNOLD, in: Staudinger (2016), BGB, § 656, Rn. 12.

591 Als Beispiel für diesen Grundsatz wird auf § 89 der Einleitung zum Allgemeinen Preußischen Landrecht verwiesen: „Wem die Gesetze ein Recht gegeben, dem bewilligen sie auch die Mittel, ohne welche dasselbe nicht ausgeübt werden kann.“; so: KNOBBE-KEUK, in: FS Ballerstedt, 239 (251); näher dazu: BRONDICS, Die Aktionärsklage, S. 120 ff.

592 Vgl. ADOLFF, ZHR 169 (2005), 310 (319).

593 ZÖLLNER, ZRG 1988, 392 (422); sich ihm anschließend: SCHULZ-GARDYAN, Die sogenannte Aktionärsklage, S. 48 f.

verstößt, dann liegt gleichfalls eine Verletzung der Geschäftsführungspflicht (§ 76 I AktG) vor, also auch ein Verstoß gegen das Aktienrecht[594]. Gleiches gilt beim Aufsichtsrat. Erkennt er Maßnahmen des Vorstands, die strafrechtlich sanktioniert werden, verletzt er seine Überwachungspflichten nach § 111 I AktG, wenn er nicht dagegen vorgeht.

Eine Einschränkung der Klagbarkeit des allgemeinen Anspruchs auf rechtmäßiges Verhalten der Verwaltungsorgane ist mithin keine Option, den Widerspruch mit dem Kompetenzsystem zu beseitigen. *Knobbe-Keuk* trifft im Ergebnis die richtigen Wertungen[595], wählt allerdings keinen überzeugenden Weg diese zu begründen.

2. Kontrollsystem

Zweck des allgemeinen Anspruchs soll es sein, die Verwaltungsorgane präventiv zu kontrollieren, um möglichen Schaden zu verhindern. Drohende Pflichtverletzungen sollen abgewendet werden[596]. Auf der anderen Seite soll es aber keine Zweckmäßigkeitskontrolle geben. Hier wird die Business Judgment Rule zur Abgrenzung herangezogen[597]. Diese beiden Punkte widersprechen sich zum Teil. Ist ein Anspruch erst gegeben, wenn die Grenze der Unzweckmäßigkeit überschritten wurde, liegt bereits eine Pflichtverletzung i. S. v. § 93 I AktG vor. Insofern können Pflichtverletzungen nicht mehr verhindert werden. Der präventive Gedanke kommt erst dann zum Tragen, wenn es um weitere Pflichtverletzungen geht oder ein (weiterer) Schaden vermieden oder vermindert werden soll.

Der gleiche Gedanke liegt auch den Kontrollmöglichkeiten der Aktionäre in der Hauptversammlung zu Grunde. Nur setzt diese Kontrolle zeitlich später an.

Die Untersuchung des Kontrollsystems des Aktiengesetzes hat aber gezeigt, dass der Aktionär sich eben mit dieser zeitlich später ansetzenden Kontrolle bezüglich Geschäftsführungsmaßnahmen begnügen soll. Zudem soll die Kontrolle grundsätzlich im Rahmen der Hauptversammlung stattfinden und nicht durch den Einzelnen außerhalb des Kollektivs. Zwar bestehen daneben auch quorumsabhängige Rechte für Aktionäre. Allerdings weisen diese stets einen engen Bezug zur Hauptversammlung auf, weil sie entweder als Parallele zu Hauptversammlungskompetenzen ausgestaltet sind oder gerade dazu dienen, die Rechtswahrnehmung in der Hauptversammlung zu unterstützen[598]. Im

---

594 ZÖLLNER, ZRG 1988, 392 (422).

595 Vgl. K. SCHMIDT, Gesellschaftsrecht, § 21 V 3 a.

596 PAEFGEN, ZHR 172 (2008), 42 (76).

597 PAEFGEN, ZHR 172 (2008), 42 (75).

598 S. o.: 4. Teil: A V.

Übrigen ist auch dem Umstand, dass diese Rechte von einem Quorum abhängig sind, eine Wertung gegen weitreichende Individualkontrollrechte zu entnehmen, auch wenn sich beide nicht zwingend widersprechen müssen[599].

Ein allgemeiner Anspruch auf rechtmäßiges Verhalten der Verwaltungsorgane widerspricht damit auch dem Kontrollsystem des Aktiengesetzes.

VI. Unterschied zum US-amerikanischen Kontrollsystem

Im US-amerikanischen Recht[600] haben die Aktionäre die Befugnis, die Einhaltung von Gesetz und Satzung seitens der Verwaltung zu kontrollieren[601]. Pflichtverletzungen können sie im Wege der derivative suit oder mit einer Individualklage (direkt/individual suit) geltend machen[602]. Welche der beiden Klagemöglichkeiten statthaft ist, hängt vom Inhalt des Anspruchs ab[603]. Geht es um die Durchsetzung von Ansprüchen der Gesellschaft durch den Aktionär im eigenen Namen, ist die derivative suit statthaft[604]. Vergleichbar ist dies mit der deutschen Figur der Prozessstandschaft[605]. Bei Eingriffen in die Rechtssphäre des Aktionärs kann eine Individualklage erhoben werden[606]. Als dogmatische Grundlage wird der mit der Mitgliedschaft in der Gesellschaft begründete Sozialkontakt (membership contract) herangezogen[607], kurz: die Mitgliedschaft[608].

Diese Klagearten haben sich im US-amerikanischen Gesellschaftsrecht bewährt. Die Idee einer Übertragung auf das deutsche Aktienrecht scheint plausibel. Jedoch würde eine solche Übertragung eine Besonderheit des deutschen Aktienrechts außer Acht lassen: das dualistische System.

Die Struktur der Gesellschaftsorgane im US-amerikanischen Recht[609] ist anders aufgebaut als in Deutschland. Das deutsche Modell (dualistisches

599 Dazu unten: 5. Teil: A VII.

600 Dazu: BRONDICS, Die Aktionärsklage, S. 195; PAEFGEN, ZHR 172 (2008), 42 (56 f., insb. 63 ff.); BECKER, Verwaltungskontrolle durch Gesellschafterrechte, S. 113 ff.

601 PAEFGEN, ZHR 172 (2008), 42 (75); enger in Bezug auf die Individualklage: BECKER, Verwaltungskontrolle durch Gesellschafterrechte, S. 120.

602 BRONDICS, Die Aktionärsklage, S. 195; PAEFGEN, ZHR 172 (2008), 42 (63 ff.).

603 BECKER, Verwaltungskontrolle durch Gesellschafterrechte, S. 118.

604 BECKER, Verwaltungskontrolle durch Gesellschafterrechte, S. 118; BRONDICS, Die Aktionärsklage, S. 195.

605 BRONDICS, Die Aktionärsklage, S. 195.

606 BECKER, Verwaltungskontrolle durch Gesellschafterrechte, S. 118; BRONDICS, Die Aktionärsklage, S. 195.

607 PAEFGEN, ZHR 172 (2008), 42 (64).

608 BECKER, Verwaltungskontrolle durch Gesellschafterrechte, S. 301.

609 Dazu: PESCHKE, in: S/A/L/S, Handels- und Gesellschaftsrecht, § 8 D IV 3 (Rn. 760 ff.).

System) teilt die Verwaltung in zwei selbstständige Organe und stattet diese mit unterschiedlichen Kompetenzen und gegenseitigen Kontrollbefugnissen aus. Im US-amerikanischen System (monistisches System) hingegen gibt es nur ein Verwaltungsorgan, das Board of Directors. Eine Unterscheidung zwischen Leitung und Überwachung erfolgt hier intern[610]. Diese Unterscheidung im Organ hat allerdings zu Folge, dass eine Kontrolle, wie sie der Aufsichtsrat vornehmen kann und muss, nicht möglich ist. Eine organinterne Kontrolle der Mitglieder untereinander existiert auch bei den Verwaltungsorganen der deutschen Aktiengesellschaft[611]. Die Kontrolle der Organe untereinander kommt aber noch hinzu[612]. Zwar nähert sich das deutsche Modell dem US-amerikanischen immer weiter an, je mehr Bedeutung man der Beratungsaufgabe des Aufsichtsrats beimisst. Allerdings verbleibt dem Aufsichtsrat stets ein gewisses Maß an Unabhängigkeit gegenüber dem Vorstand. Seine Beratungen sind vertraulich und ihm obliegt die personelle Entscheidungshoheit über die Vorstandsmitglieder. Geschäftsführungsaufgaben kann er hingegen nicht wahrnehmen.

Im Board of Directors fehlt diese klare Trennung von Geschäftsleitung und Überwachung[613]. Das Board kann zwar Officers für den gewöhnlichen Geschäftsbetrieb bestellen und diese selbst überwachen, allerdings verbleibt die grundlegende Leitungskompetenz immer beim Board[614]. Auch der überwachende Teil des Boards ist also mit der Gesellschaftsleitung betraut[615]. Eine Parallele zum Aufsichtsrat lässt sich schwer ziehen. Eher könnte eine solche zum Vorstand gezogen werden, der die täglichen Aufgaben auf einen Teil von sich verlagert. Das Board of Directors wird von der Gesellschafterversammlung (stockholders' meeting) bestellt und abgerufen[616]. Diese Wahl ist zwar gerichtlich überprüfbar[617], eine mit den §§ 241 ff. AktG vergleichbare Anfechtungs- und Nichtigkeitsklage kennt das US-amerikanische Recht hingegen nicht[618]. Zudem sind auch die Kompetenzen und Kontrollmöglichkeiten der US-amerikanischen Gesellschafterversammlung und die Rechtswahrnehmung der Aktionäre in dieser deutlich

610 DRYGALA/STAAKE/SZALAI, Kapitalgesellschaftsrecht, § 21 I 1 (Rn. 3).
611 S. o.: 4. Teil: B IV.
612 S. o.: 4. Teil: B I bis III.
613 BAUMS, Der Aufsichtsrat – nützlich, schädlich, überflüssig?, S. 9.
614 PESCHKE, in: S/A/L/S, Handels- und Gesellschaftsrecht, § 8 D IV 3 a cc (Rn. 768 ff.).
615 BAUMS, Der Aufsichtsrat – nützlich, schädlich, überflüssig?, S. 8 f.
616 PESCHKE, in: S/A/L/S, Handels- und Gesellschaftsrecht, § 8 D IV 3 a bb (Rn. 765 f.).
617 HELLGARDT/HOGER, ZGR 2011, 38 (47).
618 BECKER, Verwaltungskontrolle durch Gesellschafterrechte, S. 295 ff.; HELLGARDT/HOGER, ZGR 2011, 38 (47).

zurückhaltender ausgeprägt als im deutschen Recht[619]. Damit hier kein kontrollfreier Raum entsteht, haben sich Rechtsschutzinstrumente wie die derivative suit und die direkt suit entwickelt[620]. Diese Kontrollmöglichkeiten erstrecken sich auf Maßnahmen des Board of Directors sowie auf Gesellschafterbeschlüsse[621]. Die Kontrollaufgabe wird damit im Wesentlichen in die Hände des einzelnen Aktionärs gelegt. Im deutschen Recht hingegen existiert ein zusätzliches Organ für diese Aufgabe.

Eine Übertragung der Kontrollbefugnisse des einzelnen Aktionärs aus dem US-amerikanischen Recht muss dies stets im Blick halten. Ansichten, die diesen Punkt nicht ausreichend beachten[622], leiden an einem Defizit.

VII. Der allgemeine Anspruch und quorumsabhängige Rechte

Ein allgemeiner Anspruch des einzelnen Aktionärs könnte im Widerspruch mit Vorschriften stehen, die bestimmte Rechte des Aktionärs von einer Mindestbeteiligung am Grundkapital abhängig machen[623]. Ein solcher Widerspruch kommt aber nur dann in Betracht, wenn parallel zu dem quorumsabhängigen Recht auch eine Verpflichtung für zumindest eines der beiden Verwaltungsorgane existiert. Denn nur Pflichtverletzungen sollen von dem einzelnen Aktionär mittels des allgemeinen Anspruchs auf gesetz- und satzungsmäßiges Verhalten geltend gemacht werden können. Somit kommen die Quorumsregelungen in den §§ 122, 148, 260 und 265 AktG in Betracht.

1. Einberufung der Hauptversammlung auf Verlangen einer Minderheit, § 122 AktG

§ 122 I 1 AktG normiert das Recht der Aktionäre, von der Gesellschaft – vertreten durch den Vorstand[624] – die Einberufung der Hauptversammlung zu verlangen und macht dieses Recht gleichzeitig von der Bedingung abhängig, dass

619 Ausführlich dazu: HELLGARDT/HOGER, ZGR 2011, 38 (41 ff.).

620 BECKER, Verwaltungskontrolle durch Gesellschafterrechte, S. 115 ff.

621 BECKER, Verwaltungskontrolle durch Gesellschafterrechte, S. 295.

622 BECKER, Verwaltungskontrolle durch Gesellschafterrechte, S. 602 f.; PAEFGEN, ZHR 172 (2008), 42 (75 ff.).

623 Vgl. SCHULZ-GARDYAN, Die sogenannte Aktionärsklage, S. 47 f.; vgl. auch (allerdings im Zusammenhang mit einer actio pro socio): BAUMS, Gutachten F zum 63. DJT 2000, S. 200.

624 § 122 I 1 AktG ist insofern ungenau; vgl. dazu: KOCH, in: Hüffer/Koch, AktG, § 122, Rn. 5; ZIEMONS, in: K. Schmidt/Lutter, AktG, § 122, Rn. 16.

die Aktionäre eine Mindestbeteiligung von 5 % oder einen anteiligen Betrag von 500.000 Euro des Grundkapitals innehaben. Auch für dessen gerichtliche Durchsetzung (§ 122 III AktG) ist dieses Quorum erforderlich[625]. Dies könnte untergraben werden, wenn der einzelne Aktionär gleiches ohne ein Quorum erreichen könnte, indem er mittels eines allgemeinen Anspruchs eine Pflichtverletzung des Vorstands bzw. des Aufsichtsrats geltend macht, dass die Hauptversammlung hätte einberufen werden müssen (§ 121 I bzw. § 111 III AktG)[626].

Ein Widerspruch zu § 122 I AktG liegt darin aber nicht. Bei § 122 I, III AktG handelt es sich um ein Einberufungsverlangen, dem grundsätzlich stattzugeben ist. Nur im Fall des Rechtsmissbrauchs darf dem nicht entsprochen werden[627]. Eine Prüfung der Zweckmäßigkeit des Einberufungsverlangens darf das Gericht nicht vornehmen[628].

Bei einer auf einen allgemeinen Anspruch gestützten Leistungsklage auf Einberufung der Hauptversammlung müsste das Gericht im Rahmen einer Verletzung von § 121 I oder § 111 III AktG prüfen, ob das Wohl der Gesellschaft eine Einberufung erfordert. Dabei darf das Gericht die Rechtmäßigkeit der Ermessensausübung des Verwaltungsorgans nicht prüfen, eine Zweckmäßigkeitskontrolle findet auch hier nicht statt[629].

Im Vergleich zu dem Einberufungsverlangen nach § 122 I, III AktG zeigt sich, dass das Verbot der Zweckmäßigkeitskontrolle – und die damit verbundene Vermutung der Zweckmäßigkeit – unterschiedliche Seiten trifft. Bei der Prüfung einer Pflichtverletzung wird vermutet, dass die Nichteinberufung zweckmäßig war. Bei dem Einberufungsverlangen eines Quorums wird vermutet, dass die Einberufung zweckmäßig ist. Für einen Anspruch des einzelnen Aktionärs auf Einberufung der Hauptversammlung sind die Voraussetzungen daher viel enger, als bei dem Einberufungsverlangen durch ein Quorum. Dieser unterschiedliche Maßstab würde den aufgezeigten scheinbaren Widerspruch rechtfertigen[630].

---

625 ZIEMONS, in: K. Schmidt/Lutter, AktG, § 122, Rn. 59; KOCH, in: Hüffer/Koch, AktG, § 122, Rn. 10.

626 Vgl. SCHULZ-GARDYAN, Die sogenannte Aktionärsklage, S. 47 f.

627 KOCH, in: Hüffer/Koch, AktG, § 122, Rn. 6 f., 11.

628 KUBIS, in: MünchKomm, AktG, § 122, Rn. 57; OLG Frankfurt, Beschl. v. 23.03.1986 – 20 W 202/85, AG 1987, 48.

629 PAEFGEN, ZHR 172 (2008), 42 (75); BECKER, Verwaltungskontrolle durch Gesellschafterrechte, S. 617 f.

630 Gleiches gilt für das Recht ein bestimmtes Thema zum Gegenstand in der Hauptversammlung zu machen, § 122 II AktG.

2. Geltendmachung von Schadensersatz, § 148 I 1 AktG

Ähnlich liegt es bei § 148 I 1 AktG[631]. Einerseits macht § 148 I 1 AktG die Möglichkeit der eigenen Geltendmachung von Schadensersatzansprüchen durch Aktionäre von einer Mindestbeteiligung von 1 % oder dem anteiligen Betrag von 100.000 Euro abhängig. Andererseits könnte der einzelne Aktionär mit einem allgemeinen Anspruch auf gesetzmäßiges Verhalten ohne ein Quorum eine entsprechende Pflichtverletzung des Vorstands bzw. Aufsichtsrats klageweise geltend machen, denn den Verwaltungsorganen obliegt die Pflicht, mögliche Schadensersatzansprüche zu prüfen und ggf. durchzusetzen (§§ 76 I, 78 I bzw. §§ 111 I, 112 AktG)[632]. Aber auch darin liegt kein Widerspruch. Bei dem ohne Quorum klagenden Aktionär hätte ein Gericht nicht zu beurteilen, ob die Entscheidung, den Schadensersatzanspruch nicht geltend zu machen, zweckmäßig war. Bei dem Klagezulassungsverfahren eines Quorums wird hingegen vermutet, dass die Geltendmachung des Schadensersatzanspruchs im Wohl der Gesellschaft liegt (vgl. § 148 I 2 Nr. 4 AktG).

3. Feststellungen der Sonderprüfer zur Unterbewertung im Jahresabschluss, § 260 AktG

Nach § 260 I 1 AktG können die Feststellungen der Sonderprüfer zur Unterbewertung im Jahresabschluss zum Gegenstand einer gerichtlichen Überprüfung gemacht werden. Dies kann durch die Gesellschaft selbst geschehen oder durch Aktionäre, die ein Quorum von 5 % oder Aktienbesitz erreichen, der einen anteiligen Betrag von 500.000 Euro ausmacht[633].

Auch hier kann der Vorstand als Vertreter der Aktiengesellschaft, u. U. unter Beteiligung des Aufsichtsrats nach § 111 IV AktG, dazu verpflichtet sein, einen Antrag i. S. v. § 260 AktG zu stellen. Der einzelne Aktionär könnte dies mittels des allgemeinen Anspruchs ebenfalls erzwingen und insofern das Quorum umgehen.

Jedoch gehen im Fall des § 260 I AktG schon die Interessen der verschiedenen Antragsteller grundsätzlich auseinander. Die Gesellschaft hat im Allgemeinen

---

631 So i. E. auch: PAEFGEN, ZHR 172 (2008), 42 (76); ders., Unternehmerische Entscheidungen und Rechtsbindung der Organe in der AG, S. 324, 329 ff.; a. A.: BAUMS, Gutachten F zum 63. DJT 2000, S. 200, 202; KRIEGER, ZHR 163 (1999), 343 (354); RAISER, ZHR 153 (1989), 1 (28).

632 HÖLTERS, in: Hölters, AktG, § 93, Rn. 165 f.; DRYGALA, in: K. Schmidt/Lutter, AktG, § 111, Rn. 17.

633 KOCH, in: Hüffer/Koch, AktG, § 260, Rn. 2.

ein Interesse an einem niedrigeren Unterbewertungsbetrag. Das Aktionärsquorum wird im Allgemeinen beantragen, dass der Unterbewertungsbetrag höher angesetzt wird[634]. Mit einer Klage wegen einer Pflichtverletzung der Verwaltungsorgane würde der Aktionär entgegen seiner eigenen Interessen handeln. Somit steht der allgemeine Anspruch auch nicht im Widerspruch zu § 260 I 1 AktG[635]. Zu vernachlässigen ist der praktisch seltene Fall[636], dass die Interessen der Gesellschaft und eines Quorums an der Feststellung des Unterbewertungsbetrags in die gleiche Richtung gehen[637]. Eine Umgehung des Quorums läge allerdings auch in diesem Fall nicht vor. Im Unterschied zum Antrag eines Quorums müsste das Gericht bei der Einzelklage auch hier prüfen, ob der Vorstand außerhalb seines Ermessens handelte. Ein Ermessensspielraum steht dem Vorstand aber zu, wenn er entscheiden muss, ob er gegen eine vom Sonderprüfer festgestellte Unterbewertung vorgehen möchte. Nicht jede Unterbewertung kann zur Stellung eines Antrags i. S. v. § 260 I AktG verpflichten. Dies wird deutlicher, wenn man die Kosten eines weiteren Verfahrens bedenkt, die im Falle eines Antrags durch die Gesellschaft auch von ihr getragen werden müssen (§ 260 IV 1 AktG)[638] und mit denen der Vorstand abwägen muss.

4. Gerichtliche Bestellung von Abwicklern, § 265 III AktG

Nach § 265 III AktG kann der Aufsichtsrat oder eine qualifizierte Minderheit von Aktionären verlangen, dass das Gericht Abwickler bestellt oder abberuft. Voraussetzung dafür ist ein wichtiger Grund. Ein solcher liegt vor, wenn dauerhaft Abwickler fehlen oder wenn aus der Tätigkeit der Abwickler Nachteile erwachsen, die den Abwicklungszweck gefährden[639]. Je nach Grad der

---

634 Ob die Gesellschaft und das Aktionärsquorum auch nur dieser Interesselage entsprechend beantragen dürfen, ist umstritten; dafür: A. ARNOLD, in: KölnKomm, AktG, § 260, Rn. 11; EULER/SABEL, in: Spindler/Stilz, AktG, § 260, Rn. 3; WILSING/VON DER LINDEN, in: Heidel, AktR, § 260, Rn. 5; a. A.: CLAUSSEN, in: KölnKomm, AktG (1. Auflage), § 260, Rn. 8; KOCH, in: Hüffer/Koch, AktG, § 260, Rn. 5; ders., in: MünchKomm, AktG, § 260, Rn. 9; KLEINDIEK, in: K. Schmidt/Lutter, AktG, § 260, Rn. 8; WACLAWIK, in: Hölters, AktG, § 260, Rn. 9.

635 Selbiges gilt für die Beschwerde nach § 260 III 3 AktG gegen einen aufgrund von § 260 I AktG ergangenen Beschluss des Gerichts.

636 KOCH, in: MünchKomm, AktG, § 260, Rn. 9.

637 Vgl. KLEINDIEK, in: K. Schmidt/Lutter, AktG, § 260, Rn. 8.

638 KOCH, in: MünchKomm, AktG, § 260, Rn. 24.

639 KOCH, in: Hüffer/Koch, AktG, § 265, Rn. 8; RIESENHUBER, in: K. Schmidt/Lutter, AktG, § 265, Rn. 9.

Gefährdung kann der Aufsichtsrat verpflichtet sein, einen solchen Antrag zu stellen. Daran könnte der einzelne Aktionär anknüpfen und mittels einer auf den allgemeinen Anspruch gestützten Leistungsklage von der Gesellschaft begehren, dass der Aufsichtsrat einen entsprechenden Antrag stellt. Bei einem solchen Verfahren hätte das Gericht nicht nur das Vorliegen eines wichtigen Grundes i. S. v. § 265 III AktG zu prüfen, sondern auch die Reduzierung des Entscheidungsermessens auf Null. Insofern sind die Erfolgsaussichten einer allgemeinen Klage auch hier an engere Voraussetzungen geknüpft als bei einem entsprechenden Antrag des Aktionärsquorums.

5. Fazit

Ein allgemeiner Anspruch des einzelnen Aktionärs auf gesetz- und satzungsmäßiges Verhalten von Vorstand und Aufsichtsrat steht nicht im Widerspruch mit Normen, die Aktionärsrechte von einer Mindestbeteiligung abhängig machen. Die Voraussetzungen für eine erfolgreiche Einzelklage sind höher.

Das Gericht hätte bei einer Prüfung einer Pflichtverletzung des Verwaltungsorgans immer den ihm gegebenen Ermessensspielraum zu beachten. Nur wenn bei dem konkreten Sachverhalt das Wohl der Gesellschaft derart gefährdet ist, dass vernünftigerweise nur noch die Entscheidung getroffen werden kann und muss, die der einzelne Aktionär fordert, hätte der Aktionär mit seinem Begehren Aussicht auf Erfolg[640].

Bei einem entsprechenden Antrag eines Quorums ist dies nicht erforderlich. Hier wird die Zweckmäßigkeit grundsätzlich vermutet[641].

VIII. Vergleich zum öffentlichen Recht

Der Vergleich eines allgemeinen Anspruchs auf gesetz- und satzungsmäßiges Verhalten mit Art. 20 III GG hinkt[642]. Art. 20 III GG bindet die Verwaltung an Recht und Gesetz. Es handelt sich hier um einen objektiven Rechtssatz[643]. Ein Anspruch des Bürgers gegen die Verwaltung erfordert hingegen ein subjektives Recht.

---

640 Vgl. BECKER, Verwaltungskontrolle durch Gesellschafterrechte, S. 618.

641 So in § 148 I 2 Nr. 4 AktG. In den übrigen Fällen wird man dem Ausnahmefall des unsinnigen oder unzweckmäßigen Verlangens mit dem Instrument des Rechtsschutzbedürfnisses oder des Rechtsmissbrauchs begegnen können.

642 HOFFMANN-BECKING, ZHR 167 (2003), 357 (362); ADOLFF, ZHR 169 (2005), 310 (320).

643 WOLFF/BACHOF/STOBER/KLUTH, Verwaltungsrecht I, § 43 III 2 (Rn. 10).

Zwischen objektivem und subjektivem Recht ist streng zu trennen. Das objektive Recht bildet die Gesamtheit aller Rechtssätze und aus diesen folgenden Pflichten. Das subjektive Recht kann das dazu korrespondierende Recht bilden, etwas zu verlangen (Anspruch)[644]. Ob aus einem objektiven Rechtssatz ein subjektives Recht (Anspruch) folgt, muss für den objektiven Rechtssatz individuell geprüft werden. Ein Anspruch des Bürgers gegen die Verwaltung folgt aus einer Norm dann, wenn sie nach dem erkennbaren Willen des Gesetzgebers nicht nur dem Interesse der Allgemeinheit, sondern auch dem Individualinteresse des einzelnen Bürgers zu dienen bestimmt ist (sog. Schutznormtheorie)[645].

Bei Art. 20 III GG ist dies nicht der Fall. Aus Art. 20 III GG folgt, dass die Verwaltung rechtmäßig handeln soll. Ein Recht des Bürgers, sich gegen jede rechtswidrige Maßnahme wenden zu können, einfach nur der Einhaltung des Gesetzes wegen und ohne konkrete eigene Betroffenheit, resultiert daraus nicht[646]. Einen allgemeinen Anspruch des Bürgers auf gesetzmäßiges Verhalten der staatlichen Verwaltung gibt es im öffentlichen Recht nicht[647].

Für eine allgemeine Betroffenheit und einen daraus folgenden allgemeinen Anspruch des einzelnen Bürgers kann auch nicht die „Mitgliedschaft" des Bürgers im Staatsvolk rekrutiert werden. Dies müsste man aber tun, um einen Vergleich konsequent zu erhalten und würde zugleich die Möglichkeit von Popularklagen schaffen. Hält *Paefgen* dem entgegen, dass für das Verhältnis zwischen Gesellschaft und Aktionär das subjektive Recht aus der Mitgliedschaft folge[648],

644 MAURER/WALDHOFF, Allgemeines Verwaltungsrecht, § 8, Rn. 3.

645 MAURER/WALDHOFF, Allgemeines Verwaltungsrecht, § 8, Rn. 8.

646 Vgl. WOLFF/BACHOF/STOBER/KLUTH, Verwaltungsrecht I, § 43 III 2 (Rn. 10). Zwar wurde auch schon ein Folgenbeseitigungsanspruch vom BVerwG allein auf Art. 20 III GG gestützt, Urt. v. 19.07.1985 - 3 C 81/82, BVerwGE 69, 366 (370). Jedoch ist es überzeugender, diesen nicht nur aus Art. 20 III GG herzuleiten, sondern dazu das jeweilige Grundrecht mit heranzuziehen; vgl. MAURER/WALDHOFF, Allgemeines Verwaltungsrecht, § 30, Rn. 5. Auch das BVerwG hat inzwischen erkannt, dass die Herleitung allein aus Art. 20 III GG ungünstig war und stellt heute auf „durch Richterrecht geprägte, gewohnheitsrechtliche Gesichtspunkte" ab, Urt. v. 26.08.1994 – 4 C 24/91, BVerwGE 94, 100 (103).

647 Vgl. MAURER/WALDHOFF, Allgemeines Verwaltungsrecht, § 8, Rn. 14; WOLFF/BACHOF/STOBER/KLUTH, Verwaltungsrecht I, § 43 III 2 (Rn. 10); im Übrigen kann er auch nicht aus Art. 19 IV GG hergeleitet werden, denn dieser setzt ein subjektives Recht voraus und schafft selbst keins, MAURER/WALDHOFF, Allgemeines Verwaltungsrecht, § 8, Rn. 10.

648 PAEFGEN, ZHR 172 (2008), 42 (79, Fn. 159).

widerspricht er seinem eigenen Vergleich, denn er projiziert das Verhältnis zwischen Staat und Bürger auf das zwischen Gesellschaft und Aktionär.

Würde man die Parallele zum öffentlichen Recht richtig ziehen, zeigt sich, dass ein allgemeiner Anspruch gerade nicht damit begründet werden kann, dass es objektiv ein Gebot zur Rechtmäßigkeit gibt[649]. Zwar sind der Vorstand und der Aufsichtsrat an die objektiven Rechtssätze wie Gesetz und Satzung gebunden, doch folgt daraus nicht zwingend ein korrespondierendes subjektives Recht des Aktionärs.

Auch der Gesetzgeber von 1965 war mit Parallelen zum öffentlichen Recht zurückhaltend: „Ein Unternehmen ist kein Staat im kleinen, der Vorstand keine Staatsregierung und die Hauptversammlung kein Parlament“[650]. Diese Aussage stand zwar nicht unmittelbar in Bezug auf die Stärkung von Aktionärsrechten, sondern in Hinblick auf den Vorschlag, die Geschäftsführungsbefugnisse der Hauptversammlung zu erweitern, weil demokratische Grundsätze dies gebieten würden. Mittelbar wären davon aber auch Aktionärsrechte betroffen gewesen.

Ein Vergleich zum öffentlichen Recht spricht nach allem gegen einen allgemeinen Anspruch des Aktionärs auf gesetz- und satzungsmäßiges Verhalten der Verwaltungsorgane[651].

IX. Missbrauchsgefahr

1. Missbrauch durch räuberische Aktionäre

Gegen einen allgemeinen Anspruch wird vorgebracht, es bestehe die Gefahr des Missbrauchs durch „räuberische Aktionäre“[652]. Aus dem Bereich der Hauptversammlungsbeschlüsse ist eine missbräuchliche Nutzung der Anfechtungsklage bekannt[653]. Sog. „räuberische Aktionäre“ erheben Anfechtungsklagen, um die Wirkung von §§ 21 I, 381 FamFG (Aussetzung der Handelsregistereintragung) herbeizuführen[654]. Beschlüsse, die für ihre Wirksamkeit im Handelsregister

649 HOFFMANN-BECKING, ZHR 167 (2003), 357 (362); ADOLFF, ZHR 169 (2005), 310 (320).

650 Begründung RegE AktG 1965, Vorbemerkung zur Verfassung der Aktiengesellschaft, in: KROPFF, Aktiengesetz, S. 96.

651 HOFFMANN-BECKING, ZHR 167 (2003), 357 (362).

652 HOFFMANN-BECKING, ZHR 167 (2003), 357 (359); in diese Richtung allerdings im Hinblick auf eine Ausdehnung der Anfechtungsklage für Aktionäre gegen Beschlüsse der Verwaltungsorgane auch: KOCH, Gutachten F zum 72. DJT 2018, S. 101, 105.

653 Ausführlich dazu: BAUMS, Gutachten F zum 63. DJT 2000, S. 152 ff.

654 Früher: § 127 FGG; vgl. BAUMS, Gutachten F zum 63. DJT 2000, S. 159; KOCH, in: Hüffer/Koch, AktG, § 243, Rn. 53.

eingetragen werden müssen, werden durch Klageerhebung an ihrer Umsetzung gehindert. Bei einer durchschnittlichen Verfahrensdauer von drei Jahren kann dies ein empfindliches Übel für das Unternehmen darstellen[655]. Spekuliert wird – unter Ausnutzung der theoretischen Verfahrensdauer – auf den Abschluss lukrativer Vergleichs- und Klagerücknahmevereinbarungen[656].

Diese Situation ist aber mit der hiesigen nur zum Teil vergleichbar. Die Erhebung einer Leistungsklage hindert nicht die Umsetzung eines Beschlusses. Dennoch kann es dazu kommen, dass der Vorstand mit der Umsetzung wartet, wenn er sich nicht im Nachhinein dem Vorwurf aussetzen möchte, er habe trotz Zweifeln an der Rechtmäßigkeit die Umsetzung gewagt und damit seine Sorgfaltspflichten verletzt[657]. So wäre auch hier die Umsetzung eines Beschlusses verhindert. Dies kann aber dann kein Missbrauch sein, wenn sich die Zweifel an der Rechtmäßigkeit als berechtigt herausstellen.

Bei einer Leistungsklage kann von einem Missbrauchsfall nur dann gesprochen werden, wenn sie wegen ungerechtfertigten Zweifeln erhoben wird und der Vorstand freiwillig mit der Umsetzung gewartet hat. Insofern hängt der Missbrauch durch „räuberische Aktionäre" entscheidend vom Verhalten des Vorstands ab. Auf ihm liegt der Druck des möglichen Schadensersatzes nach § 93 II AktG. Dem Druck ist er aber bei allen seinen Entscheidungen ausgesetzt. Allein durch Leistungsklagen, gestützt auf einen allgemeinen Anspruch, kann daher keine ernstliche Missbrauchsgefahr durch „räuberische Aktionäre" begründet werden.

Jedoch, wenn ein Anspruch bestehen könnte, ist auch einstweiliger Rechtsschutz möglich. Gerade bei einer Leistungsklage, welche die Durchführung eines Beschlusses nicht hindert, bietet sich ein Antrag auf einstweilige Unterlassung der Beschlussdurchführung an[658]. Der Antragsteller müsste dafür glaubhaft machen, der vermeintlich rechtswidrige Beschluss würde demnächst umgesetzt und ihm drohe dadurch zumindest die Erschwerung der Durchsetzung seiner

655 LUTTER, JZ 2000, 837.
656 BARTELS, ZGR 2008, 723 (762).
657 Vgl. BARTELS, ZGR 2008, 723 (762).
658 So zum Beispiel: LG Düsseldorf, Beschl. v. 14.12.1999 – 10 O 495/99 (Mannesmann), WM 2000, 528; LG Frankfurt a. M., Urt. v. 25.09.2000 – 3/1 O 129/00 (Mangusta/Commerzbank), ZIP 2001, 117; LG Duisburg, Beschl. v. 29.05.2002 – 21 O 106/02 (Babckock-Borsig), NZG 2002, 643; LG Berlin, Beschl. v. 10.05.2002 und Beschl. v. 05.11.2002 – 91 O 58/02 (Condat) (nicht veröffentlicht); mit Ausnahme der ersten Entscheidung betreffen diese allerdings Leistungsklagen, die Kompetenzverletzungen zum Gegenstand hatten.

Rechte[659]. Auf diese Art könnte – vorausgesetzt dem Antragsteller gelingt es, mit seinem Antrag das Gericht zu überzeugen – die Durchführung eines Beschlusses blockiert werden. An die Stelle von Vergleichs- und Klagerücknahmevereinbarungen könnten Vereinbarungen treten, auf die Vollziehung (§§ 928 f., 936 ZPO) der einstweiligen Verfügung zu verzichten[660] und den Antrag im zugehörigen Hauptverfahren zurückzunehmen.

Insofern kann auch der allgemeine Anspruch des Aktionärs auf gesetz- und satzungsmäßiges Verhalten durch „räuberische Aktionäre" missbraucht werden[661]. Eine Beschränkung dieses Potentials könnte sich aus der Schadensersatzpflicht des § 945 ZPO ergeben[662]. Aber auch dem kann der raffinierte „räuberische Aktionär" mit einer „Prozess-GmbH" begegnen[663].

2. Missbrauch durch Publizität in Gerichtsverfahren

Mit einer grenzenlosen Aktionärsklage können sämtliche Entscheidungen der Verwaltungsorgane einer gerichtlichen Kontrolle unterzogen werden. Damit wäre ein gewisser Grad an Publizität verbunden. Bei großen Unternehmen, die nicht selten Aktiengesellschaften sind, wird dies noch verstärkt, wenn ein mediales Interesse gegeben ist. Bei kleinen Unternehmen, die von persönlichen Strukturen geprägt sind, identifiziert sich der Aktionär noch vielmehr mit dem Unternehmen und wird etwaige Prozesse verfolgen. Bejaht man einen allgemeinen Anspruch auf gesetz- und satzungsmäßiges Verhalten, so könnten sämtliche unternehmerische Entscheidungsprozesse und Details der

659 Vgl. allgemein zum Anordnungsgrund: VOLLKOMMER, in: Zöller, ZPO, § 935, Rn. 10 ff.

660 Ausführlich zur Vollziehung einstweiliger Verfügungen: HEIDERHOFF, in: Berger, Einstweiliger Rechtsschutz im Zivilrecht, Kap. 9, Rn. 1 ff.

661 I. E. ebenso: ADOLFF, ZHR 169 (2005), 310 (323); HOFFMANN-BECKING, ZHR 167 (2003), 357 (359); BARTELS, ZGR 2008, 723 (762 f.).

662 KNOBBE-KEUK, in: FS Ballerstedt, 239 (255); MARKWARDT, ZIP 2004, 211 (218); PAEFGEN, ZHR 172 (2008), 42 (80).

663 HOFFMANN-BECKING, ZHR 167 (2003), 357 (358); vgl. dazu: OLG Frankfurt a. M., Urt. v. 01.04.2003 – 5 U 54/01 (Mangusta/Commerzbank), ZIP 2003, 902 (903); dort wurde gerügt, dass die Klageerhebung einer „Prozess-GmbH" rechtsmissbräuchlich sei, denn sie sei nur ein „Vehikel" für das Gerichtsverfahren, um das Risiko, Schadensersatz in Milliardenhöhe leisten zu müssen, auf eine weniger finanzkräftige Klägerin abzuwälzen; das Gericht verneinte den Rechtsmissbrauch; es sah zwar gewisse Anhaltspunkte für eine missbräuchliche Ausstattung der „Prozess-GmbH" mit Aktien, allerdings genügte das in Anbetracht der gesamten Umstände nicht, die Klage als unbegründet abzuweisen.

Entscheidungsfindung vor dem Auge der Öffentlichkeit, der Konkurrenz und der Aktionäre aufgearbeitet werden[664]. Der allgemeine Anspruch könnte genutzt werden, um Betriebs- und Geschäftsgeheimnisse (§§ 93 I 3, 116 2 AktG) offenzulegen oder die Vertraulichkeit im Aufsichtsrat (§ 109 I AktG) zu unterlaufen. Unternehmen, die sich als Aktionär am Grundkapital des Konkurrenten beteiligen, könnten systematisch spionieren und versuchen, dem Rivalen das Leben schwer zu machen.

Diesem Missbrauchsszenario muss zum Teil entgegengehalten werden, dass die Rechtsordnung für solche Fälle taugliche Mittel bereithält. So gilt der Öffentlichkeitsgrundsatz aus § 169 GVG nicht grenzenlos. Für den Fall, dass in einem Verfahren wichtige Betriebs- und Geschäftsgeheimnisse zur Sprache kommen, sieht § 172 Nr. 2 GVG eine Ausnahme vor: Die Öffentlichkeit kann ausgeschlossen werden. Zusätzlich kann das Gericht alle dennoch im Prozess Anwesenden nach § 174 III GVG zur Geheimhaltung verpflichten. Bei Zuwiderhandlungen folgen strafrechtliche Sanktionen (§ 353d Nr. 1, 2 StGB)[665].

Der Schutz von § 172 Nr. 2 GVG erstreckt sich aber nur auf wichtige Betriebs- und Geschäftsgeheimnisse. Nach dem Wortlaut dieser Vorschrift muss es also auch „unwichtige" Betriebs- und Geschäftsgeheimnisse geben, bei denen die Öffentlichkeit dem Prozess beiwohnen darf. Diese Differenzierung zeigt aber vor allem, dass § 172 Nr. 2 GVG nicht gelten kann, wenn der Vorstand oder Aufsichtsrat vertrauliche Angaben i. S. v. § 93 I 3 AktG[666] offen legen muss, die keine Betriebs- und Geschäftsgeheimnisse darstellen. Werden auf diese Weise etwa Streitigkeiten unter den Organmitgliedern[667] bekannt, kann dies zu einem Vertrauensverlust in die Verwaltungsorgane der Gesellschaft führen. So könnte der Gesellschaft bewusst – zumindest immaterieller – Schaden zugefügt werden. Ein Missbrauchspotential ist hier gegeben[668].

3. Fazit

Die aufgezeigten Missbrauchsmöglichkeiten bestehen im Grunde auch, wenn man einen allgemeinen Anspruch auf gesetz- und satzungsmäßiges Verhalten der Verwaltungsorgane ablehnt und lediglich einen Anspruch auf Kompetenzwahrung anerkennt. Jedoch würden mit einem allgemeinen Anspruch die

664 Vgl. HOFFMANN-BECKING, ZHR 167 (2003), 357 (361).
665 STADLER, NJW 1989, 1202.
666 Näher dazu: LUTTER, Information und Vertraulichkeit im Aufsichtsrat, Rn. 451 f.
667 Beispiel nach LUTTER, Information und Vertraulichkeit im Aufsichtsrat, Rn. 455.
668 I. E. ebenso: HOFFMANN-BECKING, ZHR 167 (2003), 357 (361).

Möglichkeiten eines Missbrauchs erheblich vervielfältigt[669]. Es würde eine deutlich größere Fülle an Maßnahmen zur Verfügung stehen, die missbräuchlich angegriffen werde können. Das Ziel sollte es aber sein, Missbrauchsmöglichkeiten einzugrenzen – wie es für die missbräuchliche Nutzung der Beschlussmängelklagen versucht wird[670] – und nicht zusätzliche zu schaffen.

X. Hemmung der Entscheidungsfreude

Ein allgemeiner Anspruch hätte zur Folge, dass sich Vorstand und Aufsichtsrat permanent damit konfrontiert sehen, dass ihre Entscheidungen und Ausführungshandlungen im Nachhinein akribisch auf Fehler durchsucht und vor Gericht gezogen werden. Bei Gebrauch ihres Entscheidungsermessens und einem folgenden wirtschaftlichen Misserfolg, wäre stets eine Verletzung von Sorgfalts- oder Loyalitätspflichten zu befürchten[671]. Insofern könnten die Mitglieder von Vorstand und Aufsichtsrat, um die Gefahr einer persönlichen Haftung zu vermeiden, ihre Entscheidungen auf ein notwendiges Minimum reduzieren. Selbst bei abschätzbaren Risiken könnte der Sicherheitsgedanke überwiegen[672]. Die Entscheidungsfreude würde zurückgehen und der unternehmerische Wagemut sich vermindern[673]. Es entsteht eine Lähmung, die eine mögliche Weiterentwicklung der Gesellschaft verhindert. Das ist nicht nur unerwünscht[674], es widerspricht dem wirtschaftlichen Interesse der Aktionäre.

XI. Aktionärskontrolle und Achtung des Gemeinwohls durch die Gesellschaft

Becker ist der Ansicht, der Anspruch auf gesetz- und satzungsmäßiges Verhalten wird auch dadurch gestützt, dass die Gesellschaft verpflichtet ist, im Gemeinwohl zu handeln[675]. Nach § 70 AktG 1937 war der Vorstand verpflichtet, das Wohl des Betriebs und seiner Gefolgschaft und den gemeinen Nutzen von Volk und Reich zu beachten. Zwar wurde dies 1965 nicht ausdrücklich übernommen, die Verpflichtung lebe aber in § 396 AktG und der staatlichen Eingriffsbefugnis

---

669 Vgl. ADOLFF, ZHR 169 (2005), 310 (322 f.).

670 Mit dem UMAG (2005) und dem ARUG (2009) wurde zur Verhinderung missbräuchlicher Anfechtungsklagen das Freigabeverfahren (§ 246a AktG) geschaffen.

671 Vgl. RAISER, ZHR 153 (1989), 1 (29).

672 Vgl. H. ROTH, in: FS Henckel, 707 (716).

673 RAISER, ZHR 153 (1989), 1 (29).

674 RAISER, ZHR 153 (1989), 1 (29); BARTELS, ZGR 2008, 723 (764).

675 BECKER, Verwaltungskontrolle durch Gesellschafterrechte, S. 620.

weiter. Daraus ergebe sich, dass auch der einzelne Aktionär die Rechtmäßigkeitsaufsicht ausüben könne[676].

Zum einen ist die Schlussfolgerung von einer staatlichen Kontrollmöglichkeit auf eine Individualkontrolle durch einen Aktionär nicht nachzuvollziehen. Zum anderen verkennt *Becker*, dass der Gesetzgeber 1965 die Gemeinwohlklausel genau mit gegenteiliger Intention bewusst gestrichen hat. Der Gesetzgeber hat bei der Gesetzgebung zum AktG 1965 eine Regelung diskutiert, nach der „die Gesellschaft das Unternehmen unter Berücksichtigung des Wohls seiner Arbeitnehmer, des Aktionärs und der Allgemeinheit zu betreiben hat“[677]. Diese Regelung sollte den Inhalt von § 70 AktG 1937 in das AktG 1965 übertragen. Er entschied sich dann gegen eine solch allgemeine Regelung mit der Begründung, sie hätte „[...] keine rechtliche Substanz und keine selbstständige Bedeutung. Bei ihrer Aufnahme in das Gesetz bestehe die Gefahr, daß ihr gleichwohl eine weitgehende Bedeutung beigemessen wird“[678]. Aus der weiteren Begründung ergibt sich zwar, dass er damit vorwiegend den – über die bestehenden Spezialgesetze hinausgehenden – unnötigen Schutz von Arbeitnehmern und eine Interessenrangfolge der aufgezählten Gruppen im Blick hatte[679]. Dennoch ergibt sich daraus auch, dass der Gesetzgeber nicht wollte, dass einem Aktionär Rechte zustehen, die ihn zur Rechtmäßigkeitsaufsicht berechtigen.

XII. Ergebnis zur allgemeinen Lücke bei der Verwaltungskontrolle und zum allgemeinen Anspruch auf gesetz- und satzungsmäßiges Verhalten

Ein allgemeiner Anspruch auf gesetz- und satzungsmäßiges Verhalten der Verwaltungsorgane würde dem einzelnen Aktionär einen enorm großen Wirkungskreis genehmigen. Ein solcher Anspruch würde zwar nicht im direkten Widerspruch zu quorumsabhängigen Rechten stehen. Dennoch ist er mit dem aktienrechtlichen Kompetenz- und Kontrollsystem nicht vereinbar und schafft zusätzliche Missbrauchsmöglichkeiten. Er widerspricht damit auch dem Grundsatz der restriktiven Handhabung von Aktionärsklagen. Ein allgemeiner Anspruch auf gesetz- und satzungsmäßiges Verhalten der Verwaltungsorgane ist

676 BECKER, Verwaltungskontrolle durch Gesellschafterrechte, S. 620.

677 Diese Regelung sollte als § 75a vor § 76 AktG stehen, Ausschussbericht zu § 76 RegE zum AktG 1965, in: KROPFF, Aktiengesetz, S. 97.

678 Ausschussbericht zu § 76 RegE zum AktG 1965, in: KROPFF, Aktiengesetz, S. 98.

679 Ausschussbericht zu § 76 RegE zum AktG 1965, in: KROPFF, Aktiengesetz, S. 98.

folglich abzulehnen. Eine in dieser Allgemeinheit bestehende Lücke hinsichtlich der Verwaltungskontrolle ist nicht zu erblicken.

B. Lücke im Kontrollsystem und das Recht auf Wahrung der Hauptversammlungskompetenzen

Betrachtet man nun den Fall Holzmüller, der gern als zentraler Anknüpfungspunkt für die Aktionärsklage genutzt wird, könnte sich das Bedürfnis für eine Aktionärsklage aus einer Lücke im Kontrollsystem ergeben[680].

I. Lücke im Kontrollsystem

1. Lücke – Wer kontrolliert die ordnungsgemäße Beteiligung der Hauptversammlung?

Der Aktionär kontrolliert den Vorstand und den Aufsichtsrat im Rahmen der Hauptversammlung. Wie aber soll der Aktionär seine Kontrollbefugnisse wahrnehmen, wenn die Hauptversammlung übergangen wird? Eine Einberufung der Hauptversammlung obliegt grundsätzlich dem Vorstand (§ 121 II AktG) oder dem Aufsichtsrat (§ 111 III AktG). Doch es könnte vorkommen, dass der Vorstand wiederholt Rechtsgeschäfte abschließt, die nicht zum Unternehmensgegenstand passen und diesen damit faktisch ändert[681] – denn er hat nach außen unbeschränkte Vertretungsmacht (§§ 78 I, 82 I AktG)[682] – und der Aufsichtsrat bei alldem untätig bleibt. Der Aktionär könnte allenfalls über § 122 I AktG versuchen, die Hauptversammlung einzuberufen und nach § 122 II AktG den beanstandeten Punkt auf die Tagesordnung zu setzten[683]. Doch erreicht nicht jeder einzelne Aktionär die dafür notwendigen Quoren.

Sofern die Hauptversammlung also rechts- oder satzungswidrig übergangen wird, kann der Aktionär Rechte, wie sein Fragerecht, Rederecht oder Stimmrecht, gar nicht wahrnehmen. Eine Sonderprüfung kann nicht beschlossen werden und den Aufsichtsrat kann er auch nicht abberufen. Vor allem aber ist der Weg zu den Beschlussmängelklagen versperrt.

---

680 Ebenso: RIECKERS, in: Münchener Handbuch GesR, Bd. 4, § 18, Rn. 8; vgl. ADOLFF, ZHR 169 (2005), 310 (315); in diese Richtung auch: BECKER, Verwaltungskontrolle durch Gesellschafterrechte, S. 619.

681 Vgl. BRONDICS, Die Aktionärsklage, S. 65.

682 KOCH, in: Hüffer/Koch, AktG, § 78, Rn. 5; WEBER, in: Hölters, AktG, § 78, Rn. 7.

683 BRONDICS, Die Aktionärsklage, S. 65.

Wer kontrolliert, ob die Verwaltungsorgane die Kompetenzen der Hauptversammlung beachten? Der Vorstand wird vom Aufsichtsrat überwacht und dieser wiederum im oben beschriebenen Umfang durch die Hauptversammlung[684]. Doch wenn sowohl Vorstand als auch Aufsichtsrat ihrer Verpflichtung, die Hauptversammlung einzuberufen, nicht nachkommen, gehen sämtliche Kontrollrechte der Hauptversammlung ins Leere[685]. Das Kompetenz- und Kontrollsystem stützt die Mitverwaltungs- und Kontrollrechte der einzelnen Aktionäre maßgeblich auf die Hauptversammlung, ohne dessen ordnungsgemäße Beteiligung ausreichend abzusichern. Sind sich Vorstand und Aufsichtsrat einig und beschließen Maßnahmen, die in den Kompetenzbereich der Hauptversammlung fallen, werden Aktionäre an der Ausübung ihrer Rechte gehindert[686]. Hier besteht eine Lücke im Kontrollsystem der Aktiengesellschaft[687]. Grund dafür ist der Umstand, dass die Organe, die kontrolliert werden sollen, dafür zuständig sind, dass ihr Kontrollorgan auch einberufen wird.

In der Mangusta/Commerzbank II-Entscheidung sprach auch der BGH ausdrücklich von einer „vom Gesetzgeber gelassene[n] Lücke"[688]. Ob der BGH diese Lücke als eine des Kontrollsystems charakterisieren würde, lässt sich nur erahnen: In den weiteren Ausführungen spricht er (unter Hinweis auf die Holzmüller-Entscheidung) über die fehlenden aktienrechtlichen Klagemöglichkeiten bei der Austragung eines Streits über die Ausnutzung von genehmigtem Kapital. Bei solchen potentiellen Konfliktsituationen will der BGH dem Aktionär eine Art

684 S. o.: 4. Teil: B II 1.

685 Vgl. ADOLFF, ZHR 169 (2005), 310 (315).

686 MARKWARDT, ZIP 2004, 211 (213); vgl. auch BRONDICS, Die Aktionärsklage, S. 64 f.

687 Vgl. RIECKERS, in: Münchener Handbuch GesR, Bd. 4, § 18, Rn. 8 und ADOLFF, ZHR 169 (2005), 310 (315); beide sprechen von einer „Schutzlücke", beschreiben aber jene Lücke im Kontrollsystem; in diese Richtung auch: BECKER, Verwaltungskontrolle durch Gesellschafterrechte, S. 619; vgl. auch LUTTER, JZ 2007, 371, Fn. 9, der von einer „Kontrolllücke" spricht; auch BRONDICS erkennt diese Lücke: „Dem einzelnen Aktionär gewährt das Gesetz zwar einzelne Mitwirkungsrechte zur Verwirklichung der Mitgliedschaft, es stellt aber nicht sicher, daß er diese gegebenenfalls auch tatsächlich durchsetzen kann." Er folgert daraus allerdings: „Erst ein umfassender Anspruch auf Beachtung der Mitgliedschaft, die Aktionärsklage, vermag dieser Aufgabe gerecht zu werden", Die Aktionärsklage, S. 71.

688 BGH, Urt. v. 10.10.2005 – II ZR 90/03 (Mangusta/Commerzbank II), WM 2005, 2388 (2391).

„Kontrollrecht" verschaffen. Sicher ist damit aber lediglich, dass der BGH eine „Lücke im System des Aktionärsschutzes"[689] erblickt.

Dem ist zuzustimmen. Die Lücke im Kontrollsystem setzt sich als Lücke im System des Aktionärsschutzes fort. Denn die Aktionäre sind es schließlich, die als Mitglieder der umgangenen Hauptversammlung ihrer aus dem Aktiengesetz folgenden Rechtsschutzmöglichkeiten beraubt werden.

Die Lücke kann auch nicht mit einem Interesse der AG an einer autonomen Leitung durch den Vorstand gerechtfertigt werden, da das Interesse der Aktionäre an der Möglichkeit, die ihnen zustehenden Rechte ausüben zu können, deutlich überwiegt.

Sollte die Lücke nicht geschlossen werden, ergibt sich ein Zustand, indem der vom Aufsichtsrat gedeckte Vorstand selbst über die Grenzen seiner eigenen Zuständigkeit entscheiden kann; er hätte insofern eine „Kompetenz-Kompetenz"[690]. Eine solche „Kompetenz-Kompetenz" entspricht aber nicht der Konzeption des Aktiengesetzes[691]. Die Kompetenzordnung ist von einer klaren Verteilung der Kompetenzen auf die einzelnen Organe geprägt[692]. Für eine „Kompetenz-Kompetenz" besteht daher kein Raum[693].

2. Aufsicht durch den Aufsichtsrat – Ersatzaufsichtsrecht des Aktionärs?

Der Lücke könnte entgegen gehalten werden, dass der Aufsichtsrat das Kontrollorgan der Aktiengesellschaft ist. Er hat ebenfalls die Möglichkeit, die Hauptversammlung einzuberufen (§ 111 III AktG). Er ist dazu sogar verpflichtet, wenn der Vorstand dies versäumt[694]. Das heißt, er muss auch die ordnungsgemäße Beteiligung der Hauptversammlung überwachen[695]. Würde dem Aktionär dafür ein Individualkontrollrecht zustehen, liefe dies auf ein

689 Vgl. LUTTER, JZ 2007, 371.

690 PFLUGRADT, Leistungsklagen, S. 117.

691 Deshalb wird auch eine „Kompetenz-Kompetenz" der Hauptversammlung abgelehnt; KUBIS, in: MünchKomm, AktG, § 119, Rn. 9; MÜLBERT, in: Großkomm, AktG, § 119, Rn. 5.

692 So i. E. auch: PFLUGRADT, Leistungsklagen, S. 117; im Einzelnen: s. o.: 4. Teil: A.

693 PFLUGRADT, Leistungsklagen, S. 117.

694 DRYGALA, in: K. Schmidt/Lutter, AktG, § 111, Rn. 45; KOCH, in: Hüffer/Koch, AktG, § 111, Rn. 30.

695 Vgl. KOCH, in: Hüffer/Koch, AktG, § 111, Rn. 30 f.

Ersatzaufsichtsrecht hinaus[696]. Daraus könnte ein Kompetenzkonflikt abgeleitet werden[697].

Ausgangspunkt dieser Überlegung ist die Kontrolle der Vorstandspflicht zur Einberufung der Hauptversammlung. Nur hier kann ein Kompetenzkonflikt entstehen, wenn der Aktionär Kompetenzen des Aufsichtsrats wahrnehmen würde. Daneben besteht keine Gefahr hinsichtlich eines kompetenzwidrigen Ersatzaufsichtsrechts bei der Kontrolle der Aufsichtsratspflicht zur Einberufung der Hauptversammlung durch den Aktionär. Aber auch dies ist ein Aspekt der Lücke im Kontrollsystem, die dem Argument „Ersatzaufsichtsrecht" allerdings nicht zugänglich ist.

Bei der Kontrolle des Vorstands übersieht dieser Ansatz die unterschiedlichen Perspektiven, die beiden Kontrollrechten zu Grunde liegen[698]. Der Aktionär verfolgt mit der Kontrolle auf ordnungsgemäße Beteiligung der Hauptversammlung sein Individualinteresse: Sicherung seiner Rechte in der Hauptversammlung[699]. Der Aufsichtsrat hingegen hat das Unternehmensinteresse zu verfolgen, denn er handelt für die Gesellschaft[700]. Seine Entscheidungen beruhen auf Abwägungsprozessen zwischen verschiedenen Interessenslagen[701]. So orientiert sich eine Entscheidung nicht nur am Aktionärsinteresse, sondern auch an der Wirtschaftlichkeit, der Zweckmäßigkeit und dem Interesse der Arbeitnehmer. In Konzerngesellschaften kommt das Konzerninteresse hinzu[702]. Zudem muss das Aktionärsinteresse keineswegs ein einheitliches Bild darstellen[703]. Ferner erfasst die Kontrollaufgabe des Aufsichtsrats auch die laufende Beratung des Vorstands. Folge dieser Beratungstätigkeit ist, dass der Aufsichtsrat an der Entscheidungsfindung des Vorstands beteiligt war und deshalb ungeeignet ist, das Aktionärsinteresse umfassend wahrzunehmen[704].

---

696 GROẞFELD, JZ 1981, 234 (235); HOMMELHOFF, Die Konzernleitungspflicht, S. 467 f.; LUTTER, AcP 180 (1980), 84 (142); M. SCHWAB, Das Prozeßrecht gesellschaftsinterner Streitigkeiten, S. 18 f.

697 In diese Richtung: WACLAWIK, ZIP 2006, 397 (403).

698 Vgl. BGH, Urt. v. 25.02.1982 – II ZR 174/80 (Holzmüller), BGHZ 83, 122 (135).

699 FLUME, Die juristische Person, § 8 V 4 (S. 311).

700 HABERSACK, in: MünchKomm, AktG, § 116, Rn. 11.

701 BRONDICS, Die Aktionärsklage, S. 128 f.

702 BRONDICS, Die Aktionärsklage, S. 128; LUTTER/KRIEGER/VERSE, Rechte und Pflichten des Aufsichtsrats, Rn. 147; SEMLER, Die Überwachungsaufgabe des Aufsichtsrats, S. 112 ff.

703 Näher dazu: STAAKE, Ungeschriebene Hauptversammlungskompetenzen, S. 95 ff.

704 Die präventive Seite der Vorstandskontrolle wird in diesem Zusammenhang auch von ROLLIN betont, Die Aktionärsklage in England und Deutschland, S. 206.

Die Kontrolle des Vorstands – hinsichtlich der Beteiligung der Hauptversammlung – kann daher vom Aufsichtsrat und von dem einzelnen Aktionär parallel erfolgen und es ist auch nicht zwingend erforderlich, dass innergesellschaftliche Kontrollorganismen versagen[705], damit der Aktionär dieses Aufsichtsrecht ausüben kann[706].

Das Aufsichtsrecht der Aktionäre ist damit kein Ersatzaufsichtsrecht zur Aufsichtsratskontrolle[707]. Ein Kompetenzkonflikt liegt nicht vor[708].

3. Keine Lücke wegen der Regelungsdichte des AktG?

Gegen eine Lücke im AktG wird von *Waclawik*[709] vorgebracht, dass die Aktiengesellschaft „die bei weitem ausführlichste und detaillierteste Ausformung einer Gesellschaftsform im deutschen Recht" ist. Dieses „dicht gewobene Normengeflecht" und die Tatsache, dass der Gesetzgeber trotz zahlreicher Novellen die Thematik der Aktionärsklagen nicht regelte, sprechen gegen eine Lücke[710].

Diese Argumentation überzeugt nicht[711]. Genauso wie das Schweigen im Rechtsverkehr grundsätzlich nicht als Zustimmung oder Ablehnung zu bewerten ist, kann aus der Tatsache, dass der (heutige) Gesetzgeber zu einem bekannten Problem keine Regelung verabschiedet hat, nicht auf das Nichtvorliegen einer planwidrigen Regelungslücke geschlossen werden.

Jede – heute anerkannte – analoge Anwendung stützt sich auf eine planwidrige Regelungslücke[712]. Nach der Argumentation von *Waclawik* würde jede dieser planwidrigen Regelungslücken, durch ein Unterlassen des Gesetzgebers über einen bestimmten Zeitraum hinweg, zu einer planmäßigen Regelungslücke. Einen Unterlassungsanspruch für die drohende Beeinträchtigung von Leben,

---

705 So aber: HOMMELHOFF, Die Konzernleitungspflicht, S. 467 f.; LUTTER, AcP 180 (1980), 84 (143).

706 ZÖLLNER, ZGR 1988, 392 (431).

707 BGH, Urt. v. 25.02.1982 – II ZR 174/80 (Holzmüller), BGHZ 83, 122 (135); FLUME, Die juristische Person, § 8 V 4 (S. 311); ZÖLLNER, ZGR 1988, 392 (431 f.).

708 BRONDICS, Die Aktionärsklage, S. 129; i. E. auch: ROLLIN, Die Aktionärsklage in England und Deutschland, S. 206.

709 WACLAWIK, ZIP 2006, 397 (402 ff.).

710 WACLAWIK, ZIP 2006, 397 (402 f.).

711 I. E. ebenso: LUTTER, JZ 2007, 371 f.

712 LARENZ, Methodenlehre der Rechtswissenschaft, Kapitel 5, 2 (S. 370 ff., insb. S. 373: „planwidrige Unvollständigkeit des Gesetzes"); vgl. dazu: RÜTHERS/FISCHER/BIRK, Rechtstheorie, Rn. 889 ff.; GRÜNEBERG, in: Palandt, BGB, Einleitung, Rn. 48; kritisch zur „Lücke" als Voraussetzung für eine Analogie: RÖHL/RÖHL, Allgemeine Rechtslehre, § 80 I (S. 633 ff., insb. S. 635).

Gesundheit und Freiheit hat der Gesetzgeber bei den weit über 2000 Vorschriften im BGB bis heute auch nicht geregelt. Eine Analogie zu § 1004 I 2 BGB[713] wird hier allerdings kaum bestritten werden können.

Der Gesetzgeber wird nur dort aktiv, wo er ein Bedürfnis sieht. Geht man – u. U. zu Unrecht – davon aus, dass die Rechtsprechung und die Lehre eine gesetzlich nicht geregelte Thematik weitestgehend im Griff haben, besteht aus Sicht des Gesetzgebers kein Regelungsbedarf. Das liegt vor allem daran, dass die Legislative auch nur ein begrenztes zeitliches Budget hat und anderen Sachen eine höhere Priorität beimisst. Der 63. DJT sah im Übrigen auch kein Bedürfnis für eine gesetzliche Regelung der Aktionärsklage und dennoch bejahte er diese Rechtsschutzmöglichkeit der Aktionäre[714].

4. Zwischenergebnis

Der einzelne Aktionär ist im Kontrollsystem an die Hauptversammlung gebunden. Werden ihm die damit verbundenen Möglichkeiten dadurch versagt, dass es keine Hauptversammlung gibt oder diese nicht gefragt wird, entsteht ein Zustand, der keiner interessengerechten Kontrolle unterliegt. Der Aktionär ist derjenige, dem dieser Zustand schadet, folglich muss ihm hier ein Individualkontrollrecht zugestanden werden[715]. Diese Kontrolle stellt kein Ersatzaufsichtsrecht dar. Denn es geht primär nicht darum, mit diesem Individualkontrollrecht die Verwaltungsorgane zu kontrollieren, sondern die Kontrolle – innerhalb des beschriebenen Umfangs – in und mit der Hauptversammlung sicherzustellen.

II. Schließung der Lücke im Kontrollsystem durch das Recht auf Wahrung von Hauptversammlungskompetenzen

Nachdem die Frage des „Warum?“ für die Holzmüller-Sachverhalte geklärt ist, steht das „Wie?“ im Raum. Die Lücke im Kontrollsystem ist zu schließen. Dem Aktionär muss ein Recht an die Hand gegeben werden, welches er auch durchsetzen kann.

Von vornherein ausgeschlossen ist die naheliegendste Möglichkeit der Lückenschließung mittels eines Rechts des einzelnen Aktionärs auf Einberufung der Hauptversammlung. Der Gesetzgeber hat sich mit § 122 I AktG klar gegen ein

713 Ständige Rechtsprechung seit: RG, Urt. v. 05.01.1905 – Rep. VI. 38/04, RGZ 60, 6; HERRLER, in: Palandt, BGB, § 1004, Rn. 4; GURSKY, in: Staudinger (2012), BGB, § 1004, Rn. 15 f. m. w. N.

714 S. o.: 2. Teil: B III 3.

715 Vgl. BRONDICS, Die Aktionärsklage, S. 129.

solches Recht ausgesprochen. Die Einberufung der Hauptversammlung ist und bleibt dem Aufgabenbereich der Verwaltung zugeordnet (§§ 121 II, 111 III AktG), solange kein Quorum von der Möglichkeit des § 122 I AktG Gebrauch macht.

In Betracht kommt allerdings ein Recht auf Wahrung der Hauptversammlungskompetenzen.

1. Das Recht auf Wahrung der Hauptversammlungskompetenzen

Das Recht auf Wahrung der Hauptversammlungskompetenzen ist ein Individualrecht des einzelnen Aktionärs[716]. Häufig wird dieses Recht nicht konkret als „Recht auf Wahrung der Hauptversammlungskompetenz" bezeichnet, sondern es wird von einem Abwehranspruch des Aktionärs gegen Eingriffe in seine mitgliedschaftlichen Rechte[717] gesprochen und sich damit der Holzmüller-Rechtsprechung angeschlossen[718]. Dieser Abwehranspruch schließt das Recht auf Wahrung der Hauptversammlungskompetenzen ein. Stellenweise wird der Abwehranspruch auf Eingriffe in den Kompetenzbereich der Hauptversammlung beschränkt[719]. Mit dieser Einschränkung steht der Abwehranspruch de facto dem Recht auf Wahrung der Hauptversammlungskompetenzen gleich.

---

716 Vgl. M. SCHWAB, Das Prozeßrecht gesellschaftsinterner Streitigkeiten, S. 17 f.

717 BAUMS, Gutachten F zum 63. DJT 2000, S. 203; BAYER, NJW 2000, 2609 (2610 f.); BRONDICS, Die Aktionärsklage, S. 79 ff., 93, 94, 103, 138; CASPER, in: Spindler/Stilz, AktG, Vorb. z. §§ 241 ff., Rn. 15 ff.; DRYGALA/STAAKE/SZALAI, Kapitalgesellschaftsrecht, § 23 II 2 (Rn. 10); FLUME, Die juristische Person, § 8 V 4 (S. 311, Fn. 204); HABERSACK, DStR 1998, 533 (534 ff.); KORT, in: Großkomm, AktG, Vor § 76, Rn. 65 f.; MERTENS/CAHN, in: KölnKomm, AktG, § 93, Rn. 236; RAISER, ZHR 153 (1989), 1 (29 f.); K. SCHMIDT, Gesellschaftsrecht, § 21 V 3 a; SPINDLER, in: MünchKomm, AktG, § 93, Rn. 339.

718 Vgl. BARTELS, ZGR 2008, 723 (755); BARTELS sieht allerdings schon in dem Holzmüller-Urteil eine Begrenzung des Abwehranspruchs auf Kompetenzverletzungen, ZGR 2008, 723 (754). Dem ist aber entgegenzuhalten, dass der BGH vor allem einen Abwehranspruch gegen Verletzungen der Mitgliedsrechte bejaht und erst dann sagt, dass eine Verletzung dessen vorliegt, wenn der Vorstand in die Kompetenzen der Hauptversammlung eingreift, Urt. v. 25.02.1982 – II ZR 174/80 (Holzmüller), BGHZ 83, 122 (133). Hätte der BGH eine Begrenzung gewollt, hätte er nicht erst einen Abwehranspruch für Mitgliedsrechte benötigt. Der BGH ist vielmehr dahingehend zu verstehen, dass *beispielsweise* eine Kompetenzverletzung den Abwehranspruch begründet. Ob und ggf. welche weiteren Pflichtverletzungen den Abwehranspruch auslösen, lässt der BGH offen; ebenso in der Deutung: ADOLFF, ZHR 169 (2005), 310 (320).

719 ADOLFF, ZHR 169 (2005), 310 (324 ff.); BARTELS, ZGR 2008, 723 (764); LUTTER, JZ 2000, 837 (841); vgl. aber auch: ders., AcP 180 (1980), 84 (127); RIECKERS,

Die Ursache für diese schwerfälligen Umschreibungen des Rechts auf Wahrung der Hauptversammlungskompetenzen ist die dogmatische Anknüpfung an die Mitgliedschaft. Damit wird eine flexible und dogmatisch stets passende Grundlage geschaffen, die je nach Belieben durch eine einzelfallorientierte Definition des Eingriffs bzw. der Eingriffsvoraussetzungen verwendet werden kann. Auch heute noch nicht etablierte Rechte des Aktionärs könnten so dogmatisch hergeleitet werden. Rechtssicherheit wird dadurch freilich nicht gewonnen.

Teilweise wird dieses Problem auch erkannt und sich für Präzisierungen ausgesprochen[720]. So betonte in jüngerer Zeit *Bartels* ein Recht und einen Anspruch auf Kompetenzwahrung[721]. Der erste jedoch, der ein solches Recht inhaltlich näher fasste und dem einen Namen gab, war *Hommelhoff*[722]. Aus seinem „Recht auf Entscheidungsteilhabe" folgten zweierlei Ansprüche[723]: Zum einen der „Anspruch darauf, dass die Beschlußplattform der Aktionäre geschaffen, also die Hauptversammlung einberufen wird." Zum anderen ein „Anspruch darauf an der Entscheidungsfindung in der Hauptversammlung mitzuwirken".

Indes – ist letzterer betroffen, stehen dem Aktionär jedenfalls die Beschlussmängelklagen zur Verfügung. Folglich ist dieser Aspekt vom *Hommelhoff*schen Recht auf Entscheidungsteilhabe nicht notwendig, um die Lücke im Kontrollsystem zu schließen[724]. Es bleibt der „Anspruch darauf, dass die Beschlußplattform der Aktionäre geschaffen" wird, „sobald ein hauptversammlungsrelevanter Entscheidungssachverhalt in der Gesellschaft ansteht"[725] und damit das Recht auf Wahrung der Hauptversammlungskompetenzen. Eine Bezeichnung dessen als „Recht auf Entscheidungsteilhabe" würde aber eine inhaltliche Weite suggerieren[726], die das erforderliche Maß zum Schließen der Lücke im Kontrollsystem[727] übersteigt. Begrifflich ist deshalb der Vorschlag von *Bartels:* „Recht auf Kompetenzwahrung"[728] aufzugreifen und – um Missverständnisse zu vermeiden – auf Hauptversammlungskompetenzen zu konkretisieren.

---

in: Münchener Handbuch GesR, Bd. 4, § 18, Rn. 10; K. SCHMIDT, Verhandlungen des 63. DJT 2000, Teil O, 11, 27 f.; vgl. aber auch: ders., Gesellschaftsrecht, § 21 V 3 b.

720 BARTELS, ZGR 2008, 723 (757); HOFFMANN-BECKING, ZHR 167 (2003), 357 (363); KRIEGER, ZHR 163 (1999), 343 (356).

721 BARTELS, ZGR 2008, 723 (755, 757, 764).

722 HOMMELHOFF, Die Konzernleitungspflicht, S. 459 ff.

723 HOMMELHOFF, Die Konzernleitungspflicht, S. 460.

724 Vgl. aber auch unten: 5. Teil: C I.

725 HOMMELHOFF, Die Konzernleitungspflicht, S. 461.

726 Vgl. dazu: MÜLBERT, in: Großkomm, AktG (4. Auflage), Vor §§ 118–147, Rn. 210.

727 S. o.: 5. Teil: B I.

728 BARTELS, ZGR 2008, 723 (764).

Das Recht auf Wahrung der Hauptversammlungskompetenzen hat primär den Zweck, die Lücke im Kontrollsystem zu schließen und damit die ordnungsgemäße Beteiligung der Hauptversammlung abzusichern. Es ist unverzichtbarer Bestandteil des inneren Systems der Aktiengesellschaft[729].

Das Recht ist dem Aktionär zuzuordnen, weil er als Teil der Hauptversammlung von einer etwaigen Lückenausnutzung betroffen wäre. Seine Stellung in der Aktiengesellschaft ist maßgeblich an die Beteiligung in der Hauptversammlung gebunden und deshalb muss der Aktionär auch Wächter hierfür sein und zwar aus einem anderen Blickwinkel als der Aufsichtsrat[730]. Zugleich wird die mitgliedschaftliche Stellung des Aktionärs geschützt. Dieser Schutz ist allerdings nicht Zweck des Rechts auf Wahrung der Hauptversammlungskompetenzen, sondern nur dessen Folge bzw. der Reflex der Lückenschließung.

Die Durchsetzung dieses Rechts erfolgt mittels Ansprüchen auf Unterlassung und Beseitigung[731]. Damit wird einstweilen – bis die Hauptversammlung entschieden hat – ein Zustand gesichert oder wiederhergestellt, der anderenfalls unter Verletzung der der Hauptversammlung zugeordneten Entscheidungszuständigkeit eingetreten wäre[732].

2. Der Anspruch auf Unterlassung und Beseitigung der Verletzung des Rechts auf Wahrung der Hauptversammlungskompetenzen

Aus dem Recht auf Wahrung der Hauptversammlungskompetenzen folgt ein Anspruch auf Unterlassung und Beseitigung einer Verletzung dieses Rechts. Ein Anspruch auf ein Tun kann aus dem Recht nicht hergeleitet werden, denn ein solcher stünde im Widerspruch zu § 122 AktG, wonach das Recht, die Hauptversammlung einzuberufen (§ 122 I AktG) und über eine bestimmte Maßnahme zu beraten (§ 122 II AktG), an das Erfordernis eines Quorums gebunden ist.

Der Unterlassungsanspruch richtet sich auf die Unterlassung der Durchführung bzw. auf die Unterlassung der Fortsetzung einer bereits begonnenen Durchführung einer Maßnahme, die unter Verletzung des Rechts auf Wahrung der Hauptversammlungskompetenzen beschlossen wurde. Der Beseitigungsanspruch richtet sich auf die Beseitigung der bereits umgesetzten Maßnahme bzw. auf Beseitigung der Folgen, die aufgrund des Beginns mit der Umsetzung bereits eingetreten sind.

---

729 Vgl. HOMMELHOFF, Die Konzernleitungspflicht, S. 461.

730 S. o.: 5. Teil: B I 2.

731 Dazu gleich: 5. Teil: B II 2.

732 Vgl. HOMMELHOFF, Die Konzernleitungspflicht, S. 468 f.

Befindet sich die kompetenzwidrig beschlossene Maßnahme gerade im Umsetzungsprozess, hat der Aktionär sowohl den Unterlassungsanspruch als auch den Beseitigungsanspruch geltend zu machen, um rechtmäßige Zustände wiederherzustellen.

a. Keine Einschränkung des Beseitigungsanspruchs

Zum Teil wird vertreten, dass der Beseitigungsanspruch eingeschränkt werden müsse[733]. Eine Einschränkung könnte sich aus der Kardinalspflicht des Aktionärs, den Gesellschaftszweck zu fördern, ergeben. Deshalb könne keine Beseitigung verlangt werden, wenn eine solche grob unwirtschaftlich wäre[734]. Im Übrigen stünden dem Aktionär doch die im Aktiengesetz gegebenen Mittel wie Geltendmachung von Schadensersatz[735], Abberufung, Kritik auf der nächsten Hauptversammlung oder Entlastungsverweigerung zur Verfügung[736]. Diese Aktionärsrechte bzw. die dafür notwendigen Voraussetzungen würden mit einem unbegrenzten Anspruch auf Beseitigung (Rückgängigmachung) unterlaufen[737].

Diese Argumentation überzeugt nicht. Sie würde rechtspolitisch das falsche Signal setzen: Wenn der Vorstand die auf eine Kompetenzverletzung der Hauptversammlung zurückzuführende Maßnahme nur schnell genug umsetzt, wäre die Maßnahme an sich sicher[738]. Die Aktionäre werden vor vollendete Maßnahmen gestellt. Die später folgenden Kontrollmechanismen, wie Entlastungsverweigerung oder Schadensersatz, sind nicht geeignet, um ein Äquivalent zur Kompetenzverletzung darzustellen. Während die Kompetenzverletzung den Aktionär in seiner mitgliedschaftlichen Stellung betrifft, hat eine Entlastungsverweigerung rechtlich keine Wirkung. Die Wirkung der Entlastungsverweigerung

733 Per se gegen einen Beseitigungsanspruch: H. P. WESTERMANN, ZGR 1984, 352 (378); kritisch auch: SÜNNER, AG 1983, 169 (170 f.); gegen einen Beseitigungsanspruch nach Eintragung einer Kapitalerhöhung: KOCH, in: Hüffer/Koch, AktG, § 203, Rn. 39; LUTTER, JZ 2007, 371 (372).

734 Vgl. H. P. WESTERMANN, ZGR 1984, 352 (378): „mehr Schaden als Nutzen".

735 Die Möglichkeit des Schadensersatzes bei nachgewiesenen Werteinbußen der Beteiligung sieht H. P. WESTERMANN als besseren Weg gegenüber einem Beseitigungsanspruch, ZGR 1984, 352 (378).

736 Vgl. WACLAWIK, ZIP 2006, 397 (403), der sich damit allerdings gegen die Abwehrklage insgesamt ausspricht.

737 Vgl. WACLAWIK, ZIP 2006, 397 (403), in Bezug auf die Abwehrklage insgesamt.

738 REHBINDER bezeichnet dies als Kapitulation vor der Macht des Faktischen, ZGR 1983, 92 (107); vgl. HIRTE, Bezugsrechtsausschluß und Konzernbildung, S. 208.

im außerrechtlichen Bereich[739] stellt weniger ein Äquivalent als ein zusätzliches Kontrollinstrument neben dem Beseitigungsanspruch dar. Ein Schadensersatzanspruch kann daran scheitern, dass dem Aktionär in Folge der Kompetenzverletzung der Hauptversammlung kein Schaden entstanden ist oder ein solcher zumindest nur schwer nachgewiesen werden kann[740].

Gerechtfertigt ist der uneingeschränkte Beseitigungsanspruch durch die Möglichkeit des Vorstands, der Klage durch Herbeiführung eines entsprechenden Hauptversammlungsbeschlusses den Boden zu entziehen[741]. Prozessual kann dies umgesetzt werden, indem das Gericht die AG nur unter der Bedingung zur Rückabwicklung verurteilt, dass die Zustimmung der Hauptversammlung nicht bis zu einem bestimmten Zeitpunkt nachgeholt wird[742].

Ähnliches gilt auch für den Unterlassungsanspruch. Die Umsetzung einer kompetenzwidrig geplanten Maßnahme hat der Vorstand nur dann zu unterlassen, solange kein entsprechender Hauptversammlungsbeschluss vorliegt[743]. Dass der auf Unterlassung einer konkreten Maßnahme gerichtete Anspruch des Aktionärs unter der Bedingung „ohne entsprechenden Hauptversammlungsbeschluss" stehen muss, zeigt auch der Terminus „Unterlassung der Verletzung des Rechts auf Wahrung der Hauptversammlungskompetenzen".

b. Ausschluss der Nachholung eines Hauptversammlungsbeschlusses gem. § 93 IV 3 AktG

Die Rechtfertigung des uneingeschränkten Beseitigungsanspruchs wäre schwierig, wenn die nachträgliche Herbeiführung eines entsprechenden Hauptversammlungsbeschlusses durch das AktG ausgeschlossen wäre. In diese Richtung könnte § 93 IV 3 AktG ausgelegt werden[744]. Nach § 93 IV 3 AktG ist ein Verzicht auf Ersatzansprüche der AG gegen Mitglieder der Verwaltungsorgane erst

739 Vgl. o.: 4. Teil: B I 2 a.

740 HOMMELHOFF, ZHR 151 (1987), 493 (514).

741 BGH, Urt. v. 25.02.1982 – II ZR 174/80 (Holzmüller), BGHZ 83, 122 (135); MERTENS, in: KölnKomm, AktG (2. Auflage), § 93, Rn. 192; REHBINDER, ZGR 1983, 92 (107).

742 HOMMELHOFF, ZHR 151 (1987), 493 (514).

743 HOMMELHOFF, Die Konzernleitungspflicht, S. 468.

744 So für den Fall der Ausgabe von Wandel- oder Gewinnschuldverschreibungen ohne erforderlichen Hauptversammlungsbeschluss nach § 221 AktG: KOCH, in: Hüffer/Koch, AktG, § 221, Rn. 52; FLORSTEDT, in: KölnKomm, AktG, § 221, Rn. 203, 327; SCHÄFER, in: Lutter/Hirte, Wandel- und Optionsanleihen in Deutschland und Europa, 62 (73).

drei Jahre nach Entstehung des Anspruchs und durch einen entsprechenden Beschluss der Hauptversammlung möglich. Würde die Hauptversammlung eine kompetenzwidrig durchgeführte Maßnahme im Nachhinein genehmigen, dann könnte darin zugleich eine Beseitigung ggf. bestehender Ersatzansprüche und mithin eine Umgehung von § 93 IV 3 AktG gesehen werden[745].

Dem ist nicht zuzustimmen[746]. Zwischen der Nachholung eines Hauptversammlungsbeschlusses und dem Verzicht auf Ersatzansprüche ist klar zu trennen[747]. Beschließt die Hauptversammlung nachträglich über eine Maßnahme, die der Vorstand schon (kompetenzwidrig) umgesetzt hat, dann ist Gegenstand des Hauptversammlungsbeschlusses nur die betroffene Maßnahme. Die Nachholung des Hauptversammlungsbeschlusses ist aus Sicht der AG auch zweckmäßig, um rechtmäßige Zustände zu schaffen und damit die Durchsetzung von Unterlassungs- und Beseitigungsansprüchen abzuwenden.

Einen solchen Beschluss zugleich als Verzicht auf Ersatzansprüche auszulegen, geht zu weit. Um dies zu erreichen, müsste der nachträgliche Hauptversammlungsbeschluss mit der Wirkung des § 93 IV 1 AktG ausgestattet werden. § 93 IV 1 AktG regelt den Ausschluss der Ersatzpflicht des Mitglieds eines Verwaltungsorgans, wenn die Handlung auf einem rechtmäßigen Beschluss der Hauptversammlung beruht. Aus dem Wort „beruht" geht hervor, dass der Hauptversammlungsbeschluss bereits vor Durchführung der Maßnahme vorgelegen haben muss[748]. Damit steht der Wortlaut einer direkten Anwendung von § 93 IV 1 AktG auf nachträgliche Hauptversammlungsbeschlüsse entgegen. Eine Analogie ist ebenso ausgeschlossen, denn der Gesetzgeber wollte den Ausschluss von Ersatzansprüchen eben gerade nur für den Fall, dass eine die Ersatzpflicht auslösende Handlung auf einem Beschluss der Hauptversammlung beruht. Wenn ein nachträglicher Hauptversammlungsbeschluss nicht mit der Wirkung von § 93 IV 1 AktG ausgestattet werden kann, kann auch keine Umgehung von § 93 IV 3 AktG vorliegen[749]. Einigkeit besteht allerdings insofern, dass eine nachträgliche Billigung die Ersatzpflicht nicht berührt[750].

---

745 So: FLORSTEDT, in: KölnKomm, AktG, § 221, Rn. 203.

746 HIRTE, in: Großkomm, AktG (4. Auflage), § 221, Rn. 103.

747 Vgl. HIRTE, in: Großkomm, AktG (4. Auflage), § 221, Rn. 103, Fn. 296.

748 HOPT/M. ROTH, in: Großkomm, AktG, § 93, Rn. 477; KOCH, in: Hüffer/Koch, AktG, § 93, Rn. 73; SPINDLER, in: MünchKomm, AktG, § 93, Rn. 272, 280.

749 Vgl. HIRTE, in: Großkomm, AktG (4. Auflage), § 221, Rn. 103.

750 HABERSACK, in: MünchKomm, AktG, § 221, Rn. 151; KOCH, in: Hüffer/Koch, AktG, § 93, Rn. 73 i. V. m. § 221, Rn. 52; vgl. FLORSTEDT, in: KölnKomm, AktG, § 221, Rn. 203; SPINDLER, in: MünchKomm, AktG, § 93, Rn. 280.

Mithin steht § 93 IV 3 AktG der nachträglichen Herbeiführung eines Hauptversammlungsbeschlusses nicht entgegen.

c. Ausschluss des Beseitigungsanspruchs wegen Unmöglichkeit

Ein Beseitigungsanspruch kann durch Unmöglichkeit ausgeschlossen sein[751]. Ob Unmöglichkeit vorliegt und die AG infolgedessen ipso iure von ihrer Beseitigungspflicht befreit ist (§ 275 I BGB)[752] oder sie die Beseitigungspflicht durch eine Einrede abwenden kann (§ 275 II BGB)[753], hängt von den Umständen des Einzelfalls ab.

Beispiele: Eine AG baut neue Autos noch traditionell mit alten, nicht mehr wiederzubeschaffenden Maschinen. Nun beschließt der Vorstand der AG, auf die Herstellung von Elektroautos umzusteigen. Die dafür notwendige Änderung des satzungsmäßigen Unternehmensgegenstands durch einen entsprechenden Beschluss der Hauptversammlung holt der Vorstand nicht ein. Im Zuge der Umsetzung dieser Entscheidung werden die alten Maschinen verschrottet und neue gekauft. Der Aktionär, der sich nun gegen die Kompetenzverletzung wendet, kann Beseitigung aller Maßnahmen verlangen, die aufgrund der Kompetenzverletzung (Entscheidung zur faktischen Änderung des Unternehmensgegenstands) eingetreten sind, dazu gehört auch die Wiederaufstellung der alten Maschinen. Diesbezüglich ist die Beseitigung allerdings durch Unmöglichkeit (§ 275 I Alt. 2 BGB) beschränkt.

Hat die AG einen Teil des Unternehmens unter Verletzung der ungeschriebenen Hauptversammlungskompetenzen an einen Dritten übertragen und der Dritte verweigert endgültig die Rückübertragung (§ 275 I Alt. 1 BGB) oder stellt dafür unverhältnismäßige Forderungen (§ 275 II BGB), kann die AG die Erfüllung des Beseitigungsanspruchs verweigern[754].

Auch die Rückabwicklung einer Kapitalmaßnahme[755] wird aus tatsächlichen Gründen unmöglich sein, wenn die ausgegebenen neuen Aktien nicht mehr eingezogen werden können, weil sie an der Börse gehandelt wurden und infolgedessen nicht mehr eindeutig zu identifizieren sind[756].

---

751 O. SEILER/SINGHOF, DK 2003, 313 (318); vgl. i. E.: HABERSACK, Die Mitgliedschaft – subjektives und „sonstiges" Recht, S. 356 ff.

752 Vgl. ERNST, in: MünchKomm, BGB, § 275, Rn. 71.

753 Vgl. ERNST: in: MünchKomm, BGB, § 275, Rn. 101.

754 Vgl. ERNST, in: MünchKomm, BGB, § 275, Rn. 56, 99.

755 Dazu: SCHÜRNBRAND, ZHR 171 (2007), 731 (737 ff.).

756 Vgl. SCHLITT/O. SEILER, ZHR 166 (2002), 544 (549).

3. Verschuldensunabhängigkeit des Anspruchs

Die ordnungsgemäße Beteiligung der Hauptversammlung ist eine Pflicht des Vorstands (§ 121 II AktG) und des Aufsichtsrats (§ 111 III AktG). Allgemein gilt: Werden in einem Rechtsverhältnis Pflichten verletzt, kann es zu einem verschuldensabhängigen Ersatzanspruch kommen (Verschuldensprinzip)[757]. Zwar besteht zwischen dem Vorstand bzw. dem Aufsichtsrat und dem Aktionär keine direkte Rechtsbeziehung, es könnte aber immer noch auf die Pflicht der Aktiengesellschaft gegenüber dem Aktionär abgestellt werden[758]. Es ist daher denkbar, für einen Unterlassungs- oder zumindest für einen Beseitigungsanspruch ein Verschulden (§ 276 BGB) zu fordern[759].

Dass der Unterlassungsanspruch nicht von einem Verschulden abhängig ist, ergibt sich schon aus der Natur der Sache. Beim Verschulden geht es um die Zurechnung und das Vertretenmüssen einer Rechtsverletzung durch eine Person. Unterlassung wird hinsichtlich einer drohenden Rechtsverletzung begehrt. Beides passt nicht zusammen.

Auch ein Vergleich mit anderen geschriebenen Unterlassungsansprüchen bestätigt dies: Die Unterlassungsansprüche aus § 97 I UrhG[760], §§ 14 V, 15 IV MarkenG[761], § 8 I UWG[762], § 139 I PatG[763] und § 24 I GebrMG[764] sind allesamt verschuldensunabhängig.

Der Beseitigungsanspruch muss ebenfalls verschuldensunabhängig sein[765]. Dafür spricht ein Vergleich mit den Beschlussmängelklagen[766]. Im Rahmen der Beschlussmängelklagen kommt es grundsätzlich[767] nicht auf ein Verschulden der

---

757 OLZEN, in: Staudinger (2015), BGB, Einleitung zum Schuldrecht, Rn. 39 ff.

758 In diese Richtung: ZÖLLNER, ZGR 1988, 392 (428 f.); näher zur Frage des richtigen Beklagten unten: 7. Teil: A.

759 Für den Beseitigungsanspruch: ZÖLLNER, ZGR 1988, 392 (428 f.).

760 SPINDLER, in: Spindler/Schuster, Recht der elektronischen Medien, § 97 UrhG, Rn. 18.

761 FEZER, MarkenG, § 14, Rn. 989, § 15, Rn. 407.

762 OHLY, in: Ohly/Sosnitza, UWG, § 8, Rn. 69.

763 MES, PatG/GebrMG, § 139 PatG, Rn. 75.

764 MES, PatG/GebrMG, § 24 GebrMG, Rn. 41.

765 MÜLBERT, in: Großkomm, AktG (4. Auflage), Vor §§ 118–147, Rn. 212, insb. Fn. 390; RIECKERS, in: Münchener Handbuch GesR, Bd. 4, § 18, Rn. 8; a. A.: ZÖLLNER, ZGR 1988, 392 (428 f.).

766 Vgl. MÜLBERT, in: Großkomm, AktG (4. Auflage), Vor §§ 118–147, Rn. 212, insb. Fn. 390.

767 (dogmatisch umstrittene) Ausnahme: § 243 III Nr. 1 AktG; dazu: HÜFFER/SCHÄFER, in: MünchKomm, AktG, § 243, Rn. 110.

AG oder ihrer Organe an. Es handelt sich um eine objektive Rechtmäßigkeitskontrolle[768] der Beschlüsse des Organs, dem der Aktionär angehört[769]. Die Vergleichbarkeit der Beschlussmängelklagen und der Aktionärsklagen ergibt sich aus einem funktionalen Zusammenhang. Die Aktionärsklage ist in dieser Hinsicht ein funktional vorgeschaltetes Rechtsschutzinstrument, mit dem die Lücke im Kontrollsystem[770] geschlossen werden soll.

Wäre ein Beseitigungsanspruch von einem Verschulden abhängig, bestünde ein nicht unwesentliches Missbrauchspotential. Der Vorstand könnte den Rechtsschutz der Aktionäre gegen das Unternehmen durch Exkulpation abwehren, indem er vor der geplanten Maßnahme ein entsprechendes Rechtsgutachten einholt[771].

Die Ansprüche auf Unterlassung und auf Beseitigung der Verletzung des Rechts auf Wahrung der Hauptversammlungskompetenzen sind damit verschuldensunabhängig[772].

4. Dogmatische Herleitung

Als Rechtsbehelf für Aktionäre benötigt der Anspruch auf Wahrung der Hauptversammlungskompetenzen eine rechtliche Grundlage. Ausdrücklich ist dieser Anspruch nirgends geregelt, er muss also hergeleitet werden.

Die hierzu vertretenen Ansichten lassen sich in zwei Lager aufteilen[773]. Das eine bevorzugt eine Herleitung über das Deliktsrecht, das andere über das

768 HÜFFER/SCHÄFER, in: MünchKomm, AktG, § 243, Rn. 110.

769 Vgl. MÜLBERT, in: Großkomm, AktG (4. Auflage), Vor §§ 118–147, Rn. 205.

770 S. o.: 5. Teil: B I.

771 Die Einholung von Rechtsgutachten ist in der Praxis nicht unüblich, vgl. SCHLITT/O. SEILER, ZHR 166 (2002), 544 (557).

772 ADOLFF, ZHR 169 (2005), 310 (316); MÜLBERT, in: Großkomm, AktG (4. Auflage), Vor §§ 118–147, Rn. 212, insb. Fn. 390; RIECKERS, in: Münchener Handbuch GesR, Bd. 4, § 18, Rn. 8; M. SCHWAB, Das Prozeßrecht gesellschaftsinterner Streitigkeiten, S. 37; a. A. für den Beseitigungsanspruch: ZÖLLNER, ZGR 1988, 392 (428 f.).

773 Die bisher geführten Diskussionen zur dogmatischen Herleitung beziehen sich überwiegend (eine Ausnahme bilden die Ausführungen von ZÖLLNER, ZGR 1988, 392 (425 ff.)) auf die Aktionärsklage im Allgemeinen, ohne konkret auf den Anspruch auf Wahrung der Hauptversammlungskompetenzen einzugehen. Wenn dieser aber aus der Mitgliedschaft hervorgehen soll, dann müssen die Versuche einer dogmatischen Herleitung a maiore ad minus auch den Anspruch auf Wahrung der Hauptversammlungskompetenzen begründen können.

Gesellschaftsrecht[774]. Beide Ansätze haben eine Gemeinsamkeit: Sie knüpfen an der „Mitgliedschaft" an[775].

a. *Deliktische Ansätze*

aa. *§ 823 I BGB gegen die Mitglieder der Verwaltungsorgane*

Geht es um die deliktische Herleitung des unzureichenden Schutzes der Mitgliedschaft wird häufig auf die Ausführungen von *Mertens*[776] verwiesen[777].

Er verbreitete die Ausdehnung des deliktischen Schutzes aus § 823 I BGB auf das Innenverhältnis der Aktiengesellschaft. Mit der Mitgliedschaft als „sonstiges Recht" werden aus § 823 I BGB Schadensersatz-, Unterlassungs- und Beseitigungsansprüche gegen die Mitglieder des Vorstands und des Aufsichtsrats hergeleitet. Diese Rechtsschutzmöglichkeit soll allerdings neben der Aktionärsklage gegen die Gesellschaft stehen[778].

Die vordergründige Frage, die es in Bezug auf den Themenkomplex um die Aktionärsklage zu beantworten gilt, ist die nach der Zweckdienlichkeit eines Rechtsbehelfs gegen einzelne Mitglieder der Verwaltungsorgane, um einen rechtswidrigen Eingriff in die Mitgliedschaft – der in der Regel auf einer Kollektiventscheidung beruhen wird – abzuwehren[779]. Darauf ist an anderer Stelle näher einzugehen[780].

bb. *§ 823 I BGB und § 1004 BGB gegen den Verband*

Weil die Mitgliedschaft ein „sonstiges Recht" i. S. v. § 823 I BGB ist, könnte über Rechtsschutz nach § 823 I BGB im Innenverhältnis der Aktiengesellschaft und

---

774 CASPER hält sogar beides für möglich, wichtig sei nur unter welchen Voraussetzungen man einen Eingriff in die Mitgliedschaft bejaht, in: Spindler/Stilz, AktG, Vorb. z. §§ 241 ff., Rn. 16 ff.

775 BRONDICS, Die Aktionärsklage, S. 86.

776 MERTENS, AcP 178 (1978), 227; ders., AG 1978, 309 (310); ders., in: FS Fischer, 461 (468 ff.); MERTENS/CAHN, in: KölnKomm, AktG, § 93, Rn. 210 ff.

777 So: BRONDICS, Die Aktionärsklage, S. 84; LUTTER, AcP 180 (1980), 84 (141); SCHULZ-GARDYAN, Die sogenannte Aktionärsklage, S. 56.

778 MERTENS/CAHN, in: KölnKomm, AktG, § 93, Rn. 212, 237; vgl. BGH, Urt. v. 25.02.1982 – II ZR 174/80 (Holzmüller), BGHZ 83, 122 (133 f.).

779 Auch der BGH sieht die Zweckdienlichkeit kritisch, wenn er sagt, dass sich der Aktionär nicht auf eine Klage gegen den Vorstand verweisen lassen braucht, Urt. v. 25.02.1982 – II ZR 174/80 (Holzmüller), BGHZ 83, 122 (134).

780 Dazu noch unten: 7. Teil: A

gegen das Unternehmen (§ 31 BGB) diskutiert werden[781]. Lässt man mal außer Acht, dass es hier zu Kollisionen mit dem Gesellschaftsrecht kommen kann[782], wäre ein solcher Anspruch immer noch verschuldensabhängig[783]. Der Vorstand könnte den Rechtsschutz der Aktionäre gegen das Unternehmen durch die eigene Exkulpation abwehren, etwa durch ein im Voraus eingeholtes entsprechendes Rechtsgutachten[784]. § 823 I BGB taugt deshalb nicht als Anspruchsgrundlage[785]. Interessanter ist mithin eine deliktische Herleitung über § 1004 BGB, denn ein Anspruch aus § 1004 BGB ist verschuldensunabhängig[786].

Dieser deliktische Ansatz für die Aktionärsklage wurde vor allem von *K. Schmidt* kultiviert[787]: Die Mitgliedschaft ist ein absolutes Recht und als solches sowohl nach § 823 BGB durch Schadensersatzansprüche als auch analog § 1004 BGB durch Beseitigungs- und Unterlassungsansprüche und -klagen geschützt[788].

Voraussetzung für diesen Rechtsschutz sei eine rechtswidrige, dem Verband zurechenbare Maßnahme, die das Mitglied subjektivrechtlich betrifft[789]. Mit diesen Kriterien werde vermieden, dass der Aktionär ein Ersatzaufsichtsrecht erhält oder gegen jede dem Verband unterlaufende Rechtswidrigkeit im Wege der Unterlassungsklage vorgehen kann[790].

Bei Kompetenzübergriffen seien diese Voraussetzungen stets erfüllt und die Mitgliedschaft als absolutes Recht verletzt[791]. Deshalb habe der Aktionär einen negatorischen Anspruch auf Beseitigung bzw. Unterlassung analog § 1004 BGB[792].

---

781 Dazu: HABERSACK, Die Mitgliedschaft – subjektives und „sonstiges" Recht, S. 172, 174, 209 ff., 319 ff.; MERTENS, in: FS Fischer, 461 (470); SPINDLER, in: MünchKomm, AktG, § 93, Rn. 339; MARKWARDT, ZIP 2004, 211 (214).

782 MERTENS, in: FS Fischer, 461 (470); vgl. HABERSACK, Die Mitgliedschaft – subjektives und „sonstiges" Recht, S. 209 ff., 220; vgl. MARKWARDT, ZIP 2004, 211 (213).

783 Dies ebenfalls kritisch sehend: BRONDICS, Die Aktionärsklage, S. 86; ZÖLLNER, ZGR 1988, 392 (428).

784 Zur gebotenen Verschuldensunabhängigkeit des Anspruchs: s. o.: 5. Teil: B II 3.

785 I. E. ebenso: SPINDLER, in: MünchKomm, AktG, § 93, Rn. 339.

786 BGH, Urt. v. 08.03.1990 – III ZR 81/88, BGHZ 110, 313 (317); HERRLER, in: Palandt, BGB, § 1004, Rn. 13.

787 Ebenso zum Ursprung des deliktischen Ansatzes: H. ROTH, in: FS Henckel, 707 (713).

788 K. SCHMIDT, Gesellschaftsrecht, § 21 V 1; ders., in: Großkomm, AktG (4. Auflage), § 241, Rn. 4.

789 K. SCHMIDT, Gesellschaftsrecht, § 21 V 1.

790 K. SCHMIDT, Gesellschaftsrecht, § 21 V 1.

791 K. SCHMIDT, Gesellschaftsrecht, § 21 V 3.

792 K. SCHMIDT, Gesellschaftsrecht, § 21 V 1, 3.

Der Anspruch auf Wahrung der Hauptversammlungskompetenzen wird hier nicht als eigenständiger Anspruch begriffen und konsequenterweise deshalb auch nicht dogmatisch separat begründet. Er findet seine dogmatische Grundlage als Bestandteil des subjektiven Rechts Mitgliedschaft in ebendiesem. Durchsetzbar wird er mit Hilfe des Deliktsrechts.

b. Gesellschaftsrechtliche Ansätze

Der gesellschaftsrechtliche Ansatz[793] stützt sich ebenfalls auf die Mitgliedschaft. Eingriffe sollen aber nicht unter Zuhilfenahme des Deliktsrechts abgewendet werden, sondern durch einen eigenen im Mitgliedschaftsverhältnis wurzelnden Rechtsbehelf[794]. Dass der Mitgliedschaft solche Rechtsbehelfe immanent sind, zeige sich zum Beispiel anhand der Beschlussmängelklagen[795].

Brondics argumentiert: Das Aktiengesetz zeige an zahlreichen Stellen, dass es dem Gesetzgeber auf den Schutz des Aktionärs vor einer Entwertung seiner Mitgliedschaftsrechte ankomme[796]. Aus diesen aktienrechtlichen Zusammenhängen zieht er einen allgemeinen Schutzgedanken für das subjektive Recht „Mitgliedschaft". Korrespondierend dazu soll auch ein allgemeiner Abwehranspruch bestehen[797]. Er will die Aktionärsklage so auf das breite Fundament des Verbandsrechts stützen[798].

Auch *Zöllner* befürwortet einen gesellschaftsrechtlichen Ansatz. Er erkennt, dass der Ansatz des BGH verbal zu weit geraten ist und stellt – anders als *Brondics* – konkret auf das Recht auf Entscheidungsteilhabe ab[799]. Dessen Verletzung bedürfe einer Klagesanktion[800]. Bei einer Verletzung handle es sich um einen Verstoß gegen originäre Pflichten aus dem Mitgliedschaftsverhältnis[801]. Dazu müsse es einen entsprechenden verschuldensabhängigen Schadensersatzanspruch

793 BAUMS, Gutachten F zum 63. DJT 2000, S. 203; BRONDICS, Die Aktionärsklage, S. 89 ff.; GROßFELD, JZ 1981, 234 (235).

794 BAUMS, Gutachten F zum 63. DJT 2000, S. 203; vgl. ZÖLLNER, ZGR 1988, 392 (428 ff.).

795 Vgl. BAUMS, Gutachten F zum 63. DJT 2000, S. 203; vgl. KNOBBE-KEUK, in: FS Ballerstedt, 239 (248, 251).

796 BRONDICS, Die Aktionärsklage, S. 89 f.

797 BRONDICS, Die Aktionärsklage, S. 93.

798 BRONDICS, Die Aktionärsklage, S. 89.

799 ZÖLLNER, ZGR 1988, 392 (425 f.).

800 ZÖLLNER, ZGR 1988, 392 (426).

801 ZÖLLNER, ZGR 1988, 392 (428).

geben[802], der vor allem auf Naturalrestitution, d. h. Wiederherstellung des vor der Beeinträchtigung bestehenden Zustands, gerichtet ist[803].

Von einem gesellschaftsrechtlichen Ansatz geht auch der BGH aus[804]. Er hat sich in der Holzmüller-Entscheidung zwar nicht eindeutig gegen eine deliktische Herleitung positioniert, er geht allerdings an keiner Stelle auf Voraussetzungen aus dem Deliktsrecht oder systematische Spannungen ein. Zudem spricht er von einem „verbandsrechtlichen Anspruch“[805].

c. Stellungnahme und Kritik am Anknüpfungspunkt Mitgliedschaft

aa. Zu den deliktischen Ansätzen

Die deliktischen Ansätze strahlen einen klaren und fassbaren Rahmen aus, denn die §§ 823 ff. BGB geben konkrete Anspruchsvoraussetzungen[806] vor und die Eigenschaft der Mitgliedschaft als subjektives und sonstiges Recht kann heute nur noch schwer bestritten werden[807]. Jedoch offenbaren sich auf den zweiten Blick Abgrenzungsprobleme.

(1) Abgrenzung § 823 I zu § 1004 I 1 BGB

Wie schon *Zöllner* richtig herausgearbeitet hat, wäre es bei Eingriffen in die Mitgliedschaft zunächst notwendig, einen Differenzierungsmaßstab zwischen § 823 I BGB und § 1004 I 1 BGB zu erarbeiten[808]. Während § 1004 I 1 BGB verschuldensunabhängig und auf gegenwärtig vorliegende Beeinträchtigungen gerichtet ist, geht es bei § 823 I BGB um in der Vergangenheit liegende Beeinträchtigungen[809]. Bei einem Eingriff in den Zuständigkeitsbereich der Hauptversammlung liegt die Beeinträchtigung in der Vergangenheit. Gleichzeitig ist der Eingriff selbst Grundlage eines weiter andauernden Eingriffs. Genau diese Fälle

---

802 ZÖLLNER, ZGR 1988, 392 (428).

803 ZÖLLNER, ZGR 1988, 392 (429).

804 Ebenso: BAUMS, Gutachten F zum 63. DJT 2000, S. 203; HABERSACK, DStR 1998, 533 (534); ZÖLLNER, ZGR 1988, 392 (428); vgl. BRONDICS, Die Aktionärsklage, S. 87.

805 BGH, Urt. v. 25.02.1982 – II ZR 174/80 (Holzmüller), BGHZ 83, 122 (133).

806 Vgl. BRONDICS, Die Aktionärsklage, S. 86 f.

807 Vgl. o.: 3. Teil: A II 2, 3

808 ZÖLLNER, ZGR 1988, 392 (428).

809 So die „herrschende Faustregel“: BALDUS, in: MünchKomm, BGB, § 1004, Rn. 218; HERRLER, in: Palandt, BGB, § 1004, Rn. 28; BAUR, AcP 160 (1961), 465 (489); ZÖLLNER, ZGR 1988, 392 (429); ähnlich auch: BGH, Urt. v. 09.07.1958 – V ZR 202/57, BGHZ 28, 110 (113).

sind bei der Abgrenzung von Beseitigung und Schadensersatz schon immer problematisch[810]. Mit einem deliktischen Ansatz würde ein weiterer Unsicherheitsfaktor in die dogmatische Herleitung der Aktionärsklage gebracht, anstatt – wie im Grunde mit einer Herleitung beabsichtigt – Rechtssicherheit zu schaffen.

(2) Geeignetheit des § 1004 BGB bei Verletzung des Rechts auf Wahrung der Hauptversammlungskompetenzen

Auch daneben entpuppen sich Schwachstellen des deliktischen Ansatzes.

Der Unterlassungsanspruch aus § 1004 I 2 BGB kann in zwei Gestalten auftreten, einmal als allgemeiner Unterlassungsanspruch[811] nach einer Verletzung des Rechts auf Wahrung der Hauptversammlungskompetenzen, zum anderen als vorbeugender Unterlassungsanspruch gegen eine drohende Verletzung des Rechts auf Wahrung der Hauptversammlungskompetenzen.

Für einen allgemeinen Unterlassungsanspruch nach § 1004 I 2 BGB muss eine Wiederholungsgefahr vorliegen. Hierzu würde der Aktionär eine vorangegangene Beeinträchtigung benötigen, anhand derer die Wiederholungsgefahr widerlegbar vermutet werden kann[812]. Er könnte daher – aufgrund einer einmal erfolgten Kompetenzüberschreitung zu Lasten der Hauptversammlung – mit einem allgemeinen Unterlassungsanspruch nur abstrakt verlangen, dass es in Zukunft zu keinen weiteren oder ähnlichen Verletzungen des Rechts auf Wahrung der Hauptversammlungskompetenzen kommt. Ein darauf gerichteter Klageantrag wird den Anforderungen von § 253 II Nr. 2 ZPO nicht ohne weiteres genügen[813]. Die Durchsetzung eines allgemeinen Unterlassungsanspruchs des Aktionärs scheitert insofern am Bestimmtheitsgebot.

Im Vordergrund steht aber meist die Verhinderung der konkret drohenden Verletzung des Rechts auf Wahrung der Hauptversammlungskompetenzen. Hierbei könnte dem Aktionär nur der vorbeugende Unterlassungsanspruch

810 MEDICUS sah hier sogar „das am wenigsten gelöste Problem des § 1004“, in: MünchKomm, BGB (3. Auflage), § 1004, Rn. 59; vgl. auch BGH, Urt. v. 01.12.1995 – V ZR 9/94, JZ 1996, 682 (683); zum Problem an sich: GURSKY, in: Staudinger (2012), BGB, § 1004, Rn. 137 ff.; BALDUS, in: MünchKomm, BGB, § 1004, Rn. 219 ff. m. w. N.

811 Zur Terminologie: GURSKY, in: Staudinger (2012), BGB, § 1004, Rn. 214.

812 Dies für unproblematisch haltend: TEICHMANN, in: FS Mühl, 663 (675).

813 Vgl. BGH, Urt. v. 11.10.1990 – I ZR 35/89, NJW 1991, 1114; vgl. TONNER, in: Beck'sches Prozessformularbuch, I D 6. (Klage auf Unterlassung), Anmerkung Nr. 5; näher zur Fassung von Unterlassungsanträgen und zu zulässigen Verallgemeinerungen nach der „Kerntheorie“: BGH, Urt. v. 23.06.1994 – I ZR 15/92 (Rotes Kreuz), GRUR 1994, 844 (846); BGH, Urt. v. 07.06.2001 – I ZR 115/99, NJW 2001, 3710 (3711).

helfen. Entgegen des Wortlauts („weitere“) von § 1004 I 2 BGB kann ein Unterlassungsanspruch auch ohne Wiederholungsgefahr gegeben sein, wenn erstmals ernsthaft eine Beeinträchtigung droht[814]. Die Erstgefahr muss dafür alsbald zu erwarten sein[815]. Eine Vermutungswirkung wie bei dem allgemeinen Unterlassungsanspruch gibt es hier nicht[816]. Der Aktionär trägt daher die Beweislast[817]. Das könnte sich allerdings als schwierig gestalten. Wie etwa soll der Aktionär beweisen, dass der Vorstand keine außerordentliche Hauptversammlung einberufen wollte, für die konkrete vom Aktionär als kompetenzüberschreitend gerügte Maßnahme. Die Beratungen und Diskussionen innerhalb des Vorstands sind geheim[818]. Eine solche aus dem Deliktsrecht folgende Beweislastverteilung ist nicht interessengerecht. Billig wäre es, wenn der Aktionär die drohende Kompetenzüberschreitung schlüssig darzulegen hätte und der Beweis, dass keine Kompetenzüberschreitung zu Lasten der Hauptversammlung eintreten wird, der AG obliegen würde[819].

Hat die Verletzung des Rechts auf Wahrung der Hauptversammlungskompetenzen stattgefunden und die betroffene Maßnahme wird umgesetzt, soll der Aktionär einen aus § 1004 I 1 BGB hergeleiteten Beseitigungsanspruch haben. Hier schlagen sich die Abgrenzungsprobleme zu § 823 I BGB nieder.

Zwar passt die Terminologie, denn der Aktionär will Beseitigung der Maßnahme, die die Verwaltung kompetenzübergreifend beschlossen und umgesetzt hat, allerdings handelt es sich der Sache nach eher um die Beseitigung der Folgen. Der Aktionär bezweckt die Wiederherstellung des ursprünglichen Zustands und damit Naturalrestitution. Die Beeinträchtigung des Rechts auf Wahrung der Hauptversammlungskompetenzen hat stattgefunden und ist abgeschlossen. Der Beseitigungsanspruch aus § 1004 I 1 BGB hingegen ist auf die Beseitigung andauernder Beeinträchtigungen gerichtet. Dieses Problem kann nicht

---

814 BGH, Urt. v. 17.09.2004 – V ZR 230/03, BGHZ 160, 232 (236); BALDUS, in: MünchKomm, BGB, § 1004, Rn. 289; HERRLER, in: Palandt, BGB, § 1004, Rn. 32; GURSKY, in: Staudinger (2012), BGB, § 1004, Rn. 214.

815 GURSKY, in: Staudinger (2012), BGB, § 1004, Rn. 214; vgl. BALDUS, in: MünchKomm, BGB, § 1004, Rn. 289.

816 BGH, Urteil vom 27.05.1986 – VI ZR 169/85, NJW 1986, 2503 (2505); OLG Hamm, Urt. v. 15.05.1995 – 13 U 16/95, NJW-RR 1995, 1399 (1400); HERRLER, in: Palandt, BGB, § 1004, Rn. 32.

817 HERRLER, in: Palandt, BGB, § 1004, Rn. 52; FRITZSCHE, in: BeckOK, BGB, § 1004, Rn. 128.

818 HÖLTERS, in: Hölters, AktG, § 93, Rn. 137.

819 Näher zur Verteilung der Beweislast unten: 7. Teil: B.

damit überwunden werden, dass undifferenziert auf einen Eingriff in die Mitgliedschaft bzw. den die Mitgliedschaft beeinträchtigenden Zustand abgestellt wird[820]. Dies mag im Lichte des Holzmüller-Sachverhalts schlüssig erscheinen, denn dort ist die Hauptversammlungskompetenz gerade deshalb verletzt, weil das quantitative Eingriffskriterium zusammen mit dem Mediatisierungseffekt nah am quasi Entzug der Mitgliedschaft liegt. Bei anderen Hauptversammlungskompetenzen ist dies nicht stets der Fall.

Beschließt zum Beispiel der Vorstand eines Automobilherstellers – entgegen des satzungsmäßigen Unternehmensgegenstands – ab morgen keine Autos mehr zu produzieren, sondern Boote und kauft heute neue Maschinen und bereitet alles vor, damit die Produktion von Booten am Folgetag beginnen kann. Dann könnte ein Aktionär, der morgen von diesen Vorgängen erfährt, unter Berufung auf § 1004 I 1 BGB nur die weitere Produktion der Boote und den Stillstand der neuen Maschinen verlangen. Den Verkauf der neuen Maschinen und die Umstellung der Produktion zurück auf Autos, müsste er als Schadensersatz geltend machen. Dafür müsste – entgegen der oben getroffenen Feststellung[821] – ein Verschulden vorliegen.

Daran wird sichtbar, dass das Deliktsrecht nicht interessengerecht für das Innenverhältnis der Aktiengesellschaft ist[822], obwohl insofern an die Mitgliedschaft als absolutes Recht angeknüpft werden könnte. Ursächlich dafür ist dessen allgemeine Ausrichtung auf jedermann[823]. Die im Verbandsrecht liegenden Besonderheiten können nicht ausreichend berücksichtigt werden,[824] da es gerade bei Eingriffen in die Position des Aktionärs nicht nur um den absoluten Schutz der Individualinteressen geht, auf die das Deliktsrecht zugeschnitten ist, sondern auch um Kompetenzen, Gemeinschaftsinteressen und Treuebindungen[825].

(3) Innergesellschaftlicher deliktischer Schutz der Mitgliedschaft

Auch aus der Dogmatik der Mitgliedschaft heraus ergeben sich Zweifel an einem innergesellschaftlichen deliktischen Schutz der Mitgliedschaft.

---

820 So aber: K. SCHMIDT, Gesellschaftsrecht, § 21 V 3.

821 S. o.: 5. Teil: B II 3.

822 Vgl. ZÖLLNER, ZGR 1988, 392 (430); für die Missachtung der Hauptversammlungszuständigkeit i. E. ebenso: SPINDLER, in: MünchKomm, AktG, § 93, Rn. 339; i. E. auch: WAGNER, in: MünchKomm, BGB, § 823, Rn. 308.

823 BRONDICS, Die Aktionärsklage, S. 87; LUTTER, AcP 180 (1980), 84 (142).

824 BRONDICS, Die Aktionärsklage, S. 87; vgl. LUTTER, AcP 180 (1980), 84 (142).

825 Vgl. WINTER, Mitgliedschaftliche Treuebindungen im GmbH-Recht, S. 55.

Sollen einzelne Rechte, die Bestandteil des Rechtsverhältnisses Mitgliedschaft sind, einem deliktischen Schutz unterworfen werden, so kann dies auf zweierlei Wegen geschehen. Zum einen könnte das besagte Recht selbst „sonstiges Recht" i. S. v. § 823 I BGB sein. Der deliktische Schutz würde dann direkt an dem einzelnen Recht ansetzen, ein Heranziehen der „Mitgliedschaft" wäre überflüssig. Die zweite Möglichkeit ist der – überwiegend eingeschlagene – Weg über die Mitgliedschaft. Wenn die Mitgliedschaft selbst ein subjektives Recht mit Herrschaftscharakter ist, dann gehört auch der Inhalt dieses subjektiven Rechts zum deliktisch geschützten Bereich[826]. Ebenso wie es beim Eigentum in Bezug auf die Nutzung der Sache der Fall ist[827]. So schön diese Schlussfolgerung im Ergebnis auch sein mag, hat sie doch im Hinblick auf die Herleitung nicht ausdrücklich normierter Aktionärsrechte eine Schwäche.

Oben wurde dargestellt, warum die Mitgliedschaft grundsätzlich *ein Recht* und *ein absolutes Recht* ist[828]. Grundlage dafür war die Verselbständigung des Bündels aus Rechten und Pflichten aus dem Rechtsverhältnis Mitgliedschaft[829]. Würde man nun vom Ergebnis her (Mitgliedschaft als absolutes Recht und Verteidigung dessen Inhalts über das Deliktsrecht) auf weitere einzelne Rechte des Aktionärs im Rechtsverhältnis Mitgliedschaft schließen und diese einem deliktischen Schutz unterstellen, würde die Mitgliedschaft zu einem rechtsdogmatischen Perpetuum mobile.

Die Rechte und Pflichten im Rechtsverhältnis Mitgliedschaft können sich aus dem Gesetz und der Satzung ergeben oder müssen anhand der dort geregelten rechtlichen Beziehungen und geschützten Interessen entwickelt werden[830]. Maßstab für all das kann nicht ein deliktischer Schutz sein, der sich selbst erst aus einem Bündel dieser einzelnen Rechte und Pflichten ergibt[831]. Sofern nur

826 Vgl. dazu HABERSACK, Die Mitgliedschaft – subjektives und „sonstiges" Recht, S. 149 ff., insbes. S. 162 f.

827 HABERSACK, Die Mitgliedschaft – subjektives und „sonstiges" Recht, S. 151 ff.

828 S. o.: 3. Teil: A II.

829 S. o.: 3. Teil: A II 1, 2.

830 Ohne eine solche Herleitung kommt auch HABERSACK nicht aus. Er stellt den deliktischen Schutz der im subjektiven Recht der Mitgliedschaft enthaltenen Befugnisse unter den Vorbehalt „der Frage einer Geltung des Deliktsrechts im Verbandsinneren" und gesteht im schier gleichen Atemzug, dass „die praktische Bedeutung eines Schutzes der Teilhaberechte nahezu ausschließlich im Verbandsinnenverhältnis" liegt, Die Mitgliedschaft – subjektives und „sonstiges" Recht, S. 163.

831 Vgl. ZÖLLNER: „Denn das, was gegenüber dem Verband selbst, seinen Organen und gegenüber Mitgesellschaftern zu schützen ist, ist ja identisch mit der durch das innere Verbandsrecht umschriebenen Rechtsposition", ZGR 1988, 392 (430).

einzelne Rechte des Aktionärs durch die AG bestritten werden (und nicht die Mitgliedschaft insgesamt), fehlt die absolute Schutzbedürftigkeit des Bündels an Rechten und Pflichten. Eben diese ist allerdings Voraussetzung für die Qualifizierung des Bündels an Rechten und Pflichten als *ein Recht* und *ein absolutes Recht.*

Folglich kann ein innergesellschaftlicher deliktischer Schutz der Mitgliedschaft der Aktionäre nicht die Grundlage für eine dogmatische Herleitung des Rechts auf Wahrung der Hauptversammlungskompetenzen sein.

bb. Zu den gesellschaftsrechtlichen Ansätzen

Wenn es um eine Herleitung der Aktionärsklage bzw. des Anspruchs auf Wahrung der Hauptversammlungskompetenzen aus dem Gesellschaftsrecht mit Anknüpfung an die Mitgliedschaft geht, muss hinsichtlich der Rechtsnatur der Mitgliedschaft[832] differenziert werden.

Einmal kann an die Mitgliedschaft als subjektives Recht angeknüpft werden[833]. Wird in dieses subjektive Recht eingegriffen[834], könnte es ein Abwehrrecht geben.

Zum anderen kann an das Rechtsverhältnis Mitgliedschaft angeknüpft werden[835]. Das Rechtsverhältnis Mitgliedschaft besteht zwischen dem Aktionär und

---

832 Dazu: s. o.: 3. Teil: A.

833 So ausdrücklich: BRONDICS, Die Aktionärsklage, S. 93.

834 BRONDICS, Die Aktionärsklage, S. 93.

835 ADOLFF, ZHR 169 (2005), 310 (316); ZÖLLNER, ZGR 1988, 392 (428 f.). Nur in diese Richtung kann Zöllner verstanden werden, wenn er von einer „originäre(n) Pflicht aus dem Mitgliedschaftsverhältnis" spricht, bei dessen Verletzung ein Anspruch auf Schadensersatz gegeben sein soll. Eine andere Interpretationsmöglichkeit wäre eine Bezugnahme auf die Pflicht des Vorstands zur ordnungsgemäßen Beteiligung der Hauptversammlung. Doch besteht zwischen dem Vorstand und dem Aktionär keine unmittelbare Rechtsbeziehung und so kann aus einer Pflicht des Vorstands nicht auf ein subjektives Recht des Aktionärs geschlossen werden. Vgl. dazu oben: 5. Teil: A VIII.
Auch die Ausführungen von BAUMS (Gutachten F zum 63. DJT 2000, S. 203) sind in diese Richtung zu verstehen. Zwar spricht er von „Eingriffe(n) in die Mitgliedschaft durch Verwaltungshandeln" – und nicht etwa von Pflichtverletzungen –, was auf einen Ansatz an der Mitgliedschaft als subjektives Recht schließen ließe, jedoch ergibt sich aus der Einteilung der in Betracht kommenden Fälle für die Abwehrklage, dass er auch aktionärsschützenden Pflichten (Fallgruppe 3) Beachtung schenkt (Gutachten F zum 63. DJT 2000, S. 204, 212 ff.) und insofern an die Mitgliedschaft als Rechtsverhältnis anknüpft.

der Aktiengesellschaft. Innerhalb dieses Rechtsverhältnisses bestehen Rechte und Pflichten. Werden Pflichten verletzt, könnten daraus Ansprüche entstehen[836].

(1) Unterschiede aus der Doppelnatur der Mitgliedschaft

Betrachtet man beides im direkten – bildlichen – Vergleich und positioniert auf der einen Seite den Aktionär und auf der anderen Seite die Aktiengesellschaft. Dann schaut der Aktionär beim Ansatz am subjektiven Recht Mitgliedschaft von seinem Standpunkt aus in alle Richtungen, von denen ein Eingriff erfolgen kann und wehrt sich ggf. aus seiner ihm ausschließlich zugeordneten Position. Bei der hier zu untersuchenden Frage, erfolgt dieser Eingriff von der Aktiengesellschaft und soll – weil es sich um einen Spezialfall des Eingriffs handelt – nicht deliktisch, sondern verbandsrechtlich bewältigt werden. Der Ansatz am Rechtsverhältnis Mitgliedschaft hingegen betrachtet das rechtliche Verhältnis beider Seiten und kann infolgedessen bei der Verletzung einer Seite durch die andere einen Schutzanspruch entwickeln.

Der Blickwinkel beider Ansätze ist somit verschieden. Auch wenn die Mitgliedschaft sowohl subjektives Recht also auch Rechtsverhältnis ist, handelt es sich bei einem subjektiven Recht und einem Rechtsverhältnis immer noch um unterschiedliche Gegenstände der rechtswissenschaftlichen Dogmatik. Sie unterscheiden sich dahingehend, dass bei dem Rechtsverhältnis neben der berechtigenden Seite des subjektiven Rechts auch die passive Seite Beachtung findet[837].

(2) Pflichtverletzung der Aktiengesellschaft im Rechtsverhältnis Mitgliedschaft

Betrachtet man nun zunächst diesen Unterschied und stellt auf das Rechtsverhältnis zwischen dem Aktionär und der Aktiengesellschaft ab, ohne das subjektive Recht „Mitgliedschaft" des Aktionärs zu beachten, dann kann der Anspruch auf Wahrung der Hauptversammlungskompetenzen nur die Kehrseite einer Pflichtverletzung der Gesellschaft sein. Eine Pflichtverletzung kann i. d. R. nur dann einen Anspruch begründen, wenn sie schuldhaft erfolgte. Der Anspruch muss aber aus den oben genannten Gründen verschuldensunabhängig sein[838]. Zur Verschuldensunabhängigkeit könnte man allerdings noch mittels der

836 ZÖLLNER, ZGR 1988, 392 (428).

837 HABERSACK, Die Mitgliedschaft – subjektives und „sonstiges" Recht, S. 67; LARENZ, Allgemeiner Teil des Bürgerlichen Rechts (7. Auflage), § 12 I (S. 198 f.); vgl. LARENZ/WOLF, Allgemeiner Teil des Bürgerlichen Rechts, § 13 II 1 a (Rn. 24).

838 S. o.: 5. Teil: B II 3.

Krücke einer an der vertraglichen Garantieübernahme[839] orientierten Auslegung des Rechtsverhältnisses Mitgliedschaft gelangen.

Es besteht aber ein weiteres Problem. Welche hierfür relevanten Pflichten hat die Aktiengesellschaft gegenüber dem Aktionär? Es ist nicht möglich alle Pflichten, die der Aufsichtsrat oder der Vorstand hat, auch als Pflichten des Verbands gegenüber dem Aktionär zu behandeln, denn dies würde zu einem systemwidrigen allgemeinen Anspruch des Aktionärs auf gesetz- und satzungsmäßiges Verhalten führen[840]. Deshalb wird die Pflicht näher charakterisiert und ein Anspruch des Aktionärs soll nur bei der Verletzung aktionärsschützender Pflichten bestehen[841]. Doch wann schützen Pflichten den Aktionär? Konkretisierungen bezüglich des Betroffenseins des Kernbereichs der Mitgliedschaft oder hinsichtlich eines quasi Entzugs der Mitgliedschaft sind zirkulär. Soll hier à la Schutznormtheorie[842] verfahren werden? Diese Fragen blieben bislang offen. Sie sind auch nur schwerlich fundiert zu beantworten, denn das Ergebnis wäre immer von einer Wertung des Einzelfalls abhängig.

Das Kriterium der „aktionärsschützenden" oder der „aktionärsbezogenen" Pflicht stammt aus dem Deliktsrecht[843], konkret aus § 823 I BGB[844]: Ist ein Recht deliktisch absolut geschützt, dann ist auch eine Handlung, die dieses Recht lediglich tangiert, ein Eingriff. Bei Rechten, die schwer ab- oder begrenzbar sind, besteht das Problem, dass nicht eindeutig definiert werden kann, wann das Recht berührt ist. Es besteht daher die Gefahr, dass der Berechtigte jede Handlung abwehren könnte, die das Recht auch nur im Entferntesten tangieren könnte. Der deliktische Schutz würde zu einem allgemeinen Vermögensschutz[845]. Der allgemeine Vermögensschutz ist aber nicht die Aufgabe des Deliktsrechts[846] und

---

839 Dazu: GRUNDMANN, in: MünchKomm, BGB, § 276, Rn. 28.

840 Ähnlich: H. ROTH, der hierzu anmerkt, dass es zu einer „inflationären Anspruchsvermehrung" kommt, weil Ansprüche bereits bei Verletzung bloßer mitgliedschaftlicher Interessen entstünden, in: FS Henckel, 707 (715); zum allgemeinen Anspruch auf gesetz- und satzungsmäßiges Verhalten oben: 5. Teil: A.

841 BAUMS, Gutachten F zum 63. DJT 2000, S. 203, 208 ff., 212 ff.; CASPER, in: Spindler/Stilz, AktG, Vorb. z. §§ 241 ff., Rn. 16 f., 22 ff.; vgl. BAYER, NJW 2000, 2609 (2611).

842 Dazu schon oben im 5. Teil: A VIII.

843 Vgl. HABERSACK, Die Mitgliedschaft – subjektives und „sonstiges" Recht, S. 150.

844 CASPER, in: Spindler/Stilz, AktG, Vorb. z. §§ 241 ff., Rn. 16 ff.

845 Vgl. (in Bezug auf den betriebsbezogenen Eingriff bei dem Recht am eingerichteten und ausgeübten Gewerbebetrieb) FÖRSTER, in: BeckOK, BGB, § 823, Rn. 183.

846 Das (reine) Vermögen ist deliktisch nur bei vorsätzlich sittenwidrigen Handlungen geschützt (§ 826 BGB) oder wenn es ein anderes Gesetz bestimmt (§ 823 II BGB). Es handelt sich insofern um eine „Reduktion der Einstandspflicht für reine Vermögensschäden" und damit um keinen allgemeinen Vermögensschutz (WAGNER,

erst recht nicht die des § 823 I BGB[847]. Deshalb wird im Einzelfall bewertet, wie stark das betroffene Recht tangiert wird. Aufgrund einer Vielzahl dieser Wertungen wird dann ein bestimmter Kern des Rechts definiert. Daran orientiert sich sodann der deliktische Schutz. Dieses Prozedere ist vom Recht am eingerichteten und ausgeübten Gewerbebetrieb bekannt. Der deliktische Schutz erfordert insofern einen betriebsbezogenen Eingriff[848].

Diese Wertungen mögen für das Deliktsrecht geeignet sein, um eine Abgrenzung zum Vermögensschutz zu erreichen. Sie können aber nicht in das Rechtsverhältnis Mitgliedschaft mit hineingenommen werden. Im Rechtsverhältnis Mitgliedschaft geht es nicht mehr primär um den Aktionär, der auch nur im Entferntesten in seinem subjektiven Recht Mitgliedschaft tangiert sein könnte. Es geht um konkrete Rechte und Pflichten des Aktionärs und der Aktiengesellschaft. Im Rechtsverhältnis Mitgliedschaft darf es durchaus einen Vermögensschutz geben, was zum Beispiel das Bezugsrecht (§ 186 AktG)[849] belegt[850]. Andererseits ist der Aktionär nicht vor der Entwertung seiner Aktie geschützt[851]. Gerade diese zwei Seiten des Vermögensschutzes sind das, was das Innenleben einer Aktiengesellschaft maßgeblich gestaltet. Denn der Vorstand leitet und verwaltet, treuhänderisch für die Aktionäre, deren in der Gesellschaft angelegtes Vermögen.

Das Kriterium der „aktionärsschützenden Pflicht“ ist daher untauglich, den Rechtsschutz des Aktionärs im Rechtsverhältnis Mitgliedschaft zu

---

in: MünchKomm, BGB, Vor § 823, Rn. 14 ff.). Genau diese Differenzierung des Deliktsrechts – die von WAGNER als Pointe des Deliktssystems bezeichnet wird (WAGNER, in: MünchKomm, BGB, § 823, Rn. 370) – ist auch der von CASPER geforderte Grund dafür, dass §§ 826, 823 II BGB im Verbandsinnenverhältnis anwendbar sind, § 823 I BGB hingegen nicht interessengerecht ist (CASPER, in: Spindler/Stilz, AktG, Vorb. z. §§ 241 ff., Rn. 18).

847 HAGER, in: Staudinger (2017), BGB, Vorbem zu §§ 823 ff., Rn. 20; SPRAU, in: Palandt, BGB, Einf. v. § 823, Rn. 1; WAGNER, in: MünchKomm, BGB, Vor § 823, Rn. 14 ff., § 823, Rn. 370 ff.

848 Dazu: KÖTZ/WAGNER, Deliktsrecht, Rn. 165 f., 431 ff.

849 Vgl. KOCH, in: Hüffer/Koch, AktG, § 186, Rn. 2; WIEDEMANN, in: Großkomm, AktG (4. Auflage), § 186, Rn. 13.

850 Weitere Beispiele, bei denen das Vermögen des Aktionärs geschützt wird, sind der Dividendenanspruch (§§ 58 IV, 60 AktG) und das Recht auf Teilhabe am Liquidationserlös (§ 271 AktG).

851 Vgl. dazu: HOPT/M. ROTH, in: Großkomm, AktG, § 93, Rn. 625 ff. m. w. N.

konkretisieren. Eine Pflichtverletzung der Aktiengesellschaft ist als dogmatische Aufhängung für die Aktionärsklage ungeeignet[852].

(3) Eingriff in das subjektive Recht Mitgliedschaft

Richtet man nun den Blick auf die Mitgliedschaft als subjektives Recht, ist das Problem zu erkennen, dass es ein breites Spektrum an möglichen Eingriffen gibt. *Brondics* leitet aus dem Gesellschaftsrecht einen allgemeinen Schutzgedanken des subjektiven Rechts Mitgliedschaft her, der in Wirklichkeit gar nicht allgemein sein darf, weil der Aktionär andernfalls in das Kompetenzsystem eingreifen könnte.

Wenn beispielsweise der Vorstand entgegen eines Vetos des Aufsichtsrats (§ 111 IV 2 AktG) eine Maßnahme durchsetzt, liegt dann ein Eingriff in das subjektive Recht Mitgliedschaft des Aktionärs vor? Die Stellung des Aktionärs in der Aktiengesellschaft ist an dem vom AktG vorgegebenen Kompetenz- und Kontrollsystem[853] ausgerichtet. Der Aktionär ist als Kapitalgeber diesem System unterworfen und seine Stellung ist hinsichtlich seines Vermögens und seiner Mitverwaltungsrechte durch dieses System gesichert. Wird dieses System nun vom Vorstand in der beispielhaft genannten Art und Weise rechtswidrig verletzt, so findet gleichzeitig ein Einschnitt in die dem Aufsichtsrat per Gesetz übertragene Überwachungsaufgabe statt. Mittelbar ist damit auch der Aktionär betroffen, der als Kapitalgeber die Kontrolle des Vorstands auf ein vom Vorstand (weitestgehend)[854] unabhängiges Organ – den Aufsichtsrat – übertragen hat. Reicht ein solches mittelbares Betroffensein aus, um einen Eingriff in die Mitgliedschaft des Aktionärs zu bejahen? Auf der anderen Seite führt aber auch die Übergehung einer Hauptversammlungskompetenz „nur" zu einem mittelbaren Betroffensein des Aktionärs, denn unmittelbar verletzt wird nur das Organ Hauptversammlung. Ist der Eingriff bei letzterem weniger mittelbar, weil er Mitglied dieses Organs ist?

Dieses Problem wurde von *Brondics* liegen gelassen. Im Rahmen der Klagbarkeit des Anspruchs betont er noch, dass „Nur wenn der Aktionär mit der

852 Vgl. dazu: M. SCHWAB, der einen gesellschaftsrechtlichen Schadensersatzanspruch (infolge einer Pflichtverletzung) ebenso ablehnt, Das Prozeßrecht gesellschaftsinterner Streitigkeiten, S. 37 f.; er leitet die Rechtsposition des Aktionärs stattdessen aus einem Erfüllungsanspruch aus dem Rechtsverhältnis Mitgliedschaft her (nachdem er die Qualifizierung der Mitgliedschaft als subjektives Recht abgelehnt hat), Das Prozeßrecht gesellschaftsinterner Streitigkeiten, S. 38 ff.

853 S. o.: 4. Teil: A V, B V.

854 Zur Kontrolle des Aufsichtsrats durch den Vorstand: S. o.: 4. Teil: B II 2.

Geltendmachung seines Anspruchs nicht unzulässig in den zwingend vorgeschriebenen Aufgabenkreis eines anderen Organs eingreift, ist der mitgliedschaftliche Rechtsbehelf mit der starren Kompetenzordnung des Aktiengesetzes vereinbar"[855]. Auch einen allgemeinen Anspruch auf gesetz- und satzungsmäßiges Verwaltungshandeln lehnt er ab[856]. Offen bleibt hingegen, wann bei einem Gesetzesverstoß auch eine Rechtsverletzung des Aktionärs gegeben ist oder wann ein Aktionär unzulässig in einen fremden Aufgabenkreis eingreift. Dies wäre im Rahmen des Inhalts der Aktionärsklage zu klären. Im betroffenen Kapitel[857] stellt *Brondics* auf einzelne bestimmte Aktionärsrechte ab, die teilweise bereits durch Anfechtungs- und Nichtigkeitsklagen rechtlich abgesichert sind[858]. Es unterbleiben Aussagen, wie es sich bei ungeschriebenen oder umstrittenen Rechten verhält, wozu der Holzmüller-Fall an und für sich Anlass gegeben hätte.

Bei allen Gesetzes- und Satzungsverletzungen ist der Aktionär mehr oder weniger mittelbar in seiner mitgliedschaftlichen Stellung betroffen[859]. Somit ist auch die Mitgliedschaft als subjektives Recht ungeeignet, einen direkten dogmatischen Anknüpfungspunkt für die Aktionärsklage zu verkörpern.

cc. Zwischenergebnis

Bereits bei der Untersuchung des Bedürfnisses des ergänzenden Rechtsschutzinstruments „Aktionärsklage" wurde aufgezeigt, dass eine Anknüpfung an die Mitgliedschaft nicht unproblematisch ist[860]. Die dort geäußerten Bedenken haben sich bestätigt. Die Mitgliedschaft kann nicht zur dogmatischen Begründung des Rechts auf Wahrung der Hauptversammlung und folglich auch nicht zur Begründung der Aktionärsklage im Allgemeinen herangezogen werden.

Der Aktionärsklage gegen Verletzungen der Hauptversammlungskompetenzen liegt ein Anspruch des Aktionärs auf Wahrung der Hauptversammlungskompetenzen zu Grunde. Dieser Anspruch muss, ebenso wie die Notwendigkeit dieser Aktionärsklage, seine Stütze im unvollständigen Kontroll- und Kompetenzsystem finden[861].

---

855 BRONDICS, Die Aktionärsklage, S. 123 f.

856 BRONDICS, Die Aktionärsklage, S. 106 f.

857 BRONDICS, Die Aktionärsklage, S. 103 ff.

858 Dazu noch unten: 5. Teil: C I.

859 Vgl. HOFFMANN-BECKING, ZHR 167 (2003), 357 (363).

860 S. o.: 3. Teil: C.

861 In diese Richtung: HOMMELHOFF, Die Konzernleitungspflicht, S. 460: „Weist das Aktiengesetz einen bestimmten Entscheidungsgegenstand der Hauptversammlung zur Beschlußfassung zu, so hat es damit nicht nur eine Kompetenzaussage für das

Dieser Punkt wurde bei den bisherigen Herleitungsversuchen nicht ausreichend beachtet. Insofern ist es auch erstaunlich, dass dennoch häufig für eine Begrenzung der Aktionärsklage auf die Verletzung von Hauptversammlungskompetenzen plädiert wird[862].

d. Herleitung aus der Gesamtschau von §§ 119, 245 AktG

Eine der zentralen Normen des aktienrechtlichen Kompetenzsystems ist § 119 AktG[863]. Bei näherer Betrachtung dieser Norm könnte sich herausstellen, dass in § 119 AktG die Grundlage für das Recht auf Wahrung der Hauptversammlungskompetenzen zu finden ist[864]. Andererseits ist eine allein auf § 119 AktG gestützte Herleitung der Kritik zugänglich, dass ein subjektives Aktionärsrecht nur schwerlich aus einer reinen Kompetenznorm begründet werden kann.

Insofern könnte der Blick ergänzend auf § 245 AktG gerichtet werden. Das Recht zur Anfechtung von Hauptversammlungsbeschlüssen ist ein subjektives Aktionärsrecht, das die individuellen Interessen des Aktionärs schützt[865]. Die ordnungsgemäße Beteiligung der Hauptversammlung ist ein solch schützenswertes Interesse des Aktionärs, allerdings greift das Anfechtungsrecht mangels Vorliegen eines Hauptversammlungsbeschlusses tatbestandlich nicht.

Eine Kombination beider Vorschriften im Wege einer Gesamtschau könnte hier Abhilfe schaffen und das subjektive Aktionärsrecht auf Wahrung der Hauptversammlungskompetenzen begründen.

---

eine der drei Gesellschaftsorgane getroffen. Zugleich begründet es ein der Hauptversammlungs-Kompetenz entsprechendes Mitverwaltungsrecht der Aktionäre".

862 Vgl. Fn. 523; so auch das Votum auf dem 63. DJT, s. o.: 2. Teil: B III 3; BARTELS charakterisiert diese Ansicht sogar als herrschende Meinung, BARTELS, ZGR 2008, 723 (755).

863 Vgl. SPINDLER, in: K. Schmidt/Lutter, AktG, § 119, Rn. 1.

864 Das LG Duisburg leitet einen Anspruch nicht unmittelbar aus der Mitgliedschaft her, sondern aus § 119 AktG in Verbindung mit den Grundsätzen der Holzmüller-Rechtsprechung, Urt. v. 27.06.2002 – 21 O 106/02 (Badcock Borsig), DB 2003, 441.

865 DRESCHER, in: Henssler/Strohn, GesR, § 245 AktG, Rn. 2.

aa. Auslegung von § 119 AktG

(1) Wortlaut von § 119 AktG

Der Wortlaut von § 119 AktG sagt, dass die Hauptversammlung[866] in den im Gesetz und in der Satzung ausdrücklich bestimmten Fällen beschließt. Die darauf folgende Aufzählung der Kompetenzen („namentlich über“) ist deklaratorisch[867], hier werden bloß die an anderen Stellen im AktG begründeten Zuständigkeiten beispielhaft aufgezählt[868].

§ 119 I AktG regelt damit im positiven Sinne, dass die Hauptversammlungskompetenzen auf die im Gesetz und Satzung bestimmten Fälle beschränkt sind („ausdrücklich“). Zugleich sagt § 119 I AktG im negativen Sinne, dass in anderen Angelegenheiten eine Hauptversammlungskompetenz grundsätzlich[869] ausgeschlossen ist[870]. Untermauert wird diese negative Abgrenzung durch § 119 II AktG, der regelt, dass die Hauptversammlung grundsätzlich nicht über Angelegenheiten der Geschäftsführung entscheiden darf, außer der Vorstand verlangt es[871].

Des Weiteren lässt sich dem Wortlaut entnehmen, dass in den im Gesetz und in der Satzung ausdrücklich bestimmten Fällen nur die Hauptversammlung beschließen darf und deshalb kein anderes Gesellschaftsorgan. Die Kompetenzen der Hauptversammlung sind also von den anderen Organen zu wahren. Mithin bildet der Wortlaut die Grundlage für das Recht auf Wahrung der Hauptversammlungskompetenzen.

(2) Regelungszusammenhang von § 119 AktG

Die Hauptversammlungskompetenzen sind der Hauptversammlung als Organ zugeordnet. Der Aktionär ist Organmitglied und wäre bei einer Kompetenzverletzung mittelbar betroffen. Dennoch soll das Recht auf Wahrung der

---

866 Zur Definition des Begriffs Hauptversammlung: DRYGALA/STAAKE/SZALAI, Kapitalgesellschaftsrecht, § 21 IV 1 (Rn. 192); MÜLBERT, in: Großkomm, AktG, Vor §§ 118–147, Rn. 15; KUBIS, in: MünchKomm, AktG, § 118, Rn. 1.

867 HOFFMANN, in: Spindler/Stilz, AktG, § 119, Rn. 1.

868 MÜLBERT, in: Großkomm, AktG, § 119, Rn. 5; SPINDLER, in: K. Schmidt/Lutter, AktG, § 119, Rn. 7.

869 Zu ungeschriebenen Hauptversammlungskompetenzen bereits oben: 4. Teil: A III.

870 HOFFMANN, in: Spindler/Stilz, AktG, § 119, Rn. 1; KUBIS, in: MünchKomm, AktG, § 119, Rn. 1; SPINDLER, in: K. Schmidt/Lutter, AktG, § 119, Rn. 1, 7.

871 HOFFMANN, in: Spindler/Stilz, AktG, § 119, Rn. 1; SPINDLER, in: K. Schmidt/Lutter, AktG, § 119, Rn. 1.

Hauptversammlungskompetenzen dem Aktionär zustehen. Das ergibt sich aus dem Regelungszusammenhang von § 119 AktG.

§ 119 AktG steht als zweite Norm im vierten Abschnitt, der die Überschrift „Hauptversammlung" trägt. Der vierte Abschnitt wird zum Teil als unstrukturiert empfunden, weil nicht mit den Kompetenzen der Hauptversammlung (§ 119 AktG) begonnen wurde, sondern mit der Regelung, dass die Aktionäre ihre Rechte in der Hauptversammlung ausüben, soweit das Gesetz nichts anderes bestimmt (§ 118 I AktG)[872]. Zudem umfasst der vierte Abschnitt nicht nur Regelungen unmittelbar zur Hauptversammlung, sondern auch unmittelbar die Aktionärsposition betreffende Normen[873]. Die Abschnittsüberschrift „Hauptversammlung" ist insofern unzutreffend[874].

Dieser Systematik ist zu entnehmen, dass die Stellung des Aktionärs in der Aktiengesellschaft und die Hauptversammlung eng miteinander verbunden sind. Diese enge Verbindung wird zu einer untrennbaren, wenn man den hier untersuchten Fall betrachtet, dass die Hauptversammlung nicht einberufen wird und gar nicht beschließen kann, obwohl sie für die betroffene Entscheidung zuständig gewesen wäre. Die Hauptversammlung selbst ist ohne Aktionäre nicht handlungsfähig und kann sich deshalb auch nicht gegen eine Kompetenzverletzung schützen. Sie ist untauglich, die Wahrung der Hauptversammlungskompetenzen zu erreichen. Andersherum befindet sich auch der Aktionär ohne Hauptversammlung in einem ohnmächtigen Zustand: Versammlungsgebundene Rechte gehen ohne Hauptversammlung ins Leere und selbst nichtversammlungsgebundene Rechte nützen ihm wenig[875].

So regelt beispielsweise § 175 AktG die Vorbereitung der Hauptversammlung[876], wozu auch die Information der Aktionäre (§ 175 II AktG) gehört[877]. Mit

872 ZÖLLNER, in: KölnKomm, AktG (1. Auflage), Vorb. v. § 118, Rn. 3.

873 MÜLBERT, in: Großkomm, AktG, Vor §§ 118–147, Rn. 3; ZÖLLNER, in: KölnKomm, AktG (1. Auflage), Vorb. v. § 118, Rn. 1.

874 ZÖLLNER, in: KölnKomm, AktG (1. Auflage), Vorb. v. § 118, Rn. 1.

875 Organqualität kommt dennoch nur der Hauptversammlung zu und nicht der Gesamtheit der Aktionäre; KOCH, in: Hüffer/Koch, AktG, § 118, Rn. 2; ZÖLLNER, in: KölnKomm, AktG (1. Auflage), § 118, Rn. 4. Eine Hauptversammlung kann auch dann wirksam beschließen, wenn nicht alle Aktionäre auf der Hauptversammlung erscheinen. Das Organ ist somit unabhängig von der jeweiligen konkreten Zusammensetzung des Aktionärskreises. Eine Gleichsetzung von Hauptversammlung und Aktionärsgesamtheit kann deshalb nicht erfolgen; DRYGALA/STAAKE/SZALAI, Kapitalgesellschaftsrecht, § 21 IV 1 (Rn. 192).

876 DRYGALA, in: K. Schmidt/Lutter, AktG, § 175, Rn. 1.

877 DRYGALA, in: K. Schmidt/Lutter, AktG, § 175, Rn. 2.

diesem nichtversammlungsgebundenen Recht[878] soll sich der Aktionär sachgerecht auf die Ausübung seiner Rechte in der Hauptversammlung vorbereiten können[879]. Nur trägt dies keine Früchte, wenn die gewonnenen Erkenntnisse nicht zur Grundlage des eigenen Stimmverhaltens gemacht oder auf der Hauptversammlung diskutiert werden können.

Ohne Hauptversammlung gäbe es auch keine Beschlüsse, die angefochten oder zum Gegenstand einer Nichtigkeitsklage gemacht werden könnten[880].

Dieser engen bzw. im Falle der Kompetenzverletzung untrennbaren Verbindung ist es geschuldet, dass die Normen zur Hauptversammlung und zur Aktionärsposition zusammen im vierten Abschnitt geregelt sind. Im Blick auf dieses Umfeld ist § 119 AktG auszulegen. Die Wahrung der Hauptversammlungskompetenzen steht im Interesse der Aktionäre. Sie sind – aufgrund des Rechtsverhältnisses Mitgliedschaft – die geborenen Organmitglieder der Hauptversammlung[881] und können deshalb nur selbst die interessengerechte Wahrung der Hauptversammlungskompetenzen überwachen und ggf. durchsetzen.

Nun könnte eingewandt werden, dass auch der Vorstand und der Aufsichtsrat zur Wahrung der Hauptversammlungskompetenzen verpflichtet sind und das auch ohne, für eine Begründung auf § 119 AktG zurückgreifen zu müssen. Dem wäre zuzustimmen. Dem Vorstand obliegt diese Pflicht nach § 82 II AktG[882], dem Aufsichtsrat nach § 111 I, III AktG[883]. Nur stehen diese Verpflichtungen in der Systematik des Aktiengesetzes in den Abschnitten zum Vorstand (§§ 76–94 AktG) und zum Aufsichtsrat (§§ 95–116 AktG) und verpflichten das jeweilige Organ gegenüber der Gesellschaft und nicht unmittelbar gegenüber dem einzelnen Aktionär. § 119 AktG hingegen steht im Regelungskomplex der Hauptversammlung und der Aktionärsrechte, sodass die Wahrung

878 Zur Einordnung von § 175 II AktG als nichtversammlungsgebundenes Recht: KOCH, in: Hüffer/Koch, AktG, § 118, Rn. 9; MÜLBERT, in: Großkomm, AktG, § 118, Rn. 29.

879 HENNRICHS/PÖSCHKE, in: MünchKomm, AktG, § 175, Rn. 23.

880 Zur Einordnung der Anfechtungsbefugnis und des Rechts auf Nichtigkeitsklage als nichtversammlungsgebundene Rechte: KOCH, in: Hüffer/Koch, AktG, § 118, Rn. 9; MÜLBERT, in: Großkomm, AktG, § 118, Rn. 29.

881 DRYGALA/STAAKE/SZALAI, Kapitalgesellschaftsrecht, § 21 IV 1 (Rn. 192); MÜLBERT, in: Großkomm, AktG, Vor §§ 118–147, Rn. 39.

882 FLEISCHER, in: Spindler/Stilz, AktG, § 82, Rn. 26; RAISER/VEIL, Recht der Kapitalgesellschaften, § 14 I 3 (Rn. 8).

883 DRYGALA, in: Schmidt/Lutter, AktG, § 111, Rn. 43; vgl. SPINDLER, in: Spindler/Stilz, AktG, § 111, Rn. 14 f., 57.

der Hauptversammlungskompetenzen sich in diesem Kreise auch als Recht des Aktionärs darstellt.

(3) Normzweck von § 119 AktG
Für eine Herleitung des Rechts auf Wahrung der Hauptversammlungskompetenzen aus § 119 AktG spricht auch der Zweck von § 119 AktG. Bei einer Zweckauslegung ist die Frage zu stellen: „Was wäre anders, wenn es diese Norm nicht gäbe?“[884]. Nur hieraus ergibt sich der Zweck des Gesetzes und aus diesem Grund bieten Normen mit bloßem oder überwiegendem Ordnungscharakter kein starkes Fundament für eine teleologische[885] Auslegung[886].

§ 119 AktG hat aber nicht nur Ordnungscharakter. Er steckt, wie bereits ausgeführt[887], den Kompetenzbereich der Hauptversammlung positiv und negativ ab und sagt, dass dieser Kompetenzbereich der Hauptversammlung zu wahren ist. Würde man sich § 119 AktG wegdenken, bliebe ungeregelt, ob die Hauptversammlung auch in anderen als den gesetzlich bestimmten Fällen entscheiden darf. Die Annahme weiterer Befugnisse der Hauptversammlung – etwa eines generellen Vetorechts gegenüber dem Vorstand – wäre ohne die Existenz von § 119 AktG mit einer historischen Argumentation oder einer Argumentation a maiore ad minus (wenn die Hauptversammlung bei wichtigen Maßnahmen wie einer Satzungsänderung zuständig ist, dann kann sie dem Vorstand auch widersprechen, wenn dieser im Rahmen seiner Leitungsmacht nach § 76 I AktG handeln will) sicherlich gut vertretbar.

Die Vorschrift soll daher eine Machtbalance zwischen der Hauptversammlung und den Verwaltungsorganen schaffen und stabilisieren[888]. Diese Machtbalance ist für die Aktiengesellschaft selbst und für die Aktiengesellschaft im Allgemeinen, d. h. als Unternehmensmodell, welches darauf abzielt, dass private Anleger ihr Vermögen in der Wirtschaft investieren, essentiell wichtig. Von der Machtbalance ist es abhängig, ob ein Unternehmen von Personen geleitet werden kann, die die nötige Sachkunde dafür mitbringen und diese zugleich dem Umstand Rechenschaft tragen, dass sie mit fremdem Vermögen arbeiten.

---

884 FIKENTSCHER, Methoden des Rechts, Band IV – Dogmatischer Teil, S. 364 f.

885 Näher zum Begriff „Teleologie“ bzw. „Telologie“: FIKENTSCHER, Methoden des Rechts, Band IV – Dogmatischer Teil, S. 367 f.

886 RÖHL/RÖHL, Allgemeine Rechtslehre, § 78 IV (S. 621, zur Reichweite und Abgrenzung der teleologischen Auslegung: S. 622).

887 S. o.: 5. Teil B II 4 d aa (1).

888 Vgl. KOCH, in: Hüffer/Koch, AktG, § 119, Rn. 1; MÜLBERT, in: Großkomm, AktG, § 119, Rn. 7.

Eine stabile Machtbalance zu erreichen wäre ausgeschlossen, wenn die Verwaltungsorgane die Hauptversammlungskompetenzen ohne weiteres umgehen könnten, indem sie ohne die notwendige Beteiligung der Hauptversammlung entscheiden. Ohne ein Recht auf Wahrung der Hauptversammlungskompetenzen besteht die Gefahr, dass § 119 AktG leer läuft und sich statt einer gefestigten Machtbalance ein Ungleichgewicht einstellt.

Der Telos des § 119 AktG rechtfertigt mithin ein Recht auf Wahrung der Hauptversammlungskompetenzen.

Diese Auslegung könnte rechtstheoretisch als teleologische Extension eingeordnet werden. Eine teleologische Extension erfasst Fälle, in denen der Wortlaut einer Norm zu eng formuliert ist, sodass ein Sachverhalt nicht unter die Norm gefasst werden kann, der nach dem Normzweck erfasst werden müsste[889]. In Abgrenzung zur Analogie bringt der Gesetzgeber aber immerhin eine Wertentscheidung zum Ausdruck[890]. Hier gibt der Gesetzgeber mit § 119 I AktG eine Wertentscheidung ab, denn er wollte eine stabile Machtbalance und sagt mit § 119 I AktG zumindest im Allgemeinen auch, dass die Kompetenzen der Hauptversammlung zu wahren sind[891]. Wem ein solches Recht zusteht, lässt sich dem Wortlaut nicht unmittelbar entnehmen. Um den Zweck einer stabilen Machtbalance zu erreichen, ist über den Wortlaut von § 119 AktG hinaus ein Aktionärsrecht auf Wahrung der Hauptversammlungskompetenzen zu erkennen.

(4) Normgeschichte von § 119 AktG

Fraglich ist nun, ob diese Auslegung von § 119 AktG mit dem Willen des Gesetzgebers vereinbar ist.

Vor 1937 hatte die Hauptversammlung – damals unter der Bezeichnung Generalversammlung – eine stärkere Stellung. Sie war – zumindest in der Theorie[892] – zuständig in geschäftsführungs- und sonstigen Angelegenheiten

---

889 LARENZ, Methodenlehre der Rechtswissenschaft, Kapitel 5, 2 d (S. 397); RÜTHERS/FISCHER/BIRK, Rechtstheorie, Rn. 904; BITTER/RAUHUT, JuS 2009, 289 (295).

890 BITTER/RAUHUT, JuS 2009, 289 (295).

891 S. o.: 5. Teil B II 4 d aa (1).

892 Die Praxis soll nach GEẞLER anders ausgesehen haben: Den Aktionären auf der Generalversammlung solle jede Einsicht in die schwierigen Fragen der Geschäftsführung gefehlt haben, sodass sie ihre Beschlüsse nach reiner Willkür fassten; letztendlich habe die Verwaltung (Vorstand und Aufsichtsrat) des Unternehmens mit den Großaktionären und Banken über die Beschlüsse verhandelt und dessen Inhalt gestaltet; die Generalversammlung war deshalb faktisch gesehen nicht das geschäftsführende Organ; da der Vorstand meist vom Aufsichtsrat bestellt wurde, hatte dieser auch den

und bildete damit das oberste Organ der Aktiengesellschaft[893]. Mit dem AktG 1937 änderte sich dieser Zustand[894]. Eingeführt wurde § 103 AktG 1937. Die Hauptversammlung war fortan nicht mehr das oberste Organ der Aktiengesellschaft[895], sondern war in ihrem Wirkungskreis auf die mit dem wirtschaftlichen und rechtlichen Aufbau der Aktiengesellschaft zusammenhängenden Fragen beschränkt[896]. Gerechtfertigt wurde diese Kompetenzverschiebung unter anderem mit der fehlenden Sachkunde der Hauptversammlung[897]. 1965 wurde § 103 AktG 1937 ohne sachliche Änderungen als § 119 AktG übernommen[898].

Der Gesetzgeber von 1965 wollte die 1937 geschaffenen Machtverhältnisse beibehalten. Dies äußert sich auch darin, dass der Vorschlag, die Hauptversammlung auf Verlangen des Aufsichtsrats über Angelegenheiten der Geschäftsführung entscheiden zu lassen, abgelehnt wurde. Begründet wurde die Ablehnung mit der dadurch entstehenden Umgehungsmöglichkeit der Vorstandskompetenz durch den Aufsichtsrat[899]. Eine mögliche Umgehung von Hauptversammlungskompetenzen wurde damals nicht gesondert thematisiert. Offenbar hat der Gedanke, dass der Vorstand durch den Aufsichtsrat kontrolliert wird, die Möglichkeit des Auffindens der Lücke im Kontrollsystem vereitelt. Allerdings geht aus der Gesetzesbegründung hervor, dass „die in Absatz 1 genannten Befugnisse

---

Vorstand in der Hand und soll der eigentliche Leiter der Aktiengesellschaft gewesen sein, JW 1937, 497.

893 MÜLBERT, in: Großkomm, AktG, § 119, Rn. 1.

894 Siehe dazu: Amtl. Begr. Vorbemerkung zu §§ 102–124 AktG 1937 sowie Amtl. Begr. zu §§ 70–124 AktG 1937, in: KLAUSING, Gesetz über Aktiengesellschaften und Kommanditgesellschaften auf Aktien, S. 56 f. und 88.

895 KOCH, in: Hüffer/Koch, AktG, § 119, Rn. 1; MÜLBERT, in: Großkomm, AktG, § 119, Rn. 1 ff.; vgl. ZÖLLNER, in: KölnKomm, AktG (1. Auflage), § 119, Rn. 2.

896 Amtl. Begr. zu §§ 102–124 AktG 1937, in: KLAUSING, Gesetz über Aktiengesellschaften und Kommanditgesellschaften auf Aktien, S. 88; FLEISCHER, in: Bayer/Habersack, Aktienrecht im Wandel, Bd. II, S. 435.

897 Amtl. Begr. Vorbemerkung zu §§ 70–124 AktG 1937, in: KLAUSING, Gesetz über Aktiengesellschaften und Kommanditgesellschaften auf Aktien, S. 56; FLEISCHER, in: Bayer/Habersack, Aktienrecht im Wandel, Bd. II, S. 435; dazu auch: GEẞLER, JW 1937, 497.

898 Begr. RegE zu § 119 AktG 1965, in: KROPFF, Aktiengesetz, S. 165; FLEISCHER, in: Bayer/Habersack, Aktienrecht im Wandel, Bd. II, S. 436 f.; ZÖLLNER, in: KölnKomm, AktG (1. Auflage), § 119, Rn. 1.

899 „Der Aufsichtsrat könnte dem Vorstand die Leitungsmacht der Gesellschaft nehmen, indem er die Hauptversammlung über sie entscheiden läßt.“, Begr. RegE zu § 119 AktG 1965, in: KROPFF, Aktiengesetz, S. 165.

nur von der Hauptversammlung, nicht auch von anderen Gesellschaftsorganen wahrgenommen werden" können[900]. Der Gesetzgeber bringt damit zum Ausdruck, dass die Hauptversammlungskompetenzen gewahrt werden sollen, um eine Machtbalance zwischen den Organen der Gesellschaft zu erreichen. Bei der Frage, wem ein solches Recht zusteht, ließ der Gesetzgeber eine Lücke. Hätte der Gesetzgeber die Umgehungsmöglichkeit der Hauptversammlungskompetenzen gesehen, hätte er auch deutlicher zum Ausdruck gebracht, dass den Aktionären das Recht auf Wahrung der Hauptversammlungskompetenzen zusteht.

(5) Fazit

Der Wortlaut des § 119 AktG spricht für ein Recht auf Wahrung der Hauptversammlungskompetenzen. Dieses Recht steht dem Aktionär zu, was sich aus dem Regelungszusammenhang des § 119 AktG ergibt. Die teleologische und historische Auslegung hat gezeigt, dass ein solches Recht erforderlich ist, um den Zweck von § 119 AktG zu erreichen. Der Gesetzgeber ließ insofern planwidrig eine Lücke[901].

Für die dogmatische Begründung des Rechts auf Wahrung der Hauptversammlungskompetenzen sollte dennoch nicht allein auf § 119 AktG abgestellt werden. Zwar wäre dies mit erhöhter Gewichtung des Regelungszusammenhangs denkbar, allerdings ist § 119 AktG nach seinem Wortlaut eine reine Kompetenznorm und spricht damit zunächst gegen ein subjektives Aktionärsrecht.

bb. Anfechtungsrecht und § 245 AktG

Jeder Aktionär hat grundsätzlich das Recht/die Befugnis, Hauptversammlungsbeschlüsse anzufechten. Dieses Recht räumt dem Aktionär die klageweise Geltendmachung der Rechtswidrigkeit eines Hauptversammlungsbeschlusses ein[902] und gewährt ihm bei Rechtswidrigkeit das Recht, die Aufhebung des Hauptversammlungsbeschlusses zu verlangen (Inhalt des Anfechtungsrechts). Dafür braucht der Aktionär keine Verletzung eines anderen subjektiven Aktionärsrechts geltend zu machen[903]. Das Anfechtungsrecht des Aktionärs ist selbst subjektives Recht[904], unterliegt allerdings gewissen Beschränkungen. Das Anfechtungsrecht

---

900 Begr. RegE zu § 119 AktG 1965, in: KROPFF, Aktiengesetz, S. 165.

901 A. A.: BARTELS, ZGR 2008, 723 (757); H. ROTH, in: FS Henckel, 707 (720).

902 DÖRR, in: Spindler/Stilz, AktG, § 245, Rn. 2; ZÖLLNER, in: KölnKomm, AktG (1. Auflage), § 243, Rn. 7.

903 Dazu statt vieler: M. SCHWAB, in: K. Schmidt/Lutter, AktG, § 243, Rn. 2 m. w. N.

904 DÖRR, in: Spindler/Stilz, AktG, § 245, Rn. 2; ENGLISCH, in: Hölters, AktG, § 245, Rn. 1; KOCH, in: Hüffer/Koch, AktG, § 245, Rn. 1 f.

ist ein Bestandteil des Rechtsverhältnisses Mitgliedschaft[905] und ist in § 245 AktG geregelt[906]. Vor Kodifizierung des Anfechtungsrechts (1884) war es notwendig, das Recht zur Anfechtung durch den Aktionär direkt aus der Mitgliedschaft herzuleiten. Mit der Einführung von § 245 AktG wurde das Anfechtungsrecht als mitgliedschaftliche Befugnis gesetzlich festgeschrieben und zugleich zum Wohle der Allgemeininteressen beschränkt[907].

Umstritten ist in diesem Zusammenhang, ob die Anfechtungsbefugnis materiell-rechtlichen Charakter hat[908] oder als rein prozessuale Befugnis zu deuten ist[909].

Für einen prozessualen Charakter wird vorgebracht, dass sich der materiell-rechtliche Charakter der Anfechtungsbefugnis daraus ergebe, dass es bei der Anfechtungsklage um die Geltendmachung eines Anspruchs auf Beseitigung rechtswidriger Beschlüsse gehe, ein solcher Anspruch sei allerdings überflüssig[910], zumal er vom Gericht nicht geprüft wird[911]. Problematisch ist hier,

---

905 DÖRR, in: Spindler/Stilz, AktG, § 245, Rn. 5; K. SCHMIDT, in: Großkomm, AktG (4. Auflage), § 245, Rn. 10.

906 Vgl. DRESCHER, in: Henssler/Strohn, GesR, § 245 AktG, Rn. 1.

907 § 13 III B Allgemeine Begr. zum Gesetzesentwurf 1884 in: Schubert/Hommelhoff, Hundert Jahre modernes Aktienrecht, S. 467 („Der Entwurf mußte es sich deshalb zur Aufgabe setzen, dasselbe [das Anfechtungsrecht] gleichzeitig auf einen festen Boden zu stellen und in einer dem allgemeinen Interesse entsprechenden Weise zu begrenzen.“); HÜFFER/SCHÄFER, in: MünchKomm, AktG, § 245, Rn. 2.

908 BGH, Urt. v. 15.06.1992 – II ZR 173/91, AG 1992, 448 (449); BGH, Beschl. v. 11.06.2007 – II ZR 152/06, AG 2007, 863 (864 f.), BGH, Urt. v. 16.03.2009 – II ZR 302/06, AG 2009, 441 (444 f.); AUSTMANN, in: Münchener Handbuch GesR, Bd. 4, § 42, Rn. 82; BOUJONG, in: FS Kellermann, 1 (10); DÖRR, in: Spindler/Stilz, AktG, § 245, Rn. 4 f.; DRESCHER, in: Henssler/Strohn, GesR, § 245 AktG, Rn. 2; ENGLISCH, in: Hölters, AktG, § 245, Rn. 1; HÜFFER/SCHÄFER, in: MünchKomm, AktG, § 245, Rn. 3; KOCH, in: Hüffer/Koch, AktG, § 245, Rn. 2; NOACK, AG 1989, 78 (83); ders./ZETZSCHE, in: KölnKomm, AktG, § 245, Rn. 4.

909 M. SCHWAB, in: K. Schmidt/Lutter, AktG, § 245, Rn. 1 f.; DRYGALA/STAAKE/SZALAI, Kapitalgesellschaftsrecht, § 21 IV 8 c dd (Rn. 308); BARTELS, ZGR 2008, 723 (731 f.); vgl. auch: K. SCHMIDT, in: FS Semler, 329 (332 ff.); ders., in: Großkomm, AktG (4. Auflage), § 245, Rn. 5 ff.; vermittelnd: BÖTTICHER, in: FS Dölle, 41 (65, dort: Fn. 52).

910 Auch HENCKEL beurteilt einen solchen Anspruch als überflüssig: „Eines derartigen Rechtes des Klägers aber bedarf es nicht; denn wenn das Gericht bei Vorliegen gewisser Voraussetzungen gestalten darf oder muß, so hat der Beklagte diese Gestaltung schon deshalb zu dulden, weil er der Gerichtsbarkeit unterworfen ist.“, Parteilehre und Streitgegenstand im Zivilprozeß, S. 33; kritisch dazu: BÖTTICHER, in: FS Dölle, 41 (55 f.).

911 DRYGALA/STAAKE/SZALAI, Kapitalgesellschaftsrecht, § 21 IV 8 c dd (Rn. 308).

dass schon im Ansatz umstritten ist, ob dem Anfechtungsrecht überhaupt ein Anspruch *gegen die AG* auf Beseitigung rechtswidriger Beschlüsse (materielles privates Gestaltungsrecht) zu Grunde liegt[912]. Die vorzugswürdige Gegenansicht leitet die Beseitigung des Hauptversammlungsbeschlusses aus einem subjektiven öffentlichen Recht *gegen den Staat* auf Vornahme der richterlichen Gestaltung her[913]. Dafür spricht der Vergleich zum Anfechtungsrecht nach den §§ 119 ff. BGB. Bei der Anfechtung nach §§ 119 ff. BGB tritt die kassatorische Wirkung mit Erklärung der Anfechtung ein (§ 142 BGB). In einem späteren Verfahren würde die Anfechtung nachträglich auf ihre Rechtmäßigkeit geprüft[914]. Wohingegen bei der Anfechtungsklage nach §§ 243 ff. AktG die rechtsgestaltende Wirkung erst durch die gerichtliche Entscheidung eintritt (§ 248 AktG), die gerichtliche Rechtmäßigkeitskontrolle erfolgt vorher. Der Kausalzusammenhang zwischen dem materiellen Recht zur Anfechtung und dem Eintritt der Gestaltungswirkung ist hier unterbrochen[915]. Der Gesetzgeber hat sich insofern bei der Anfechtung von Hauptversammlungsbeschlüssen für ein Recht *auf* Gestaltung entschieden und nicht für ein Recht *zur* Gestaltung[916]. In dieser Konzeption wird zum Teil ein Widerspruch darin gesehen, die Anfechtungsbefugnis bzw. das Recht zur Anfechtung materiell-rechtlich zu qualifizieren und andererseits die Kassation öffentlich-rechtlich herzuleiten[917]. Dieser Einwand geht fehl. Das Anfechtungsrecht des Aktionärs erstreckt sich im Verhältnis zur Aktiengesellschaft auf das private, materielle (Kontroll-)Recht, den Hauptversammlungsbeschluss einer gerichtlichen Rechtmäßigkeitsprüfung zu unterziehen und die Rechtslage ggf. (durch das Gericht) gestalten zu lassen. Gegenstand der Anfechtungsbefugnis ist

---

912 In diese Richtung: BGH, Urt. v. 15.06.1992 – II ZR 173/91, AG 1992, 448 (449); BÖTTICHER, in: FS Dölle, 41 (54 ff.); CASPER, ZHR 163 (1999), 54 (76); HÜFFER/SCHÄFER, in: MünchKomm, AktG, § 245, Rn. 9; M. SCHWAB, in: K. Schmidt/Lutter, AktG, § 245, Rn. 1; ZÖLLNER, in: KölnKomm, AktG (1. Auflage), § 243, Rn. 11.

913 HENCKEL, Parteilehre und Streitgegenstand im Zivilprozeß, S. 33 ff.; SCHLOSSER, Gestaltungsklagen und Gestaltungsurteile, S. 366 ff.; SAENGER, in: Saenger, ZPO, Vor §§ 253–494a, Rn. 6; vermittelnd: K. SCHMIDT, in: FS Semler, 329 (333); einen ganz anderen Weg geht BARTELS, er lehnt eine materiell-rechtliche Position, aus der ein Aktionär Anfechtungsklage erheben kann, gänzlich ab und begründet die Anfechtungsbefugnis stattdessen mit einem prozessualen Anspruch, der aus einer Verletzung des Mitgliedschaftsrechts hervorgeht, ZGR 2008, 723 (730 f.).

914 Vgl. BÖTTICHER, in: FS Dölle, 41 (58).

915 BÖTTICHER, in: FS Dölle, 41 (56 f.).

916 Vgl. HENCKEL, Parteilehre und Streitgegenstand im Zivilprozeß, S. 35; Termini nach BÖTTICHER, in: FS Dölle, 41 (54).

917 HÜFFER/SCHÄFER, in: MünchKomm, AktG, § 245, Rn. 9, vgl. aber auch Rn. 3.

die Frage, ob der Aktionär gegenüber der AG zu dieser Kontrolle befugt ist. Die Anfechtungsbefugnis ist damit materiell-rechtliche Voraussetzung für das Recht *auf* Gestaltung. Die auf einem öffentlich-rechtlichen Anspruch beruhende Kassation ist erst die Folge. Wenn das Anfechtungsrecht im Verhältnis zur AG (nur) das Recht beinhaltet, den Hauptversammlungsbeschluss einer gerichtlichen Rechtmäßigkeitsprüfung zuzuführen und ggf. (durch das Gericht) gestalten zu lassen, dann besteht auch kein Widerspruch zwischen der materiell-rechtlichen Einordnung der Anfechtungsbefugnis und § 245 Nr. 4 AktG[918]. Ebenso wie der Aktionär hat auch der Vorstand ein Recht, den Hauptversammlungsbeschluss einer gerichtlichen Rechtmäßigkeitsprüfung zuzuführen und ggf. gestalten zu lassen.

Dagegen, die Anfechtungsbefugnis als reine prozessuale Befugnis zu betrachten, spricht zudem die Einheitlichkeit des Streitgegenstands von Anfechtungs- und Nichtigkeitsklage[919]. Aus dieser folgt, dass in jedem Anfechtungsbegehren auch die Geltendmachung von Nichtigkeitsgründen steckt[920]. Selbst in dem Fall, dass der klagende Aktionär keinen ausdrücklichen Antrag auf *Feststellung* der Nichtigkeit des Hauptversammlungsbeschlusses stellt, muss das Gericht die Nichtigkeitsgründe nach § 241 AktG prüfen, denn der Aktionär erreicht bei deren Vorliegen trotz des Fehlens der Anfechtungsbefugnis sein Rechtsschutzziel[921]. Wenn Nichtigkeitsgründe geprüft werden, muss auch ein Sachurteil ergehen[922]. Eine Klageabweisung als teilweise unzulässig und teilweise unbegründet stünde letztendlich im Widerspruch zur Einheitlichkeit des Streitgegenstands[923].

Ein rein prozessualer Charakter der Anfechtungsbefugnis könnte den Vorteil haben, dass die Beschränkungen des § 245 AktG im Rahmen der Zulässigkeit

---

918 Zu einem solchen Widerspruch: M. SCHWAB, in: K. Schmidt/Lutter, AktG, § 245, Rn. 1; DRYGALA/STAAKE/SZALAI, Kapitalgesellschaftsrecht, § 21 IV 8 c dd (Rn. 308).

919 DÖRR, in: Spindler/Stilz, AktG, § 245, Rn. 5; NOACK, AG 1989, 78 (83 f.).

920 DRESCHER, in: Henssler/Strohn, GesR, § 246 AktG, Rn. 29.

921 Vgl. DÖRR, in: Spindler/Stilz, AktG, § 245, Rn. 5; NOACK, AG 1989, 78 (84); K. SCHMIDT, JZ 1977, 769 (770); ders., in: Großkomm, AktG (4. Auflage), § 249, Rn. 21; ZÖLLNER, in: KölnKomm, AktG (1. Auflage), § 246, Rn. 47 ff.

922 K. SCHMIDT qualifiziert die Anfechtungsbefugnis zwar als Sachurteilsvoraussetzung, kommt im Ergebnis aber dazu, dass Anfechtungsklagen bei fehlender Anfechtungsbefugnis dennoch als unbegründet abzuweisen sind, in: Großkomm AktG, § 245, Rn. 7; M. SCHWAB geht auch davon aus, dass ein Sachurteil ergehen muss, wenn sich mit der materiellen Rechtskraft des angefochtenen Beschlusses befasst wurde, in: K. Schmidt/Lutter, AktG, § 245, Rn. 2.

923 DÖRR, in: Spindler/Stilz, AktG, § 245, Rn. 5.

geprüft werden können. Eine Befassung mit dem Hauptversammlungsbeschluss selbst ist zur Prüfung des § 245 AktG nicht notwendig und bliebe dem Gericht so erspart. Andererseits muss sich das Gericht auch bei einer Anfechtungsklage hinsichtlich etwaiger Nichtigkeitsgründe mit dem Hauptversammlungsbeschluss befassen[924]. Für eine Vorverlagerung dieser Prüfung in die Zulässigkeit besteht kein Grund[925]. Ein praktischer Vorteil bei einer prozessualen Charakterisierung von § 245 AktG besteht daher nur scheinbar[926].

Würde man § 245 AktG einen prozessualen Charakter zuweisen, müsste zwischen Anfechtungsbefugnis und Anfechtungsrecht getrennt werden. Das Anfechtungsrecht wäre dann materiell-rechtliche Grundlage für eine Anfechtung und die Anfechtungsbefugnis wäre einschränkende prozessuale Bedingung. Das Anfechtungsrecht müsste folglich entgegen der Intention des Gesetzgebers wieder direkt aus der Mitgliedschaft hergeleitet werden. Für eine solche Trennung zwischen Anfechtungsrecht und Anfechtungsbefugnis besteht allerdings kein Anlass. Das Anfechtungsrecht ist nichts anderes als die Befugnis zur Anfechtung[927].

Im Ergebnis sprechen die besseren Gründe für eine materiell-rechtliche Charakterisierung der Anfechtungsbefugnis. Das Anfechtungsrecht kann daher ohne Widerspruch auf § 245 AktG gestützt werden.

Das Anfechtungsrecht schützt die individuellen Interessen der Aktionäre[928] und Organmitglieder[929]. Aus Aktionärssicht erstreckt sich dieser Schutz auf alle in den Kompetenzbereich der Hauptversammlung fallenden Maßnahmen und das unabhängig davon, ob er selbst in seinen Rechten betroffen ist. Werden die Kompetenzen der Hauptversammlung verletzt, versagt der mit dem Anfechtungsrecht beabsichtigte Schutz, weil kein Beschluss der Hauptversammlung vorliegt. An dem mit dem Anfechtungsrecht für Aktionäre bezweckten Schutzbedürfnis ändert das nichts. Der Anspruch auf Wahrung der Hauptversammlungskompetenzen ergänzt diese Lücke ganz im Sinne des mit dem Anfechtungsrecht für Aktionäre bezweckten Schutzes.

---

924 Vgl. Fn. 921.
925 Vgl. HÜFFER/SCHÄFER, in: MünchKomm, AktG, § 245, Rn. 3.
926 Vgl. HÜFFER/SCHÄFER, in: MünchKomm, AktG, § 245, Rn. 3.
927 Vgl. dazu: § 13 III B Allgemeine Begr. zum Gesetzesentwurf 1884 in: Schubert/Hommelhoff, Hundert Jahre modernes Aktienrecht, S. 467.
928 K. SCHMIDT, in: Großkomm, AktG (4. Auflage), § 245, Rn. 10.
929 DRESCHER, in: Henssler/Strohn, GesR, § 245 AktG, Rn. 2.

cc. *Gesamtschau von § 119 und § 245 AktG*

Am Ende der eben dargestellten Untersuchung von § 245 AktG könnte die Überlegung stehen, das Anfechtungsrecht des Aktionärs auf Beschlüsse der Verwaltungsorgane auszudehnen, die unter Verletzung der Hauptversammlungskompetenzen zustande gekommen sind. Ein solch einschneidendes Rechtsgestaltungsinstrument würde aber – unter dem Vorwand der Kompetenzüberschreitung zu Lasten der Hauptversammlung – die Möglichkeit der Anfechtung jeglicher Maßnahmen der Verwaltungsorgane mit sich bringen und folglich das Kompetenzsystem nicht schützen, sondern in erheblicher Weise umgestalten[930].

Allerdings deckt sich das aus § 245 AktG ergebende und dem Aktionär individuell zugeordnete Schutzbedürfnis mit den Ergebnissen der Auslegung von § 119 AktG. Im Wege einer Gesamtschau beider Normen ergibt sich ein Resultat, welches das Schutzbedürfnis mit dem Kompetenzsystem verbindet. Mit der Anlehnung des Rechts auf Wahrung der Hauptversammlungskompetenzen an § 245 AktG geht einher, dass es sich bei diesem Recht um ein subjektives Aktionärsrecht handelt. Damit hilft § 245 AktG über den sich aus dem Wortlaut von § 119 AktG ergebenden Kritikpunkt, dass es sich bei § 119 AktG um eine reine Kompetenznorm handle, hinweg. Andersherum ergibt sich aus § 119 AktG, dass das Recht auf Wahrung der Hauptversammlungskompetenzen der Machtbalance dient und korrigiert insofern die anderenfalls konsequente Ausdehnung des Anfechtungsrechts.

Damit ist das Recht auf Wahrung der Hauptversammlungskompetenzen durch eine Gesamtschau der §§ 119, 245 AktG herzuleiten[931].

e. *Gesetzesübersteigende Rechtsfortbildung*

Eine gesetzesübersteigende Rechtsfortbildung ist gegenüber der gesetzesimmanenten Rechtsfortbildung subsidiär[932]. Die vorstehende Untersuchung hat gezeigt, dass das Recht auf Wahrung der Hauptversammlungskompetenzen durch eine Gesamtschau von §§ 119, 245 AktG herzuleiten ist und sich mithin durch gesetzesimmanente Rechtsfortbildung ergibt. Eine gesetzesübersteigende Herleitung scheidet damit aus.

930 Dazu näher unten: 6. Teil: A.

931 A. A.: BARTELS, ZGR 2008, 723 (757).

932 LARENZ, Methodenlehre der Rechtswissenschaft, Kapitel 5, 4 d (S. 426); PFLUGRADT, Leistungsklagen, S. 50.

Anders sieht dies *Bartels*[933]. Er leitete das Recht auf Wahrung der Hauptversammlungskompetenzen mittels gesetzesübersteigender Rechtsfortbildung her[934]. Denn für eine gesetzesimmanente Rechtsfortbildung ist eine planwidrige Regelungslücke notwendig[935] und eine solche sei nach *Bartels* für das Recht auf Wahrung der Hauptversammlungskompetenzen nicht gegeben[936]. Folglich bliebe als ultima ratio nur eine gesetzesübersteigende Rechtsfortbildung, also eine Fortbildung über den Plan des Gesetzes hinaus[937].

Das Fehlen einer planwidrigen Regelungslücke stellt *Bartels* ohne eine eigene Untersuchung unter Verweis auf die Ausführungen von *Pflugradt*[938] und *H. Roth*[939] fest[940]. Indes lässt sich eine solche Feststellung aus diesen Ausführungen nicht treffen:

H. Roth stützt die Ablehnung der planwidrigen Unvollständigkeit des Aktiengesetzes auf seine Theorie des grundsätzlichen Ausschlusses der Aktionärsklage nach § 118 I AktG[941]. Diese Theorie hat zu Recht[942] keinen Zuspruch gefunden[943] und auch *Bartels* schloss sich dieser nicht an[944].

Pflugradt untersucht die planwidrige Unvollständigkeit des Aktiengesetzes aus einem anderen Blickwinkel. Seine Untersuchungen beziehen sich auf ein Recht des Aktionärs zur Erzwingung rechtmäßigen Vorstandsverhaltens[945]. Er argumentiert mit der grundsätzlich unbeschränkbaren Leitungsmacht des Vorstands[946] und der Ablehnung des Aktionärsrechts auf gesetz- und satzungsmäßiges Verhalten durch den Gesetzgeber von 1884, dessen dahingehende Entscheidung noch auf das AktG 1965 Auswirkungen gehabt habe[947]. Eine

---

933 BARTELS, ZGR 2008, 723 (757 ff.).

934 BARTELS, ZGR 2008, 723 (758 f.).

935 LARENZ, Methodenlehre der Rechtswissenschaft, Kapitel 5, 2 a (S. 370 f.); PFLUGRADT, Leistungsklagen, S. 50.

936 BARTELS, ZGR 2008, 723 (757); ebenfalls gegen eine Lücke: TEICHMANN, in: FS Mühl, 663 (674 f.).

937 BARTELS, ZGR 2008, 723 (758 f.).

938 PFLUGRADT, Leistungsklagen, S. 49 ff.

939 H. ROTH, in: FS Henckel, 707 (720 f.).

940 BARTELS, ZGR 2008, 723 (757, Fn. 230).

941 H. ROTH, in: FS Henckel, 707 (720).

942 Näher zum Ausschluss der Aktionärsklage wegen § 118 I AktG: 5. Teil: B II 5.

943 MÜLBERT, in: Großkomm, AktG (4. Auflage), Vor §§ 118–147, Rn. 213; M. SCHWAB, Das Prozeßrecht gesellschaftsinterner Streitigkeiten, S. 41 f.

944 BARTELS, ZGR 2008, 723 (755 ff.).

945 PFLUGRADT, Leistungsklagen, S. 50, 53.

946 PFLUGRADT, Leistungsklagen, S. 51.

947 PFLUGRADT, Leistungsklagen, S. 51 f.

planwidrige Regelungslücke hinsichtlich eines solch weitreichenden Aktionärsrechts ist freilich abzulehnen. Diese Wertung traf der Gesetzgeber planmäßig[948]. Die Ablehnung einer planwidrigen Regelungslücke für ein Recht auf Wahrung der Hauptversammlungskompetenzen kann daraus allerdings nicht gefolgert werden.

Der Weg zur ultima ratio der gesetzesübersteigenden Rechtsfortbildung ist damit keineswegs geebnet und ist aufgrund der Herleitung aus der Gesamtschau von §§ 119, 245 AktG auch nicht einzuschlagen.

5. § 118 I AktG und das Recht auf Wahrung der Hauptversammlungskompetenzen

Nach *H. Roth*[949] steht § 118 I AktG einer Einzelklagebefugnis des Aktionärs[950] und damit auch dem klagbaren Recht auf Wahrung der Hauptversammlungskompetenzen entgegen[951]. § 118 I AktG sei Ausdruck eines Strukturprinzips der Aktiengesellschaft und müsse ernst genommen werden[952]. Der Aktionär soll seine Rechte in der Hauptversammlung ausüben, wenn das Gesetz nichts anderes bestimmt und etwas anderes für den Tatbestand der Kompetenzverletzung bestimme das Aktiengesetz nicht. *H. Roths* Ansicht zwingt den Aktionär bei einer Kompetenzverletzung zu Lasten der Hauptversammlung zum Warten und zum Hinnehmen. Auf der nächsten Hauptversammlung könnte der Aktionär schließlich tätig werden. Gerechtfertigt wird dies mit der Überlegung, dass vor einer Hauptversammlung noch gar nicht feststehe, ob der Vorstand wirklich seine Kompetenzen überschritten habe[953]. § 118 I AktG wolle Streit darüber vermeiden und verweise den Aktionär deshalb auf die Hauptversammlung[954].

Gestützt wird diese Argumentation zudem auf die Geschichte von § 118 I AktG. Seit dessen Vorläuferregelung[955] in Art. 224 I ADHGB 1861 habe sich

948 Hierzu: BRONDICS, Die Aktionärsklage, S. 36 ff.

949 H. ROTH, in: FS Henckel, 707.

950 H. ROTH, in: FS Henckel, 707 (718 ff.).

951 In diese Richtung schon: ECKARDT, in: Geßler/Hefermehl, AktG, § 118, Rn. 12; A. HUECK, in: Baumbach/Hueck, AktG, § 118, Rn. 3; jeweils unter Verweis auf RG, Urt. v. 04.03.1927 – II 231/26, JW 1927, 1677 – zu dieser Entscheidung s. o.: 2. Teil: A I.

952 H. ROTH, in: FS Henckel, 707 (714).

953 H. ROTH, in: FS Henckel, 707 (720).

954 H. ROTH, in: FS Henckel, 707 (720).

955 Vorläuferregelungen im Überblick:
Art. 224 I ADHGB 1861 BGBl. des Norddeutschen Bundes 1869, 379 (449); vgl. Fn. 579.

deren Inhalt sachlich nicht wesentlich geändert und wurde auch schon damals dahingehend ausgelegt, dass der Aktionär keine ungeschriebenen Klagebefugnisse habe[956].

Gegen eine auf § 118 I AktG gestützte Ablehnung des Rechts auf Wahrung der Hauptversammlungskompetenzen wurde allerdings schon vor den Ausführungen von *H. Roth* vorgebracht, dass sich aus der Norm nicht auf den Umfang von Aktionärsrechten schließen lässt[957]. Hierauf erwidert *H. Roth*, dass auch die aus der Mitgliedschaft fließenden Rechte grundsätzlich versammlungsgebunden seien, soweit sich aus dem Gesetz nichts anderes ergibt[958].

Letztendlich überzeugen die Ausführungen von *H. Roth* nicht[959]. § 118 I AktG steht einem klagbaren Recht auf Wahrung der Hauptversammlungskompetenzen nicht entgegen[960].

§ 118 I AktG kann nur die Ausübung der Aktionärsrechte im Rahmen der eingehaltenen Kompetenzordnung betreffen[961]. Die vorgelagerte Frage, inwieweit dem Aktionär bei einer Kompetenzverletzung Rechte zustehen können, wird

---

Art. 224 I ADHGB 1870 BGBl. des Norddeutschen Bundes 1870, 375.
Art. 221 I ADHGB 1884 RGBl. 1884, 123 (156); oder in: Schubert/Hommelhoff, Hundert Jahre modernes Aktienrecht, S. 560 (593).
§ 250 I HGB 1897 RGBl. 1897, 219 (277).
§ 102 I AktG 1937 RGBl. Teil I 1937, 107 (126); oder in: KROPFF, Aktiengesetz, S. 581 (601).
§ 118 I AktG 1965 BGBl. Teil I 1965, 1089 (1116).

956 H. ROTH, in: FS Henckel, 707 (718 ff.).

957 ZÖLLNER, in: KölnKomm, AktG (1. Auflage), § 118, Rn. 16; ihm folgend: SCHULZ-GARDYAN, Die sogenannte Aktionärsklage, S. 48.

958 H. ROTH, in: FS Henckel, 707 (718).

959 MÜLBERT, in: Großkomm, AktG (4. Auflage), Vor §§ 118–147, Rn. 213; M. SCHWAB, Das Prozeßrecht gesellschaftsinterner Streitigkeiten, S. 41 f.; i. E. auch BARTELS, ZGR 2008, 723 (755 ff.).

960 BGH, Urt. v. 25.02.1982 – II ZR 174/80 (Holzmüller), BGHZ 83, 122 (127); BARTELS, ZGR 2008, 723 (755 ff.); BECKER, Verwaltungskontrolle durch Gesellschafterrechte, S. 600; BRONDICS, Die Aktionärsklage, S. 130 f.; HABERSACK, Die Mitgliedschaft – subjektives und „sonstiges" Recht, S. 289; KNOBBE-KEUK, in: FS Ballerstedt, 239 (247); MÜLBERT, in: Großkomm, AktG (4. Auflage), Vor §§ 118–147, Rn. 213; RITTER/RITTER, Kommentar zum AktG 1937, § 102, 2e; ROLLIN, Die Aktionärsklage in England und Deutschland, S. 185; SCHULZ-GARDYAN, Die sogenannte Aktionärsklage, S. 48; M. SCHWAB, Das Prozeßrecht gesellschaftsinterner Streitigkeiten, S. 41 f.; ZÖLLNER, in: KölnKomm, AktG (1. Auflage), § 118, Rn. 16.

961 Vgl. MÜLBERT, in: Großkomm, AktG (4. Auflage), Vor §§ 118–147, Rn. 213; M. SCHWAB, Das Prozeßrecht gesellschaftsinterner Streitigkeiten, S. 42.

von § 118 I AktG nicht erfasst[962]. Anderenfalls ergibt sich ein paradoxes Ergebnis, wenn die Kompetenzen der Hauptversammlung permanent und andauernd verletzt würden: Der Aktionär müsste bei jeder Verletzung der Kompetenzen der Hauptversammlung auf eine nächste Hauptversammlung warten, die dann nicht einberufen wird. Wenn er auf die nächste ordentliche Hauptversammlung warte müsste, so besteht ferner die Gefahr, dass die betroffene Maßnahme bereits umgesetzt ist. Eine Rückgängigmachung könnte aufgrund der verstrichenen Zeit unmöglich sein und die Kompetenzverletzung könnte sich zu einem Vermögensschaden verdichtet haben[963]. Dies abzuwarten ist dem Aktionär nicht zuzumuten[964].

Auch der historischen Argumentation kann nicht gefolgt werden[965]. Die Gefahr, dass die Hauptversammlungskompetenzen umgangen werden, besteht so erst, seitdem der Vorstand und nicht mehr die Hauptversammlung das geschäftsführende Organ ist[966]. Das war 1937[967]. Die Organisationsstruktur und die Kompetenzverteilung haben sich so stark geändert, dass auch die Vorläuferregelungen von § 118 I AktG nicht durchgehend gleich ausgelegt werden können. Sie sind im Zusammenhang mit dem jeweilig geltenden System zu beurteilen[968]. Ein Aktionär, der 1884 oder 1927[969] gegen die Aktiengesellschaft auf Unterlassung der Umsetzung einer Maßnahme geklagt hätte, die möglicherweise faktisch den Unternehmensgegenstand ändert, rügt in der Sache eine Maßnahme, die auf die Hauptversammlung als geschäftsführendes Organ zurückzuführen ist und mithin auf das Organ, dem er selbst angehört. Dass der Aktionär in diesem

962 Vgl. MÜLBERT, in: Großkomm, AktG (4. Auflage), Vor §§ 118–147, Rn. 213; M. SCHWAB, Das Prozeßrecht gesellschaftsinterner Streitigkeiten, S. 42; ähnlich auch HABERSACK, Die Mitgliedschaft – subjektives und „sonstiges" Recht, S. 289: „Allerdings handelt es sich weder bei Art. 224 Abs. 1 ADHGB 1870 bzw. Art. 221 Abs. 1 ADHGB 1884 noch bei § 118 Abs. 1 AktG um eine abschließende Regelung".

963 BGH, Urt. v. 25.02.1982 – II ZR 174/80 (Holzmüller), BGHZ 83, 122 (127).

964 BGH, Urt. v. 25.02.1982 – II ZR 174/80 (Holzmüller), BGHZ 83, 122 (127).

965 So i. E. auch: MÜLBERT, in: Großkomm, AktG (4. Auflage), Vor §§ 118–147, Rn. 213, Fn. 394.

966 Dies übersieht auch TEICHMANN, der den Willen des Gesetzgebers hinsichtlich der unterlassenen Einführung einer Klagemöglichkeit für Aktionäre respektieren will und deshalb eine Lücke ablehnt, in: FS Mühl, 663 (674 f.).

967 Hierzu s. o.: 5. Teil: B II 4 d aa (3); vgl. oben 2. Teil und Fn. 67.

968 Vgl. MÜLBERT, in: Großkomm, AktG (4. Auflage), Vor §§ 118–147, Rn. 212 f., insb. Fn. 387 und 394.

969 Vgl. zur Entscheidung RG, Urt. v. 04.03.1927 – II 231/26, JW 1927, 1677 oben: 2. Teil A I.

rechtlichen Umfeld auf die Hauptversammlung vertröstet werden soll, um seine Rechte auszuüben, ist dann auch nicht zu monieren.

Beachtlich ist zudem, dass schon mit der Umsetzung einer Maßnahme eine Kompetenzverletzung vorliegen kann und dass eine anschließende Diskussion in der Hauptversammlung zu spät käme. Eine sofortige gerichtliche Auseinandersetzung unterläuft auch nicht die Rechtsausübung in der Hauptversammlung, denn ein Urteil auf Unterlassung oder Rückgängigmachung muss stets unter der Bedingung stehen, dass kein entsprechender Hauptversammlungsbeschluss herbeigeführt wird[970]. Insofern kann auch nicht davon ausgegangen werden, dass § 118 I AktG einen vorherigen Streit verhindern will. Vielmehr kann der Aktionär gerade infolge einer gerichtlichen Klärung hinsichtlich der Kompetenzübertretung seine Rechte in der Hauptversammlung ausüben.

Eine begründete Rechtsverfolgung darf nicht grundsätzlich daran scheitern, dass die dem Aktiengesetz eigenen Rechtsbehelfe tatbestandsmäßig versagen[971]. So war beispielsweise auch das Anfechtungsrecht vor seiner Normierung (1884[972]) schon als nichtversammlungsgebundenes Recht anerkannt[973] und das auch im Angesicht der Vorgängerregelung des § 118 I AktG (Art. 224 I ADHGB 1861).

Aus § 118 I AktG lässt sich demzufolge kein Einwand gegen die Aktionärsklage herleiten.

6. Bedenken wegen fehlendem Individualrecht auf Einberufung der Hauptversammlung

Auch *Schulz-Gardyan* verneint einen Anspruch des einzelnen Aktionärs auf Wahrung der Hauptversammlungskompetenzen[974]. Er argumentiert: Wenn einem einzelnen Aktionär kein Recht zusteht, die Einberufung der Hauptversammlung zu verlangen, dann darf er dies auch nicht indirekt erreichen. Genau das würde er aber, wenn man ihm einen Unterlassungsanspruch gerichtet auf

970 Vgl. oben: 5. Teil: B II 2.

971 BGH, Urt. v. 25.02.1982 – II ZR 174/80 (Holzmüller), BGHZ 83, 122 (127); ihm folgend: BRONDICS, Die Aktionärsklage, S. 131.

972 Art. 222 i. V. m. Art. 190a ADHGB 1884; siehe dazu auch: § 13 III B Allgemeine Begr. zum Gesetzesentwurf 1884 in: Schubert/Hommelhoff, Hundert Jahre modernes Aktienrecht, S. 467 f.

973 KNOBBE-KEUK, in: FS Ballerstedt, 239 (247); ihr folgend: BRONDICS, Die Aktionärsklage, S. 131; beide unter Verweis auf ROHG, Urt. v. 13.09.1873 – Rep. 530/73, ROHGE 11, 118 (121).

974 SCHULZ-GARDYAN, Die sogenannte Aktionärsklage, S. 115.

Maßnahmen, die ohne die notwendige Zustimmung der Hauptversammlung beschlossen wurden oder ein Anspruch auf Rückgängigmachung einer solchen Maßnahme, zugestehen würde[975]. Einen Anspruch des einzelnen Aktionärs auf Einberufung der Hauptversammlung lehnt er ab. Der Wortlaut von § 122 I AktG spreche dagegen und eine teleologische Reduktion sei wegen dem entgegenstehenden Willen des Gesetzgebers nicht überzeugend[976].

Zutreffend weist *Schulz-Gardyan* darauf hin, dass zwischen § 122 I AktG und dem Anspruch auf Wahrung der Hauptversammlungskompetenzen ein Spannungsverhältnis bestehen kann. Wenn der Aktionär die Umsetzung von kompetenzwidrigen Maßnahmen verhindern oder deren Rückgängigmachung erzwingen kann, muss der Vorstand die Hauptversammlung einberufen, wenn er die Maßnahme weiter verfolgen will. So könnte der einzelne Aktionär indirekt die Einberufung der Hauptversammlung erreichen. Erzwingen kann er sie jedoch nicht[977]. Dem Vorstand bleibt die Möglichkeit, die Maßnahme aufzugeben. Das wird selten der Fall sein, dennoch ergibt sich daraus, dass mit dem Recht auf Wahrung der Hauptversammlungskompetenzen nicht zwingend ein Recht auf Einberufung der Hauptversammlung einhergeht.

Beruft der Vorstand eine Hauptversammlung ein, weil er die Maßnahme weiter verfolgen oder aufrechterhalten möchte, tritt auch kein Wertungswiderspruch zu § 122 I AktG auf. § 122 AktG erfasst nämlich die Fälle, in denen die Initiative, einen Beschluss herbeizuführen oder zumindest darüber zu diskutieren, von den Aktionären ausgeht. Dafur wird eine Mindestbeteiligung vorausgesetzt. Es soll vermieden werden, dass der Einzelne der Gesellschaft missbräuchlich unrelevante Diskussionen aufzwingen kann[978]. Im Falle der Einberufung durch den Vorstand infolge einer Aktionärsklage, geht die Initiative zur Beschlussfassung auf den Vorstand zurück. Eine Missbrauchsgefahr besteht hier nicht[979].

---

975 SCHULZ-GARDYAN, Die sogenannte Aktionärsklage, S. 115 f.

976 SCHULZ-GARDYAN, Die sogenannte Aktionärsklage, S. 112 ff.; ähnlich auch: KRIEGER, ZHR 163 (1999), 343 (356); PFLUGRADT, Leistungsklagen, S. 41.

977 A. A.: HOPT/M. ROTH, in: Großkomm, AktG, § 93, Rn. 611; MERTENS/CAHN, in: KölnKomm, AktG, § 93, Rn. 240.

978 Vgl. NOACK/ZETZSCHE, in: KölnKomm, AktG, § 122, Rn. 1; vgl. MÜLLER, in: Heidel, AktR, § 122, Rn. 5.

979 Genau mit dieser Argumentation zeigt SCHULZ-GARDYAN die Möglichkeit auf, § 122 AktG teleologisch zu reduzieren, die er letztendlich aber ablehnt, Die sogenannte Aktionärsklage, S. 113 f.; vgl. dazu auch: BGH, Urt. v. 25.02.1982 – II ZR 174/80 (Holzmüller), BGHZ 83, 122 (127); ähnlich auch: ROLLIN, Die Aktionärsklage in England und Deutschland, S. 203.

Der Anspruch auf Wahrung der Hauptversammlungskompetenzen scheitert demnach nicht an einem fehlenden Individualrecht auf Einberufung der Hauptversammlung[980].

7. Bedenken wegen fehlendem Individualrecht auf Ergänzung der Tagesordnung

Ein argumentativ ähnlich verlaufender und im Ergebnis ebenso abzulehnender Einwand ist der des fehlenden Individualrechts auf Ergänzung der Tagesordnung einer Hauptversammlung (§ 122 II AktG).

Nach § 122 II AktG kann der einzelne Aktionär eine Erörterung seines Anliegens erst dann erzwingen, wenn er ein Quorum von 5 % oder einen anteiligen Betrag von 500.000 Euro am Grundkapital erreicht. Mittels Behauptung des Bestehens einer Hauptversammlungskompetenz könnte der einzelne Aktionär erreichen, dass bestimmte Vorhaben in der Hauptversammlung diskutiert werden. Daraus wird gefolgert, dass es einen Anspruch des einzelnen Aktionärs (ohne Quorum) auf Kompetenzwahrung nicht geben kann[981]. Dem ist aus den oben genannten Gründen[982] nicht zu folgen. Die Diskussion eines Vorhabens auf der Hauptversammlung nach einer Aktionärsklage würde vom Vorstand ausgehen und nicht von dem einzelnen Aktionär. Ein Widerspruch liegt mithin nicht vor.

8. Ergebnis zum Recht auf Wahrung der Hauptversammlungskompetenzen

Jeder Aktionär hat ein Recht auf Wahrung der Hauptversammlungskompetenzen. Daraus folgt ein verschuldensunabhängiger Anspruch auf Unterlassung und Beseitigung von Verletzungen dieses Rechts. Geschützt wird der Kompetenzbereich der Hauptversammlung und dieser Schutz gebietet es auch, dass eine stattgebende gerichtliche Entscheidung stets unter dem Vorbehalt stehen muss, dass ein entsprechender Hauptversammlungsbeschluss nicht vorliegt oder nachgeholt wird.

---

980 I. E. ebenso: BAUMS, Gutachten F zum 63. DJT 2000, S. 210; HOMMELHOFF, Die Konzernleitungspflicht, S. 462 ff.; MÜLBERT, in: Großkomm, AktG (4. Auflage), Vor §§ 118–147, Rn. 209, insb. Fn. 379; ROLLIN, Die Aktionärsklage in England und Deutschland, S. 202 ff.; M. SCHWAB, Das Prozeßrecht gesellschaftsinterner Streitigkeiten, S. 40 f.

981 KRIEGER, ZHR 163 (1999), 343 (356); ähnlich: SCHIESSL, AG 1999, 442 (449).

982 S. o.: 5. Teil: B II 6.

Als ungünstig hat es sich herausgestellt, zur dogmatischen Herleitung des Rechts auf Wahrung der Hauptversammlungskompetenzen direkt an die Mitgliedschaft anzuknüpfen. Weder eine gesellschaftsrechtliche noch eine deliktische Einkleidung dieses Ansatzes erwiesen sich als tragfähig. Die Verletzung der Mitgliedschaft ist vielmehr erst die Folge der Verletzung des Rechts auf Wahrung der Hauptversammlungskompetenzen.

Hergeleitet werden kann das Recht hingegen durch eine Gesamtschau der §§ 119, 245 AktG. Ein Rückgriff auf eine gesetzesübersteigende Rechtsfortbildung ist entbehrlich.

Die vorgebrachten Einwände gegen das Recht auf Wahrung der Hauptversammlungskompetenzen haben sich als untauglich erwiesen.

Mit dem Recht auf Wahrung der Hauptversammlungskompetenzen wird die Lücke im Kontrollsystem geschlossen, ohne dass ein Widerspruch zu § 122 AktG entsteht oder unzulässig in das Kompetenzsystem der Aktiengesellschaft eingegriffen wird.

III. Lücke bei der Befolgung eines Urteils einer Beschlussmängelklage

Beschlussmängelklagen führen, wenn der klagende Aktionär obsiegt, zur Erklärung (§ 241 Nr. 5 AktG) oder zur Feststellung (§ 249 I 1 AktG) der Nichtigkeit eines Hauptversammlungsbeschlusses. Der Beschluss darf dann vom Vorstand nicht mehr umgesetzt oder (weiter) ausgeführt werden[983]. Ignoriert der Vorstand dies und handelt dennoch, indem er beispielsweise den nichtigen Beschluss zum Handelsregister anmeldet[984], ist es jedem einzelnen[985] Aktionär möglich, Unterlassung und Beseitigung zu verlangen[986]. Die entsprechenden Klageanträge

983 BAUMS, Gutachten F zum 63. DJT 2000, S. 205; KNOBBE-KEUK, in: FS Ballerstedt, 239 (245).

984 Weitere Beispiele bei BAUMS, Gutachten F zum 63. DJT 2000, S. 205.

985 Die Möglichkeit der Klageerhebung jedes einzelnen Aktionärs ist die Konsequenz aus der Wirkung eines stattgebenden Urteils (§§ 248 I 1, 249 I 1 AktG); vgl. BAUMS, Gutachten F zum 63. DJT 2000, S. 206.

986 RG, Urt. v. 19.02.1881 – Rep. I. 872/80, RGZ 3, 123 (138), das RG spricht im selben Urteil allerdings auch von einem allgemeinen Anspruch des Aktionärs auf gesetzmäßiges Verhalten der Gesellschaftsorgane, vgl. oben: 2. Teil: A I; vgl. auch: RG, Urt. v. 16.01.1882 – Rep. I. 679/81, JW 1882, 53 (53 f.); BAUMS, Gutachten F zum 63. DJT 2000, S. 205; BRONDICS, Die Aktionärsklage, S. 112 f.; CASPER, in: Spindler/Stilz, AktG, Vorb. z. §§ 241 ff., Rn. 19; KNOBBE-KEUK, in: FS Ballerstedt, 239 (245 f.); MERTENS/CAHN, in: KölnKomm, AktG, § 93, Rn. 238; VERSE, Der Gleichbehandlungsgrundsatz im Recht der Kapitalgesellschaften, S. 381; HABERSACK, Die

können auch schon mit der Anfechtungs- bzw. Nichtigkeitsklage gestellt werden[987]. Ein solches Aktionärsrecht ist notwendig, damit der Rechtsschutz der Aktionäre durch die §§ 241 ff. AktG nicht leer läuft. Hier besteht eine weitere Lücke im Aktionärsrechtsschutz.

Der diese Lücke schließende „Anspruch auf Unterlassung der Ausführung bzw. Beseitigung der Folgen der Ausführung“[988] nach erfolgreichen Beschlussmängelklagen könnte als separater Anwendungsfall der Aktionärsklage gesehen werden[989].

Dem ist nicht zuzustimmen. Wird ein Beschluss der Hauptversammlung infolge einer Anfechtungsklage kassiert, gilt er von Anfang an als nichtig[990]. Eine entsprechende Maßnahme des Vorstands hat die gleiche Qualität wie eine Maßnahme, bei der die Hauptversammlung gar nicht erst gefragt wurde[991]. Der Vorstand handelt ohne Zustimmung der Hauptversammlung und übergeht diese ebenso wie im Fall Holzmüller[992]. Die Umsetzung oder (weitere) Ausführung eines durch eine Beschlussmängelklage für nichtig befundenen Beschlusses ist im Ergebnis eine Kompetenzverletzung. Jeder Aktionär kann sich dagegen wehren und zwar mit dem Anspruch auf Unterlassung und Beseitigung der Verletzung des Rechts auf Wahrung der Hauptversammlungskompetenzen[993].

Der Unterschied zum Fall Holzmüller liegt darin, dass der Vorstand es zumindest versucht hat, einen entsprechenden Hauptversammlungsbeschluss

---

Mitgliedschaft – subjektives und „sonstiges“ Recht, S. 233, 293 (allerdings mit Herleitung dieser Ansprüche aus dem Deliktsrecht); einschränkend: SCHULZ-GARDYAN, Die sogenannte Aktionärsklage, S. 116 f. (für einen Unterlassungsanspruch des anfechtenden Aktionärs, für einen verschuldensabhängigen Anspruch nach § 280 BGB hinsichtlich einer Beseitigung (Naturalrestitution), gegen einen Unterlassungs- und Beseitigungsanspruch anderer Aktionäre); gegen einen Unterlassungsanspruch des anfechtenden Aktionärs: OLG Düsseldorf, Urt. v. 14.04.1960 – 6 U 26/60, DB 1960, 520 (522).

987 BAUMS, Gutachten F zum 63. DJT 2000, S. 205; CASPER, in: Spindler/Stilz, AktG, Vorb. z. §§ 241 ff., Rn. 19.

988 BAUMS, Gutachten F zum 63. DJT 2000, S. 206.

989 BAUMS, Gutachten F zum 63. DJT 2000, S. 205 f. i. V. m. 209 ff.

990 AUSTMANN, in: Münchener Handbuch GesR, Bd. 4, § 42, Rn. 124; KOCH, in: Hüffer/Koch, AktG, § 248, Rn. 6; K. SCHMIDT, in: Großkomm, AktG (4. Auflage), § 248, Rn. 5.

991 So (noch) zutreffend: SCHULZ-GARDYAN, Die sogenannte Aktionärsklage, S. 117; vgl. auch: SEMLER, in: Münchener Handbuch GesR, Bd. 4 (3. Auflage), § 41, Rn. 84.

992 Vgl. SEMLER, in: Münchener Handbuch GesR, Bd. 4 (3. Auflage), § 41, Rn. 84.

993 A. A.: SCHULZ-GARDYAN, Die sogenannte Aktionärsklage, S. 117.

herbeizuführen. Die Aktionäre hatten in der Hauptversammlung die Möglichkeit, ihre Rechte auszuüben. Folglich könnte argumentiert werden, dass die Lücke, die den ungeschriebenen Rechtsschutz mittels Aktionärsklage erforderlich macht, hier so nicht bestehe. Allerdings darf der Versuch einen notwendigen Hauptversammlungsbeschluss herbeizuführen, nicht über die Wirkung einer erfolgreichen Anfechtungs- oder Nichtigkeitsklage hinweghelfen. Nichtigkeit bedeutet nicht existent und bei Urteilen in Folge von Beschlussmängelklagen gilt das ex tunc[994]. Außerdem kann der Grund, aus dem der Hauptversammlungsbeschluss nichtig ist, auch darin liegen, dass die Aktionäre ihre Rechte gerade nicht ordnungsgemäß ausüben konnten.

IV. Lücke bei der Durchführung eines Hauptversammlungsbeschlusses

Eine Lücke im Aktionärsrechtsschutz liegt auch vor, wenn es die Aktiengesellschaft unterlässt, einen Hauptversammlungsbeschluss durchzuführen[995]. In diesem Fall steht den Aktionären eine Klage zur Verfügung, die auf die Durchführung der erforderlichen Maßnahmen gerichtet ist[996].

Grundlage hierfür ist allerdings nicht § 83 II AktG. Genauso wenig wie man aus der Verpflichtung des Vorstands in § 82 II AktG einen Anspruch des Aktionärs auf Unterlassung und Beseitigung von Kompetenzverletzungen herleiten

994 AUSTMANN, in: Münchener Handbuch GesR, Bd. 4, § 42, Rn. 124, 143; HÜFFER/SCHÄFER, in: MünchKomm, AktG, § 248, Rn. 14.

995 HOPT/M. ROTH, in: Großkomm, AktG, § 93, Rn. 611; ZÖLLNER, ZGR 1988, 392 (415 f.); vgl. auch: MÜLBERT, in: Großkomm, AktG (4. Auflage), Vor §§ 118–147, Rn. 212.

996 HABERSACK/FOERSTER, in: Großkomm, AktG, § 83, Rn. 16; HOPT/M. ROTH, in: Großkomm, AktG, § 93, Rn. 611; KOCH, in: Hüffer/Koch, AktG, § 83, Rn. 6; MERTENS/CAHN, KölnKomm AktG, § 83, Rn. 12, § 93, Rn. 240; MÜLBERT, in: Großkomm, AktG (4. Auflage), Vor §§ 118–147, Rn. 212; SEIBT, in: K. Schmidt/Lutter, AktG, § 83, Rn. 14; ZÖLLNER, ZGR 1988, 392 (415); i. E. ebenso – allerdings mit der Einschränkung, dass die Verweigerung einen unmittelbaren Eingriff in das Aktionärsrecht bedeutet: CASPER, in: Spindler/Stilz, AktG, Vorb. z. §§ 241 ff., Rn. 19 a. E.; gegen einen Durchführungsanspruch: SCHULZ-GARDYAN, Die sogenannte Aktionärsklage, S. 116; das in diesem Zusammenhang gelegentlich zitierte Urteil vom OLG München, Urt. v. 12.5.1993 – 27 U 459/92 (Spinnerei), AG 1994, 134 hat die Frage nach einem Anspruch auf Durchführung eines Hauptversammlungsbeschlusses offen gelassen; ebenso zur Interpretation dieses Urteils: SEIBT, in: K. Schmidt/Lutter, AktG, § 83, Rn. 14, Fn. 44; a. A. zur Interpretation dieses Urteils: MÜLBERT, in: Großkomm, AktG (4. Auflage), Vor §§ 118–147, Rn. 212, Fn. 392.

kann, so wenig lässt sich aus der Verpflichtung des Vorstands in § 83 II AktG ein Anspruch des Aktionärs auf Befolgung der Hauptversammlungsbeschlüsse herleiten[997]. Der Anspruch folgt auch nicht aus der Verletzung der Mitgliedschaft[998]. Er hat seine Grundlage in dem aus der Gesamtschau der §§ 119, 245 AktG herzuleitenden Anspruch auf Beseitigung der Verletzung des Rechts auf Wahrung der Hauptversammlungskompetenzen. „Beseitigt" wird die Kompetenzverletzung, die infolge der Nichtdurchführung des Hauptversammlungsbeschlusses eingetreten ist.

Der unvollständige Rechtsschutz des Aktionärs im Hinblick auf die Durchführung eines Hauptversammlungsbeschlusses ist folglich mit dem Recht auf Wahrung der Hauptversammlungskompetenzen zu schließen.

Ausnahmsweise kann die auf Durchführung gerichtete Aktionärsklage durch die Art des Hauptversammlungsbeschlusses beschränkt sein. So kann ein Aktionär im Falle einer beschlossenen Satzungsänderung dessen Eintragung verlangen, nicht aber die fortlaufende Beachtung der Satzungsregelung. Letzteres würde dem Aktionär eine allgemeine Kontrollmöglichkeit über die Einhaltung der Satzung geben.

V. Zwischenergebnis

Die Lücke im Kontrollsystem des Aktiengesetzes ist nicht nur bei den Sachverhalten relevant, in denen die Hauptversammlung gar nicht beteiligt wird, sondern auch wenn ein Hauptversammlungsbeschluss nicht durchgeführt oder trotz erfolgreicher Beschlussmängelklage weiter verfolgt wird.

Das diese Lücke schließende Recht auf Wahrung der Hauptversammlungskompetenzen erfasst folglich – neben den Holzmüller-Sachverhalten – noch weitere Fälle der Kompetenzverletzung der Hauptversammlung.

---

997 Vgl. oben 5. Teil: B II 4 d aa (2); ebenfalls ablehnend zur Anknüpfung an eine Verpflichtung des jeweiligen Organs: ZÖLLNER, ZGR 1988, 392 (416), vgl. aber auch. (428 f. – dazu s. o.: 5. Teil: B II 4 b).

998 A. A.: HABERSACK/FOERSTER, in: Großkomm, AktG, § 83, Rn. 16; SEIBT, in: K. Schmidt/Lutter, AktG, § 83, Rn. 14; vgl. auch: KOCH, in: Hüffer/Koch, AktG, § 83, Rn. 6.

C. Weitere Lücken bei Aktionärsrechten und der Anspruch auf Achtung der Mitgliedschaftsrechte des Aktionärs durch die Verwaltungsorgane

Der BGH formulierte in seiner Holzmüller-Entscheidung, dass jeder Aktionär einen „verbandsrechtlichen Anspruch" darauf hat, „dass die Gesellschaft seine Mitgliedsrechte achtet und alles unterläßt, was sie über das durch Gesetz und Satzung gedeckte Maß hinaus beeinträchtigt"[999]. Eine Verletzung dieses Anspruchs sah der BGH dann bei Eingriffen des Vorstands in die Kompetenzen der Hauptversammlung[1000].

Aus dem zitierten Satz[1001] werden mit unterschiedlichen Ausprägungen Ansprüche auf Achtung der Mitgliedsrechte des Aktionärs durch die Verwaltungsorgane abgeleitet[1002]. Diesen „vermittelnden Ansichten" ist gemein, dass sie einen Anspruch auf Wahrung der Hauptversammlungskompetenzen als zu eng[1003] und den allgemeinen Anspruch auf gesetz- und satzungsmäßiges Verwaltungshandeln als zu weit[1004] charakterisieren.

Der BGH[1005] selbst soll den Anwendungsbereich der Aktionärsklage à la Holzmüller bereits ausgedehnt haben, als er sie für den Fall der pflichtwidrigen Ausnutzung eines genehmigten Kapitals mit Bezugsrechtsausschluss zuließ[1006]. Der Anspruch auf Achtung der Mitgliedschaftsrechte umfasse beispielsweise auch die Unterlassung von Bezugsrechtsverletzungen[1007] (II) und die Unterlassung der Verletzung des Gleichbehandlungsgebots (§ 53a AktG)[1008] (III).

---

999 BGH, Urt. v. 25.02.1982 – II ZR 174/80 (Holzmüller), BGHZ 83, 122 (133).

1000 BGH, Urt. v. 25.02.1982 – II ZR 174/80 (Holzmüller), BGHZ 83, 122 (133).

1001 Vgl. oben: 2. Teil: A II 1.

1002 BAUMS, Gutachten F zum 63. DJT 2000, S. 203 ff.; BAYER, NJW 2000, 2609 (2610 f.); BRONDICS, Die Aktionärsklage, S. 93, 103 ff.; HABERSACK, DStR 1998, 533 (535 ff.); HOFFMANN-BECKING, ZHR 167 (2003), 357 (360 ff.); KRIEGER, ZHR 163 (1999), 343 (356 ff.); KUBIS, DStR 2006, 188 (191); MARKWARDT, ZIP 2004, 211 (213); WILSING, ZGR 2006, 722 (737 ff.).

1003 HOFFMANN-BECKING, ZHR 167 (2003), 357 (360).

1004 BAUMS, Gutachten F zum 63. DJT 2000, S. 201 ff.; BRONDICS, Die Aktionärsklage, S. 106 f.; HOFFMANN-BECKING, ZHR 167 (2003), 357 (360).

1005 BGH, Urt. v. 23.06.1997 – II ZR 132/93 (Siemens/Nold), BGHZ 136, 133; BGH, Urt. v. 10.10.2005 – II ZR 148/03 (Mangusta/Commerzbank I), ZIP 2005, 2205; BGH, Urt. v. 10.10.2005 – II ZR 90/03 (Mangusta/Commerzbank II), WM 2005, 2388.

1006 HOFFMANN-BECKING, ZHR 167 (2003), 357 (360).

1007 BRONDICS, Die Aktionärsklage, S. 105; HOFFMANN-BECKING, ZHR 167 (2003), 357 (360, 363).

1008 BRONDICS, Die Aktionärsklage, S. 105.

Solche Ausweitungen des Anwendungsbereichs der Aktionärsklage sind im Folgenden zu untersuchen. Auszugehen ist dabei von der Prämisse, dass eine Ausdehnung nur dann gerechtfertigt sein kann, wenn es tatsächlich weitere Fälle gibt, bei denen der notwendige Aktionärsschutz nicht bereits durch die bestehenden Kontrollmöglichkeiten (insbes. durch Beschlussmängelklagen) (I) und die Aktionärsklage im bisher bejahten Umfang erreicht wird (IV)[1009].

I. Sperrwirkung durch Beschlussmängelklagen

Partiell werden bei den vermittelnden Ansichten Beispiele genannt[1010], für die mit der Anfechtungs- und Nichtigkeitsklage bereits Rechtsschutzmöglichkeiten bestehen. Eine parallele oder ergänzende Aktionärsklage könnte gegenüber der Anfechtungs- und Nichtigkeitsklage subsidiär und mithin ausgeschlossen sein. Fraglich ist deshalb, ob die Möglichkeit von Beschlussmängelklagen den Rechtsschutz durch Aktionärsklagen sperrt.

Eine solche Sperrwirkung wird im Allgemeinen bejaht[1011] und scheint im Hinblick auf den oben entwickelten Grundsatz der restriktiven Handhabung von Aktionärsklagen auch schlüssig. Schaut man allerdings konkret auf einzelne Rechtsverletzungen, die hier mittels Anfechtungs- und Nichtigkeitsklage geltend gemacht werden sollen, ergeben sich Zweifel an einer solch pauschalen Sperrwirkung.

1. Lücke und Rechtsschutz beim Recht auf Teilnahme an der Hauptversammlung

Der Aktionär hat ein Recht auf Teilnahme an der Hauptversammlung. Dieses Recht wird überwiegend aus der Mitgliedschaft abgeleitet[1012]. Vorzugswürdig ist

---

1009 Vgl. ADOLFF, ZHR 169 (2005), 310 (324 ff.).

1010 BRONDICS nennt das Stimmrecht, das Recht auf Teilnahme an der Hauptversammlung und das Antrags- und Rederecht, Die Aktionärsklage, S. 104 f.; HOFFMANN-BECKING nennt das Stimmrecht und Rechte auf Mitwirkung in der Hauptversammlung, ZHR 167 (2003), 357 (363).

1011 BAUMS, Gutachten F zum 63. DJT 2000, S. 205; BAYER, NJW 2000, 2609 (2612); CASPER, in: Spindler/Stilz, AktG, Vorb. z. §§ 241 ff., Rn. 19; MERTENS/CAHN, in: KölnKomm, AktG, § 93, Rn. 238; RIECKERS, in: Münchener Handbuch GesR, Bd. 4, § 18, Rn. 11; O. SEILER/SINGHOF, DK 2003, 313 (315); WILSING, ZGR 2006, 722 (738).

1012 HOFFMANN, in: Spindler/Stilz, AktG, § 118, Rn. 11; KUBIS, in: MünchKomm, AktG, § 118, Rn. 38; MÜLBERT, in: Großkomm, AktG, § 118, Rn. 66; SPINDLER, in: K. Schmidt/Lutter, AktG, § 118, Rn. 25.

aber eine Herleitung aus § 118 I 1 AktG in Verbindung mit einem Umkehrschluss aus § 118 III 1 AktG[1013].

Das Recht auf Teilnahme an der Hauptversammlung umfasst u. a. das Recht auf physische Präsenz auf der Hauptversammlung (Zugangs- und Anwesenheitsrecht), das Recht auf Einsichtnahme in das Teilnehmerverzeichnis (§ 129 Abs. 4 S. 1 AktG), das Rederecht und das Beschlussantragsrecht[1014]. Einer Verletzung dieser Rechte folgt die Möglichkeit des Aktionärs, gefasste Hauptversammlungsbeschlüsse anzufechten[1015]. Erfolg hat der Aktionär grundsätzlich dann, wenn die Rechtsverletzung auch relevant für den Beschluss war[1016]. Die Verweigerung der Einsichtnahme in das Teilnehmerverzeichnis wird insofern selten relevant sein[1017]. Wird dem Aktionär allerdings rechtswidrig der Zugang zur Hauptversammlung versagt[1018], liegt die Relevanz per se vor[1019], denn es ist (unwiderlegbar) zu vermuten, dass das Abstimmungsergebnis infolge etwaiger Redebeiträge des zu Unrecht ausgeschlossenen Aktionärs anders ausgefallen wäre[1020].

Wird dem Aktionär eine geplante Rechtsverletzung im Vorfeld rechtzeitig bekannt, soll er sein Teilnahmerecht – entgegen der im Allgemeinen bejahten Sperrwirkung – auch mittels Leistungsklage und einstweiliger Verfügung durchsetzten können[1021]. Fraglich ist, ob hier eine Leistungsklage infolge der Möglichkeit der nachträglichen Anfechtung ausscheiden muss.

1013 Vgl. SCHULZ-GARDYAN, Die sogenannte Aktionärsklage, S. 26, Fn. 4; zur Kritik am Anknüpfungspunkt Mitgliedschaft s. o.: 3. Teil: C sowie 5. Teil: B II 4 c.

1014 Näher zum Inhalt des Teilnahmerechts: MÜLBERT, in: Großkomm, AktG, § 118, Rn. 40 ff.; KUBIS, in: MünchKomm, AktG, § 118, Rn. 38 ff.

1015 KOCH, in: Hüffer/Koch, AktG, § 118, Rn. 24; KUBIS, in: MünchKomm, AktG, § 118, Rn. 46; MÜLBERT, in: Großkomm, AktG, § 118, Rn. 82.

1016 MÜLBERT, in: Großkomm, AktG, § 118, Rn. 82.

1017 Vgl. WICKE, in: Spindler/Stilz, AktG, § 129, Rn. 36 a. E.; vgl. OLG Hamburg, Urt. v. 19.05.1989 – 11 U 62/89, NJW 1990, 1120 (1121); zur Relevanz auch: NOACK/ZETZSCHE, in: KölnKomm, AktG, § 129, Rn. 103 f.

1018 Beispiele dazu: HOFFMANN, § 118, Rn. 16.

1019 OLG Düsseldorf, Urt. v. 11.07.1991 – 6 U 59/91, AG 1991, 444 (445); HOFFMANN, in: Spindler/Stilz, AktG, § 118, Rn. 16; MÜLBERT, in: Großkomm, AktG, § 118, Rn. 82; vgl. KUBIS, in: MünchKomm, AktG, § 123, Rn. 51.

1020 Vgl. OLG Düsseldorf, Urt. v. 11.07.1991 – 6 U 59/91, AG 1991, 444 (445).

1021 DRINHAUSEN, in: Hölters, AktG, § 118, Rn. 41; HOFFMANN, in: Spindler/Stilz, AktG, § 118, Rn. 19; KOCH, in: Hüffer/Koch, AktG, § 118, Rn. 24; MÜLBERT, in: Großkomm, AktG, § 118, Rn. 81; SPINDLER, in: K. Schmidt/Lutter, AktG, § 118, Rn. 36; ZÖLLNER, in: KölnKomm, AktG (1. Auflage), § 118, Rn. 21; ders., in: FS Fischer, 905 (908 f.).

Für eine solche Sperrwirkung spricht der Umstand, dass der Gesetzgeber eine Klagemöglichkeit parallel zur Anfechtungsklage nicht vorgesehen hat. Außerdem steht der Aktionär nicht rechtlos da, wie im Fall einer Kompetenzverletzung, denn er hat mit der Anfechtungsklage ein Rechtsschutzinstrument, das er fruchtbar machen kann. Problematisch an dieser sehr eng am Gesetz orientierten Auslegung ist, dass sie nicht interessengerecht sein könnte.

a. Interessenlage am Beispiel des Rechts auf Zugang zur Hauptversammlung

Der praktisch wichtigste Fall, in dem einem Aktionär die drohende Rechtsverletzung im Vorfeld der Hauptversammlung bekannt wird, dürfte die Verweigerung des Zugangs zur Hauptversammlung sein. Damit geht einher, dass der ausgeschlossene Aktionär in seinem Rede- und Stimmrecht verletzt wird[1022].

Aus Sicht des betroffenen Aktionärs bestehen gegen eine zusätzliche Rechtsschutzmöglichkeit keine Bedenken. Er erhält lediglich eine weitere Option, auf die er auch verzichten kann, um später eine Anfechtungsklage zu erheben. Zudem spielt der zeitliche Faktor eine Rolle. Bis zum rechtskräftigen Abschluss eines Anfechtungsverfahrens vergehen nicht selten mehrere Jahre[1023]. Die Gesellschaft könnte sich währenddessen in eine Richtung weiterentwickeln, die es faktisch unmöglich macht, nachträglich ordnungsgemäße Zustände herbeizuführen[1024].

Das objektive Interesse der anderen Aktionäre spricht ebenfalls für eine Aktionärsklage. Durch ein vorgeschaltetes Verfahren wird das Risiko einer Anfechtungsklage vermindert. Die Kassation der gefassten Hauptversammlungsbeschlüsse führt ggf. zu einer weiteren Hauptversammlung. Das beansprucht Zeit und kostet die Aktionäre als wirtschaftliche Eigentümer der AG Geld.

Gegen eine Leistungsklage auf Zugang zur Hauptversammlung kann nicht mit einer autonomen Leitungsmacht des Vorstands argumentiert werden. Denn ob die Entscheidung, jemandem den Zugang zu verweigern, gerichtlich prüfbar ist, steht außer Frage. Lediglich der Vergleich einer präventiven Leistungsklage zur repressiven Anfechtungsklage darf betrachtet werden. Dementsprechend kann eine gerichtliche Klärung des Zugangsrechts im Vorfeld der Hauptversammlung auch aus Sicht der AG sinnvoll sein: Handelt es sich bei dem Aktionär um einen, dessen Stimmgewicht infolge seines Anteils am Grundkapital verhältnismäßig gering ist, wird das Risiko vermindert, dass ein Hauptversammlungsbeschluss

---

1022 Vgl. ZÖLLNER, der von dem Teilnahmerecht als Vorbedingung für die Ausübung des Stimmrechts spricht, in: FS Fischer, 905 (909).

1023 GRUNSKY, ZIP 1991, 778 (782).

1024 GRUNSKY, ZIP 1991, 778 (782).

durch eine per se relevanten Anfechtungsklage kassiert wird, der ohne die Zugangsverweigerung ebenso entstanden wäre. Steht die Teilnahme eines stimmgewichtigen Aktionärs in Streit, ist ein objektiv berechtigtes Interesse der AG gegen eine vorherige Klärung auch nicht zu erkennen. Durch einen nicht im Voraus kontrollierbaren Ausschluss eines stimmgewichtigen Aktionärs könnte die AG allenfalls erreichen, dass die Hauptversammlung einen Beschluss fasst, der mit Beteiligung des stimmgewichtigen Aktionärs nicht gefasst worden wäre. War der Ausschluss rechtswidrig, erleidet die AG durch den Verweis auf die nachträgliche Kontrolle einen Nachteil, denn sie müsste ggf. erneut eine Hauptversammlung vorbereiten und durchführen. War der Ausschluss rechtmäßig, würde eine nachträgliche Kontrolle durch eine Anfechtungsklage den Beschluss nicht berühren. Demgegenüber würde eine Leistungsklage im Vorfeld auch nur dazu führen, dass eher Rechtssicherheit über die Nichtbeteiligung des stimmgewichtigen Aktionärs bestünde.

Andererseits schließt eine vorherige Leistungsklage das Risiko der Anfechtung aufgrund anderer Rechtsverletzungen nicht aus. Selbst wenn der Hauptversammlungsbeschluss aus verschiedenen Gründen angefochten wird, hat die AG nur ein Verfahren zu führen (§ 246 III 6 AktG). Die AG könnte insofern ein Interesse daran haben, alle Einwände – auch die im Vorfeld feststehenden – nachträglich in einem Verfahren abzuhandeln. Einem solchen Interesse ist allerdings die objektive Schutzwürdigkeit abzusprechen. § 246 III AktG soll die AG nicht vor den Kosten oder dem Aufwand schützen, mehrere Verfahren zu betreiben. Zweck der Vorschrift ist es, widerstreitende Entscheidungen über die Gültigkeit desselben Hauptversammlungsbeschlusses zu vermeiden[1025].

Ein mit einer Leistungsklage einhergehendes Missbrauchspotential ist gering zu bewerten. Will sich ein Aktionär, der keiner ist, missbräuchlich durch eine einstweilige Verfügung Zugang zu Hauptversammlung verschaffen, hätte er seine formale Aktionärsstellung glaubhaft zu machen. Das wird ihm entgegen der tatsächlichen Lage nur schwer gelingen, ohne sich strafrechtlichen Konsequenzen auszusetzen[1026].

1025 ENGLISCH, in: Hölters, AktG, § 246, Rn. 49; KOCH, in: Hüffer/Koch, AktG, § 246, Rn. 39.

1026 Bei Namensaktien ergibt sich die formale Stellung aus dem Aktienregister, § 67 II AktG. Bei Inhaberaktien kann der Nachweis durch Vorlage einer Aktienurkunde oder bei verwahrten Aktien durch die Bescheinigung der Depotbank erbracht werden; vgl. HÜFFER/SCHÄFER, in: MünchKomm, AktG, § 245, Rn. 29. Bei nicht verbrieften Aktien kann die Glaubhaftmachung durch Abgabe einer Versicherung an Eides statt erfolgen.

Bei einem Verfahren, dass im Vorfeld der Hauptversammlung beginnt, ein Ergebnis allerdings nicht vor dem Stattfinden der Hauptversammlung zu erwarten ist, entsteht der AG auch kein Nachteil: Entweder muss der Aktionär seine Leistungsklage für erledigt erklären und erhebt separat Anfechtungsklage oder er ändert seine Leistungsklage in eine Feststellungsklage[1027] (§ 264 Nr. 2 ZPO). In beiden Fällen ist die Kontrolle der Zugangsverweigerung repressiv, wie sie es auch bei einem auf die Anfechtungsklage beschränkten Rechtsschutz wäre.

Die Interessenlage spricht mithin für die Zulassung einer Leistungsklage.

b. Interessenlage am Beispiel des Rederechts

Vorgezogener Rechtsschutz mittels Leistungsklage ist auch dann interessengerecht, wenn im Vorfeld feststeht, dass das Rederecht eines Aktionärs auf der Hauptversammlung verletzt werden soll[1028].

Das Rederecht beinhaltet das Recht des Aktionärs, sich auf der Hauptversammlung zu Wort zu melden und sich zu Gegenständen der Tagesordnung zu äußern. Er hat damit die Möglichkeit auf andere Aktionäre Einfluss zu nehmen, sie gar zu überzeugen. Verletzungen des Rederechts sind als stets relevant für eine Anfechtungsklage zu beurteilen. Das gilt sowohl hinsichtlich der generellen Versagung des Rederechts, als auch bei einer rechtswidrigen Redezeitbeschränkung, da Mutmaßungen darüber, dass der Redner vor der Beschränkung seiner Rede alle wesentlichen Inhalte vorgebracht hat, nicht geeignet sind, um die Wirkung einer vollständigen Rede zu prognostizieren[1029].

So ist auch hier im Interesse aller zu erkennen, dass eine spätere Anfechtungsklage und deren Folge einer u. U. kostspieligen zweiten Hauptversammlung durch eine Leistungsklage vermieden werden kann.

c. Lücke wegen des Fehlens einer interessengerechten Rechtsschutzmöglichkeit

Der Aktionär, müsste er ohne eine Leistungsklage auskommen, wäre gezwungen, die Hauptversammlung abzuwarten und ggf. Beschlüsse, mit denen er

---

1027 Die Zulässigkeit einer Feststellungsklage ist umstritten; dafür: HOFFMANN, in: Spindler/Stilz, AktG, § 118, Rn. 19; MÜLBERT, in: Großkomm, AktG, § 118, Rn. 81; dagegen: KUBIS, in: MünchKomm, AktG, § 118, Rn. 72; SPINDLER, in: K. Schmidt/Lutter, AktG, § 118, Rn. 36; vgl. unten: 6. Teil: B II 2 b.

1028 Beispiel: Die AG äußert im Vorfeld der Hauptversammlung, dass sie Aktionären, die einem Stimmverbot unterliegen, nicht das Wort erteilen wird, da diese Aktionäre sowieso nicht mit abstimmen dürfen.

1029 KUBIS, in: MünchKomm, AktG, § 119, Rn. 181; a. A.: LG Frankfurt a. M., Urt. v. 22.02.1984 – 3/9 O 123/83, WM 1984, 502 (506).

inhaltlich einverstanden ist, anzufechten. Es ist nicht überzeugend – vor allem da die Zulassung einer Leistungsklage grundsätzlich im Interesse aller Betroffenen steht – dem Aktionär diesen Rechtsschutz zu versagen. Aus der Möglichkeit der nachträglichen Anfechtungsklage folgt, dass die hier zu erblickende Rechtsschutzlücke gesetzessystematisch nicht die gleiche Dimension hat wie die aufgezeigte Lücke im Kontrollsystem. Gleichwohl existiert sie auch hier, denn Indikator für eine Lücke ist nicht immer das gänzliche Fehlen einer Rechtsschutzmöglichkeit. Auch der Mangel an einer interessengerechten Rechtsschutzmöglichkeit führt zu einer Lücke.

d. Ausdehnung der Aktionärsklagen durch interessengerechte Rechtsschutzmöglichkeit

Eine zu starke Ausdehnung der Aktionärsklagen, entgegen dem Grundsatz der restriktiven Handhabung von solchen, ist nicht zu befürchten. Betroffen von Aktionärsklagen zum Schutz des Teilnahmerechts sind nur Sachverhalte, in denen dem Aktionär die drohende Rechtsverletzung hinreichend lange vor der Hauptversammlung bekannt wird, sodass er diese noch mittels Leistungsklage bzw. einstweiligem Rechtsschutz abwenden kann.

Derartige Sachverhalte werden in der Praxis selten sein, da sie regelmäßig erst unmittelbar vor Beginn oder im Laufe der Hauptversammlung auftreten[1030]. Nachgelagertem Rechtsschutz mittels Leistungsklage fehlt das Rechtsschutzbedürfnis[1031], da das Rechtsschutzziel nicht mehr zu erreichen ist und eine solche Klage schlechthin sinnlos wäre. Unmittelbar vor der Hauptversammlung oder parallel zur laufenden Versammlung angestrengte Verfahren werden regelmäßig an Unmöglichkeit scheitern. Eine Unterbrechung der Hauptversammlung, um einen kurzfristig auftretenden Streit einer gerichtlichen Klärung zuzuführen, scheidet ebenfalls aus. Der Versammlungsablauf würde derart gestört, dass die sachgemäße Abwicklung der Hauptversammlung nicht mehr vorstellbar wäre[1032].

1030 HOFFMANN, in: Spindler/Stilz, AktG, § 118, Rn. 19; in Bezug auf das Stimmrecht: GRUNSKY, ZIP 1991, 778 (781).

1031 Dazu: GREGER, in: Zöller, ZPO, Vor § 253, Rn. 18 ff.; vgl. SCHELLHAMMER, Zivilprozess, Rn. 147.

1032 Vgl. KUBIS, in: MünchKomm, AktG, § 119, Rn. 140.

2. Lücke und Rechtsschutz beim Stimmrecht

Eine Rechtsschutzlücke könnte auch im Hinblick auf die Entscheidung über die Zulassung eines Aktionärs zur Abstimmung in der Hauptversammlung bestehen. Steht etwa eine Stimmrechtsbeschränkung[1033] oder ein Stimmrechtsverbot[1034] in Streit und ist dessen Beilegung vor der Durchführung der Hauptversammlung möglich, ist die Zulassung der Aktionärsklage geeignet, um den Interessen der AG und den der Aktionäre zu dienen.

Die objektiv schutzwürdigen Interessen liegen ähnlich derer beim Recht auf Teilnahme an der Hauptversammlung. Rückblickend betrachtet hatte der in seinem Stimmrecht verletzte Aktionär zwar die Möglichkeit, an der Hauptversammlung teilzuhaben und sich zu Wort zu melden. Allerdings kann seine Stimmabgabe auch nicht nachgeholt werden[1035]. Mit einer Aktionärsklage wird ein auf diesen Mangel gestütztes Anfechtungsverfahren vermieden, es wird zeitig Rechtssicherheit erlangt und der Eingriff in das Kompetenzsystem ist verschwindend gering, da es sich zum einen um eine Maßnahme handelt, die mittels Anfechtungsklage sowieso kontrollierbar wäre und zum anderen es sich um keine inhaltliche Einflussnahme auf die Willensbildung in der Hauptversammlung oder der AG handelt[1036]. Eine Stimmrechtsverletzung ist zwar nicht stets kausal für das Abstimmungsergebnis, allerdings ist der AG aus Gründen der Beweislast hinsichtlich des Vorliegens einer Stimmrechtsbeschränkung oder eines Stimmrechtsverbots dazu zu raten, in Zweifelsfällen die fraglichen Stimmen zur Abstimmung zuzulassen[1037]. Insofern steht die AG auch nicht schlechter, wenn diese Zweifel im Vorfeld ausgeräumt werden.

1033 Bei einer nichtbörsennotierten Gesellschaft können sich Streitigkeiten über eine Stimmrechtsbeschränkung (§ 134 I 2 AktG) daraus ergeben, dass eine Person Aktien für Rechnung einer anderen Person halten kann (§ 134 I 3 AktG); ist dies der Fall, sind diese Aktien auch der anderen Person zuzurechnen (§ 134 I 3, 4 AktG) wodurch sein Stimmrecht, prozentual am Grundkapital gemessen, steigt; ob eine in der Satzung geregelte Stimmrechtsbeschränkung greift, kann also davon abhängen, ob die Voraussetzungen der Zurechnungsbestimmungen vorliegen; GRUNSKY, ZIP 1991, 778.

1034 Z. B. in den Fällen der §§ 71b, 136 I, 142 I 2 AktG.

1035 GRUNSKY, ZIP 1991, 778 (782).

1036 Vgl. GRUNSKY, ZIP 1991, 778 (782).

1037 GRUNSKY, ZIP 1991, 778 (780 ff.).

Der Aktionär kann daher mittels Aktionärsklage die Zulassung zur Abstimmung gegen die AG geltend machen[1038].

Die Möglichkeit der Aktionärsklage ist auch hier auf die seltenen Fälle beschränkt, in denen die drohende Rechtsverletzung hinreichend lange vor der Hauptversammlung bekannt wird. Kann ein Verfahren nicht rechtzeitig zu einem Abschluss gebracht werden, dann gilt das bei der Verletzung des Teilnahmerechts Gesagte entsprechend[1039].

3. Ergebnis zur Sperrwirkung und Folge für den Grundsatz der restriktiven Handhabung von Aktionärsklagen

Die Möglichkeit von Beschlussmängelklagen sperrt den Rechtsschutz durch Aktionärsklagen nicht per se. Vor allem dort, wo dem einzelnen Aktionär eine drohende Verletzung seiner Teilnahmerechte oder seines Stimmrechts rechtzeitig bekannt wird, kommt ergänzender Rechtsschutz durch eine Aktionärsklage in Betracht. Von Bedeutung für solche Aktionärsklagen können im Übrigen nur andere Verfahrensfehler sein, die den rechtsschutzsuchenden Aktionär betreffen.

Bei möglichen Inhaltsfehlern, die im Vorfeld der Hauptversammlung bekannt werden, wäre eine Aktionärsklage nicht interessengerecht. Der Aktionär kann hier seine Rechte in der Hauptversammlung ausüben, insbesondere indem er auf etwaige Rechts- und Satzungsverstöße hinweist. Entsteht der das Gesetz/die Satzung verletzende Hauptversammlungsbeschluss dennoch, stehen ihm die Beschlussmängelklagen zur Verfügung. Eine Sperrwirkung ist den Beschlussmängelklagen damit nicht in Gänze abzusprechen. Bei einem Inhaltsfehler eines Hauptversammlungsbeschlusses ist dem Aktionär die Möglichkeit einer Aktionärsklage verwehrt, selbst wenn ein solcher Fehler schon im Vorfeld der Hauptversammlung mit an Sicherheit grenzender Wahrscheinlichkeit zu erwarten ist.

Vorzugswürdig ist daher, von einer auf Inhaltsfehler beschränkten Sperrwirkung zu sprechen. Der Grundsatz der restriktiven Handhabung von Aktionärsklagen läuft insofern mit der Sperrwirkung der Beschlussmängelklagen synchron.

1038 GRUNSKY, ZIP 1991, 778 (781 f.); M. ARNOLD, in: MünchKomm, AktG, § 136, Rn. 57; beide für einstweiligen Rechtsschutz, was denknotwendig auch einen mittels Leistungsklage verfolgbaren Verfügungsanspruch voraussetzt.

1039 S. o.: 5. Teil: C I 1 a.

II. Lücke bei dem Schutz des Bezugsrechts

Unvollständig könnte der Aktionärsrechtsschutz auch im Hinblick auf das Bezugsrecht sein. Teile der Literatur sehen in der rechtswidrigen Ausnutzung eines genehmigten Kapitals mit Bezugsrechtsausschluss eine Lücke und schließen diese durch eine Aktionärsklage, der nicht das Recht auf Wahrung der Hauptversammlungskompetenzen zu Grunde liegt[1040]. Es gehe hier um den Schutz des Bezugsrechts[1041] und mithin nicht mehr um den Schutz der Hauptversammlungskompetenzen[1042].

1. Rechtswidrige Ausnutzung eines genehmigten Kapitals mit Bezugsrechtsausschluss

a. Rechtsschutzlücke

Soll das Bezugsrecht ausgeschlossen werden, gibt es zwei Möglichkeiten: Entweder die Hauptversammlung selbst schließt das Bezugsrecht durch einen entsprechenden Beschluss aus (§ 186 III AktG) oder sie ermächtigt den Vorstand zum Ausschluss des Bezugsrechts (§ 203 II i. V. m. § 186 III AktG). Letzteres war auch Gegenstand der Siemens/Nold-Entscheidung[1043] und der Mangusta/Commerzbank-Entscheidungen[1044].

1040 BAYER, NJW 2000, 2609 (2611); HABERSACK, DStR 1998, 533 (537); HOFFMANN-BECKING, ZHR 167 (2003), 357 (360); KRIEGER, ZHR 163 (1999), 343 (357); in diese Richtung gehen auch die Ausführungen von BAUMS: „...zum einen der Übergriff der Verwaltung in die Zuständigkeit der Hauptversammlung und zum anderen der rechtswidrige Bezugsrechtsausschluß seitens der Verwaltung im Rahmen einer genehmigten Kapitalerhöhung.", Gutachten F zum 63. DJT 2000, S. 209.

1041 HABERSACK, DStR 1998, 533 (537); HOFFMANN-BECKING, ZHR 167 (2003), 357 (360); KRIEGER, ZHR 163 (1999), 343 (357); KUBIS, DStR 2006, 188 (191); MASLO, Interessenwahrung und Rechtsschutz der Aktionäre beim Bezugsrechtsausschluss im Rahmen des genehmigten Kapitals, S. 170; SCHÜRNBRAND, ZHR 171 (2007), 731 (733 f.); vgl. auch M. SCHWAB, Das Prozeßrecht gesellschaftsinterner Streitigkeiten, S. 13, 520 f.; in diese Richtung auch: ROLLIN, Die Aktionärsklage in England und Deutschland, S. 200, Fn. 251.

1042 KRÄMER/KIEFNER, ZIP 2006, 301 (304); SCHÜRNBRAND, ZHR 171 (2007), 731 (733 f.); M. SCHWAB, Das Prozeßrecht gesellschaftsinterner Streitigkeiten, S. 13, 520 f.

1043 BGH, Urt. v. 23.06.1997 – II ZR 132/93 (Siemens/Nold), BGHZ 136, 133.

1044 BGH, Urt. v. 10.10.2005 – II ZR 148/03 (Mangusta/Commerzbank I), ZIP 2005, 2205; BGH, Urt. v. 10.10.2005 – II ZR 90/03 (Mangusta/Commerzbank II), WM 2005, 2388.

Während der Aktionär im ersten Fall die Möglichkeit hat, sich in der Hauptversammlung zu beteiligen oder ggf. nachher Beschlussmängelklagen zu erheben[1045], endet der ihm durch das Aktiengesetz gegebene Rechtsschutz im zweiten Fall bei dem Ermächtigungsbeschluss. Anfechtbar ist nur der Beschluss, mit dem die Hauptversammlung ihre eigene Kompetenz auf den Vorstand (§ 203 II AktG) und den Aufsichtsrat (§ 204 I 2 AktG) überträgt[1046]. Für die tatsächliche Entscheidung über den Bezugsrechtsausschluss durch die Verwaltungsorgane fallen die Kontrollmechanismen, die der Aktionär in und nach der Hauptversammlung hätte, weg[1047]. Daraus ergibt sich eine Lücke im Aktionärsrechtsschutz. Der Aktionär ist nach einer Ermächtigung der Verwaltungsorgane zur Entscheidung über einen Bezugsrechtsausschluss nicht mehr auf die gleiche Weise geschützt, wie bei einem Bezugsrechtsausschluss durch die Hauptversammlung, obwohl er in beiden Fällen der unmittelbar vom Bezugsrechtsausschluss Betroffene ist.

b. Schutz des Bezugsrechts und Verletzung der Hauptversammlungskompetenzen

Diese Lücke ist mittels Aktionärsklage zu schließen. Ob es dem Aktionär dabei um den Schutz des Bezugsrechts geht oder um eine Kompetenzüberschreitung, ist irrelevant.

Will die Verwaltung das Bezugsrecht ausschließen, hat sie entsprechend sorgfältig zu entscheiden, ob unter den konkreten Umständen das genehmigte Kapital ggf. mit Bezugsrechtsausschluss rechtmäßig genutzt werden darf[1048]. Eine Ermächtigung das Bezugsrecht entgegen der Gesetzes- oder Satzungsbestimmungen auszuschließen, hat sie schon per se nicht. Und im Übrigen kann sie das nur innerhalb des durch die Hauptversammlung festgelegten Rahmens tun. Wenn die Verwaltung das Bezugsrecht außerhalb des durch die Hauptversammlung festgelegten Rahmens oder sonst gesetz- oder satzungswidrig ausschließt, handelt sie ohne Ermächtigung[1049]. Die Hauptversammlung wird

---

1045 LUTTER, in: KölnKomm, AktG (2. Auflage), § 203, Rn. 19; HABERSACK, DStR 1998, 533 (537); eine Aktionärsklage scheitert hier an der beschränkten Sperrwirkung der Beschlussmängelklagen.

1046 LUTTER, in: KölnKomm, AktG (2. Auflage), § 203, Rn. 13; vgl. KINDLER, ZGR 1998, 35 (66).

1047 LUTTER, in: KölnKomm, AktG (2. Auflage), § 203, Rn. 19.

1048 Näher dazu: VEIL, in: K. Schmidt/Lutter, AktG, § 203, Rn. 28 ff.

1049 ADOLFF, ZHR 169 (2005), 310 (324 f.); KUBIS, DStR 2006, 188 (191).

ebenso übergangen, wie im Fall Holzmüller[1050]. Der rechtswidrige Ausschluss des Bezugsrechts durch die Verwaltungsorgane geht daher stets mit einer Kompetenzverletzung einher[1051].

Dagegen wurde vorgebracht, die Vorstellung einer Kompetenzverletzung sei gekünstelt, wenn der Vorstand die Gesetzes- oder Satzungsvorgaben nicht beachtet, die keinen Niederschlag in der Delegation gefunden haben[1052]. Dieser Einwand geht fehl. Der Rechtsschutz, den der Aktionär infolge einer Kompetenzübertragung benötigt, ist eine Fortsetzung des Rechtsschutzes, der ihm im Normalfall zugestanden hätte. Überträgt die Hauptversammlung ihre Kompetenz nicht und entscheidet stattdessen selbst, so kann der Aktionär etwaige Satzungs- und Gesetzesverstöße mittels Beschlussmängelklage geltend machen. Dieses Kontrollbedürfnis besteht auch nach einer Kompetenzdelegation, denn durch die Delegation verliert die Entscheidung über den Bezugsrechtsausschluss nicht ihre besondere Qualität als Grundlagenentscheidung[1053]. Es ist daher die konsequente Folge einer jeden Kompetenzübertragung, dass der Vorstand und der Aufsichtsrat Gesetzes- und Satzungsvorgaben zu beachten haben. Dies muss nicht bei der Delegation explizit erwähnt werden, es ist ihr bereits immanent. Denkt man sich den Ermächtigungsbeschluss weg, kann die Verwaltung das Bezugsrecht auch nicht entgegen dem Gesetz und der Satzung ausschließen, denn sie würde die Kompetenzen der Hauptversammlung nicht wahren. Ein

1050 ADOLFF, ZHR 169 (2005), 310 (325); vgl. auch KUBIS, der sich i. E. aber auf den Eingriff in das Bezugsrecht stützt, DStR 2006, 188 (191).

1051 ADOLFF, ZHR 169 (2005), 310 (324); KINDLER, ZGR 1998, 35 (66 f.); LUTTER, JZ 2000, 837 (841); RIECKERS, in: Münchener Handbuch GesR, Bd. 4, § 18, Rn. 10; vgl. REICHERT/SENGER, DK 2006, 338 (345, 351); vgl. auch BGH in der Mangusta/Commerzbank II-Entscheidung: „Maßgebliche Erwägung für die Zulassung eines derartigen gerichtlichen Rechtsschutzes gegen unrechtmäßiges, kompetenzüberschreitendes Organhandeln war, […]“, „Sofern nämlich Vorstand und Aufsichtsrat unter Überschreitung des ihnen durch das Gesetz und den Ermächtigungsbeschluss gesteckten Rahmens pflichtwidrig von dem genehmigten Kapital Gebrauch machen, tun sie dies als Organe der Gesellschaft, die sich damit Kompetenzen anmaßen, die ihnen nach dem Gesetz und der Satzung nicht zustehen.“, Urt. v. 10.10.2005 – II ZR 90/03 (Mangusta/Commerzbank II), WM 2005, 2388 (2390).

1052 KRÄMER/KIEFNER, ZIP 2006, 301 (304); vgl. SCHÜRNBRAND, der konkret auf eine Verletzung von ungeschriebenen Grenzen des Bezugsrechtsausschlusses durch den Vorstand abstellt, ZHR 171 (2007), 731 (733 f.); konkrete Beispiele bei: BUSCH, NZG 2006, 81 (83 f.).

1053 Ebenso, aber in einem anderen Zusammenhang: SCHÜRNBRAND, ZHR 171 (2007), 731 (739).

solcher Individualrechtsschutz ist auch nicht überschießend, wenn der Verstoß auf formalen Fehlern bei der Beschlussfassung im Vorstand und Aufsichtsrat beruht[1054]. Nach einer Kompetenzübertragung handeln die Verwaltungsorgane nicht aufgrund geborener, sondern aufgrund von delegierter Zuständigkeit. Insofern ist ein erhöhter Individualrechtsschutz für Aktionäre gerechtfertigt und systemkonform[1055]. Die Kompetenzverletzung ist hier kein „Hilfskonstrukt", sondern – anders als das Kriterium der „aktionärssensiblen Gesetzes- bzw. Satzungsverletzung" – ein taugliches Abgrenzungskriterium zu Gesetzes- und Satzungsverstößen der Verwaltungsorgane im Allgemeinen[1056].

Richtig ist, dass es dem Aktionär nicht vordergründig auf die Kompetenzverletzung ankommen muss. Leidet ein Beschluss des Vorstands über den Ausschluss des Bezugsrechts am gleichen materiell-rechtlichen Mangel wie ein gedachter paralleler Hauptversammlungsbeschluss, geht es dem Aktionär in beiden Fällen sicherlich um den Schutz seines Bezugsrechts. Allerdings liegt die Ursache, dass er den Schutz des Bezugsrechts bei der Vorstandsentscheidung geltend machen kann, in der vorherigen Kompetenzübertragung. Das Verhältnis zwischen Schutz des Bezugsrechts und Kompetenzverletzung ist das Gleiche wie beim Schutz des Bezugsrechts und der Anfechtung. Der Aktionär nutzt bei einem Hauptversammlungsbeschluss sein Anfechtungsrecht, um einen Schutz des Bezugsrechts zu erreichen. Bei einer Vorstandsentscheidung nutzt er das Recht auf Wahrung der Hauptversammlungskompetenzen, um einen Schutz des Bezugsrechts zu erreichen.

c. Fazit

Die rechtswidrige Ausnutzung eines genehmigten Kapitals mit Bezugsrechtsausschluss kann Gegenstand einer Aktionärsklage sein. Der darin enthaltene Schutz des Bezugsrechts wird dem Aktionär erst durch das Recht auf Wahrung der Hauptversammlungskompetenzen möglich. Ein separater Anwendungsfall der Aktionärsklage, der einer Beschränkung der Aktionärsklage auf Kompetenzverletzungen entgegenstehen würde, ist hier nicht gegeben.

1054 So aber: KRÄMER/KIEFNER, ZIP 2006, 301 (304).

1055 A. A.: KRÄMER/KIEFNER, ZIP 2006, 301 (304).

1056 A. A.: KRÄMER/KIEFNER, ZIP 2006, 301 (304); vgl. SCHÜRNBRAND, der das Kriterium der Kompetenzverletzung ebenfalls ablehnt und sich dann auf die Verletzung „konkreter mitgliedschaftlicher Einzelrechte" stützen will, ZHR 171 (2007), 731 (734); zur Ungeeignetheit von Kriterien wie „aktionärsbezogenen/aktionärssensiblen Rechten/Pflichten" und „Verletzung der Mitgliedschaft/mitgliedschaftlichen Rechten" s. o.: 4. Teil: B II 4 c bb.

2. Durchsetzung des Bezugsrechts

Fraglich ist allerdings, ob das Bezugsrecht anderweitig ergänzenden Rechtsschutz benötigt, insbesondere wenn es nicht ausgeschlossen wird. Bevor das Bezugsrecht entstehen kann, muss es einen Hauptversammlungsbeschluss über eine Kapitalerhöhung geben (§ 182 I AktG). Um den Aktionär in dieser Hinsicht zu schützen, stehen ihm einerseits die Rechte in der Hauptversammlung und andererseits das Instrument der Beschlussmängelklage zur Verfügung. § 182 III AktG weitet diesen Schutz sogar auf den Wert des Bezugsrechts aus: Sollen die neuen Aktien über pari emittiert[1057] werden, müsste der Aktionär, um seinen prozentualen Anteil am Grundkapital zu erhalten[1058], mehr zahlen, als die neuen Aktien nominal wert sind. § 182 III AktG schreibt vor, dass auch hierüber Beschluss in der Hauptversammlung gefasst werden muss. Ist die Kapitalerhöhung wirksam beschlossen, entsteht ipso iure das Bezugsrecht[1059]. Ab diesem Zeitpunkt soll der Aktionär durch die §§ 186, 187 I AktG geschützt sein[1060].

Dieser Schutz ist allerdings unvollkommen, zumindest sofern das Aktiengesetz keine Mittel zur Verfügung stellt, das Bezugsrecht auch durchzusetzen. Nach § 186 AktG hat der Aktionär das Recht von der AG die Zuteilung eines Teils, der seinem Anteil am bisherigen Grundkapital entspricht, der neuen Aktien zu verlangen. Die AG ist demgegenüber verpflichtet, ihm auf sein Verlangen die Aktien „zuzuteilen". Auf welche Art und Weise die „Zuteilung" erfolgt und wie bzw. ob diese vom Aktionär durchgesetzt werden kann, regelt das AktG nicht. Erst durch eine Gesamtschau der §§ 185, 186 I AktG gelangt man dazu, dass der Aktionär, der sein Bezugsrecht ausübt, einen Anspruch gegen die AG auf Abschluss eines Zeichnungsvertrags hat[1061]. Dieser kann mittels Leistungsklage gegen die AG durchgesetzt werden[1062].

1057 Zur Überpariemission: KOCH, in: Hüffer/Koch, AktG, § 182, Rn. 22.

1058 KOCH, in: Hüffer/Koch, AktG, § 186, Rn. 1.

1059 Vgl. EKKENGA, in: KölnKomm, AktG, § 186, Rn. 19; vgl. SCHÜRNBRAND, in: MünchKomm, AktG, § 186, Rn. 26; vgl. WIEDEMANN, in: Großkomm, AktG (4. Auflage), § 186, Rn. 54.

1060 KOCH, in: Hüffer/Koch, AktG, § 186, Rn. 17; vgl. EKKENGA, in: KölnKomm, AktG, § 186, Rn. 19, 46.

1061 So i. E.: KOCH, in: Hüffer/Koch, AktG, § 186, Rn. 4; EKKENGA, in: KölnKomm, AktG, § 186, Rn. 19, 46, insb. Fn. 195; SCHÜRNBRAND, in: MünchKomm, AktG, § 186, Rn. 22; WIEDEMANN, in: Großkomm, AktG (4. Auflage), § 186, Rn. 54.

1062 KOCH, in: Hüffer/Koch, AktG, § 186, Rn. 17; EKKENGA, in: KölnKomm, AktG, § 186, Rn. 19, 46; SCHÜRNBRAND, in: MünchKomm, AktG, § 186, Rn. 57; WIEDEMANN, in: Großkomm, AktG (4. Auflage), § 186, Rn. 101.

Beim Abschluss des Zeichnungsvertrags wird die AG durch den Vorstand gem. § 78 AktG vertreten[1063]. Der Nichtabschluss eines Zeichnungsvertrags mit einem anspruchsberechtigten Aktionär stellt eine rechtswidrige Maßnahme des Vorstands dar. Die Leistungsklage des Aktionärs auf Abschluss eines Zeichnungsvertrags ist mithin eine Aktionärsklage.

III. Lücke bei Verstößen gegen den Gleichbehandlungsgrundsatz aus § 53a AktG

Auch bei der Verletzung des Gleichbehandlungsgebots (§ 53a AktG) soll es eine Lücke im Aktionärsrechtsschutz geben, die eine Aktionärsklage rechtfertigt[1064]. Maßnahmen der Verwaltung, die gegen das Gleichbehandlungsgebot verstoßen, würden den Aktionären folglich Unterlassungs- und Beseitigungsansprüche geben, die mittels Aktionärsklage geltend zu machen wären.

Das erscheint unter folgendem Blickwinkel zunächst auch stimmig: Das Gleichbehandlungsgebot ist integraler Bestandteil der Mitgliedschaft[1065]. Stellt man für die Aktionärsklage auf einen Eingriff in die Mitgliedschaft ab, so ist auch eine Verletzung des Gleichbehandlungsgebots ein solcher Eingriff.

Doch dürfen auch hier Zweifel angemeldet werden, ob ein solch pauschaler – an die Mitgliedschaft anknüpfender – Rechtsschutz notwendig ist.

1. Zwei Stufen zur Beurteilung des Rechtsschutzes bei Verstößen gegen den Gleichbehandlungsgrundsatz

a. *Differenzierung hinsichtlich der bestehenden Rechtsschutzmöglichkeiten (1. Stufe)*

Um die Notwendigkeit einer Aktionärsklage bei Verstößen gegen den Gleichbehandlungsgrundsatz zu beurteilen, ist es unumgänglich, zunächst die bestehenden Rechtsschutzmöglichkeiten zu betrachten. Mit den Beschlussmängelklagen[1066]

1063 SERVATIUS, in: Spindler/Stilz, AktG, § 185, Rn. 10.

1064 BAYER, NJW 2000, 2609 (2611); BRONDICS, Die Aktionärsklage, S. 105; DRYGALA/STAAKE/SZALAI, Kapitalgesellschaftsrecht, § 23 II 2 b (Rn. 11); KRIEGER, ZHR 163 (1999), 343 (357); SCHÜRNBRAND, ZHR 171 (2007), 731 (734); ZÖLLNER, ZGR 1988, 392 (427).

1065 DRYGALA, in: KölnKomm, AktG, § 53a, Rn. 10; DRYGALA/STAAKE/SZALAI, Kapitalgesellschaftsrecht, § 23 IV 2 (Rn. 29); HABERSACK, Die Mitgliedschaft – subjektives und „sonstiges" Recht, S. 281 ff.; HENZE/NOTZ, in: Großkomm, AktG (4. Auflage), § 53a, Rn. 21.

1066 Im Vordergrund steht dabei die Anfechtungsklage. Im Ausnahmefall kommt auch eine Nichtigkeitsklage in Betracht, etwa wenn ein Hauptversammlungsbeschluss

kann der Aktionär einen Verstoß gegen § 53a AktG geltend machen, wenn der Verstoß aus dem Inhalt eines Hauptversammlungsbeschlusses folgt (Inhaltsfehler) oder wenn sich beim Zustandekommen des Hauptversammlungsbeschlusses ein Verstoß gegen § 53a AktG ereignet hat (Verfahrensfehler). Bei anderen Maßnahmen der Verwaltungsorgane, die nicht im Zusammenhang mit einem Hauptversammlungsbeschluss stehen, kann der Aktionär keine Beschlussmängelklage erheben. Daraus ergibt sich die erste Stufe der Differenzierung[1067].

b. Differenzierung hinsichtlich der Struktur eines Verstoßes gegen den Gleichbehandlungsgrundsatz (2. Stufe)

Eine zweite Stufe ergibt sich aus der Struktur eines Verstoßes gegen den Gleichbehandlungsgrundsatz. Dieser hat strukturell zwei Voraussetzungen: Notwendig ist ein Bezugspunkt, zu dem verglichen werden kann und notwendig ist auch ein Bezugsgegenstand, auf den sich der Vergleich erstreckt. Bei § 53a AktG ist der Bezugspunkt ein anderer Aktionär und der Bezugsgegenstand ist ein Recht bzw. ein Vorteil, bezüglich dessen die Ungleichbehandlung vorliegen soll. Eine Verletzung des Gleichbehandlungsgebots, die durch eine Aktionärsklage geltend gemacht werden könnte, kann daher immer nur im Zusammenhang mit einem anderen – u. U. auch unbegründeten – Aktionärsrecht stehen.

Ist ein Aktionär in einem anderen Recht verletzt, ist die Frage nach Rechtsschutz gegen diese Verletzung zunächst im Hinblick auf das verletzte Recht zu beantworten. Ein Verstoß gegen § 53a AktG kann daneben auch vorliegen. Er kann allerdings nicht alleiniger Maßstab für die Beurteilung einer Rechtsschutzoption sein, denn anderenfalls könnte die AG den Rechtsschutz durch Verletzung aller Aktionäre vereiteln. Ist ein Aktionär in einem anderen Recht verletzt, kann er ggf. aus diesem vorgehen. § 53a AktG muss dafür nicht herangezogen werden[1068].

Der Gleichbehandlungsgrundsatz erlangt erst dann Bedeutung, wenn einem anderen ein Vorteil gewährt wurde, der diesem nicht zustand. Der Aktionär, der eine solche Ungleichbehandlung geltend macht, verlangt also ein Recht, dass

---

darauf abzielt, den Gleichbehandlungsgrundsatz gänzlich abzuschaffen (§ 243 Nr. 3 AktG) oder wenn er den Gleichbehandlungsgrundsatz in besonders schwerwiegender, gegen die guten Sitten verstoßender Art und Weise verletzt; DRYGALA, in: KölnKomm, AktG, § 53a, Rn. 38.

1067 Diese Differenzierung wird auch im Schrifttum verwendet, um die Rechtsfolgen bei Verstößen darzustellen: vgl. DRYGALA, in: KölnKomm, AktG, § 53a, Rn. 36 ff.; FLEISCHER, in: K. Schmidt/Lutter, AktG, § 53a, Rn. 39 f.

1068 HABERSACK, Die Mitgliedschaft – subjektives und „sonstiges" Recht, S. 284.

ihm grundsätzlich - d. h. ohne Gleichbehandlungsverstoß - nicht zusteht[1069]. Der einem anderen Aktionär gewährte Vorteil kann auch darin bestehen, dass er - anders als der benachteiligte Aktionär - keiner Rechtsverletzung ausgesetzt wurde, gegen die der benachteiligte Aktionär aus dem verletzten Recht nicht vorgehen kann.

Genau das sind die Fälle[1070], für die der Rechtsschutz mittels Aktionärsklage aus § 53a AktG herzuleiten wäre, weil er sich nicht bereits aus einem verletzten Recht ergibt. Und genau das könnte problematisch sein. Indes bei Sachverhalten, in denen neben der Verletzung des Gleichbehandlungsgebots auch eine Verletzung eines anderen Aktionärsrechts vorliegt, ist die Aktionärsklage gegen die Verletzung des Gleichbehandlungsgebots jedenfalls dann möglich, wenn sie gegen die gleichzeitig vorliegende Rechtsverletzung zulässig ist.

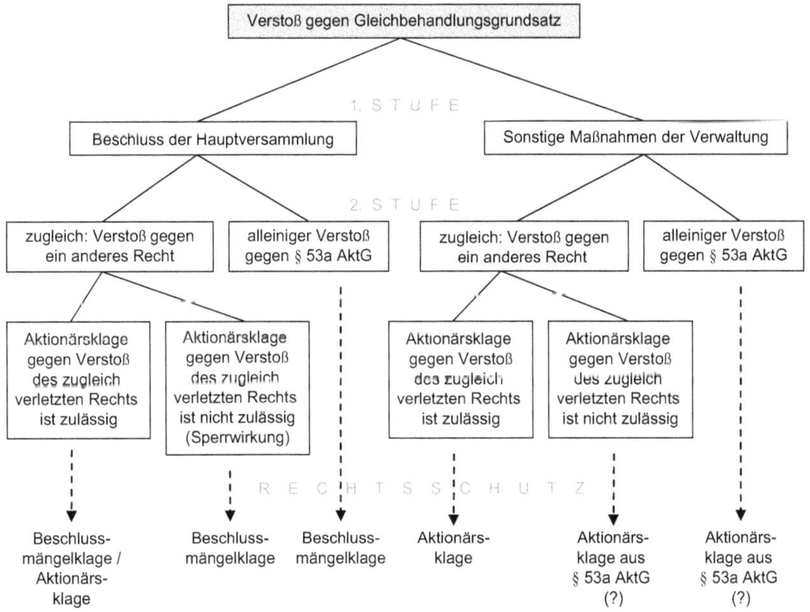

Abb. 1: Aktionärsklage bei einem Verstoß gegen den Gleichbehandlungsgrundsatz

1069 Vgl. GÖTZE, in: MünchKomm, AktG, § 53a, Rn. 33; vgl. HENZE/NOTZ, in: Großkomm, AktG (4. Auflage), § 53a, Rn. 128; vgl. auch HABERSACK, der insoweit von einer „dienenden Funktion" spricht, Die Mitgliedschaft - subjektives und „sonstiges" Recht, S. 283 f.

1070 Beispiel: Ein Großaktionär wird zur nächsten Vorstandssitzung eingeladen und ihm wird gestattet seine Anliegen vorzubringen.

2. Anwendungsbereich eines die Aktionärsklage rechtfertigenden Beseitigungs- oder Unterlassungsanspruchs aus § 53a AktG

Betrachtet man die Möglichkeiten und die in der Literatur genannten Beispiele, bei denen eine Ungleichbehandlung stattfinden kann, so scheint der Anwendungsbereich einer Aktionärsklage in Gestalt eines Beseitigungs- oder Unterlassungsanspruchs aus § 53a AktG nicht groß. Die größte Gefahr einer Ungleichbehandlung existiert bei der Entstehung eines Hauptversammlungsbeschlusses. Bei einer Abstimmung kann das Stimmrecht des Aktionärs nicht entsprechend seiner Kapitalbeteiligung gezählt werden, er kann ungleich in seinem Rederecht beschränkt werden, eine Kapitalherabsetzung im Verhältnis 10:1 kann beschlossen werden oder es kann (durch Satzungsänderung gem. § 134 I 2 AktG) ein Höchststimmrecht für ausländische Aktionäre eingeführt werden[1071]. In diesen Fällen kann der Aktionär entweder (aufgrund der beschränkten Sperrwirkung der Beschlussmängelklagen[1072]) nur mit Beschlussmängelklagen Rechtsschutz suchen[1073] oder er kann schon aufgrund der Rechtsverletzung an sich – sofern in zeitlicher Hinsicht möglich – zwischen Aktionärsklage im Vorfeld der Hauptversammlung und Beschlussmängelklage wählen. Einer Aktionärsklage wegen eines Verstoßes gegen § 53a AktG bedarf es nicht.

Eine auf § 53a AktG gestützte Aktionärsklage könnte demnach dort erforderlich sein, wo es um Maßnahmen geht, die aus dem sonstigen Handeln des Aufsichtsrats oder des Vorstands resultieren[1074]. Aber auch bei solchen ist weiter zu differenzieren: Verstößt ein Beschluss des Aufsichtsrats gegen § 53a AktG, ist der Beschluss grundsätzlich nichtig[1075]. Maßnahmen des Vorstands können im Ausnahmefall ebenso nichtig sein[1076]. Hat die Aktiengesellschaft unter Verletzung des Gleichbehandlungsgebots einzelnen Aktionären einen geldwerten Vorteil

---

1071 Beispiele nach: DRYGALA/STAAKE/SZALAI, Kapitalgesellschaftsrecht, § 23 IV 2, 3 (Rn. 30, 32).

1072 Erfasst davon wäre etwa die Kapitalherabsetzung im Verhältnis 10:1 und die Einführung eines Höchststimmrechts für ausländische Aktionäre.

1073 DRYGALA, in: KölnKomm, AktG, § 53a, Rn. 37.

1074 Hierzu: DRYGALA, in: KölnKomm, AktG, § 53a, Rn. 39 ff.

1075 GÖTZE, in: MünchKomm, AktG, § 53a, Rn. 31; vgl. BGH, Urt. v. 21.04.1997 – II ZR 175/95 (ARAG/Garmenbeck), BGHZ 135, 244 (247).

1076 HENZE/NOTZ, in: Großkomm, AktG (4. Auflage), § 53a, Rn. 115 ff.

zugewandt, steht einem Anspruch des benachteiligten Aktionärs auf Gleichbehandlung das Verbot der Einlagenrückgewähr (§ 57 AktG) entgegen[1077]. Die in dieser Weise gegen § 53a AktG verstoßenden schuldrechtlichen Kausalgeschäfte sind rechtswidrig[1078] und die Aktiengesellschaft ist zur Rückabwicklung verpflichtet[1079]. Der einzelne Aktionär hat auf die Rückabwicklung allerdings keinen direkten Einfluss[1080]. Genauso verhält es sich, wenn die Aktiengesellschaft unter Verletzung des Gleichbehandlungsgebots eigene Aktien erwirbt[1081].

Fordert der Vorstand ungleich zur Einlagenleistung auf (§ 63 I AktG), steht dem Aktionär ein Leistungsverweigerungsrecht zu[1082]. Eine Aktionärsklage ist hier nicht notwendig. Sie scheidet zudem auch dort aus, wo die unter Berufung auf das Gleichbehandlungsgebot begehrte Maßnahme der Verwaltung noch aus einem anderen Grund rechtswidrig wäre, denn es gilt der Grundsatz „keine Gleichbehandlung im Unrecht“[1083]. Es verbleiben im Wesentlichen zwei Beispiele für einen Anspruch auf Gleichbehandlung.

Erstens besitzt der Aktionär einen Anspruch auf aktive Gleichbehandlung, wenn einem anderen Aktionär außerhalb der Hauptversammlung eine Auskunft erteilt wurde (§ 131 IV AktG)[1084]. Allerdings besteht dieses Auskunftsrecht nach dem Wortlaut von § 131 IV AktG nur in der Hauptversammlung. Daraus folgert die h. M. zu Recht, dass dem Aktionär aus der Ungleichbehandlung kein Auskunftsrecht außerhalb der Hauptversammlung erwächst[1085]. Rechtsschutz durch eine Aktionärsklage ist hier allenfalls dann geboten, wenn hinreichend zeitig vor

1077 GÖTZE, in: MünchKomm, AktG, § 53a, Rn. 34; DRYGALA, in: KölnKomm, AktG, § 53a, Rn. 45; HENZE/NOTZ, in: Großkomm, AktG (4. Auflage), § 53a, Rn. 117, 137 ff.

1078 HENZE/NOTZ, in: Großkomm, AktG (4. Auflage), § 53a, Rn. 117.

1079 GÖTZE, in: MünchKomm, AktG, § 53a, Rn. 34; HENZE/NOTZ, in: Großkomm, AktG (4. Auflage), § 53a, Rn. 117.

1080 GÖTZE, in: MünchKomm, AktG, § 53a, Rn. 34; HENZE/NOTZ, in: Großkomm, AktG (4. Auflage), § 53a, Rn. 117.

1081 HENZE/NOTZ, in: Großkomm, AktG (4. Auflage), § 53a, Rn. 116, 146 f.; a. A.: KRIEGER, der dies als Beispiel für die Abwehrklage nennt, ZHR 163 (1999), 343 (357).

1082 DRYGALA, in: KölnKomm, AktG, § 53a, Rn. 40; HENZE/NOTZ, in: Großkomm, AktG (4. Auflage), § 53a, Rn. 122.

1083 DRYGALA, in: KölnKomm, AktG, § 53a, Rn. 44.

1084 DRYGALA, in: KölnKomm, AktG, § 53a, Rn. 43; VERSE, Der Gleichbehandlungsgrundsatz im Recht der Kapitalgesellschaften, S. 378.

1085 DRYGALA, in: KölnKomm, AktG, § 53a, Rn. 43; HENZE/NOTZ, in: Großkomm, AktG (4. Auflage), § 53a, Rn. 132; KOCH, in: Hüffer/Koch, AktG, § 131, Rn. 76; a. A.: ECKHARDT, in: Geßler/Hefermehl, AktG, § 131, Rn. 161.

der Hauptversammlung feststeht, dass auf der Hauptversammlung keine Auskunft erteilt werden soll[1086]. In diesem Fall findet die Aktionärsklage ihre Berechtigung im Verstoß gegen § 131 IV AktG. Den Rückgriff auf einen Verstoß gegen § 53a AktG bedarf es nicht.

Als zweites Beispiel wird die Erteilung der Zustimmung nach § 68 II AktG für den Inhaber vinkulierter Namensaktien genannt, wenn sie einem anderen Aktionär unter gleichen Bedingungen erteilt wurde[1087]. Dieses Beispiel ist allerdings dahingehend einzuschränken, dass ein Anspruch auf Zustimmungserteilung nicht besteht, wenn mit ihr gegen einen satzungsmäßig verankerten Katalog von Zustimmungsgründen verstoßen würde[1088].

Die rechtstatsächliche Bedeutung von Unterlassungs- und Beseitigungsansprüchen wegen eines Verstoßes gegen den Gleichbehandlungsgrundsatz ist nach alldem gering.

3. § 53a AktG im Kompetenzsystem

Die geringe Bedeutung reicht freilich noch nicht aus, um solche Ansprüche per se abzulehnen. Hierfür bedarf es einer systematischen Betrachtung.

In der Literatur wird häufig ohne nähere Begründung darauf verwiesen, dass bei einer Verletzung des Gleichbehandlungsgrundsatzes durch Maßnahmen der Verwaltungsorgane Unterlassungs- und Beseitigungsansprüche des Aktionärs entstehen können[1089]. Ein Beseitigungsanspruch kann zumindest im Fall des § 131 IV AktG nicht bestritten werden. Dieser besteht aber nicht außerhalb der

---

1086 Vgl. oben: 5. Teil: C I.

1087 LG Aachen, Urt. v. 19.05.1992 – 41 O 30/92, AG 1992, 410, 412; GÖTZE, in: MünchKomm, AktG, § 53a, Rn. 33; DRYGALA, in: KölnKomm, AktG, § 53a, Rn. 42; FLEISCHER, in: K. Schmidt/Lutter, AktG, § 53a, Rn. 40; HENZE/NOTZ, in: Großkomm, AktG (4. Auflage), § 53a, Rn. 123, 133; JANSSEN, in: Heidel, AktR, § 53a, Rn. 21; zur Entscheidung des LG Aachen: LUTTER, AG 1992, 369 (372).

1088 DRYGALA, in: KölnKomm, AktG, § 53a, Rn. 42; HENZE/NOTZ, in: Großkomm, AktG (4. Auflage), § 53a, Rn. 134.

1089 BAYER, NJW 2000, 2609 (2611); HENZE/NOTZ, in: Großkomm, AktG (4. Auflage), § 53a, Rn. 127; KRIEGER, ZHR 163 (1999), 343 (353 ff., 357); für einen Unterlassungsanspruch: ZÖLLNER, ZGR 1988, 392 (427); ROLLIN, Die Aktionärsklage in England und Deutschland, S. 200; zumindest für einen Beseitigungsanspruch (bzw. Anspruch auf aktive Gleichbehandlung): BRONDICS, Die Aktionärsklage, S. 105; GÖTZE, in: MünchKomm, AktG, § 53a, Rn. 33; DRYGALA, in: KölnKomm, AktG, § 53a, Rn. 39; FLEISCHER, in: K. Schmidt/Lutter, AktG, § 53a, Rn. 40; LAUBERT, in: Hölters, AktG, § 53a, Rn. 12.

Hauptversammlung und rechtfertigt noch keinen verallgemeinernden Schluss auf Unterlassungs- und Beseitigungsansprüche.

Für das Folgende sei darauf hingewiesen, dass hier nur Maßnahmen der Verwaltungsorgane betrachtet werden, auf die der Aktionär ohne einen Verstoß gegen den Gleichbehandlungsgrundsatz keinen Anspruch hätte bzw. solche, die er ohne einen Verstoß gegen den Gleichbehandlungsgrundsatz nicht mittels Aktionärsklage geltend machen kann. Denn nur für solche Sachverhalte müsste sich eine Aktionärsklage aus dem Verstoß gegen den Gleichbehandlungsgrundsatz ergeben. Bei Maßnahmen der Verwaltung, die den ungleich behandelten Aktionär gleichzeitig in einem anderen ihm zustehenden Recht verletzen, richtet sich die Zulässigkeit einer Aktionärsklage zunächst nach diesem Recht.

a. Unterlassungsanspruch gegen einen drohenden Verstoß gegen den Gleichbehandlungsgrundsatz

Ein – auf § 53a AktG gestützter – Unterlassungsanspruch dient dazu, eine Verletzung des Gleichbehandlungsgrundsatzes schon im Voraus abzuwehren[1090]. Problematisch ist hierbei, dass im Zeitpunkt seiner Geltendmachung noch nicht feststeht, ob die beabsichtigte Maßnahme tatsächlich einen Verstoß darstellt[1091]. Der Unterlassungsanspruch bedeutet deshalb zwangsläufig einen Eingriff in die Entscheidungshoheit des Vorstands und mithin in die Kompetenzordnung der Gesellschaft[1092]. So stellt sich die Frage, ob der Kompetenzordnung Vorrang zu gewähren ist, mit der Folge einen Unterlassungsanspruch zu versagen. Dagegen spricht, dass im Allgemeinen kein Grundsatz existiert, dass eine Rechtsverletzung erst hingenommen werden muss, um ex post Beseitigung oder Schadensersatz zu verlangen[1093]. Vielmehr bringt die Rechtsordnung[1094] immer wieder zum Ausdruck, dass präventiver Rechtsschutz zu gewähren ist, wenn der Betroffene ein berechtigtes Interesse daran hat[1095]. Mit dieser Argumentation kommt

1090 VERSE, Der Gleichbehandlungsgrundsatz im Recht der Kapitalgesellschaften, S. 412.

1091 VERSE, Der Gleichbehandlungsgrundsatz im Recht der Kapitalgesellschaften, S. 416.

1092 VERSE, Der Gleichbehandlungsgrundsatz im Recht der Kapitalgesellschaften, S. 416.

1093 VERSE, Der Gleichbehandlungsgrundsatz im Recht der Kapitalgesellschaften, S. 416 f.

1094 Z. B.: im Deliktsrecht: § 823 I i. V. m. § 1004 I 2 BGB; im Schuldrecht sind Unterlassungsansprüche hinsichtlich vertraglicher Nebenpflichten anerkannt, dazu: KÖHLER, AcP 190 (1990), 496 (508 ff.); ferner vgl. die oben genannten Ansprüche: 5. Teil: B II 3.

1095 VERSE, Der Gleichbehandlungsgrundsatz im Recht der Kapitalgesellschaften, S. 416 f.

Verse zu dem Ergebnis, dass auch im Aktienrecht bei einer Ungleichbehandlung ein Unterlassungsanspruch – unter noch zu präzisierenden Voraussetzungen – grundsätzlich anzuerkennen ist[1096].

Dieses Resümee führt aber zu einem evidenten Wertungswiderspruch: Der Aktionär, der außerhalb der Hauptversammlung eine ausgesprochen schwache Rechtsposition einnimmt, soll dort vorbeugend gegen drohende Gleichbehandlungsverstöße vorgehen können. In der Hauptversammlung, wo seine Rechtsposition deutlich stärker ausgestaltet ist, wird ihm ein vorbeugender Unterlassungsanspruch bei Beschlüssen, die das Gleichbehandlungsverbot verletzen, versagt, weil er ex post die Möglichkeit hat, mittels Beschlussmängelklagen Rechtsschutz zu suchen[1097].

Aus diesem Grund ist der Kompetenzordnung der Vorrang zu gewähren und dem Aktionär die Möglichkeit des vorbeugenden Rechtsschutzes gegen eine drohende Ungleichbehandlung zu versagen.

b. *Beseitigungsanspruch wegen eines Verstoßes gegen den Gleichbehandlungsgrundsatz*

Dieser Wertungswiderspruch besteht bei einem – auf § 53a AktG gestützten – Beseitigungsanspruch nicht. Der Beseitigungsanspruch kann nämlich erst nach einem Gleichbehandlungsverstoß, bzw. nach einer darunter leidenden Maßnahme, geltend gemacht werden. Es sind dann zwei Möglichkeiten einer Beseitigung denkbar: Entweder gewährt die Gesellschaft dem rügenden Aktionär den gleichen Vorteil (aktive Gleichbehandlung) oder sie verlangt den einem anderen gewährten Vorteil zurück (Rückgängigmachung). Der Aktionär könnte bei einer Klage auf Beseitigung – wie bei der Wahlschuld (§§ 262 ff. BGB)[1098] – einen Klageantrag auf alternative Verurteilung stellen, sodass die Kompetenz hinsichtlich der Wahl der Beseitigung dem Vorstand bis zur etwaigen Zwangsvollstreckung erhalten bliebe[1099]. Auf diesem Weg könnte zumindest das Argument entkräftet werden, dass ein einzelner Aktionär – müsste er sich zwischen aktiver

1096 VERSE, Der Gleichbehandlungsgrundsatz im Recht der Kapitalgesellschaften, S. 412 ff., 418.

1097 Dass die Möglichkeit der Beschlussmängelklagen einer vorbeugenden Abwehr von Gleichheitsverstößen entgegensteht, erkennt auch VERSE an, Der Gleichbehandlungsgrundsatz im Recht der Kapitalgesellschaften, S. 413.

1098 VERSE, Der Gleichbehandlungsgrundsatz im Recht der Kapitalgesellschaften, S. 396.

1099 Vgl. BECKER-EBERHARD, in: MünchKomm, ZPO, § 260, Rn. 23; vgl. BITTNER, in: Staudinger (2014), BGB, § 262, Rn. 26; vgl. KRÜGER, in: MünchKomm, BGB, § 263, Rn. 9.

Gleichbehandlung und Rückgängigmachung entscheiden – bei einer Klage auf Rückgängigmachung de facto eine – im Aktienrecht abzulehnende[1100] – actio pro socio anstrengen würde[1101].

Die Anerkennung eines Beseitigungsanspruchs könnte aber aus einem anderen Grund in Frage stehen. Nicht nur die Frage des „Wie" der Beseitigung, sondern auch die vorgelagerte Frage des „Ob" könnte im Kompetenzbereich des Vorstands liegen.

Im Grundsatz muss zunächst davon ausgegangen werden, dass der Vorstand nach § 76 I AktG auch die Entscheidungsgewalt über das „Ob" der Beseitigung hat. Eine Ausnahme von diesem Grundsatz könnte nun mittels § 53a AktG hergeleitet werden: Klagt ein Aktionär – mittels Klageantrag auf alternative Verurteilung – wegen eines Gleichbehandlungsverstoßes und wird dieser Klage entsprochen, so steht der Gleichbehandlungsverstoß objektiv fest[1102]. Dem Vorstand gebühre insofern keine Kompetenz und auch kein schutzwürdiges Interesse, sich rechtswidrig zu verhalten und den Gleichbehandlungsverstoß aufrecht zu erhalten[1103].

Dieses Argument setzt aber an der falschen Stelle an. Die Frage ist, ob nicht schon die Klage, mittels derer die Ungleichbehandlung geltend gemacht wird, eine Kompetenzverletzung darstellt. Oben wurde aufgezeigt, dass ein einzelner Aktionär außerhalb der Hauptversammlung kein Recht hat, das Verhalten des Vorstands auf seine Rechtmäßigkeit zu kontrollieren[1104]. Dieses Ergebnis könnte jetzt über das Einfallstor des § 53a AktG – bzw. des auch schon vor der Einführung von § 53a AktG geltenden Gleichbehandlungsgrundsatzes[1105] – untergraben werden. Dafür ist der Gleichbehandlungsgrundsatz aber nicht konzipiert. § 53a AktG richtet sich nach seinem Wortlaut an die Aktiengesellschaft[1106]. Der Normadressat wird zwar nicht ausdrücklich genannt, aus der Systematik ergibt

1100 S. o.: 1. Teil: D II

1101 Dazu ausführlich: VERSE, Der Gleichbehandlungsgrundsatz im Recht der Kapitalgesellschaften, S. 384 ff.

1102 VERSE, Der Gleichbehandlungsgrundsatz im Recht der Kapitalgesellschaften, S. 389.

1103 VERSE, Der Gleichbehandlungsgrundsatz im Recht der Kapitalgesellschaften, S. 389; ähnlich schon für einen allgemeinen Anspruch auf rechtmäßiges Verhalten: WELLKAMP: „Ein Eingriff in die unternehmerische Entscheidungsfreiheit ist darin nicht zu sehen, denn Geschäftsleiter können keine Kompetenzzuweisung für schlicht sorgfaltswidriges Handeln beanspruchen", DZWir 1994, 221 (224).

1104 S. o.: 5. Teil: A.

1105 Dazu: HENZE/NOTZ, in: Großkomm, AktG (4. Auflage), § 53a, Rn. 1 ff.

1106 DRYGALA, in: KölnKomm, AktG, § 53a, Rn. 5.

sich aber, dass der Aufsichtsrat, der Vorstand und die Hauptversammlung angesprochen sind[1107]. Im Umkehrschluss heißt das, dass § 53a AktG sich nicht an die Aktionäre richtet und ihnen keine Rechtsposition einräumt, die es erlaubt, die Beseitigung einer Ungleichbehandlung oder gar die Unterlassung einer drohenden Ungleichbehandlung zu verlangen[1108]. Beides steht nach § 76 I AktG in der Entscheidungsgewalt des Vorstands. Eine Abweichung von diesem Grundsatz kann auch § 53a AktG nicht entnommen werden. Der Wortlaut müsste anderenfalls „Jeder Aktionär kann verlangen, unter gleichen Voraussetzungen gleich behandelt zu werden“ lauten. Zwar ist mit § 53a AktG der Aktionärsschutz beabsichtigt[1109], umgesetzt wird er allerdings in Form einer Verpflichtung des Vorstands, des Aufsichtsrats und der Hauptversammlung[1110]. § 53a AktG gewährt dem einzelnen Aktionär deshalb auch kein verselbständigtes subjektives Recht[1111]. Aus ihm folgt allenfalls ein Leistungsverweigerungsrecht oder er kann im Rahmen von Beschlussmängelklagen geltend gemacht werden. So wird dem Zweck des Aktionärsschutzes ausreichend Rechnung getragen.

Hinzu kommt, dass eine gegen § 53a AktG verstoßende Ungleichbehandlung eine andere Qualität besitzt als beispielsweise ein Verstoß gegen das Fragerecht (§ 131 I AktG) des Aktionärs. Bei der nur auf § 53a AktG gestützten Aktionärsklage verlangt der Aktionär ein Recht, das ihm grundsätzlich – d. h. ohne Gleichbehandlungsverstoß – nicht zusteht[1112]. Aus dieser Position heraus eine Ausnahme davon zu begründen, dass der Aktionär keinen Anspruch auf gesetz- und satzungsmäßiges Verhalten der Verwaltungsorgane hat, überzeugt nicht.

1107 FLEISCHER, in: K. Schmidt/Lutter, AktG, § 53a, Rn. 2.

1108 A. A.: HENZE/NOTZ, in: Großkomm, AktG (4. Auflage), § 53a, Rn. 29.

1109 JANSSEN, in: Heidel, AktR, § 53a, Rn. 2; KOCH, in: Hüffer/Koch, AktG, § 53a, Rn. 4.

1110 So im Ausgangspunkt auch noch HENZE/NOTZ, in: Großkomm, AktG (4. Auflage), § 53a, Rn. 29.

1111 DRYGALA, in: KölnKomm, AktG, § 53a, Rn. 10; DRYGALA/STAAKE/SZALAI, Kapitalgesellschaftsrecht, § 23 IV 2 (Rn. 29); HABERSACK, Die Mitgliedschaft – subjektives und „sonstiges“ Recht, S. 281 ff.; HENZE/NOTZ, in: Großkomm, AktG (4. Auflage), § 53a, Rn. 21; a. A.: VERSE, Der Gleichbehandlungsgrundsatz im Recht der Kapitalgesellschaften, S. 388 („Zu betonen ist, dass sich der Beseitigungsanspruch unmittelbar aus dem Gleichbehandlungsgrundsatz ergibt.“).

1112 Vgl. GÖTZE, in: MünchKomm, AktG, § 53a, Rn. 33; vgl. HENZE/NOTZ, in: Großkomm, AktG (4. Auflage), § 53a, Rn. 128; vgl. auch HABERSACK, der insoweit von einer „dienenden Funktion“ spricht, Die Mitgliedschaft – subjektives und „sonstiges“ Recht, S. 283 f.

4. Schlussfolgerung und Ergebnis

Eine Aktionärsklage gegen eine Maßnahme der Verwaltungsorgane wegen eines Verstoßes gegen das Gleichbehandlungsgebot ist nur dort möglich, wo gleichzeitig mit einem solchen Verstoß eine weitere Rechtsverletzung des Aktionärs vorliegt, gegen die eine Aktionärsklage zulässig ist[1113]. Gibt es keine zugleich vorliegende Rechtsverletzung oder ist eine solche selbst nicht mittels Aktionärsklage rechtsschutzfähig, dann kann der Verstoß gegen das Gleichbehandlungsgebot nicht durch eine Aktionärsklage geltend gemacht werden. Eine solche Rechtsposition kann aus § 53a AktG nicht hergeleitet werden.

Damit ist eine Aktionärsklage bei Verstößen gegen das Gleichbehandlungsgebot zwar möglich, kann allerdings nicht allein mit dem Verstoß gegen das Gleichbehandlungsgebot gerechtfertigt werden.

Anders liegt die Rechtsschutzsituation bei Maßnahmen, die sich bei der Entstehung eines Hauptversammlungsbeschlusses ereignet haben. Hier kann der Aktionär auch mit einer Beschlussmängelklage durchdringen, die nur mit einem Verstoß gegen § 53a AktG begründet wird. So kann er zum Beispiel die ungleiche Aufhebung einer bestehenden Vinkulierung[1114] rügen. Außerhalb der Hauptversammlung hat der Aktionär grundsätzlich keinen Beseitigungs- oder Unterlassungsanspruch gegen Maßnahmen der Verwaltung, die (nur) gegen den Gleichbehandlungsgrundsatz verstoßen. Auch der von der h. M. anerkannte Anspruch des Inhabers vinkulierter Namensaktien auf Zustimmung zur Veräußerung nach § 68 II AktG, wenn sie einem anderen Aktionär unter gleichen Bedingungen erteilt wurde, ist abzulehnen. Der Anspruch auf Zustimmung zur Veräußerung kann grundsätzlich[1115] nur dann erfolgreich eingeklagt[1116] werden, wenn er auch ohne Verstoß gegen den Gleichbehandlungsgrundsatz gegeben ist.

1113 Ähnlich nur: MÜLBERT, in: Großkomm, AktG (4. Auflage), Vor §§ 118–147, Rn. 224.

1114 Zur Aufhebung einer Vinkulierung ist ein satzungsändernder Beschluss der Hauptversammlung notwendig; dazu: LUTTER/DRYGALA, in: KölnKomm, AktG, § 68, Rn. 64; MERKT, in: Großkomm, AktG, § 68, Rn. 265.

1115 Ausnahme: Die Zustimmung zur Veräußerung wird durch die Hauptversammlung erteilt (§ 68 II 3 Alt. 2 AktG).

1116 Im allgemeinen für eine Klage auf Zustimmung zur Veräußerung: BAYER, in: MünchKomm, AktG, § 68, Rn. 106; CAHN, in: Spindler/Stilz, AktG, § 68, Rn. 74; LUTTER/DRYGALA, in: KölnKomm, AktG, § 68, Rn. 91; LAUBERT, in: Hölters, AktG, § 68, Rn. 28.

Dieses Ergebnis wird auch § 118 I 1 AktG gerecht[1117]. Könnte der Aktionär bei einem Verstoß gegen § 53a AktG grundsätzlich Beseitigungs- und Unterlassungsansprüche geltend machen, könnte er seine Rechte in den Angelegenheiten der Gesellschaft auch im Bereich der Mitverwaltung[1118] ausüben. Dass er dazu außerhalb der Hauptversammlung befugt sein soll, kann § 53a AktG nicht entnommen werden. Der Gleichbehandlungsgrundsatz ist daher kein eigenständiges nichtversammlungsgebundenes Recht i. S. v. § 118 I 1 AktG[1119].

Vor diesem Hintergrund ist es auch konsequent, dass § 131 IV AktG dem Aktionär nur ein Recht auf Informationen in der Hauptversammlung gewährt. Dahinter verbirgt sich letztendlich auch der Gedanke, dass der Aktionär seine Rechte in der Hauptversammlung ausüben soll (§ 118 I 1 AktG)[1120].

In der Hauptversammlung kann der Aktionär sonstige Gleichbehandlungsverstöße rügen und er kann sich dafür einsetzen, dass dem Aufsichtsrat und dem Vorstand die Entlastung verweigert wird. Ferner kann er darauf hinwirken, den Aufsichtsrat auszutauschen, der einen Verstoß des Vorstands gegen § 53a AktG nicht verhindert hat[1121]. Zudem besteht die Möglichkeit, dass die Hauptversammlung (§ 147 I AktG) oder notfalls eine Minderheit (§ 148 I AktG) die Geltendmachung von Schadensersatzansprüchen der Gesellschaft gegen Mitglieder des Vorstands und des Aufsichtsrats erzwingt. Auf diese Weise kann sanktioniert werden, dass der Vorstand es unterlässt, Rückabwicklungsansprüche für die Gesellschaft zu verfolgen, die der Gesellschaft infolge unwirksamer Vorstandsbeschlüsse zustehen[1122]. Im Übrigen ist der Aktionär auf die in Betracht kommenden Schadensersatzansprüche[1123] aus § 826 BGB oder § 117 AktG zu verweisen[1124].

1117 Anders als oben (5. Teil: B II 5) geht es hier um die Ausübung von Aktionärsrechten im Rahmen der eingehaltenen Kompetenzordnung, weshalb das Strukturprinzip aus § 118 I 1 AktG hier tatsächlich herangezogen werden kann.

1118 So der sachliche Anwendungsbereich von § 118 I 1 AktG; dazu: MÜLBERT, in: Großkomm, AktG, § 118, Rn. 20; KOCH, in: Hüffer/Koch, AktG, § 118, Rn. 1.

1119 A. A.: MÜLBERT, in: Großkomm, AktG, § 118, Rn. 32.

1120 KOCH, in: Hüffer/Koch, AktG, § 131, Rn. 76.

1121 Vgl. oben: 4. Teil: A III, V und B II 1.

1122 Vgl. oben 5. Teil: C III 2.

1123 Hier kommen vor allem Ansprüche aus § 117 AktG oder § 826 BGB in Betracht; dazu: DRYGALA, in: KölnKomm, AktG, § 53a, Rn. 46; HENZE/NOTZ, in: Großkomm, AktG (4. Auflage), § 53a, Rn. 152.

1124 Vgl. i. E.: LUTTER, JZ 2000, 837 (841).

Der Aktionärsrechtsschutz ist hinsichtlich einer bloßen Verletzung des Gleichbehandlungsgebots (§ 53a AktG) nicht lückenhaft. Die alleinige Verletzung des Gleichbehandlungsgebots begründet keine separaten Anwendungsfälle der Aktionärsklage[1125].

IV. Lücke bei Verstößen gegen § 57 AktG

Aktionäre haben ein erkennbares Interesse daran, dass die AG keine unzulässigen einseitigen[1126] oder zweiseitigen[1127] Vermögenszuwendungen zugunsten anderer Aktionäre vornimmt. Solche offenen oder verdeckten Vermögenszuwendungen unterliegen dem Verbot des § 57 AktG[1128]. Werden sie dennoch vorgenommen, soll § 62 I AktG helfen, welcher einen Rückgewähranspruch der AG gegen den zu Unrecht begünstigten Aktionär begründet[1129].

Bedenklich könnte diese Konzeption sein, wenn ein Mehrheitsgesellschafter auf die AG faktisch[1130] derart Einfluss nimmt, dass eine Rückgewähr nicht geltend gemacht wird. Auch die mit der unzulässigen Vermögenszuwendung entstehenden Schadensersatzansprüche gegen die Mitglieder des Vorstands (§ 93 III AktG)[1131] und ggf. gegen die des Aufsichtsrats (§§ 116, 93 III AktG)[1132]

1125 I. E. ebenso: ADOLFF, ZHR 169 (2005), 310 (324 ff.); BARTELS, ZGR 2008, 723 (764); LUTTER, JZ 2000, 837 (841); vgl. aber auch: ders., AcP 180 (1980), 84 (127); RIECKERS, in: Münchener Handbuch GesR, Bd. 4, § 18, Rn. 10; K. SCHMIDT, Verhandlungen des 63. DJT 2000, Teil O, 11, 27 f.; vgl. aber auch: ders., Gesellschaftsrecht, § 21 V 3 b.

1126 Z. B.: Zahlung einer Dividende ohne Rechtsgrundlage; DRYGALA, in: KölnKomm, AktG, § 57, Rn. 34.

1127 Z. B.: Abschluss eines Dienstvertrags mit einem Aktionär, bei dem die AG keine oder zumindest keine gleichwertige Gegenleistung erhält; vgl. BGH, Urt. v. 05.06.1975 – II ZR 23/74, BGHZ 65, 15; näher zum objektiven Missverhältnis zwischen Leistung und Gegenleistung: DRYGALA, in: KölnKomm, AktG, § 57, Rn. 37; KOCH, in: Hüffer/Koch, AktG, § 57, Rn. 8 ff.

1128 Zur Reichweite des Verbots in § 57 AktG und dessen zu engem Wortlaut („Einlage"): DRYGALA, in: KölnKomm, AktG, § 57, Rn. 16, 34 ff.; KOCH, in: Hüffer/Koch, AktG, § 57, Rn. 6 ff.

1129 Nach § 62 II 1 AktG kann auch ein Gesellschaftsgläubiger diesen Anspruch geltend machen. Ist der Aktionär zugleich Gesellschaftsgläubiger kann also auch ihm ein solcher Anspruch zustehen; HENZE, in: Großkomm, AktG (4. Auflage), § 62, Rn. 57.

1130 Lege artis kann die Gesellschaft, den Aktionär von der Rückgewährpflicht nicht befreien (§ 66 II, I AktG).

1131 Dazu: DRYGALA, in: KölnKomm, AktG, § 57, Rn. 137; HENZE, in: Großkomm, AktG (4. Auflage), § 57, Rn. 226.

1132 Dazu: DRYGALA, in: KölnKomm, AktG, § 57, Rn. 138; HENZE, in: Großkomm, AktG (4. Auflage), § 57, Rn. 226.

können leer laufen, wenn der Aufsichtsrat bzw. der Vorstand solche nicht für die AG geltend macht. Zu bedenken ist ferner, dass der Vorstand, der einen Rückgewähranspruch geltend machen muss, zugleich einzugestehen hat, dass die Verwaltungsorgane nicht gesetzmäßig gehandelt haben[1133]. Fraglich und praktisch von hoher Bedeutung ist deshalb, welche Handhabe der einzelne Aktionär hier hat.

1. Gesetzliche Rechtsschutzmöglichkeiten

Zunächst besteht die Möglichkeit des Aktionärs, gem. § 148 I 1 AktG die Geltendmachung von Schadensersatzansprüchen gegen die Mitglieder des Vorstands und ggf. des Aufsichtsrats zu erzwingen. Den Rückgewähranspruch aus § 62 I AktG gegen den bevorzugten Aktionär kann er damit aber nicht durchsetzen. § 148 I 1 AktG erfasst nur die in § 147 I 1 AktG genannten Ersatzansprüche und § 62 I AktG ist weder ein Ersatzanspruch, noch ist er in § 147 I 1 AktG genannt. Dennoch hat der benachteiligte Aktionär auch eine Zugriffsmöglichkeit auf den bevorzugten Aktionär. Er kann nämlich über § 148 I 1 AktG auch die Geltendmachung eines Schadensersatzanspruchs der AG aus § 117 I 1 AktG[1134] erzwingen. Voraussetzung für eine actio pro socio nach § 148 I 1 AktG ist allerdings, die Inhaberschaft einer Mindestbeteiligung von 1 % oder eines anteiligen Betrags von 100.000 Euro. Erreicht ein Aktionär dieses Quroum nicht, bleibt ihm allenfalls der direkte Anspruch gegen den bevorzugten Aktionär aus § 117 I 2 AktG. Hier steht er zunächst vor dem Hindernis, dem bevorzugten Aktionär einen bedingten Schädigungsvorsatz nachweisen zu müssen[1135]. Aber selbst im Falle einer nachweisbaren faktischen Einflussnahme des Mehrheitsgesellschafters wird der Aktionär immer noch Schwierigkeiten bei der Darlegung seines Schadens haben. Ein solcher kann jedenfalls nicht darin gesehen werden, dass er nicht die gleiche gesetzwidrige Vermögenszuwendung erhielt wie der bevorzugte Aktionär[1136]. Es stellt sich letztendlich die Frage, ob auch hier eine

1133 BAYER, in: MünchKomm, AktG, § 62, Rn. 118; DRYGALA, in: KölnKomm, AktG, § 62, Rn. 94; HENZE, in: Großkomm, AktG (4. Auflage), § 62, Rn. 54.

1134 BAYER, in: MünchKomm, AktG, § 57, Rn. 241; CAHN/v. SPANNENBERG, in: Spindler/Stilz, AktG, § 57, Rn. 101; FLEISCHER, in: K. Schmidt/Lutter, AktG, § 57, Rn. 76.

1135 Kritisch zum Nutzen dieser Rechtsschutzmöglichkeit auch: HENZE, in: Großkomm, AktG (4. Auflage), § 53a, Rn. 117.

1136 HENZE, in: Großkomm, AktG (4. Auflage), § 62, Rn. 56.

interessengerechte Rechtsschutzmöglichkeit fehlt und eine daraus resultierende Lücke mittels einer Aktionärsklage zu schließen ist.

2. Ergänzender Rechtsschutz durch Aktionärsklage?

Ob der Aktionärsrechtsschutz bei Verstößen gegen § 57 AktG lückenhaft ist, kann nicht aufgrund der eben aufgezeigten Schwächen abstrakt bejaht werden. Erforderlich ist eine konkrete Betrachtung der Aussagen und Wertungen der gesetzlichen Regelungen. Zunächst ist aber in zeitlicher Hinsicht zu differenzieren. Droht ein Verstoß gegen § 57 AktG, könnte dem benachteiligten Aktionär ein Unterlassungsanspruch zugutekommen, retrospektiv hilft nur ein Beseitigungsanspruch.

Die Literatur beschäftigt sich überwiegend mit dem Beseitigungsanspruch und ist sich einig, dass der einzelne benachteiligte Aktionär – anders als im GmbH-Recht[1137] – keinen Anspruch darauf hat, dass die AG ihm die gleiche Vermögenszuwendung gewährt[1138]. Dadurch würde die AG abermals gegen § 57 AktG verstoßen. Der Aktionär würde Gleichbehandlung im Unrecht verlangen und darauf hat er keinen Anspruch[1139]. Umstritten ist hingegen, ob der Aktionär einen Anspruch darauf hat, dass die AG die gleiche Vermögenszuwendung allen nicht begünstigten Aktionären gewährt, indem sie bei der nächsten Hauptversammlung auf eine Gewinnausschüttung in entsprechender Höhe hinwirkt und sodann gegenüber denen, die den Vorteil schon erhalten haben, mit einem Rückzahlungsanspruch aus § 62 I AktG aufrechnet[1140]. Zum einen scheint ein solcher

---

1137 Bei der GmbH hat der BGH einen Anspruch auf aktive Gleichbehandlung bejaht, BGH, Urt. v. 15.05.1972 – II ZR 70/70, WM 1972, 931, 932 ff.; zur Nichtübertragbarkeit dieser Rechtsprechung auf das Aktienrecht: GÖTZE, in: MünchKomm, AktG, § 53a, Rn. 35; HENZE/NOTZ, in: Großkomm, AktG (4. Auflage), § 53a, Rn. 138.

1138 GÖTZE, in: MünchKomm, AktG, § 53a, Rn. 34; CAHN/v. SPANNENBERG, in: Spindler/Stilz, AktG, § 53a, Rn. 35; DRYGALA, in: KölnKomm, AktG, § 53a, Rn. 45; HENZE/NOTZ, in: Großkomm, AktG (4. Auflage), § 53a, Rn. 117, 137 ff.; JANSSEN, in: Heidel, AktR, § 53a, Rn. 21 f.

1139 DRYGALA, in: KölnKomm, AktG, § 53a, Rn. 44; FLEISCHER, in: K. Schmidt/Lutter, AktG, § 53a, Rn. 40; JANSSEN, in: Heidel, AktR, § 53a, Rn. 21 f.; KOCH, in: Hüffer/Koch, AktG, § 53a, Rn. 12.

1140 Für einen Anspruch auf aktive Gleichbehandlung, für den Fall, dass ausreichend freie Rücklagen bestehen: VERSE, Der Gleichbehandlungsgrundsatz im Recht der Kapitalgesellschaften, S. 490 f.; für einen Anspruch auf aktive Gleichbehandlung, wenn auch noch andere Möglichkeiten bestehen: LUTTER, ZGR 1978, 347 (368 ff.); LUTTER/ZÖLLNER, in: KölnKomm, AktG (2. Auflage), § 53a, Rn. 38 ff.; gegen solche Ansprüche: GÖTZE, in: MünchKomm, AktG, § 53a, Rn. 34 ff.; HENZE/NOTZ, in: Großkomm, AktG (4. Auflage), § 53a, Rn. 117, 137 ff.

Anspruch zumindest teilweise unbrauchbar zu sein. Die Hauptversammlung müsste mehrheitlich eine Gewinnausschüttung beschließen, was zweifelhaft ist, wenn ein begünstigter und faktisch Einfluss nehmender Mehrheitsgesellschafter ebenfalls abstimmt[1141] und der Aktionär nach h. M. keinen Anspruch gegen seine Mitaktionäre auf eine entsprechende Beschlussfassung hat[1142]. Im Übrigen bedarf es für einen solchen Anspruch einer Grundlage. Hierzu kann – wie dargelegt – nicht auf § 53a AktG zurückgegriffen werden, da dieser keine derartige Rechtsposition des Aktionärs begründet[1143]. Der Verstoß gegen § 57 AktG kann zwar auf diese Weise unter Beteiligung der Hauptversammlung beseitigt werden, ein Anspruch darauf hat der Aktionär allerdings nicht[1144].

Wenn ein Aktionär die Beseitigung nicht im Wege der Gewährung der gleichen Vermögenszuwendung an sich oder an alle nicht bevorzugten Aktionäre verlangen kann, bleibt als Beseitigungsvariante nur die Rückabwicklung.

An dieser Stelle drängt sich zunächst die Frage auf, ob auch der Aktionär den Anspruch aus § 62 I AktG geltend machen kann. Das wird – zu Recht – überwiegend abgelehnt[1145]. Zum einen würde man damit entgegen der gesetzgeberischen

1141 Vgl. SCHULZ-GARDYAN, Die sogenannte Aktionärsklage, S. 123.

1142 DRYGALA, in: KölnKomm, AktG, § 53a, Rn. 45. Aktive Förderungspflichten folgen aus der Treuepflicht nur in seltenen Ausnahmefällen, etwa wenn der Hauptversammlungsbeschluss im überwiegenden Interesse der Gesellschaft oder eines Mitgesellschafters dringend geboten und das Abstimmermessen der Aktionäre auf Null reduziert ist; FLEISCHER, in: K. Schmidt/Lutter, AktG, § 53a, Rn. 58; DRYGALA, in: KölnKomm, AktG, § 53a, Rn. 122 f.; HENZE/NOTZ, in: Großkomm, AktG (4. Auflage), Anh. § 53a, Rn. 81 f. Das ist hier aber nicht der Fall. Selbst wenn eine Rückabwicklung an der Zahlungsfähigkeit des bevorzugten Aktionärs scheitern würde, liegt eine weitere Verminderung des Gesellschaftsvermögens durch Gewinnausschüttungen an alle benachteiligten Aktionäre, um den Verstoß gegen § 57 AktG anders als durch Rückabwicklung nach § 62 AktG zu beseitigen, nicht im Gesellschaftsinteresse.

1143 S. o.: 5. Teil: C III.

1144 GÖTZE, in: MünchKomm, AktG, § 53a, Rn. 34 ff.; CAHN/v. SPANNENBERG, in: Spindler/Stilz, AktG, § 53a, Rn. 35; HENZE/NOTZ, in: Großkomm, AktG (4. Auflage), § 53a, Rn. 117, 137 ff.; vgl. auch: FLEISCHER, in: K. Schmidt/Lutter, AktG, § 53a, Rn. 40; KOCH, in: Hüffer/Koch, AktG, § 53a, Rn. 12.

1145 DRYGALA, in: KölnKomm, AktG, § 62, Rn. 96; HENZE, in: Großkomm, AktG (4. Auflage), § 62, Rn. 54 ff.; JANSSEN, in: Heidel, AktR, § 53a, Rn. 22; SCHULZ-GARDYAN, Die sogenannte Aktionärsklage, S. 122; BRONDICS, Die Aktionärsklage, S. 111; a. A.: FLUME, ZHR 144 (1980), 18, 32 f.; i. E. offen: BAYER, in: MünchKomm, AktG, § 62, Rn. 119.

Wertung[1146] die actio pro socio auf nicht im Gesetz geregelte Fälle ausdehnen[1147]. Des Weiteren würde die Beschränkung in § 148 I 1 AktG auf die in § 147 I 1 AktG bezeichneten Ersatzansprüche umgangen. Um eine Aktionärsklage im hier untersuchten Sinne[1148] handelt es sich dabei jedoch nicht. Der Aktionär würde gegen den bevorzugten Anteilseigner und nicht gegen die Gesellschaft[1149] klagen und streng genommen kein eigenes, sondern ein Recht der AG geltend machen[1150].

Beseitigung im Rahmen einer Aktionärsklage bedeutet, dass der Aktionär aus eigenem Recht gegen die AG vorgeht und verlangt, dass sie ihren Anspruch aus § 62 I AktG geltend macht und durchsetzt[1151]. Für ein solches eigenes Recht des Aktionärs fehlt es aber an einer Rechtsgrundlage. § 53a AktG hilft auch hier nicht weiter[1152]. Eine erweiternde Auslegung von § 62 I AktG dahingehend, dass der Rückgewähranspruch der AG zugleich das Aktionärsrecht enthalte, die Geltendmachung dieses Anspruchs von der AG zu verlangen, ist nicht möglich. Mit dieser Vorgehensweise könnte aus jeder der AG durch das AktG auferlegten Pflicht ein korrespondierendes Aktionärsrecht entwickelt werden und man gelangt schließlich zu einem allgemeinen Anspruch des Aktionärs auf gesetz- und satzungsmäßiges Verhalten[1153]. *Bayer* schlägt in diesem Kontext vor, zur Begründung auf „die auch vom Schutzzweck des § 57 AktG erfasste aktienrechtliche Zuständigkeitsordnung" abzustellen[1154]. Dieser Ansatz überzeugt nicht. § 57 AktG statuiert in erster Linie ein allgemeines Verbot und die Einhaltung allgemeiner Verbote durch die Verwaltungsorgane ist gerade nicht Gegenstand der Aktionärsklage[1155]. Dass allgemeine Verbote in ihrer Schutzwirkung auch die aktienrechtliche Zuständigkeitsordnung berühren können[1156], ändert

1146 Vgl. oben: 1. Teil: D II.
1147 DRYGALA, in: KölnKomm, AktG, § 62, Rn. 96; HENZE, in: Großkomm, AktG (4. Auflage), § 62, Rn. 55.
1148 S. o.: 1. Teil: C. III.
1149 Näher dazu unten: 7. Teil: A.
1150 Vgl. oben: 1. Teil: D II (a. E.).
1151 Vgl. BRONDICS, Die Aktionärsklage, S. 111.
1152 S. o.: 5. Teil: C III.
1153 S. o.: 5. Teil: A.
1154 BAYER, in: MünchKomm, AktG, § 62, Rn. 119.
1155 S. o.: 5. Teil: A.
1156 Über den Normzweck von § 57 AktG besteht Uneinigkeit, siehe dazu folgende Darstellungen (jeweils m. w. N.): DRYGALA, in: KölnKomm, AktG, § 57, Rn. 9 ff.; FLEISCHER, in: K. Schmidt/Lutter, AktG, § 57, Rn. 3; HENZE, in: Großkomm, AktG (4. Auflage), § 57, Rn. 4 ff.

daran nichts. Die aktienrechtliche Zuständigkeitsordnung unterliegt den schutzwürdigen Interessen des einzelnen Aktionärs nur, wenn die Kompetenzen der Hauptversammlung betroffen sind. Dies ist allerdings mehr als fraglich, wenn die AG einem Aktionär eine Vermögenszuwendung unter Verstoß gegen § 57 AktG gewährt. Die Hauptversammlung hätte im Rahmen ihrer Kompetenz aus §§ 119 I Nr. 2, 174 I 1, II Nr. 2 AktG eine entsprechende Maßnahme nämlich auch nicht beschließen können. Auch ihre Beschlüsse dürfen nicht gegen § 57 AktG verstoßen.

Letztlich würden auch andere Begründungsansätze für einen Anspruch des Aktionärs gegen die AG, dass sie ihren Rückgewähranspruch aus § 62 I AktG geltend macht und durchsetzt, zu einem Eingriff in die Leitungsmacht des Vorstands führen.

Ein Beseitigungsanspruch des Aktionärs lässt sich demnach nicht mit den Wertungen der §§ 57, 62 I, 148 I 1 AktG in Einklang bringen und ist deshalb abzulehnen[1157]. Selbiges gilt auch für einen vorbeugenden Unterlassungsanspruch. Wenn es dem Aktionär verwehrt ist, Beseitigung zu verlangen, weil er dadurch in den ihm entzogenen Kompetenzbereich des Vorstands eingreift, muss gleiches auch im Vorfeld einer ggf. gegen § 57 AktG verstoßenden Maßnahme gelten.

3. Ergebnis

Die bestehenden gesetzlichen Rechtsschutz- und Kontrollmöglichkeiten bei Verstößen gegen § 57 AktG schaffen einen systemgerechten Ausgleich zwischen den schutzwürdigen Interessen des einzelnen Aktionärs und denen der Gesellschaft. Hier bestehende Schwächen rechtfertigen sich aus der klaren Kompetenztrennung zwischen den Organen der Aktiengesellschaft und der damit verbundenen Stellung des Aktionärs[1158]. Eine Rechtsschutzlücke ist nicht gegeben. Ergänzender Rechtsschutz mittels einer Aktionärsklage gegen die Gesellschaft ist nicht notwendig.

1157 A. A.: BRONDICS, Die Aktionärsklage, S. 112 („In […] Ausnahmefällen scheint es wohl angezeigt, dem einzelnen Aktionär ein solches Recht zuzubilligen […]. Aus seiner Mitgliedschaft heraus stünde ihm dann gegen die Gesellschaft ein Anspruch zu, die Beachtung der Treuepflicht der anderen Aktionäre sicherzustellen.“).

1158 S. o.: 4. Teil (insb.: A V und B V).

V. Beschränkung der Aktionärsklage infolge der Voraussetzungen ungeschriebener Hauptversammlungskompetenzen

Adolff hat herausgearbeitet, dass für die Beurteilung der Reichweite der Aktionärsklage der Blick auch auf die Voraussetzungen der ungeschriebenen Hauptversammlungskompetenzen zu richten ist[1159]. Damit leitet er eine Beschränkung der Aktionärsklage auf die Fälle der Verletzung der Hauptversammlungskompetenzen her[1160]:

Zur Beurteilung, ob eine ungeschriebene Hauptversammlungskompetenz im konkreten Fall vorliegt, hat der BGH in den Entscheidungen Holzmüller und Gelatine Grundsätze aufgestellt, nach denen eine ungeschriebene Hauptversammlungskompetenz nur bei schwerwiegenden Eingriffen in Aktionärsrechte gegeben sein kann[1161]. In der Sache beurteilt der BGH, wann eine Maßnahme des Vorstands, welche die Aktionäre in ihren mitgliedschaftlichen Rechten betrifft, dermaßen einschneidend ist, dass die Hauptversammlung darüber beschließen muss. Zugleich entscheidet der BGH damit auch über die Möglichkeit einer Aktionärsklage. Denn übergeht der Vorstand die nach den Holzmüller/Gelatine-Grundsätzen notwendige Beschlussfassung der Hauptversammlung, liegt eine Verletzung der (ungeschriebenen) Hauptversammlungskompetenzen vor. Bis hierhin kann *Adolff* nicht widersprochen werden.

Nun wird gefolgert: Wenn man mit den vermittelnden Ansichten weitere Anwendungsfälle der Abwehrklage – neben der Verletzung der Hauptversammlungskompetenzen – zulässt, könnte ein einzelner Aktionär wegen eines Eingriffs in seine mitgliedschaftlichen Rechte eine Aktionärsklage erheben, obwohl eine Hauptversammlungskompetenz für eben diesen Eingriff nicht gegeben ist[1162]. Der Aktionär könnte in den Kompetenzbereich des Vorstands eingreifen, ohne dass der Kompetenzbereich der Hauptversammlung betroffen ist. Die Holzmüller/Gelatine-Grundsätze würden damit entwertet. Der Aktionär erhielte eine systemfremde Position im Vergleich zur Hauptversammlung und seine Stellung gegenüber dem Vorstand würde unzulässig gestärkt. Diese Widersprüche seien nicht hinnehmbar[1163].

Leider hat diese Argumentation einen Haken: Maßnahmen der Verwaltungsorgane müssen nicht immer alle Aktionäre gleichermaßen betreffen.

1159 ADOLFF, ZHR 169 (2005), 310 (325 ff.).
1160 ADOLFF, ZHR 169 (2005), 310 (326 f.).
1161 S. o.: 4. Teil: A III.
1162 ADOLFF, ZHR 169 (2005), 310 (326).
1163 ADOLFF, ZHR 169 (2005), 310 (326 f.).

Ungeschriebene Hauptversammlungskompetenzen sind entwickelt worden, um in Ausnahmefällen eine Maßnahme von der Zustimmung der Hauptversammlung abhängig zu machen. Solche Ausnahmefälle wurden bislang ausschließlich für Maßnahmen bejaht, die sich in ihrer Wirkung auf alle Aktionäre erstrecken. Wird dem einzelnen Aktionär der Zugang zur Hauptversammlung (rechtswidrig) verwehrt, weil der Vorstand ihn aufgrund seines Verhaltens im letzten Jahr als Störenfried ausschließen will, dann ist von dieser Maßnahme nur ein einzelner Aktionär betroffen. Dafür eine ungeschriebene Hauptversammlungskompetenz zu bejahen, wäre abwegig. Dem Aktionär folglich eine Rechtsschutzmöglichkeit mittels Aktionärsklage zu versagen, ist nicht interessengerecht[1164].

Aus den Voraussetzungen der ungeschriebenen Hauptversammlungskompetenzen kann damit nicht auf die Reichweite von Aktionärsklagen geschlossen werden.

VI. Ergebnis

Einzelne Anwendungsfälle, die zur Begründung bei den vermittelnden Ansichten herangezogen werden, waren teilweise abzulehnen (Aktionärsklage wegen eines bloßen Verstoßes gegen das Gleichbehandlungsgebot) oder haben sich als Fall der Kompetenzverletzung herausgestellt (Aktionärsklage bei der rechtswidrigen Ausnutzung eines genehmigten Kapitals mit Bezugsrechtsausschluss). Dennoch sind Aktionärsklagen ausnahmsweise auch zur Durchsetzung von einzelnen Aktionärsrechten notwendig, namentlich beim Recht auf Zugang zur Hauptversammlung, dem Rederecht und dem Stimmrecht, wenn eine drohende Verletzung rechtzeitig bekannt wird. Die Beschlussmängelklagen entfalten insofern keine Sperrwirkung. Auch Klagen auf Abschluss eines Zeichnungsvertrags zur Durchsetzung des Bezugsrechts oder auf Zustimmung zum Verkauf vinkulierter Namensaktien sind dem Aktionär zu erlauben, sofern sie sich nicht bloß auf einen Verstoß gegen den Gleichbehandlungsgrundsatz stützen.

Die Aktionärsklagen lassen sich damit nicht auf Kompetenzverletzungen beschränken. Den vermittelnden Ansichten ist im Ergebnis zu folgen.

Einen allgemeinen oder verbandsrechtlichen Anspruch auf Achtung von Mitgliedschaftsrechten, dessen Befürwortung man dem BGH unterstellen könnte, gibt es nicht. Dieser müsste pauschal an die Mitgliedschaft anknüpfen und würde die Gefahr mit sich bringen, dass das erforderliche Maß des Aktionärsschutzes überschritten wird. Die eine Aktionärsklage rechtfertigende Position eines Aktionärs ist konkret anhand der durch das AktG vorgegebenen Strukturen und

1164 S. o.: 5. Teil: C I 1 a.

geschützten Interessen zu entwickeln und positiv zu begründen. Insbesondere der Grundsatz der restriktiven Handhabung von Aktionärsklagen ist dabei zu beachten.

D. Systematisierung der Fälle der Aktionärsklage

Die vorstehenden Untersuchungsergebnisse haben gezeigt, dass das Aktiengesetz einerseits ein dicht verwobenes Kompetenz- und Kontrollsystem vorgibt, in dem der Aktionär bezüglich seiner Teilnahme an Verwaltungs- und Kontrollangelegenheiten eine fest definierte Stelle hat und andererseits der Aktionär vermögensrechtlich effektiv geschützt werden soll. Beide Aspekte sind derart miteinander verflochten, dass eine Verallgemeinerung schwierig ist. So greift zum Beispiel eine Klage auf Abschluss eines Zeichnungsvertrags zur Durchsetzung des Bezugsrechts immer auch in die Entscheidungsfreiheit des Vorstands ein. Eine Systematisierung ist damit nur in Form einer Zusammenstellung von Fallgruppen möglich.

I. Aktionärsklagen im sachlichen Anwendungsbereich der Beschlussmängelklagen

Im sachlichen Anwendungsbereich der Beschlussmängelklagen gilt eine auf Inhaltsfehler beschränkte Sperrwirkung der Beschlussmängelklagen. Eine ergänzende Aktionärsklage kommt deshalb nur bei drohenden Verfahrensfehlern in Betracht[1165]. Dafür muss dem Aktionär bevorstehen, in einem seiner Rechte verletzt zu werden und diese drohende Rechtsverletzung muss so zeitnah bekannt werden, dass eine gerichtliche Geltendmachung nicht am Rechtsschutzbedürfnis oder wegen des Eintritts von Unmöglichkeit scheitert[1166].

II. Aktionärsklagen außerhalb des sachlichen Anwendungsbereichs der Beschlussmängelklagen

1. Verletzung der Hauptversammlungskompetenzen

Außerhalb des sachlichen Anwendungsbereichs der Beschlussmängelklagen spielt die Aktionärsklage vor allem bei Verletzungen der Hauptversammlungskompetenzen eine wichtige Rolle. Die Aktionärsklage fußt hier auf dem aus einer Gesamtschau der §§ 119, 245 AktG herzuleitenden Recht auf Wahrung der

1165 S. o.: 5. Teil: C I 3.
1166 S. o.: 5. Teil: C I 1 d.

Hauptversammlungskompetenzen[1167] und lässt sich in folgende drei Gruppen unterteilen:

a. Bei der *Kompetenzverletzung ohne Hauptversammlungsbeschluss* wird die Hauptversammlung übergangen, indem sie trotz der ihr zugewiesenen Kompetenz überhaupt nicht beteiligt wird. Die Ausgliederung eines wesentlichen Unternehmensteils wie im Fall Holzmüller und die faktische Änderung des Unternehmensgegenstands sind hierunter zu fassen, ebenso wie de-facto-Auflösungsmaßnahmen oder die Schaffung eines qualifizierten faktischen Konzerns[1168].
b. Die *Kompetenzverletzung nach einem Hauptversammlungsbeschluss* erfasst Fälle, in denen die Hauptversammlung selbst beschlossen hat und der Beschluss nicht umgesetzt wird[1169] oder nach erfolgreicher Beschlussmängelklage trotzdem verwirklicht wird[1170].
c. Die *Kompetenzverletzung nach Kompetenzübertragung* erfasst Fälle, in denen die Hauptversammlung die eigentlich ihr zustehende Kompetenz durch Hauptversammlungsbeschluss zumindest teilweise auf die Verwaltungsorgane überträgt und diese den ihr übertragenen Kompetenzrahmen überschreiten[1171].
   Bei dieser dritten Fallgruppe liegt auch – wie bei Fallgruppe (2) – ein Hauptversammlungsbeschluss vor. Allerdings kann der Aktionär nicht die Vornahme der dem Hauptversammlungsbeschluss entsprechenden Maßnahmen verlangen, denn die Kompetenz dafür wurde auf den Vorstand – zum Teil unter der Bedingung der Zustimmung des Aufsichtsrats – delegiert. Der Vorstand ist durch die Delegierung ermächtigt, aber nicht verpflichtet. Ferner wurde der Hauptversammlungsbeschluss auch nicht (trotz Nichtigkeit) umgesetzt. Welche Sachverhalte diese Fallgruppe beheimatet, hängt von der Frage ab, inwieweit und unter welchen Bedingungen Kompetenzübertragungen zulässig sind[1172]. Zum Teil sind Kompetenzübertragungen im Gesetz

---

1167 S. o.: 5. Teil: B II.

1168 Beispiele nach: K. SCHMIDT, Verhandlungen des 63. DJT 2000, Teil O, 11 (26).

1169 S. o.: 5. Teil: B IV.

1170 S. o.: 5. Teil: B III.

1171 Für diese Gruppe wurde auch schon die Ausdehnung der Anfechtungsklage vorgeschlagen: HIRTE, EWiR 2006, 65 (66); SCHÜRNBRAND, ZHR 171 (2007), 731 (745); dagegen: BGH, Urt. v. 10.10.2005 – II ZR 90/03 (Mangusta/Commerzbank II), WM 2005, 2388 (2389); vgl. auch BUSCH, NZG 2006, 81 (84 f.); vgl. unten: 6. Teil: A.

1172 Grundlegend dazu: LUTTER/LEINEKUGEL, ZIP 1998, 805 (insb. 811 ff.).

vorgesehen. Hier ist zunächst der bereits erörterte Fall der Ausnutzung eines genehmigten Kapitals mit Bezugsrechtsausschluss zu nennen. Die Hauptversammlung kann den Vorstand und den Aufsichtsrat nach §§ 203 II, 204 I 2 AktG ermächtigen, über den Ausschluss des Bezugsrechts zu entscheiden, obwohl diese Entscheidungsbefugnis normalerweise der Hauptversammlung zusteht (§ 186 III AktG). Aber nicht nur hinsichtlich des Ausschlusses des Bezugsrechts findet hier eine Kompetenzübertragung statt. Auch die Zuständigkeit über eine Kapitalerhöhung zu entscheiden, wird von der Hauptversammlung (§ 182 I AktG) auf den Vorstand und den Aufsichtsrat übertragen (§§ 202 II, 204 I 2 AktG)[1173]. Die Option einer Kompetenzübertragung wird beispielsweise auch durch § 221 II AktG für die Ausgabe von Wandelschuldverschreibungen eröffnet[1174]. Neben den gesetzlich gestatteten Fällen spricht § 33 II 1 WpÜG allgemein von einer Ermächtigung „zur Vornahme von Handlungen, die in die Zuständigkeit der Hauptversammlung fallen, um den Erfolg von Übernahmeangeboten zu verhindern". Eine solche Ermächtigungsmöglichkeit wird aber auch bei einer drohenden Übernahmesituation überwiegend nur für die gesetzlich vorgesehenen Fälle bejaht[1175]. Darüber hinaus kommt eine Kompetenzübertragung vor allem im Bereich ungeschriebener Hauptversammlungskompetenzen in Betracht[1176].

Diese Dreiteilung bringt rechtlich keinen Gewinn. Rechtsgrundlage für all diese Fälle ist der Anspruch auf Unterlassung und Beseitigung der Verletzung des Rechts auf Wahrung der Hauptversammlungskompetenzen aus der Gesamtschau von § 119 und § 245 AktG. In jedem Fall besteht die Möglichkeit des Vorstands, der Klage durch Herbeiführung eines entsprechenden Hauptversammlungsbeschlusses den Boden zu entziehen. Der Nutzen dieser Gruppeneinteilung ist eher praktischer Natur. Die Gruppen erleichtern eine Veranschaulichung der

---

1173 LUTTER/LEINEKUGEL, ZIP 1998, 805 (812); vgl. APFELBACHER/NIGGEMANN, in: Hölters, AktG, § 202, Rn. 30.

1174 LUTTER/LEINEKUGEL, ZIP 1998, 805 (812); REICHERT/SENGER, DK 2006, 338 (351).

1175 Str., wie hier: GLADE, in: Heidel, AktR, § 33 WpÜG, Rn. 17 ff.; HIRTE, in: KölnKomm, WpÜG, § 33, Rn. 96 f.; SCHLITT, in: MünchKomm, AktG, § 33 WpÜG, Rn. 207; a. A.: SCHNEIDER, AG 2002, 125 (131); STEINMEYER, in: Steinmeyer, WpÜG, § 33, Rn. 35 ff.

1176 LUTTER/LEINEKUGEL, ZIP 1998, 805 (814 ff.); NOACK/ZETZSCHE, in: Schwark/Zimmer, KMRK, § 33 WpÜG, Rn. 26 f.; SCHLITT, in: MünchKomm, AktG, § 33 WpÜG, Rn. 210 ff.

Möglichkeiten, wie das Recht auf Wahrung der Hauptversammlungskompetenzen verletzt werden kann.

2. Durchsetzung von Vermögensrechten

Weitere Aktionärsklagen außerhalb des sachlichen Anwendungsbereichs der Beschlussmängelklagen sind bei der Durchsetzung von Vermögensrechten denkbar, wenn die Durchsetzung des betroffenen Vermögensrechts nicht schon mit der Durchsetzung eines Hauptversammlungsbeschlusses geltend gemacht werden kann[1177]. Aber auch hier gilt der Grundsatz der restriktiven Handhabung von Aktionärsklagen, sodass eine Klage zur Durchsetzung von Vermögensrechten nicht zur Regel werden darf. Zu erlauben sind etwa Klagen auf Abschluss eines Zeichnungsvertrags zur Durchsetzung des Bezugsrechts[1178] oder auf Zustimmung zum Verkauf vinkulierter Namensaktien, wenn darauf auch ohne eine Verletzung des Gleichbehandlungsgebots ein Anspruch besteht[1179].

1177 S. o.: 5. Teil: B IV.
1178 S. o.: 5. Teil: C II 2.
1179 S. o.: 5. Teil: C III 4.

6. Teil: Klagearten der Aktionärsklage

Da das Prozessrecht die Aufgabe hat, das materielle Recht durchzusetzen und ihm insofern dient[1180], liegt der Schwerpunkt bei der Beurteilung, mit welchen Klagearten der notwendige Aktionärsrechtsschutz zu erreichen ist, im materiellen Recht[1181].

Den bisherigen Ausführungen hat die Klageart der Leistungsklage zu Grunde gelegen. Eine Leistungsklage ist gerichtet auf ein Tun oder Unterlassen. Bei Letzterem spricht man auch von einer Unterlassungsklage. Um Rechte mit einer Leistungs- bzw. Unterlassungsklage durchzusetzen, braucht der Aktionär einen Anspruch (§ 194 I BGB). Wann ein solcher gegeben ist, wurde oben dargestellt[1182].

Fraglich ist, ob verbesserter Rechtsschutz für Aktionäre auch mittels den beiden anderen in Betracht kommenden Klagearten[1183], der Anfechtungs- und der Feststellungsklage, zu erreichen ist.

A. Die Aktionärsklage als Gestaltungsklage – Möglichkeit einer Analogie

In Betracht kommt zunächst eine Aktionärsklage in Analogie zur Anfechtungsklage für Hauptversammlungsbeschlüsse (§§ 243 ff. AktG). Das Meinungsbild zu einer analogen Übertragung der Anfechtungsklage auf Vorstands- und Aufsichtsratsbeschlüsse ist nicht gerade homogen. Zu beachten ist, dass man nach den Anfechtungsberechtigten unterscheiden muss und auch zwischen Vorstands- und Aufsichtsratsbeschlüssen differenzieren kann[1184] – aber im Falle der Befugnis des Aktionärs nicht zwingend muss[1185].

1180 BGH, Urt. v. 08.10.1953 – III ZR 310/51, BGHZ 10, 350 (359), BGH, Urt. v. 08.07.1955 – I ZR 201/53, BGHZ 18, 98 (106); RAUSCHER, in: MünchKomm, ZPO, Einleitung, Rn. 27; SAENGER, in: Saenger, ZPO, Einführung, Rn. 16; vgl. auch: BRONDICS, Die Aktionärsklage, S. 120; kritisch zu diesem Verhältnis zwischen materiellem Recht und Prozessrecht: H. ROTH, in: FS Henckel, 707 (708 ff.).

1181 ADOLFF, ZHR 169 (2005), 310 (317); vgl. KUBIS, DStR 2006, 188 (191).

1182 S. o.: 5. Teil.

1183 GREGER, in: Zöller, ZPO, Vor § 253, Rn. 2; SCHILKEN, Zivilprozessrecht, Rn. 178.

1184 Nur in Bezug auf Aufsichtsratsbeschlüsse: BAUMS, ZGR 1983, 300; AXHAUSEN, Anfechtbarkeit aktienrechtlicher Aufsichtsratsbeschlüsse; BGH, Urt. v. 17.05.1993 – II ZR 89/92, BGHZ 122, 342.

1185 HÜFFER/SCHÄFER, in: MünchKomm, AktG, § 241, Rn. 98; vgl. BGH, Urt. v. 10.10.2005 – II ZR 90/03 (Mangusta/Commerzbank II), WM 2005, 2388 (2389);

I. Meinungsstand

Es wird vertreten, dass auch ein Aktionär Beschlüsse des Vorstands und des Aufsichtsrats analog §§ 243 ff. AktG anfechten kann[1186]. Zum Teil wird diese Analogie dahingehend eingeschränkt, dass der Aktionär durch den Beschluss in eigenen Rechten und geschützten Interessen verletzt sein muss[1187]. Eine solche Einschränkung wird aber auch abgelehnt, denn dies entspreche der – aus dem Verwaltungsrecht bekannten – Adressatentheorie und diese sei im Aktienrecht grundsätzlich abzulehnen[1188]. Dies zeige auch § 245 Nr. 1 AktG, da hier die Anfechtungsbefugnis eben nicht an eine Verteidigung eigener Rechte anknüpft[1189].

Als Grund der Analogie für Aktionäre wird angeführt, dass es auch bei Beschlüssen der Verwaltungsorgane ein erhebliches Bedürfnis nach Rechtssicherheit gibt[1190]. Dieses Bedürfnis bestehe auch für Aktionäre, denn sie sind Träger und Vertreter des Gesamtwillens der Gesellschaft. Ihnen obliegt nicht nur die Verfolgung eigener Vorteile, sondern auch derer der Gesellschaft. Im Hinblick auf ihr Investment in der Gesellschaft seien sie stets betroffen[1191]. Sofern der Aktionär in eigenen Rechten und geschützten Interessen verletzt sein könnte, ergebe sich die Befugnis daraus, dass die Gesellschaft alles zu unterlassen hat, was einen Aktionär über das durch Gesetz und Satzung gedeckte Maß hinaus beeinträchtigt[1192].

PAEFGEN, ZIP 2004, 145; siehe dazu auch: KOCH, Gutachten F zum 72. DJT 2018, S. 95 ff.

1186 PAEFGEN, ZIP 2004, 145 (150, 155); BECKER, Verwaltungskontrolle durch Gesellschafterrechte, S. 495 f., 505; für eine Analogie bei Aufsichtsratsbeschlüssen, allerdings gegen eine Anfechtungsbefugnis für Aktionäre: AXHAUSEN, Anfechtbarkeit aktienrechtlicher Aufsichtsratsbeschlüsse, S. 223 f.

1187 So in Bezug auf Aufsichtsratsbeschlüsse: BAUMS, ZGR 1983, 300 (340); LEMKE, Der fehlerhafte Aufsichtsratsbeschluss, S. 182 f.; vgl. KOCH, Gutachten F zum 72. DJT 2018, S. 101, 105.

1188 BECKER, Verwaltungskontrolle durch Gesellschafterrechte, S. 495 f., 505.

1189 BECKER, Verwaltungskontrolle durch Gesellschafterrechte, S. 495.

1190 Vgl. BGH, Urt. v. 17.05.1993 – II ZR 89/92, BGHZ 122, 342 (347); vgl. auch: KOCH, Gutachten F zum 72. DJT 2018, S. 99

1191 BECKER, Verwaltungskontrolle durch Gesellschafterrechte, S. 495.

1192 BAUMS, ZGR 1983, 300 (340).

Häufig nähert man sich dieser Analogiefrage über den Weg der Vergleichbarkeit der Beschlüsse. Dabei stellt sich dann die zentrale Frage, ob bei Mängeln eines Beschlusses des Aufsichtsrats und der Verwaltung die gleiche Unterteilung in Nichtigkeit und Anfechtbarkeit sinnvoll ist, wie dies die §§ 241 ff. AktG für Hauptversammlungsbeschlüsse vornehmen[1193]. Wird eine Analogie schließlich verneint, kommt man gar nicht erst zur Beurteilung ob auch ein Aktionär klagebefugt wäre.

Nähert man sich dem Problem über den Weg des Klagebefugten und vergleicht die Interessenlagen, wird gegen eine Analogie vorgebracht, dass das Mittel der Beschlussanfechtung zu weit gehe und andere Mittel zur Verfügung stünden[1194]. Weiter wird vorgetragen, dass eine Analogie auf einen Systembruch im Aktienrecht hinausliefe[1195]. Das Aktiengesetz trenne klar zwischen Befugnissen des Vorstands, des Aufsichtsrats und der Hauptversammlung der Aktionäre. Dieses aktienrechtliche System der Gewaltenteilung weist die Kontrolle des Vorstands dem Aufsichtsrat zu. Ein Eingriff in dieses System mittels einer unmittelbar die Rechtslage gestaltenden Klage sei daher unzulässig[1196].

1193 Dies bejahend für den Aufsichtsratsbeschluss: AXHAUSEN, Anfechtbarkeit aktienrechtlicher Aufsichtsratsbeschlüsse, S. 113 ff.; BAUMS, ZGR 1983, 300 (305 ff.); BECKER, Verwaltungskontrolle durch Gesellschafterrechte, S. 487 ff.; LEMKE, Der fehlerhafte Aufsichtsratsbeschluss, S. 94 ff.; OLG Hamburg, Urt. v. 6.3.1992 – 11 U 134/91, AG 1992, 197 (198 ff.); dagegen: BGH, Urt. v. 17.05.1993 – II ZR 89/92 (Hamburg-Mannheimer), BGHZ 122, 342 (347 ff.); BGH, Urt. v. 15.11.1993 – II ZR 235/92, BGHZ 124, 111 (115, 125); BGH, Urt. v. 21.04.1997 – II ZR 175/95 (ARAG/Garmenbeck), BGHZ 135, 244 (247); HÜFFER/SCHÄFER, in: MünchKomm, AktG, § 241, Rn. 97; KOCH, in: Hüffer/Koch, AktG, § 108, Rn. 28; LUTTER/KRIEGER/VERSE, Rechte und Pflichten des Aufsichtsrats, Rn. 737; DRYGALA, in: K. Schmidt/Lutter, AktG, § 108, Rn. 42; bejahend für den Vorstandsbeschluss: BECKER, Verwaltungskontrolle durch Gesellschafterrechte, S. 500 ff.; PAEFGEN, ZIP 2004, 145 (149 ff.); für den Fall des genehmigten Kapitals auch: HIRTE, EWiR 2006, 65; dagegen: BGH, Urt. v. 10.10.2005 – II ZR 90/03 (Mangusta/Commerzbank II), WM 2005, 2388 (2389); HÜFFER/SCHÄFER, in: MünchKomm, AktG, § 241, Rn. 98; i. E. auch: BARTELS, ZGR 2008, 723 (735).

1194 AXHAUSEN, Anfechtbarkeit aktienrechtlicher Aufsichtsratsbeschlüsse, S. 224.

1195 BGH, Urt. v. 10.10.2005 – II ZR 90/03 (Mangusta/Commerzbank II), WM 2005, 2388 (2389).

1196 BGH, Urt. v. 10.10.2005 – II ZR 90/03 (Mangusta/Commerzbank II), WM 2005, 2388 (2389); zustimmend: PASCHOS, DB 2005, 2731.

Problematisch an den hier dargestellten Ansätzen ist, dass sie im gewissen Maße aneinander vorbeigehen. Eine Analogie erfordert nicht nur eine vergleichbare Interessenlage, sondern auch eine planwidrige Regelungslücke[1197].

II. Vergleichbare Interessenlage

Für eine vergleichbare Interessenlage spricht zunächst, dass es sich im jeweiligen Fall um einen Beschluss, also eine Gemeinschaftsentscheidung, handelt. Dieser kann an Mängeln leiden. Im Sinne der Rechtssicherheit besteht bei Mängeln immer ein Bedürfnis, diese geltend machen zu können.

Eine Vergleichbarkeit wäre u. U. leichter zu begründen, wenn man den Aktionär und das Aufsichtsrats- oder Vorstandsmitglied ins Verhältnis zu dem im jeweilig zugehörigen Organ gefassten Beschluss setzen würde[1198]. Dies gilt es aber auszuklammern. Hier soll die Anfechtung von Beschlüssen der Verwaltungsorgane durch einen Aktionär untersucht werden.

Gegen eine vergleichbare Interessenlage spricht, dass der Aktionär nicht Teil des beschlussfassenden Organs ist. Ein Aktionär wird bei einem fehlerhaften Hauptversammlungsbeschluss stets in seinen Rechten betroffen, weil die Hauptversammlung das Organ ist, in dem er seine Rechte ausübt (§ 118 I AktG). Die Anfechtungsbefugnis grenzt dies lediglich durch formale Kriterien (Zeitpunkt des Aktienbesitzes, Anwesenheit und Widerspruch) zugunsten der Rechtssicherheit ein[1199]. Wird hingegen ein Aufsichtsratsmitglied nicht ordnungsgemäß geladen, hat dies keine Auswirkungen auf die Rechte des Aktionärs, obwohl ein Verstoß gegen § 110 AktG vorläge. Genau genommen spricht die zum Teil vertretene Einschränkung auf Verletzung von Aktionärsrechten[1200] schon gegen die Vergleichbarkeit der Interessenlagen. Für die Begründung einer Gesamtanalogie geht es nicht darum, ob zur Erhebung des Rechtsbehelfs eine Betroffenheit in eigenen Rechten erforderlich ist. Ausschlaggebend ist die für den Aktionär vergleichbare Interessenlage, die eine Gestaltungsklage rechtfertigen soll. Eben an

---

1197 LARENZ, Methodenlehre der Rechtswissenschaft, Kapitel 5, 2 (S. 370 ff., insb. S. 373: „planwidrige Unvollständigkeit des Gesetzes"); vgl. dazu: RÜTHERS/FISCHER/BIRK, Rechtstheorie, Rn. 889 ff.; GRÜNEBERG, in: Palandt, BGB, Einleitung, Rn. 48; kritisch zur „Lücke" als Voraussetzung für eine Analogie: RÖHL/RÖHL, Allgemeine Rechtslehre, § 80 I (S. 633 ff., insb. S. 635).

1198 Näher dazu: BAUMS, ZGR 1983, 300 (339).

1199 Vgl. ENGLISCH, in: Hölters, AktG, § 245, Rn. 1.

1200 BAUMS, ZGR 1983, 300 (340).

dieser fehlt es aber, wenn eine Betroffenheit in eigenen Rechten – wie es bei den §§ 243 ff. AktG nicht notwendig ist – erst positiv begründet werden muss.

III. Planwidrige Regelungslücke

Für eine Regelungslücke spricht, dass das Aktiengesetz keine Vorschriften über die Anfechtbarkeit von Beschlüssen des Vorstands und des Aufsichtsrats enthält. Eine Lücke ist allerdings dann zu verneinen, wenn das Gesetz Gegenteiliges festlegt[1201]. Aus dem vom Aktiengesetz vorgegebenen Kompetenz- und Kontrollsystem folgt, dass dem Vorstand die Geschäftsführung in eigener Verantwortung obliegt, § 76 I AktG und dass den Aktionären die Mitwirkung und Einflussnahme an Geschäftsführungsmaßnahmen – außer in den speziell geregelten Fällen – untersagt ist. Wenn der Aktionär mit einer Anfechtungsklage gegen einen Beschluss eines Verwaltungsorgans erfolgreich wäre, würde er unmittelbar (§ 248 I AktG) in diese Verantwortung eingreifen. Dies stellt – wie der BGH[1202] formuliert – einen „Systembruch" dar. Dass ein solches Mittel nicht geregelt ist, kann in Anbetracht des vorgegebenen Gewaltenteilungssystems keine planwidrige Lücke sein[1203].

IV. Ergebnis und Folgen

Eine Aktionärsklage in Analogie zur Anfechtungsklage gerichtet auf Kassation von Beschlüssen der Verwaltungsorgane ist abzulehnen.

Grundsätzlich vorstellbar ist es, statt einer Gesamtanalogie zur Anfechtungsklage eine eigene Gestaltungsklage für Beschlüsse der Verwaltungsorgane zu untersuchen[1204]. Das hätte den Vorteil, dass das häufig gegen eine Analogie zur Anfechtungsklage vorgebrachte Argument, dass die Anfechtungsvorschriften speziell für Hauptversammlungsbeschlüsse entwickelt wurden und folglich nicht übertragbar sind[1205], nicht mehr greifen würde. Für eine solche Möglichkeit einer Gestaltungsklage des Aktionärs gilt allerdings: Jeder andere Eingriff in die Beschlusshoheit der Verwaltungsorgane mittels einer Gestaltungsklage würde einer Analogie zur Anfechtungsklage im Ergebnis gleich kommen.

1201 REGENFUS, JA 2009, 579 (580).

1202 BGH, Urt. v. 10.10.2005 – II ZR 90/03 (Mangusta/Commerzbank II), WM 2005, 2388 (2389).

1203 I. E. ebenso: REICHERT/SENGER, DK 2006, 338 (342 f.).

1204 Vgl. dazu: MERTENS/CAHN, in: KölnKomm, AktG, § 108, Rn. 103 f.

1205 Vgl. BGH, Urt. v. 17.05.1993 – II ZR 89/92 (Hamburg-Mannheimer), BGHZ 122, 342 (347 ff.); vgl. KOCH, in: Hüffer/Koch, AktG, § 108, Rn. 28.

Deshalb sind Gestaltungsklagen des Aktionärs gegen Vorstandsbeschlüsse oder Aufsichtsratsbeschlüsse insgesamt nicht möglich.

B. Die Aktionärsklage als Feststellungsklage

Als drittes prozessuales Mittel steht die Feststellungsklage zur Verfügung. Mit der Feststellungsklage wird im Vergleich zu den beiden anderen prozessualen Mitteln ein weniger weitreichendes Ziel verfolgt[1206], da sie nur deklaratorische Feststellungswirkung hat[1207]. Sie enthält keinen Leistungsbefehl wie die Leistungsklage und führt zu keiner Rechtsänderung wie die Gestaltungsklage[1208]. Der mögliche Gegenstand einer Feststellungsklage ist jedoch umfassender als der einer Leistungsklage[1209]. Sie kann nicht nur auf die Feststellung von Ansprüchen gerichtet werden, sondern auch auf die Feststellung von Rechtsverhältnissen und damit von Rechten und rechtlichen Beziehungen aller Art[1210].

Andererseits ist jede Leistungsklage auch eine Feststellungsklage, da mit der Entscheidung über das Bestehen oder Nichtbestehen eines Anspruchs zugleich das Bestehen oder Nichtbestehen eines Rechtsverhältnisses festgestellt wird[1211].

Aus Sicht des klagenden Aktionärs unterliegt die Feststellungsklage weniger strengen Voraussetzungen, da der Aktionär keinen Anspruch darlegen und beweisen muss. Andererseits erschöpft sich die Wirkung der Klage in der richterlichen Feststellung und ist deshalb weniger einschneidend als eine Verpflichtung der AG zu einem Tun oder Unterlassen infolge einer stattgegebenen Leistungsklage. Ein Eingriff in die Kompetenzen der Verwaltungsorgane hätte hier eine ganz andere, weniger intensive Qualität. Fraglich ist insofern, wann und unter welchen Bedingungen der Aktionär auf Feststellung einer Verletzung seiner Rechte klagen kann. Dazu sind die Voraussetzungen der Feststellungsklage näher zu untersuchen.

1206 SCHILKEN, Zivilprozessrecht, Rn. 183; vgl. BECKER-EBERHARD, in: MünchKomm, ZPO, § 256, Rn. 2 („Das Feststellungsurteil ist nach dem Wirkungsgrad die schwächste Form des Rechtsschutzes").

1207 GREGER, in: Zöller, ZPO, § 256, Rn. 1.

1208 GREGER, in: Zöller, ZPO, Vor § 253, Rn. 5, 7.

1209 H. ROTH, in: Stein/Jonas, ZPO, § 256, Rn. 1; SCHILKEN, Zivilprozessrecht, Rn. 183.

1210 H. ROTH, in: Stein/Jonas, ZPO, § 256, Rn. 1; SCHILKEN, Zivilprozessrecht, Rn. 184; Bsp.: Feststellung, dass ein Mietvertrag auf unbestimmte Zeit abgeschlossen ist, BGH, Urt. v. 18.10.2000 – XII ZR 179/98, NJW 2001, 221.

1211 SCHELLHAMMER, Zivilprozess, Rn. 169.

I. Analogie zur Nichtigkeitsklage gem. § 249 AktG

Zunächst kommt eine Analogie zur Nichtigkeitsklage nach § 249 AktG in Betracht, sofern man die Nichtigkeitsklage zutreffend als besondere Feststellungsklage einordnet[1212]. Besonders ist sie, weil kein besonderes Feststellungsinteresse (vgl. § 256 I ZPO) des Aktionärs vorliegen muss, denn ein solches ergibt sich nach der ganz h. M. automatisch aus der Zugehörigkeit des Aktionärs zur Gesellschaft[1213], mit anderen Worten: aus der Mitgliedschaft[1214]. Dem ist im Ergebnis zuzustimmen. Allerdings liegt die Rechtfertigung dieser Besonderheit in der engen Bindung des Aktionärs an die Hauptversammlung. Deshalb hat der Gesetzgeber dem Aktionär die Befugnis verliehen, die objektive Rechtswidrigkeit eines Hauptversammlungsbeschlusses zu rügen[1215]. Für die Verwaltungsorgane folgt das Feststellungsinteresse aus ihrer Bindung an die Hauptversammlungsbeschlüsse[1216].

Diese Konkretisierung ist im Rahmen der Nichtigkeitsklage nach § 249 AktG ohne Bedeutung. Gleichwohl ist sie nicht entbehrlich, denn anderenfalls würden, beim bloßen Berufen auf die Zugehörigkeit zur Gesellschaft, Widersprüche entstehen: Die Zugehörigkeit zur Gesellschaft (Mitgliedschaft) würde nach der h. M. genügen, um Maßnahmen der Hauptversammlung anzufechten[1217]

1212 Str., wie hier: BARTELS, ZGR 2008, 723 (732 ff.); DÖRR, in: Spindler/Stilz, AktG, § 249, Rn. 4; DRYGALA/STAAKE/SZALAI, Kapitalgesellschaftsrecht, § 21 IV 8 b bb (Rn. 292); ENGLISCH, in: Hölters, AktG, § 249, Rn. 2; HÜFFER/SCHÄFER, in: MünchKomm, AktG, § 249, Rn. 4; KOCH, in: Hüffer/Koch, AktG, § 249, Rn. 10; M. SCHWAB, in: K. Schmidt/Lutter, AktG, § 249, Rn. 1; a. A.: K. SCHMIDT, Gesellschaftsrecht, § 15 II 2 a und § 28 IV 5 e cc; ders., in: Großkomm, AktG (4. Auflage), § 241, Rn. 3; KINDL, ZGR 2000, 166 (172 f.); WILHELM, Kapitalgesellschaftsrecht, Rn. 901; PAEFGEN, ZIP 2004, 145 (149).

1213 BGH, Urt. v. 25.02.1965 – II ZR 287/63, BGHZ 43, 261 (265); DRYGALA/STAAKE/SZALAI, Kapitalgesellschaftsrecht, § 21 IV 8 b bb (Rn. 292); ENGLISCH, in: Hölters, AktG, § 249, Rn. 3.

1214 HEIDEL, in: Heidel, AktR, § 249, Rn. 9; KOCH, in: Hüffer/Koch, AktG, § 249, Rn. 11; M. SCHWAB, in: K. Schmidt/Lutter, AktG, § 249, Rn. 3.

1215 Für eine Präzisierung in diese Richtung schon: M. SCHWAB, in: K. Schmidt/Lutter, AktG, § 249, Rn. 3.

1216 Vgl. HÜFFER, der auf die korporationsrechtliche Beziehung zwischen der AG und den Vorstandsorganen abstellt und insofern einen weiteren als den hier vertretenen Ansatz wählt, AktG, § 249, Rn. 11; ihm folgend: HEIDEL, in: Heidel, AktR, § 249, Rn. 9; ENGLISCH, in: Hölters, AktG, § 249, Rn. 3.

1217 Auch für die Anfechtungsbefugnis soll materiell die Zugehörigkeit des Aktionärs zur Gesellschaft genügen, denn eine subjektive Rechtsverletzung des klagenden Aktionärs ist nicht erforderlich; vgl. BGH, Urt. v. 25.02.1965 – II ZR 287/63, BGHZ 43,

bzw. Nichtigkeitsklage dagegen zu erheben, andererseits soll die Zugehörigkeit zur Gesellschaft nicht genügen, um den von der h. M. (zu Recht) abgelehnten Anspruch auf rechtmäßiges Verhalten der Verwaltungsorgane durchzusetzen[1218]. Es findet aus Sicht des Aktionärs eine Differenzierung zwischen Hauptversammlungsbeschlüssen und Maßnahmen der Verwaltung außerhalb der Hauptversammlung statt. Das ist auch richtig, nur muss der dem zu Grunde liegende Aspekt auch auf die Anfechtungsbefugnis bzw. das Feststellungsinteresse übertragen werden. Zu finden ist dieser Aspekt in der Bedeutung eines Hauptversammlungsbeschlusses. Er ist für grundlegende Entscheidungen in der Gesellschaft erforderlich und deshalb sind hier auch die Aktionäre zu beteiligen und die Verwaltungsorgane daran gebunden. Folglich rechtfertigt sich die Besonderheit der besonderen Feststellungsklage nach § 249 AktG durch die enge Bindung der Rechtsstellung des Aktionärs an die Hauptversammlung[1219].

Eine solche Stellung hat der Aktionär außerhalb der Hauptversammlung nicht. Hier bewegt er sich grundsätzlich als Störenfried im Kompetenzbereich der Verwaltungsorgane. Deshalb fehlt es an der vergleichbaren Interessenlage, die für die Begründung einer Analogie erforderlich ist.

Eine entsprechende Anwendung des § 249 AktG ist abzulehnen[1220].

---

261 (265 f.); BGH, Urt. v. 19.12.1977 – II ZR 136/76, BGHZ 70, 117 (118); DÖRR, in: Spindler/Stilz, AktG, § 245, Rn. 7a; ENGLISCH, in: Hölters, AktG, § 245, Rn. 1. § 245 AktG statuiert nur weitere Voraussetzungen, um Popularklagen zu verhindern; DÖRR, in: Spindler/Stilz, AktG, § 245, Rn. 2; ENGLISCH, in: Hölters, AktG, § 245, Rn. 1; K. SCHMIDT, in: Großkomm, AktG (4. Auflage), § 245, Rn. 2.

1218 Vgl. dazu BECKER, Verwaltungskontrolle durch Gesellschafterrechte, S. 621, der i. E. einen allgemeinen Anspruch des Aktionärs auf gesetz- und satzungsgemäßes Verhalten entgegen der h. M. bejaht und die Klagebefugnis des Aktionärs gegen Hauptversammlungsbeschlüsse vergleichend heranzieht, um eine Einschränkung der Klagebefugnis gegen Maßnahmen der Verwaltung abzulehnen.

1219 Vgl. BRONDICS, Die Aktionärsklage, S. 187.

1220 BGH, Urt. v. 10.10.2005 – II ZR 90/03 (Mangusta/Commerzbank II), WM 2005, 2388 (2389); BARTELS, ZGR 2008, 723 (736); KUBIS, DStR 2006, 188 (190 f.); PACHOS, DB 2005, 2731; WACLAWIK, ZIP 2006, 397 (400 f.); a. A.: HIRTE plädiert für eine analoge Anwendung der §§ 241 ff. AktG auf Maßnahmen der Verwaltung, gegebenenfalls unter Beschränkung auf den Fall, dass diese auf der Grundlage einer Ermächtigung seitens der Hauptversammlung tätig wird, EWiR 2006, 65 (66); PAEFGEN bejaht eine analoge Anwendung vor dem Hintergrund der Klassifizierung der Nichtigkeitsklage als Gestaltungsklage, ZIP 2004, 145 (149 ff., 154 f.); einen anderen Weg wählt BAUMS, er bejaht zwar grundsätzlich eine analoge Anwendung von § 249 AktG gegen Aufsichtsratsbeschlüsse, fordert aber ein Feststellungsinteresse nach § 256 ZPO, der Umstand, dass der Aktionär Gesellschafter ist, genüge nicht um ein

II. Allgemeine Feststellungsklage gem. § 256 ZPO

Um eine allgemeine Feststellungsklage erheben zu können, muss der Aktionär die Feststellung des Bestehens oder Nichtbestehens eines Rechtsverhältnisses (1) begehren und er muss an der Feststellung ein rechtliches Interesse (2) haben (vgl. § 256 I ZPO).

1. Rechtsverhältnis

Ein Rechtsverhältnis ist eine rechtlich geregelte Beziehung zwischen Rechtssubjekten (Personen)[1221]. Kein Rechtsverhältnis besteht zwischen einem Rechtssubjekt (Person) und einem Rechtsobjekt (z. B.: Sache)[1222], denn das Bedürfnis nach einer rechtlich geregelten Beziehung besteht erst, wenn ein zweites Rechtssubjekt auftritt[1223].

In der Regel geht es bei der Feststellungsklage um ein Rechtsverhältnis zwischen den Parteien[1224]. Bei der Aktionärsklage sind dies die Aktiengesellschaft und der Aktionär[1225]. Verbunden sind sie durch das Rechtsverhältnis Mitgliedschaft[1226]. Nun ist es möglich, dass es dem Aktionär gerade darauf ankommt, ob ein Verwaltungsorgan der AG rechtswidrig gehandelt hat. Folglich könnte es dem Aktionär primär gerade nicht um sein Verhältnis zur AG gehen, sondern um das Verhältnis des Verwaltungsorgans zur AG.

Feststellungsinteresse zu begründen, ZGR 1983, 300 (343 f.); für eine Analogie zu § 249 AktG auch: HEIDEL, in: Heidel, AktR, § 246, Rn. 64b.

1221 So in der Literatur zum materiellen Recht: LARENZ/WOLF, Allgemeiner Teil des Bürgerlichen Rechts, § 13 (Rn. 1); BOEMKE/ULRICI, BGB AT, § 17 A I (Rn. 4).

1222 So allerdings die ganz h. M. im Prozessrecht: BGH, Urt. v. 22.01.2015 – VII ZR 353/12, NJW-RR 2015, 398 (399); BGH, Urt. v. 16.09.2008 – VI ZR 244/07, NJW 2009, 751; BGH, Urt. v. 07.06.2001 – I ZR 21/99, NJW 2001, 3789; BGH, Urt. v. 31.05.2000 – XII ZR 41/98, NJW 2000, 2663 (2664); BECKER-EBERHARD, in: MünchKomm, ZPO, § 256, Rn. 9; GREGER, in: Zöller, ZPO, § 256, Rn. 3; C. SEILER, in: Thomas/Putzo, ZPO, § 256, Rn. 5.

1223 LARENZ/WOLF, Allgemeiner Teil des Bürgerlichen Rechts, § 13 (Rn. 11). Eine unterschiedliche Deutung des Begriffs „Rechtsverhältnis" im materiellen Recht und im Prozessrecht leuchtet nicht ein.

1224 BARTELS, ZGR 2008, 723 (739); GREGER, in: Zöller, ZPO, § 256, Rn. 3b.

1225 S. u.: 7. Teil: A.

1226 S. o.: 3. Teil: A.

Aus diesem Grund geht der BGH bei der Aktionärsklage in Gestalt der Feststellungsklage von der Feststellung eines Drittrechtsverhältnisses[1227] aus. Das sei auch notwendig, weil der Aktionär zum Vorstand und dem Aufsichtsrat in keiner unmittelbaren rechtlichen Beziehung steht[1228]. Er wolle daher das Rechtsverhältnis zwischen der AG und dem Verwaltungsorgan festgestellt haben[1229]. Diese Ansicht hat in der Literatur zum Teil Zuspruch gefunden[1230]. Auf diese Weise werde verhindert, dass die Feststellung einer organschaftlichen Fehlleistung aus dem Binnenverhältnis umständlich in das Mitgliedschaftsverhältnis transferiert werden müsste[1231].

Die Ansicht des BGH wurde allerdings auch kritisiert[1232]: Die Ausnutzungsentscheidung des Vorstands und Aufsichtsrats im Verfahren Mangusta/Commerzbank II betreffe ausschließlich das Rechtsverhältnis zwischen dem klagenden Mitglied und dem in das individuelle Bezugsrecht eingreifenden Verband[1233]. Die Rechtswidrigkeit der Ausnutzungsbeschlüsse ist erst im Hinblick auf die Bezugsrechtsverletzung Gegenstand der Feststellungsklage[1234]. Zudem sei es widersprüchlich, auf der einen Seite von der Feststellung eines Drittrechtsverhältnisses auszugehen und auf der anderen Seite zu erkennen, dass der Bezugsrechtsausschluss den Kläger in „dessen Stellung als Aktionär und damit in seinem Rechtsverhältnis zur Gesellschaft" berührt[1235].

Beide Ansichten scheinen auf den ersten Blick vertretbar. Je nachdem, welches Ziel des Aktionärs in den Vordergrund gerückt wird, kommt es ihm entweder auf die bloße Feststellung der Rechtswidrigkeit des Verwaltungshandelns (Drittrechtsverhältnis) oder auf die Feststellung des Eingriffs in die eigene Rechtsposition (Rechtsverhältnis zum Verband) an. Die Folgefrage wäre dann, ob für beide Optionen ein rechtliches Interesse begründet werden könnte. Gerade im

---

1227 BGH, Urt. v. 25.02.1982 – II ZR 174/80 (Holzmüller), BGHZ 83, 122 (125 f.); BGH, Urt. v. 10.10.2005 – II ZR 90/03 (Mangusta/Commerzbank II), WM 2005, 2388 (2390).

1228 BGH, Urt. v. 25.02.1982 – II ZR 174/80 (Holzmüller), BGHZ 83, 122 (134).

1229 BGH, Urt. v. 25.02.1982 – II ZR 174/80 (Holzmüller), BGHZ 83, 122 (126); BGH, Urt. v. 10.10.2005 – II ZR 90/03 (Mangusta/Commerzbank II), WM 2005, 2388 (2390).

1230 BARTELS, ZGR 2008, 723 (738 ff.).

1231 BARTELS, ZGR 2008, 723 (739).

1232 BUSCH, NZG 2006, 81 (85); KUBIS, DStR 2006, 188 (191); REICHERT/SENGER, DK 2006, 338 (345).

1233 KUBIS, DStR 2006, 188 (191).

1234 KUBIS, DStR 2006, 188 (191).

1235 BUSCH, NZG 2006, 81 (85).

Hinblick auf ersteres deutet sich die Gefahr einer allgemeinen Rechtmäßigkeitskontrolle der Verwaltungsentscheidungen durch den Aktionär an.

Die Ursache für diesen Streit liegt allerdings woanders: Bei der Abwehrklage des Aktionärs treffen die Besonderheiten des Verbandsrechts und die ohnehin umstrittene Figur der Feststellung eines Drittrechtsverhältnisses als Gegenstand der allgemeinen Feststellungsklage aufeinander.

a. Feststellung eines Drittrechtsverhältnisses im Allgemeinen

Grundsätzlich fehlt es an der Prozessführungsbefugnis, für einen Rechtsstreit über die Feststellung einen Drittrechtsverhältnisses[1236]. Der BGH macht hiervon eine Ausnahme, wenn das Drittrechtsverhältnis (Rechtsverhältnis mit oder zwischen Dritten) zugleich von Bedeutung für das Rechtsverhältnis zwischen den Parteien ist (und der Kläger ein rechtliches Interesse an der Feststellung hat)[1237]. Grundlage für diese Ansicht ist der Wortlaut von § 256 ZPO, denn er verlangt nur allgemein ein Rechtsverhältnis und nicht etwa ein solches zwischen den Parteien[1238].

Gleichwohl wird diese Figur in der Literatur zunehmend kritisiert[1239], da sie eine ganze Reihe von Problemen mit sich bringt.

Das Prozessrecht dient dem materiellen Recht. Es bezweckt den Schutz und die Durchsetzung der eigenen materiellen Rechte des Klägers[1240]. Dieses Ziel kann mit der Feststellung fremder Rechtsverhältnisse vielleicht gefördert, aber nicht rechtssicher erreicht werden[1241]. Bei der Feststellung eines

---

1236 BECKER-EBERHARD, in: MünchKomm, ZPO, § 256, Rn. 36; GREGER, in: Zöller, ZPO, § 256, Rn. 3b.

1237 BGH, Urt. v. 25.02.1982 – II ZR 174/80 (Holzmüller), BGHZ 83, 122 (125 f.); BGH, Urt. v. 08.07.1983 – V ZR 48/82, NJW 1984, 2950; BGH, Urt. v. 16.06.1993 – VIII ZR 222/92, NJW 1993, 2539 (2540); BGH, Urt. v. 18.10.1993 – II ZR 171/92, NJW 1994, 459 (459 f.); BGH, Urt. v. 23.09.1996 – II ZR 126/95, NJW 1997 318 (319); BGH, Urt. v. 07.11.1997 – LwZR 1/97, NJW 1998, 229; BGH, Urt. v. 18.01.2012 – I ZR 187/10, NJW 2012, 2034 (2038); zustimmend: C. SEILER, in: Thomas/Putzo, ZPO, § 256, Rn. 9; SCHELLHAMMER, Zivilprozess, Rn. 178; SCHILKEN, Zivilprozessrecht, Rn. 185.

1238 RG, Urt. v. 21.03.1928 – V 249/27, LZ 1928, 703; SCHELLHAMMER, Zivilprozess, Rn. 178.

1239 BECKER-EBERHARD, in: MünchKomm, ZPO, § 256, Rn. 35 f.; GREGER, in: Zöller, ZPO, § 256, Rn. 3b; JACOBS, Der Gegenstand des Feststellungsverfahrens, S. 303 ff.; G. LÜKE, in: FS Henckel, 563 (passim); MICHAELIS, in: FS Larenz, 443 (452 ff.).

1240 JACOBS, Der Gegenstand des Feststellungsverfahrens, S. 304.

1241 JACOBS, Der Gegenstand des Feststellungsverfahrens, S. 304; G. LÜKE, in: FS Henckel, 563 (572); MICHAELIS, in: FS Larenz, 443 (452).

Drittrechtsverhältnisses können das festzustellende Recht und das mittels Prozessrecht zu schützende Recht auseinanderfallen[1242]. Es käme folglich zu einer Verschiebung des Verhältnisses zwischen Prozessrecht und materiellem Recht[1243]. Diese Verschiebung bzw. Ablösung vom materiellen Recht ist nicht gerechtfertigt, denn wie wiederholt durch die Literatur festgestellt wurde, bestand in den meisten einschlägigen Entscheidungen durchaus ein feststellbares Rechtsverhältnis zwischen den Parteien[1244].

Ein weiteres Problem liegt in der subjektiven Rechtskraftwirkung[1245]. Ein stattgebendes rechtskräftiges Feststellungsurteil wirkt nur zwischen den Parteien (§ 325 I ZPO). Es entfaltet grundsätzlich keine Drittwirkung[1246]. Der Dritte muss sich nicht an das Urteil halten und es besteht die Gefahr, dass in einem eigenen Prozess des Dritten – oder gar in einem ganz anderen, das gleiche Rechtsverhältnis betreffenden Drittfeststellungsverfahren – ein Urteil ergeht, dass dem Drittfeststellungsurteil widerspricht[1247].

Ferner übergeht die Ansicht vom BGH das Erfordernis der Prozessführungsbefugnis für die Verfolgung fremder Rechte[1248]. Ein prozessrechtlicher Grundsatz sagt, dass jedes Rechtssubjekt nur dann zur Prozessführung befugt ist, wenn es eigene materielle Rechtspositionen verfolgt[1249]. Eine Ausnahme davon ist nur dann anzunehmen, wenn ihm kraft Gesetz, Hoheitsakt oder Rechtsgeschäft die Befugnis für die Verfolgung fremder Rechte übertragen wurde[1250]. Das ist bei der

---

1242 JACOBS, Der Gegenstand des Feststellungsverfahrens, S. 303.

1243 Vgl. GREGER, in: Zöller, ZPO, § 256, Rn. 3b; JACOBS, Der Gegenstand des Feststellungsverfahrens, S. 303.

1244 BECKER-EBERHARD, in: MünchKomm, ZPO, § 256, Rn. 36; GREGER, in: Zöller, ZPO, § 256, Rn. 3b; G. LÜKE, in: FS Henckel, 563 (565 ff.); MICHAELIS, in: FS Larenz, 443 (452 ff., 460 f.).

1245 GREGER, in: Zöller, ZPO, § 256, Rn. 3b; JACOBS, Der Gegenstand des Feststellungsverfahrens, S. 308 ff.; G. LÜKE, in: FS Henckel, 563 (572).

1246 Näher dazu: GOTTWALD, in: MünchKomm, ZPO, § 325, Rn. 2 ff.; VOLLKOMMER, in: Zöller, ZPO, § 325, Rn. 1 ff.; für eine Drittwirkung der Rechtskraft: K. H. SCHWAB, ZZP 77 (1964), 124 (160).

1247 JACOBS, Der Gegenstand des Feststellungsverfahrens, S. 311.

1248 BECKER-EBERHARD, in: MünchKomm, ZPO, § 256, Rn. 36; GREGER, in: Zöller, ZPO, § 256, Rn. 3b; JACOBS, Der Gegenstand des Feststellungsverfahrens, S. 304 ff.; G. LÜKE, in: FS Henckel, 563 (576).

1249 GREGER, in: Zöller, ZPO, § 256, Rn. 3b.

1250 BECKER-EBERHARD, in: MünchKomm, ZPO, § 256, Rn. 36.

Feststellung eines Drittrechtsverhältnisses nicht zu sehen und es ist auch nicht ersichtlich, warum hier etwas anderes gelten soll, als im Übrigen[1251].

Letztendlich ist es auch kein Zufall, dass in den meisten einschlägigen Entscheidungen ein feststellbares Rechtsverhältnis zwischen den Parteien bestand: Die Feststellung eines Drittrechtsverhältnisses darf nur erfolgen, wenn es für das Rechtsverhältnis zwischen den Parteien von Bedeutung ist. Dieser Voraussetzung ist es immanent, dass in einschlägigen Sachverhalten auch ein Rechtsverhältnis zwischen den Parteien existiert. Legitim ist es auch, dass ein Gericht ein Drittrechtsverhältnis zur Beurteilung des zwischen den Parteien bestehenden Rechtsverhältnisses untersucht, nur darf diese Beurteilung nicht in Rechtskraft erwachsen und folglich nicht alleiniger Gegenstand eines zwischen diesen Parteien geführten Verfahrens sein.

Die Möglichkeit, eine Feststellungsklage über ein Drittrechtsverhältnis zu erheben, ist somit abzulehnen[1252].

b. *Feststellung eines Drittrechtsverhältnisses im Verbandsrecht der Aktiengesellschaft*

Die Probleme der Feststellungsklage über ein Drittrechtsverhältnis werden im Verbandsrecht der Aktiengesellschaft nicht weniger. Hier besteht die Besonderheit, dass das Rechtsverhältnis zwischen den Parteien und das Drittrechtsverhältnis sehr eng miteinander verbunden sind. Anders als beispielsweise bei einer Klage eines Geschädigten gegen den Versicherer des Schädigers auf Feststellung, diese habe dem Schädiger Deckungsschutz zu gewähren[1253], hat das Drittrechtsverhältnis hier den Zweck, das Rechtsverhältnis zwischen den Parteien auszufüllen. Die AG ist als juristische Person im natürlichen Sinne nicht handlungsfähig. Sie wird durch den Vorstand vertreten (§ 78 I 1 AKtG) und das Organhandeln ist ihr als eigenes Handeln zuzurechnen[1254] und genau hier wäre das Drittrechtsverhältnis zu suchen. Bei dieser Suche läuft man allerdings leicht Gefahr, sich zu verirren. Vorstand und Aufsichtsrat haben als Organe der AG keine eigene Rechtspersönlichkeit[1255]. Dennoch will der BGH ein (Dritt-)Rechtsverhältnis zwischen dem Organ und der AG feststellen. Die Annahme, das Organ habe

1251 BECKER-EBERHARD, in: MünchKomm, ZPO, § 256, Rn. 36; G. LÜKE, in: FS Henckel, 563 (576 f.); a. A.: H. ROTH, in: Stein/Jonas, ZPO, § 256, Rn. 34.

1252 Ebenso: siehe Fn. 1239.

1253 BGH, Urt. v. 15.11.2000 – IV ZR 223/99, MDR 2001, 214.

1254 Dazu: BEUTHIEN, NJW 1999, 1142 (1143); K. SCHMIDT, Gesellschaftsrecht, § 10 I c.

1255 BARTELS, ZGR 2008, 723 (740); FLUME, Die juristische Person, § 11 V (S. 405).

trotz mangelnder Rechtspersönlichkeit gegenüber der Aktiengesellschaft Pflichten[1256], die im Rahmen eines Rechtsverhältnisses festgestellt werden können[1257], wirkt konstruiert.

Gegen das Problem der subjektiven Rechtskraftwirkung bei der Feststellungsklage über ein Drittrechtsverhältnis wird eingewandt, dass es mangels Rechtspersönlichkeit des Vorstands (bzw. Aufsichtsrats) nicht zum Tragen komme[1258]. Das stimmt nur zur Hälfte, denn das Problem würde sich im Verhältnis zu den einzelnen Organmitgliedern fortsetzen. So könnte nach der Konzeption des BGH bei einer Aktionärsklage in Gestalt einer Drittfeststellungsklage eine Pflichtverletzung des Organs (Vorstand) durch ein rechtskräftiges Urteil festgestellt werden. In einem anderen auf dem gleichen Sachverhalt beruhenden gerichtlichen Verfahren, etwa wegen Schadensersatzforderungen der AG gegen die Vorstandsmitglieder (§ 93 II AktG), wäre das Gericht nicht an eine solche Feststellung gebunden und könnte über das Vorliegen einer Pflichtverletzung des Organmitglieds anders entscheiden. Die Verstärkung dieses Problems tritt letztendlich dadurch ein, dass der Aufsichtsrat zur Geltendmachung von Ersatzansprüchen verpflichtet ist[1259], denn der ihm grundsätzlich gegebene Beurteilungsspielraum[1260] wird durch ein Urteil über das Vorliegen einer Pflichtverletzung des Vorstands erheblich eingeschränkt[1261]. Die Einräumung einer Urteilswirkung analog § 248 I 1 AktG[1262] würde freilich zu einer Relativierung dieses Problems führen.

Darüber hinaus würde die Aktionärsklage als Drittfeststellungsklage dem Aktionär de facto eine Prozessführungsbefugnis über die Feststellung von Pflichtverletzungen der Organmitglieder einräumen, wodurch es zu einem Widerspruch mit der grundsätzlichen Ablehnung der actio pro socio im Aktienrecht kommt[1263].

Die allgemeinen Kritikpunkte an der Feststellung eines Drittrechtsverhältnisses als Gegenstand der allgemeinen Feststellungsklage können bei einer

---

1256 Zu Binnenrechtsverhältnissen: FLUME, Die juristische Person, § 11 V (S. 405 ff.); K. SCHMIDT, Gesellschaftsrecht, § 14 IV 2.

1257 So BARTELS, ZGR 2008, 723 (740).

1258 BARTELS, ZGR 2008, 723 (740, 747 ff.).

1259 Vgl. DRYGALA, in: K. Schmidt/Lutter, AktG, § 111, Rn. 17.

1260 Näher zum Beurteilungsspielraum: DRYGALA, in: K. Schmidt/Lutter, AktG, § 116, Rn. 10.

1261 Vgl. BARTELS, ZGR 2008, 723 (747 f.).

1262 Dazu noch unten: 7. Teil: E.

1263 Dazu bereits oben: 1. Teil: D II.

Drittfeststellungsklage eines Aktionärs nicht überzeugend ausgeräumt werden. Eine von einem Aktionär erhobene Feststellungsklage über ein Drittrechtsverhältnis (Vorstand/Aufsichtsrat – Aktiengesellschaft), ist damit abzulehnen.

c. Ergebnis zum Rechtsverhältnis

Die Aktionärsklage in Gestalt der Feststellungsklage zielt folglich nicht auf die Feststellung eines Drittrechtsverhältnisses, sondern auf die Feststellung von Rechten und Pflichten im Rechtsverhältnis Mitgliedschaft[1264]. Dazu wird das Handeln der Organe dem Verband als eigenes Handeln zugerechnet[1265].

2. Feststellungsinteresse

Das rechtliche Interesse an alsbaldiger Feststellung (Feststellungsinteresse) ist ein besonders ausgestaltetes allgemeines Rechtsschutzinteresse[1266] und liegt vor, wenn dem Recht oder der Rechtslage des Klägers eine gegenwärtige Gefahr der Unsicherheit droht (Gefährdung) und das Feststellungsurteil geeignet ist, diese Gefahr zu beseitigen (Eignung)[1267]. Das Feststellungsinteresse ist im Zusammenhang mit der Aktionärsklage von besonderer Bedeutung. Hier ist die Antwort auf die Frage zu suchen, in welchen Fällen der Aktionär Rechtsschutz suchen kann und wie ein solcher Rechtsschutz mit dem aktienrechtlichen Kompetenz- und Kontrollsystem in Einklang zu bringen ist. Ferner ist das Verhältnis von Feststellungsklage und Leistungsklage zu prüfen.

1264 BRONDICS, Die Aktionärsklage, S. 185; vgl. REICHERT/SENGER, DK 2006, 338 (345).

1265 Dazu s. u.: 7. Teil: A.

1266 BGH, Urt. v. 19.11.1971 – I ZR 72/70, NJW 1972, 198; BECKER-EBERHARD, in: MünchKomm, ZPO, § 256, Rn. 37; vgl. GREGER, in: Zöller, ZPO, § 256, Rn. 7; C. SEILER, in: Thomas/Putzo, ZPO, § 256, Rn. 13.

1267 BGH, Urt. v. 08.12.1954 – II ZR 291/53, BGHZ 15, 382 (390); BGH, Urt. v. 22.06.1977 – VIII ZR 5/76, BGHZ 69, 144 (147); BGH, Urt. v. 13.01.2010 – VIII ZR 351/08, NJW 2010, 1877 (1878); BGH, Urt. v. 12.07.2011 – VI ZR 214/10, NJW 2011, 3657 (3657 f.); BECKER-EBERHARD, in: MünchKomm, ZPO, § 256, Rn. 39; GREGER, in: Zöller, ZPO, § 256, Rn. 7; C. SEILER, in: Thomas/Putzo, ZPO, § 256, Rn. 15 f.; H. ROTH, in: Stein/Jonas, ZPO, § 256, Rn. 45.

a. *Gefährdung*

Eine Gefährdung liegt vor, wenn der Beklagte das Recht des Klägers bestreitet oder sich eines Rechts gegenüber dem Kläger berühmt[1268].

Weniger problematisch ist es, im vorliegenden Zusammenhang die dem Bestreiten zu Grunde liegende Handlung der AG näher zu charakterisieren. Diese ist hier darin zu sehen, dass die AG (durch ihre Organe) das Rechtsverhältnis zwischen ihr und dem Aktionär dadurch berührt, dass sie an einem rechtswidrigen Beschluss festhält bzw. eine rechtswidrig beschlossene Maßnahme durchführt[1269].

Fraglich ist hingegen, wann sie mit einer solchen Handlung ein Recht des Klägers (hier: des Aktionärs) bestreitet. Unzweifelhaft ist die Mitgliedschaft[1270] ein Recht des Aktionärs, was durch die AG bestritten werden kann. Das für eine Gefährdung ausreichende Bestreiten der Mitgliedschaft liegt zumindest dann vor, wenn dem Aktionär seine Eigenschaft als solcher insgesamt streitig gemacht wird. Darüber hinaus könnte ein Bestreiten der Mitgliedschaft auch darin gesehen werden, dass einzelne ihrer Bestandteile (Rechte und Pflichten der AG/der Aktionärs) durch das Festhalten der AG an rechtswidrigen Beschlüssen ihrer Verwaltungsorgane berührt werden[1271]. Das hätte allerdings zur Folge, dass der Aktionär sämtliche Maßnahmen der Verwaltungsorgane zum Gegenstand einer Feststellungsklage machen könnte, denn die Mitgliedschaft wird durch rechtswidrige Maßnahmen bzw. durch das Festhalten der AG an rechtswidrigen Beschlüssen ihrer Verwaltungsorgane stets tangiert[1272]. Der Aktionär würde so auch Rechtsschutz hinsichtlich solcher Maßnahmen erlangen, die ausschließlich in den Kompetenzbereich der Verwaltung fallen. Ein derart weitreichendes (besonders ausgestaltetes) Rechtsschutzinteresse ist mit der Stellung des Aktionärs im Kontroll- und Kompetenzsystem[1273] nicht in Einklang zu bringen und steht ihm deshalb auch nicht zu[1274].

1268 BECKER-EBERHARD, in: MünchKomm, ZPO, § 256, Rn. 42; vgl. C. SEILER, in: Thomas/Putzo, ZPO, § 256, Rn. 15.

1269 Vgl. BARTELS, ZGR 2008, 723 (742).

1270 Die Mitgliedschaft kann hier sowohl als subjektives Recht als auch als Rechtsverhältnis bestritten werden. Beides kann Gegenstand einer Feststellungsklage sein.

1271 In diese Richtung: BRONDICS, Die Aktionärsklage, S. 187; so für die Personengesellschaft: WIEDEMANN, Gesellschaftsrecht II, § 3 III 6 b aa (S. 287 f.); vgl. dazu: BARTELS, ZGR 2008, 723 (744 f.).

1272 S. o.: 3. Teil: C sowie 5. Teil: B II 4.

1273 Vgl. oben: 4. Teil (insb.: A V und B V).

1274 I. E. ebenso: BARTELS, ZGR 2008, 723 (745 f.); DRINKUTH, AG 2006, 142 (146); vgl. auch: OLG Köln, Urt. v. 15.01.2009 – 18 U 205/07 (Strabag), Rn. 190 (juris).

Um den Rechtsschutz durch die Feststellungsklage mit dem aktienrechtlichen Kompetenz- und Kontrollsystem aufeinander abzustimmen, wird für das Feststellungsinteresse zusätzlich zur oben benannten Handlung der AG auch eine *Verletzung* individueller Mitgliedschaftsrechte[1275] bzw. aktionärssensibler Gesetzes- und Satzungsbestimmungen[1276] gefordert. Das heißt, nur wenn die Handlung der AG (Festhalten an einem rechtswidrigen Beschluss/Umsetzung einer rechtswidrig beschlossenen Maßnahme) auch eine Verletzung individueller Rechte des Aktionärs zur Folge hat, bestreitet die AG ein Recht des Aktionärs im Sinne einer zur Bejahung des Feststellungsinteresses notwendigen Gefährdung. Zum Teil wird auch enger auf eine Kompetenzüberschreitung[1277] oder weitreichender auf eine *Berührung* mitgliedschaftlicher Interessen[1278] abgestellt.

Der BGH hat nicht ausdrücklich dazu Stellung genommen, wann die AG durch ihre Verwaltungsorgane Rechte des Aktionärs bestreitet und damit eine zur Bejahung des Feststellungsinteresses notwendige Gefährdung vorliegt. Er hat allerdings bei seinen Ausführungen zur Feststellungsklage vermehrt die Kompetenzüberschreitung und die Beeinträchtigung/Verletzung von Mitgliedschaftsrechten betont[1279]. Damit ist auch der BGH dahingehend zu verstehen, dass eine Gefährdung im Ergebnis nicht allein aus dem Umstand folgen kann, dass die Verwaltungsorgane einen rechtswidrigen Beschluss gefasst haben bzw. einen solchen umsetzen wollen[1280].

Andererseits ist auch eine Beschränkung auf Verletzung von Hauptversammlungskompetenzen abzulehnen[1281]. Wenn schon die Aktionärsklage in Form der Leistungsklage nicht dahingehend beschränkt werden kann, so leuchtet es nicht ein, eine Feststellungsklage im Anwendungsbereich gegenüber der Leistungsklage zu beschneiden. Zum einen enthält jede Leistungsklage auch ein Feststellungsbegehren und zum anderen hat die Feststellungsklage gerade einen weiteren Anwendungsbereich hinsichtlich der Sachverhalte, die einem gerichtlichen

1275 DRINKUTH, AG 2006, 142 (145 f.); KUBIS, DStR 2006, 188 (191); PACHOS, DB 2005, 2731; WILSING, ZGR 2006, 722 (739)

1276 KRÄMER/KIEFNER, ZIP 2006, 301 (304).

1277 REICHERT/SENGER, DK 2006, 338 (351).

1278 BARTELS, ZGR 2008, 723 (745); in diese Richtung auch: HEIDEL, in: Heidel, AktR, § 246, Rn. 65 i. V. m. 67.

1279 BGH, Urt. v. 10.10.2005 – II ZR 90/03 (Mangusta/Commerzbank II), WM 2005, 2388 (2390); vgl. oben 5. Teil: C II 1 b (insb. Fn. 1051); vgl. auch BARTELS, ZGR 2008, 723 (743).

1280 So auch die h. M. in der Literatur, vgl. Fn. 1274 bis 1278.

1281 So i. E. auch: BARTELS, ZGR 2008, 723 (746).

Verfahren zugeführt werden können, weil sie statt einem Anspruch nur eine Gefährdung voraussetzt.

Die Beschreibung einer Gesetz- oder Satzungsbestimmung als „aktionärssensibel“ ist genauso wie das Kriterium „aktionärsschützend“ im Innenleben eines Verbands systemfremd und deshalb unzweckmäßig[1282]. Ferner sind alle Rechte, die dem Aktionär als solchem zustehen, Bestandteil des Rechtsverhältnisses Mitgliedschaft und damit „mitgliedschaftliche“ Rechte. Derartige Kriterien bringen daher keinen echten Gewinn. Was bleibt, ist ein Recht des Aktionärs, das durch einen rechtswidrigen Beschluss der Verwaltungsorgane betroffen sein muss. Ein solches Recht ist jedenfalls das Recht auf Wahrung der Hauptversammlungskompetenzen[1283]. Welche Rechte hier daneben in Betracht kommen, wird ähnlich zu beurteilen sein, wie im Falle der Leistungsklage. Die Aktionärsklage als Feststellungsklage muss sich im aktienrechtlichen Kompetenz- und Kontrollsystem ebenso behaupten wie die Leistungsklage. Deshalb gelten auch für die Feststellungsklage der Grundsatz der restriktiven Handhabung[1284] und die beschränkte Sperrwirkung der Beschlussmängelklagen[1285].

Eine Gefährdung eines Aktionärsrechts liegt vor, wenn der Beschluss der Verwaltung bzw. deren Umsetzung objektiv geeignet ist, ein Aktionärsrecht zu verletzten[1286]. Die Mitgliedschaft ist nur dann gefährdet, wenn der Beschluss der Verwaltung bzw. deren Umsetzung objektiv geeignet ist, die Mitgliedschaft insgesamt zu entziehen. Ob die Verletzung bereits eingetreten ist oder nur droht, ist an dieser Stelle nicht relevant. In beiden Fällen liegt eine Gefährdung vor. Eine Verletzung muss für das Feststellungsinteresse gerade noch nicht eingetreten sein[1287]. Ob mit Eintritt der Rechtsverletzung sich am Feststellungsinteresse etwas ändert, ist kein Problem der Gefährdung, sondern eines der Eignung.

b. Eignung

Geeignet ist das Feststellungsurteil, wenn mit ihm die zwischen den Parteien bestehende Unsicherheit beseitigt[1288] und der Streit erschöpfend beigelegt

1282 S. o.: 5. Teil: B II 4 c bb (2).

1283 Vgl. BGH, Urt. v. 10.10.2005 – II ZR 90/03 (Mangusta/Commerzbank II), WM 2005, 2388 (2389); zur Interpretation des BGH: vgl. oben 5. Teil: C II 1 b.

1284 S. o.: 4. Teil C.

1285 S. o.: 5. Teil: C I.

1286 Vgl. BARTELS, ZGR 2008, 723 (745).

1287 BARTELS, ZGR 2008, 723 (742, insb. Fn. 127).

1288 BAG, Urt. v. 11.04.2006 – 9 AZR 500/05, NJW 2006, 3803 (3804).

wird[1289]. Nach der hier vertretenen Ansicht geht es nicht um die Feststellung eines Drittrechtsverhältnisses und mithin nicht primär um die Feststellung, dass ein Beschluss der Verwaltung rechtswidrig ist. In erster Linie geht es bei der Feststellungsklage des Aktionärs um die Beseitigung der Ungewissheit, dass eine Maßnahme der Verwaltung objektiv geeignet ist, ein Aktionärsrecht zu verletzten. Die Rechtswidrigkeit des Beschlusses ist damit (erst) die Folge aus einem Feststellungsurteil. Gleichwohl besteht die streitgegenständliche Unsicherheit in der drohenden oder eingetretenen Verletzung eines Aktionärsrechts. Ohne die Möglichkeit einer solchen Verletzung liegt schon keine Gefährdung vor, selbst wenn der streitgegenständliche Beschluss anderweitig als rechtswidrig zu qualifizieren wäre. Der Aktionär hat keine Kompetenz, sämtliche Beschlüsse des Vorstands und des Aufsichtsrats auf Rechtmäßigkeit zu kontrollieren.

Stellt ein Gericht fest, dass ein Beschluss des Vorstands und/oder des Aufsichtsrats ein Aktionärsrecht gefährdet, auf dessen Schutz sich der Aktionär gegenüber der AG berufen kann, so wird mit einem entsprechenden Feststellungsurteil Rechtssicherheit in zweierlei Weise gewonnen. Geklärt wird einerseits, ob der Aktionär im konkreten streitgegenständlichen Fall zur Geltendmachung des behaupteten Rechts berechtigt war und ob dieses Recht durch die Maßnahme der Verwaltung beeinträchtigt wird. Die zwischen den Parteien bestehende Unsicherheit wird mithin ausgeräumt[1290].

Fraglich bleibt allerdings, ob der Streit auch erschöpfend beigelegt wird. Daran könnte es fehlen, wenn derselbe Streit in einem weiteren Verfahren zwischen den Parteien erneut relevant werden könnte[1291]. Das Feststellungsurteil ist nicht vollstreckbar. Die AG könnte die umstrittene Maßnahme dennoch umsetzten und der Aktionär müsste entweder im Vorfeld Unterlassung oder im Nachgang Beseitigung verlangen. Diese Frage wird zum Teil separat unter der Parole „Subsidiarität der Feststellungsklage“ behandelt[1292]. Passender ist es hingegen, sie als

1289 BGH, Urt. v. 07.07.1994 – I ZR 63/92, BGHZ 126, 368 (373); ASSMANN, in: Wieczorek/Schütze, ZPO, § 256, Rn. 182; C. SEILER, in: Thomas/Putzo, ZPO, § 256, Rn. 16; vgl. BECKER-EBERHARD, in: MünchKomm, ZPO, § 256, Rn. 47.

1290 Vgl. auch: BARTELS, der zwar mit dem BGH von der Feststellung eines Drittrechtsverhältnisses ausgeht, schließlich aber mit einer Präjudizialität des Feststellungsurteils für das Verhältnis zwischen der AG und dem Aktionär argumentiert, ZGR 2008, 723 (747 f.).

1291 BECKER-EBERHARD, in: MünchKomm, ZPO, § 256, Rn. 47.

1292 Vgl. BUSCH, NZG 2006, 81 (85); vgl. KRÄMER/KIEFNER, ZIP 2006, 301 (304 f.); vgl. SCHÜRNBRAND, ZHR 171 (2007), 731 (736); vgl. WILSING, ZGR 2006, 722 (744).

Bestandteil der im Rahmen des Feststellungsinteresses notwendigen Eignung einzuordnen[1293].

Der BGH argumentiert damit, dass der Aktionär die begründete Aussicht habe, die Gesellschaftsorgane werden aus dem Feststellungsurteil die notwendigen Folgerungen ziehen (Selbstregulierung)[1294]. Sofern eine solche Selbstregulierung nicht stattfindet, dient das Feststellungsurteil als Grundlage zur Geltendmachung von Sekundäransprüchen sowie für entsprechende Anträge in der Hauptversammlung, etwa auf Versagung der Entlastung (§ 120 AktG), Abberufung der Aufsichtsratsmitglieder (§ 103 AktG) oder Geltendmachung von Ersatzansprüchen (§ 147 AktG)[1295].

Für diese Erwägungen hat der BGH durch die Literatur erhebliche Kritik hinnehmen müssen. Im Hinblick auf die Selbstregulierung wurde beanstandet, dass allenfalls bei Publikumsgesellschaften solche Effekte zu erwarten sind, eine Verallgemeinerung hingegen anzuzweifeln sei[1296]. Findet eine Selbstregulierung letztendlich nicht statt, könnte der einzelne Aktionär, der meint, einen Schaden erlitten zu haben, direkt Leistungsklage gegen die AG erheben[1297] oder einen gefassten Entlastungsbeschluss der Hauptversammlung anfechten[1298]. Hilfreich könnte ein Feststellungsurteil allerdings sein, um die Bestellung eines Sonderprüfers oder besonderen Vertreters zu erreichen[1299].

Wenn auf Leistung geklagt werden kann und dennoch eine Feststellungsklage erhoben wird, kann der Feststellungsklage das Feststellungsinteresse – mangels Eignung – fehlen. Das liegt vor allem daran, dass ein Feststellungsurteil nicht

1293 Vgl. BECKER-EBERHARD, in: MünchKomm, ZPO, § 256, Rn. 47 i. V. m. 55.

1294 BGH, Urt. v. 25.02.1982 – II ZR 174/80 (Holzmüller), BGHZ 83, 122 (126); BGH, Urt. v. 10.10.2005 – II ZR 90/03 (Mangusta/Commerzbank II), WM 2005, 2388 (2390 f.); ebenso: OLG Köln, Urt. v. 15.01.2009 – 18 U 205/07 (Strabag), Rn. 97 (juris).

1295 BGH, Urt. v. 25.02.1982 – II ZR 174/80 (Holzmüller), BGHZ 83, 122 (126); BGH, Urt. v. 10.10.2005 – II ZR 90/03 (Mangusta/Commerzbank II), WM 2005, 2388 (2390); ebenso: OLG Köln, Urt. v. 15.01.2009 – 18 U 205/07 (Strabag), Rn. 97 (juris).

1296 BARTELS, ZGR 2008, 723 (748 f.); vgl. auch SCHÜRNBRAND, der solche Effekte als „bloß vage Hoffnung" bezeichnet, ZHR 171 (2007), 731 (736); ebenso: REICHERT/SENGER, die stattdessen eine Signalwirkung annehmen, DK 2006, 338 (346); kritisch auch: PASCHOS, DB 2005, 2731 (2732); WACLAWIK, ZIP 2006, 397 (404); WILSING, ZGR 2006, 722 (740 ff.).

1297 SCHÜRNBRAND, ZHR 171 (2007), 731 (736); vgl. PASCHOS, DB 2005, 2731 (2732); ausführlich zu möglichen Schadensersatzansprüchen: CAHN, ZHR 164 (2000), 113 (118 ff.).

1298 SCHÜRNBRAND, ZHR 171 (2007), 731 (736).

1299 SCHÜRNBRAND, ZHR 171 (2007), 731 (736).

vollstreckbar ist und deshalb die Gefahr besteht, dass wegen demselben Sachverhalt ein erneutes Verfahren durchgeführt werden muss[1300]. Die Gründe für die Ablehnung des Feststellungsinteresses liegen insofern in der Prozessökonomie[1301]. Eine allgemeine Subsidiarität der Feststellungsklage gibt es nicht[1302]. In der Rechtsprechung und Literatur ist die Faustformel anerkannt, dass trotz der Möglichkeit einer Leistungsklage auch ein Feststellungsurteil geeignet sein kann, etwa wenn die Durchführung eines Feststellungsverfahrens aus prozesswirtschaftlichen Gründen zu einer sinnvollen und sachgemäßen Erledigung der Streitpunkte führt oder der Streit so einfacher und schneller behoben werden kann[1303]. Sinnvoller und sachgemäßer können Streitigkeiten durch ein Feststellungsurteil beigelegt werden, wenn im Vergleich zur Leistungsklage ein „mehr" (d. h. auch etwas anderes) erreicht wird[1304].

Entscheidend für die Frage, ob ein Streit durch ein Feststellungsurteil erschöpfend beigelegt werden kann, sind somit Zweckmäßigkeitserwägungen und zwar in prozesswirtschaftlicher und in tatsächlicher Hinsicht. Es findet eine Interessenabwägung statt[1305]. Maßgebend ist das Interesse der Beklagten, nicht einem zusätzlichen Verfahren ausgesetzt zu werden, weil ein solches erneute Arbeit

---

1300 BECKER-EBERHARD, in: MünchKomm, ZPO, § 256, Rn. 54.

1301 PAWLOWSKI, MDR 1988, 630.

1302 BGH, Urt. v. 15.03.2006 – IV ZR 4/05, NJW 2006, 2548 (2549); ASSMANN, in: Wieczorek/Schütze, ZPO, § 256, Rn. 190; JACOBS, Der Gegenstand des Feststellungsverfahrens, S. 67 ff., 438 ff.; ROSENBERG/SCHWAB/GOTTWALD, Zivilprozessrecht, § 91, Rn. 24; H. ROTH, in: Stein/Jonas, ZPO, § 256, Rn. 12.

1303 BGH, Urt. v. 17.01.2012 – XI ZR 254/10, WM 2012, 746; BGH, Urt. v. 15.03.2006 – IV ZR 4/05, NJW 2006, 2548 (2549); ASSMANN, in: Wieczorek/Schütze, ZPO, § 256, Rn. 190 m. w. N.; BECKER-EBERHARD, in: MünchKomm, ZPO, § 256, Rn. 55 m. w. N.; kritisch: PAWLOWSKI, MDR 1988, 630 (631 f.).

1304 PAWLOWSKI, MDR 1988, 630 (630 f.); vgl. ASSMANN, in: Wieczorek/Schütze, ZPO, § 256, Rn. 185 (insb. Fn. 725); JACOBS, Der Gegenstand des Feststellungsverfahrens, S. 441.

1305 JACOBS, Der Gegenstand des Feststellungsverfahrens, S. 440 ff. (insbes. S. 444 f.); a. A.: PAWLOWSKI, will das Feststellungsinteresse statt aus den Interessen der Parteien aus dem Zusammenhang des Verfahrens heraus begründen, z. B. aus dem Umstand, dass eine Leistungsklage noch nicht erhoben werden kann, MDR 1988, 630 (631 f.). Problematisch daran ist, dass die Begründung des Feststellungsinteresses aus dem Zusammenhang des Verfahrens heraus letztendlich ebenfalls auf die Interessen der Parteien zurückzuführen ist. Diese haben ein Interesse an der Vermeidung unnützer weiterer Verfahren bzw. ein Interesse daran, eine Feststellungsklage zu erheben, obwohl eine Leistungsklage noch nicht erhoben werden kann.

und Kosten verursacht[1306]. Beachtlich ist aber auch das Interesse des Klägers an der bloßen Klärung der strittigen Frage sowie den möglichen Signalwirkungen und Folgen[1307]. Die Erwartung, dass sich die beklagte AG einem Feststellungsurteil beugen wird, darf hier ebenfalls eine Rolle spielen[1308]. Ferner sind staatliche Rechtspflegeinteressen zu beachten[1309].

Letztere werden eine untergeordnete Rolle spielen[1310]. Die staatliche Rechtspflege im Bereich des Zivilrechts dient der Feststellung und Verwirklichung streitiger Rechte zwischen den Parteien und hat keinen Selbstzweck[1311]. Zudem ist es auch prozessökonomisch, wenn die Streitigkeiten zwischen den Parteien durch eine Feststellungsklage besser auf den streitigen Punkt begrenzt werden können[1312]. Bei der Gewichtung des Interesses des Beklagten, nicht der Gefahr eines zusätzlichen Verfahrens ausgesetzt zu werden, ist zu beachten, dass es der Beklagte weitestgehend selbst in der Hand hat, einen weiteren Streit zu vermeiden, denn er kann sich dem Feststellungsurteil beugen[1313].

Vor diesem Hintergrund ist die Argumentation des BGH zu würdigen. Auch wenn einzelne allgemeine Erwägungen für bestimmte Fallkonstellationen einer Kritik zugänglich sind, war im Mangusta/Commerzbank II-Verfahren eine besondere Situation gegeben, welche die Eignung eines Feststellungsurteils rechtfertigte. Eine einmal eingetragene Kapitalerhöhung ist nur schwerlich rückgängig zu machen[1314]. Der klagende Aktionär hatte deshalb ein Interesse an der (bloßen) Feststellung, weil er selbst entscheiden können muss, ob er die

---

1306 JACOBS, Der Gegenstand des Feststellungsverfahrens, S. 442; G. LÜKE, in: FS Henckel, 563 (572).

1307 JACOBS räumt dem Kläger überdies ein grundsätzliches Wahlrecht zwischen der Leistungs- und der Feststellungsklage ein, Der Gegenstand des Feststellungsverfahrens, S. 440 ff.

1308 BECKER-EBERHARD, in: MünchKomm, ZPO, § 256, Rn. 55; GREGER, in: Zöller, ZPO, § 256, Rn. 8; kritisch: JACOBS, Der Gegenstand des Feststellungsverfahrens, S. 444 f.

1309 G. LÜKE, in: FS Henckel, 563 (572); vgl. JACOBS, Der Gegenstand des Feststellungsverfahrens, S. 442.

1310 A. A.: G. LÜKE, in: FS Henckel, 563 (572).

1311 BGH. Urt. v. 18.11.2004 – IX ZR 229/03, NJW 2005, 291 (292); vgl. ROSENBERG/SCHWAB/GOTTWALD, Zivilprozessrecht, § 1, Rn. 12.

1312 Vgl. ZIMMER, Der Anwendungsbereich der Feststellungsklage und des Feststellungsantrags im arbeitsrechtlichen Verfahren, S. 96.

1313 ZIMMER, Der Anwendungsbereich der Feststellungsklage und des Feststellungsantrags im arbeitsrechtlichen Verfahren, S. 88.

1314 Näher dazu: SCHÜRNBRAND, ZHR 171 (2007), 731 (737 ff.).

Rückgängigmachung verlangt oder – etwa weil eine solche unwirtschaftlich und damit auch für den Wert seiner Beteiligung nachteilig sein wird – auf Sekundäransprüche oder Anträge in der Hauptversammlung ausweichen will[1315]. Er erreicht insofern ein „Mehr". Bei der Kritik an der Möglichkeit der Selbstregulierung ist bisher übersehen worden, dass ein Feststellungsurteil (ungeachtet seiner Rechtskraft) auch Auswirkungen auf den Beurteilungsspielraum bzw. das Ermessen der Organe haben kann[1316]. Vorstände und Aufsichtsräte haben ein Interesse daran, ihre Position im Unternehmen zu erhalten, sich keinen Ersatzansprüchen auszusetzen und ihr eigenes Ansehen bzw. ihren Wert am Markt für Führungskräfte zu steigern. Diesen Interessen würde es zuwiderlaufen, Feststellungsurteile zu ignorieren. Somit kann davon ausgegangen werden, dass Vorstand und Aufsichtsrat in der Regel – und wohl erst recht nach einem Feststellungsurteil – nicht unrechtmäßig handeln wollen[1317]. Gleichzeitig wird mit der Möglichkeit der Selbstregulierung das aktienrechtliche Kompetenzsystem geschützt[1318], weil der klagende Aktionär darauf verzichtet, mittels Aktionärsklage auf Unterlassung oder Beseitigung unmittelbar in die Befugnisse der Verwaltungsorgane einzugreifen.

Auch wenn ein Aktionär auf einer Hauptversammlung in seinem Teilnahmerecht verletzt wird[1319], kann eine nachträgliche Feststellungsklage interessengerecht und mithin geeignet sein, den bestehenden Streit endgültig zu beseitigen, etwa wenn der Aktionär mit den gefassten Beschlüssen inhaltlich einverstanden ist[1320]. Er verzichtet insofern auf die Möglichkeit der Anfechtung und begrenzt das gerichtliche Verfahren auf den eigentlich strittigen Punkt: Die Verletzung des Teilnahmerechts.

1315 BGH, Urt. v. 10.10.2005 – II ZR 90/03 (Mangusta/Commerzbank II), WM 2005, 2388 (2390 f.).

1316 Vgl. nur REICHERT/SENGER, die von einer Signalwirkung für zukünftige Entscheidungen sprechen, DK 2006, 338 (346).

1317 HIRTE, Bezugsrechtsausschluß und Konzernbildung, S. 207; LUTTER, in: Köln-Komm, AktG (2. Auflage), § 203, Rn. 45; WILSING, ZGR 2006, 722 (744).

1318 BGH, Urt. v. 10.10.2005 – II ZR 90/03 (Mangusta/Commerzbank II), WM 2005, 2388 (2391).

1319 Vgl. oben: 5. Teil: C I 1.

1320 HOFFMANN, in: Spindler/Stilz, AktG, § 118, Rn. 19; KOCH, in: Hüffer/Koch, AktG, § 118, Rn. 24; MÜLBERT, in: Großkomm, AktG, § 118, Rn. 81; REGER, in: Bürgers/Körber, AktG, § 118, Rn. 7 a. E.; vgl. DRINHAUSEN, in: Hölters, AktG, § 118, Rn. 41; a. A.: KUBIS, in: MünchKomm, AktG, § 118, Rn. 72; SPINDLER, in: K. Schmidt/Lutter, AktG, § 118, Rn. 36.

Inwiefern eine (besondere) Situation vorliegt, die eine Interessenabwägung zu Gunsten einer Feststellungsklage ausfallen lässt, ist natürlich vom Einzelfall abhängig. Zu beachten ist aber, dass es sich sowohl bei der Feststellungsklage als auch bei einer alternativen Leistungsklage um ungeschriebene Rechtsschutzmöglichkeiten handelt, die Rechtsschutzlücken schließen sollen[1321]. Deswegen und anhand der dargestellten Interessenlage wird im Bereich der Aktionärsklagen die Möglichkeit einer Leistungsklage der Eignung des Feststellungsurteils selten entgegenstehen.

Vielmehr wird der Aktionär regelmäßig, sofern eine Gefährdung im oben beschriebenen Sinne vorliegt und daneben eine andere Klageart in Betracht kommt, die Möglichkeit haben, zwischen den Klagearten zu wählen[1322]. Diese Wahlmöglichkeit folgt aus der unterschiedlichen Strukturierung und Ausrichtung der Klagearten[1323].

1321 Der BGH wendet aus diesem Grund den Grundsatz der Subsidiarität einer Feststellungs- gegenüber einer Leistungsklage nicht an, Urt. v. 10.10.2005 – II ZR 90/03 (Mangusta/Commerzbank II), WM 2005, 2388 (2391); zustimmend: BARTELS, ZGR 2008, 723 (737); kritisch dazu: WILSING, ZGR 2006, 722 (743 f.); NOACK, LMK 2006, 169673 (beck-online).

1322 So im Allgemeinen für die Feststellungsklage: JACOBS, Der Gegenstand des Feststellungsverfahrens, S. 440 ff. Im Aktienrecht ist dies vor allem anhand des Gegenstands des Mangusta/Commerzbank II-Verfahrens von der Literatur behandelt worden: HÜFFER hält zumindest vor der Durchführung einer Kapitalerhöhung mit Bezugsrechtsausschluss die Feststellungsklage neben der Unterlassungsklage für zulässig, AktG, § 203, Rn. 39; ebenso: HIRTE, Bezugsrechtsausschluß und Konzernbildung, S. 207; ders., in: Großkomm AktG, § 203, Rn. 130, 134; LUTTER, in: Köln-Komm, AktG (2. Auflage), § 203, Rn. 45; ders. JZ 2007, 371 (372); a. A.: KUBIS, DStR 2006, 188 (191); nach der Durchführung verneint HÜFFER den Rechtsschutz durch Leistungsklage, AktG, § 203, Rn. 39; ebenso: BAYER, in: MünchKomm, AktG, § 203, Rn. 172; HIRTE hält dagegen im Grundsatz auch nach Durchführung beide Klagearten für möglich, gibt allerdings der Leistungsklage (gerichtet auf Beseitigung) den Vorzug, Bezugsrechtsausschuss und Konzernbildung, S. 208 f., ders. in: Großkomm, AktG (4. Auflage), § 203, Rn. 139 f.; auch SCHÜRNBRAND, befürwortet – neben der Feststellungsklage – eine Klage auf Rückabwicklung der Kapitalerhöhung (trotz Eintragung im Handelsregister) und weist der Feststellungsklage dadurch eine „neue Funktion“ zu, ZHR 171 (2007), 731 (737 ff.).

1323 Vgl. JACOBS, Der Gegenstand des Feststellungsverfahrens, S. 441, 444.

III. Ergebnis

Neben der Aktionärsklage in Gestalt einer Leistungsklage kann der Aktionär auch eine allgemeine Feststellungsklage nach § 256 ZPO erheben. Die Feststellungsklage dient hier der Feststellung von Rechten und Pflichten im Rechtsverhältnis Mitgliedschaft. Zulässig ist sie, wenn ein Beschluss der Verwaltung bzw. deren Umsetzung objektiv geeignet ist, ein Aktionärsrecht zu verletzen und eine – vom Aktionär darzulegende – besondere Situation vorliegt, warum durch das Feststellungsurteil der Streit besser beigelegt werden kann als durch eine andere Klageart.

Der Aktionär hat durch die Feststellungsklage die Möglichkeit, seine Rechtsausübung in der Hauptversammlung vorzubereiten. Der Rechtsschutz der Aktionäre wird so komplettiert[1324]. Der Sache nach bleibt er allerdings auf Verletzungen konkreter Rechte des Aktionärs beschränkt, wofür ein Berufen auf die Mitgliedschaft in der Regel nicht ausreichend ist. Dadurch fügt sich die Feststellungsklage ins aktienrechtliche Kompetenz- und Kontrollsystem[1325].

C. Einstweiliger Rechtsschutz

Der Rechtsschutz mit den bisher beschriebenen Klagearten zielt auf eine endgültige, dauerhafte Streitbeilegung[1326]. Dieses Ergebnis zu erreichen dauert seine Zeit, denn „Recht und Gerechtigkeit verbieten es, kurzen Prozess zu machen“[1327]. Während einer solchen Rechtsfindungsphase besteht die Gefahr, dass Veränderungen eine endgültige Rechtsdurchsetzung wesentlich erschweren oder

---

1324 Vgl. i. E.: BARTELS, ZGR 2008, 723 (772); KUBIS, DStR 2006, 188 (191); LUTTER, JZ 2007, 371 (372).

1325 NOACK wirft in diesem Zusammenhang die Frage auf, warum bei einer Analogie zur Anfechtungsklage ein Systembruch vorliegen soll, die Feststellungsklage hingegen systemkonform sei. Ob ein Beschluss für nichtig erklärt wird oder ob dessen Nichtigkeit festgestellt wird, ergebe hinsichtlich eines Eingriffs in das Kompetenzsystem keinen Unterschied, LMK 2006, 169673 (beck-online). Der gesuchte Unterschied liegt in der – auch vom BGH vorgenommenen – sachlichen Begrenzung der Feststellungsklage, die bei einer Analogie zu den §§ 243 AktG nicht möglich wäre, vgl. dazu oben 6. Teil: A. Denkbar wäre allenfalls eine eigene Gestaltungsklage für Aktionäre gegen Verwaltungsbeschlüsse, unter der Voraussetzung, dass der Beschluss in ein Aktionärsrecht eingreift. Ob die Notwendigkeit für eine Rechtsgestaltung besteht, wenn Rechtsschutz mittels Feststellungsklage ebenso erreicht werden kann, darf allerdings bezweifelt werden.

1326 Vgl. SCHELLHAMMER, Zivilprozess, Rn. 1896.

1327 SCHELLHAMMER, Zivilprozess, Rn. 1896.

vereiteln[1328]. Der Vorstand kann die streitgegenständliche Maßnahme trotz des anhängigen Verfahrens umsetzen und so vollendete Tatsachen schaffen, denn sein Handeln ist im Außenverhältnis grundsätzlich[1329] wirksam (§ 82 I AktG)[1330]. Mit der Umsetzung verliert der auf Unterlassung klagende Aktionär nachträglich das Rechtsschutzbedürfnis und die Klage im Hauptsacheverfahren wird unzulässig[1331]. Ihm bliebe die Möglichkeit nun Beseitigung zu verlangen. Allerdings könnte sich auch dieses Vorhaben als hoffnungslos herausstellen[1332]. Ist ein Unternehmensteil einmal an einen Dritten übertragen, steht es nicht in der alleinigen Macht der beklagten AG, dies rückgängig zu machen[1333].

Wirksam und effektiv[1334] ist der Rechtsschutz in solchen Fällen nicht. Abhilfe schaffen die Instrumente des einstweiligen[1335] Rechtsschutzes gem. §§ 916 ff. ZPO. Der Arrest (§ 916 ZPO) ist eines der beiden Mittel des einstweiligen Rechtsschutzes[1336]. Er wird im Bereich der Aktionärsklagen selten relevant sein, denn es geht in der Regel nicht um Geldforderungen des Aktionärs gegen die Gesellschaft[1337]. Im Vordergrund steht hier das zweite Mittel des einstweiligen

1328 Vgl. SCHLITT/O. SEILER, ZHR 166 (2002), 544 (549).

1329 Ausnahmen: Kollusion und Evidenz; dazu: HABERSACK/FOERSTER, in: Großkomm, AktG, § 82, Rn. 11 ff.; vgl. MARKWARDT, ZIP 2004, 211 (217, Fn. 60).

1330 HABERSACK/FOERSTER, in: Großkomm, AktG, § 82, Rn. 5 ff.; MARKWARDT, ZIP 2004, 211.

1331 Zugleich wird die Klage auch unbegründet, da nunmehr kein Unterlassungsanspruch, sondern allenfalls ein Beseitigungsanspruch besteht.

1332 Vgl. SCHLITT/O. SEILER, ZHR 166 (2002), 544 (549); vgl. MARKWARDT, ZIP 2004, 211.

1333 Weiteres Beispiel: Rückabwicklung einer Kapitalmaßnahme nach Ausgabe neuer Aktien, die zum Börsenhandel zugelassen und nicht durch eine gesonderte Wertpapierkennziffer separiert sind, SCHLITT/O. SEILER, ZHR 166 (2002), 544 (549). Sind die betroffenen ausgegebenen Aktien nicht eindeutig zu identifizieren, wird auch der Vorschlag von SCHÜRNBRAND, die betroffenen Anteile einzuziehen, praktisch nicht mehr zu verwirklichen sein, ZHR 171 (2007), 731 (742).

1334 Näher zum Justizanspruch: BERGER, in: Berger, Einstweiliger Rechtsschutz im Zivilrecht, Kap. 1, Rn. 12; ROSENBERG/SCHWAB/GOTTWALD, Zivilprozessrecht, § 3, Rn. 1 ff. m. w. N.

1335 Zum Unterschied zwischen „einstweiligem“ und „vorläufigem“ Rechtsschutz: HEINZE, DB 1985, 111 (124 f.); dazu auch: BERGER, in: Berger, Einstweiliger Rechtsschutz im Zivilrecht, Kap. 1, Rn. 22; DRESCHER, in: MünchKomm, ZPO, Vorb. z. § 916, Rn. 6 ff.

1336 JAUERNIG/BERGER, Zwangsvollstreckungs- und Insolvenzrecht, § 34, Rn. 2.

1337 SCHLITT/O. SEILER, ZHR 166 (2002), 544 (551).

Rechtsschutzes, die einstweilige Verfügung (§§ 935 ff. ZPO)[1338]. Die ZPO unterscheidet in zwei Arten der einstweiligen Verfügung[1339]: Die Sicherungsverfügung (§ 935 ZPO) sichert die künftige Verwirklichung eines nicht auf Geld gerichteten Anspruchs und die Regelungsverfügung (§ 940 ZPO) regelt einstweilen einen Zustand[1340]. Eine dritte Art hat sich in der Literatur und Rechtsprechung entwickelt[1341]: Die Leistungsverfügung verurteilt provisorisch zu einer Leistung[1342]. Die Abgrenzung zwischen den Verfügungsarten ist umstritten[1343]. Obwohl alle Verfügungsarten mit einer sichernden Wirkung ausgestattet sind[1344], wird eine einstweilige Verfügung nur dann als Sicherungsverfügung charakterisiert, wenn sie bloß sichert, also nicht auch schon (teilweise) befriedigt[1345]. Zudem sind die Regelungs- und die Leistungsverfügung in ihrer Wirkung kaum zu unterscheiden[1346], denn die einstweilige Regelung eines Zustands hat stets auch eine zumindest teilweise eintretende Befriedigung zur Folge[1347]. Die folgende Darstellung verzichtet deshalb auf eine Differenzierung.

Die Voraussetzungen für eine einstweilige Verfügung sind ein Verfügungsanspruch und ein Verfügungsgrund[1348].

1338 Vgl. MARKWARDT, ZIP 2004, 211; vgl. SCHLITT/O. SEILER, ZHR 166 (2002), 544 (551).

1339 BERGER, in: Berger, Einstweiliger Rechtsschutz im Zivilrecht, Kap. 2, Rn. 11.

1340 JAUERNIG/BERGER, Zwangsvollstreckungs- und Insolvenzrecht, § 34, Rn. 2 f., § 37, Rn. 1, 7.

1341 BERGER, in: Berger, Einstweiliger Rechtsschutz im Zivilrecht, Kap. 2, Rn. 11.

1342 JAUERNIG/BERGER, Zwangsvollstreckungs- und Insolvenzrecht, § 34, Rn. 2 f., § 37, Rn. 19.

1343 Zum Streitstand: BERGER, in: Berger, Einstweiliger Rechtsschutz im Zivilrecht, Kap. 2, Rn. 12 f. m. w. N.

1344 Vgl. dazu: DRESCHER, in: MünchKomm, ZPO, § 935, Rn. 4.

1345 Vgl. dazu die Beispiele bei: GAUL/SCHILKEN/BECKER-EBERHARD, Zwangsvollstreckungsrecht, § 76, Rn. 4.

1346 Näher dazu: BOEMKE, in: Berger, Einstweiliger Rechtsschutz im Zivilrecht, Kap. 5, Rn. 11.

1347 BOEMKE, in: Berger, Einstweiliger Rechtsschutz im Zivilrecht, Kap. 5, Rn. 11; WALKER, Der einstweilige Rechtsschutz im Zivilprozess und im arbeitsgerichtlichen Verfahren, Rn. 112.

1348 BOEMKE, in: Berger, Einstweiliger Rechtsschutz im Zivilrecht, Kap. 5, Rn. 1; DRESCHER, in: MünchKomm, ZPO, § 935, Rn. 6, 15.

I. Verfügungsanspruch

Der Verfügungsanspruch ist die Voraussetzung dafür, dass überhaupt Rechtsschutz gewährt wird[1349] und er ist identisch mit der vom Aktionär im Hauptsacheverfahren geltend gemachten materiellen Rechtsposition[1350]. Insofern bestehen keine Besonderheiten gegenüber den Ergebnissen der bisherigen Untersuchung. Geltend gemacht werden kann beispielsweise das Recht auf Wahrung der Hauptversammlungskompetenzen in all seinen Facetten[1351] sowie rechtzeitig bekannt werdende drohende Verletzungen des Teilnahme- und Stimmrechts[1352].

Dennoch ist der Streitgegenstand des Eilverfahrens von dem des Hauptsacheverfahrens zu trennen[1353]. Beide unterscheiden sich im Ziel des Rechtsschutzes, denn der Aktionär macht im einstweiligen Rechtsschutz einen prozessualen Anspruch auf Sicherung seiner Rechtsposition geltend[1354]. Mithin führt die Rechtshängigkeit des einen Verfahrens auch nicht zur Unzulässigkeit des zweiten. Beide Verfahren können parallel betrieben werden[1355].

Dort wo keine Aktionärsklage möglich ist, scheidet auch der einstweilige Rechtsschutz aus[1356]. Einen Sonderfall bilden einstweilige Verfügungen zur Absicherung von Anfechtungs- und Nichtigkeitsklagen. Das eigentlich dazu gehörige Hauptsacheverfahren wäre eine auf Unterlassung gerichtete Aktionärsklage. Eine Aktionärsklage ist hier aber aufgrund der beschränkten Sperrwirkung der Beschlussmängelklagen nur ausnahmsweise möglich[1357]. Gleichwohl ist es anerkannt, dass der Vollzug – insb. die Eintragung im Handelsregister[1358] – von angefochtenen Hauptversammlungsbeschlüssen einstweilen untersagt werden

---

1349 BOEMKE, in: Berger, Einstweiliger Rechtsschutz im Zivilrecht, Kap. 5, Rn. 2.

1350 Vgl. DAMM, ZHR 154 (1990), 413 (419).

1351 Vgl. oben: 5. Teil: D II 1.

1352 Vgl. oben: 5. Teil: C I 1 und 2.

1353 BGH, Beschl. v. 10.10.1979 – IV ZR 52/79, NJW 1980, 191; BERGER, in: Berger, Einstweiliger Rechtsschutz im Zivilrecht, Kap. 2, Rn. 25; zum Streitgegenstandsbegriff: ROSENBERG/SCHWAB/GOTTWALD, Zivilprozessrecht, § 93, Rn. 1 ff.; irreführend ist es in diesem Zusammenhang vom identischen „Klageanspruch" zu sprechen, so aber: SCHLITT/O. SEILER, ZHR 166 (2002), 544 (552); vgl. auch: HEINZE, ZGR 1979, 293 (304); die ZPO verwendet den Begriff „Klageanspruch" alternativ für den des Streitgegenstandes, vgl. § 311 II 3 i. V. m. § 306 ZPO.

1354 BERGER, in: Berger, Einstweiliger Rechtsschutz im Zivilrecht, Kap. 2, Rn. 25.

1355 BERGER, in: Berger, Einstweiliger Rechtsschutz im Zivilrecht, Kap. 2, Rn. 26.

1356 DAMM, ZHR 154 (1990), 413 (438).

1357 S. o.: 5. Teil: C I.

1358 BVerfG, Beschl. v. 13.10.2004 – 1 BvR 2303/00, WM 2004, 2354.

kann[1359]. Die Rechtfertigung dafür, dass hier Rechtsschutz gewährt wird, obwohl das zugehörige Hauptsacheverfahren (noch) unzulässig ist, liegt in dem Umstand, dass die Anfechtungs- bzw. Nichtigkeitsklage einen bestehenden Schwebezustand über die Rechtmäßigkeit eines Hauptversammlungsbeschlusses beseitigen soll[1360]. Die Beschlussmängelklagen bilden insofern ein Äquivalent für das (noch) unzulässige Hauptsacheverfahren, denn die Unzulässigkeit des Hauptsacheverfahrens beruht darauf, dass die Beschlussmängelklagen als spezieller[1361] angesehen werden.

II. Verfügungsgrund

Im Rahmen des Verfügungsgrunds geht es um die Legitimation dafür, dass Rechtsschutz ausnahmsweise in einem summarischen Verfahren gewährt wird[1362]. Ein Verfügungsgrund liegt vor, wenn die objektiv begründete Gefahr besteht, dass durch eine Veränderung des bestehenden Zustands die Rechtsverwirklichung des Antragstellers mittels des im Hauptsacheverfahren erlangten Urteils wesentlich erschwert oder vereitelt werden könnte (sog. Dringlichkeit[1363], vgl. § 935 ZPO)[1364] und eine Interessenabwägung zu Gunsten des Antragstellers ausfällt[1365].

1359 DAMM, ZHR 154 (1990), 413 (437 f.); DRESCHER, in: MünchKomm, ZPO, § 935, Rn. 48; ders., in: Henssler/Strohn, GesR, § 246 AktG, Rn. 57; ders., in: Spindler/Stilz, AktG, § 243, Rn. 279; HEINZE, ZGR 1979, 293 (295 ff.); HÜFFER/SCHÄFER, in: MünchKomm, AktG, § 243, Rn. 153 f.; KOCH, in: Hüffer/Koch, AktG, § 243, Rn. 67; NOACK/ZETZSCHE, in: KölnKomm, AktG, § 242, Rn. 21, § 246, Rn. 242 ff.; SCHLITT/O. SEILER, ZHR 166 (2002), 544 (563 ff.); K. SCHMIDT, in: Großkomm, AktG (4. Auflage), § 243, Rn. 72.

1360 Bis zum Abschluss des Anfechtungs- bzw. Nichtigkeitsverfahrens ist der Hauptversammlungsbeschluss in der Welt und bindet die Gesellschaft. Erst die ex-post-Betrachtung nach einer rechtskräftigen Entscheidung schafft Klarheit, ob ein wirksamer Hauptversammlungsbeschluss vorliegt; HEINZE, ZGR 1979, 293 (299).

1361 S. o.: 5. Teil: C I (insb. Fn. 1011).

1362 Vgl. BOEMKE, in: Berger, Einstweiliger Rechtsschutz im Zivilrecht, Kap. 5, Rn. 33.

1363 Der Begriff „Dringlichkeit“ wird verwendet um den oben beschriebenen Teil des Verfügungsgrunds knapp und treffend zu benennen. Er ist allerdings streng vom „dringenden Fall“ nach §§ 937 II, 942, 944 ZPO zu unterscheiden; MAYER, in: BeckOK, ZPO, § 935, Rn. 11; vgl. dazu: VOLLKOMMER, in: Zöller, ZPO, § 935, Rn. 10, § 937, Rn. 2, § 940, Rn. 1, 4.

1364 DRESCHER, in: MünchKomm, ZPO, § 935, Rn. 15, § 940, Rn. 9; GRUNSKY, in: Stein/Jonas, ZPO, § 935, Rn. 11, § 940, Rn. 7; C. SEILER, in: Thomas/Putzo, ZPO, § 935, Rn. 6; VOLLKOMMER, in: Zöller, ZPO, § 935, Rn. 10, § 940, Rn. 4; a. A.: THÜMMEL trennt zwischen Sicherungs- und Regelungsverfügung und stellt unterschiedliche Anforderungen an den Verfügungsgrund, in: Wieczorek/Schütze, ZPO, § 935, Rn. 24, § 940, Rn. 10.

1365 Gliederung des Verfügungsgrunds nach: BOEMKE, in: Berger, Einstweiliger Rechtsschutz im Zivilrecht, Kap. 5, Rn. 39 ff.

1. Dringlichkeit

Die Dringlichkeit ergibt sich aus einer objektiv bestehenden Gefahr für die Rechtsdurchsetzung des Aktionärs und einem Zeitmoment.

a. Objektive Gefahr für spätere Rechtsdurchsetzung

Eine objektive Gefahr besteht schon dann, wenn der Vorstand im Schutze seiner unbeschränkten Vertretungsmacht (§ 82 I AktG) eine Maßnahme umsetzen will, die Aktionärsrechte verletzt[1366]. Dadurch schafft der Vorstand Zustände, die eine Rechtsdurchsetzung im Hauptsacheverfahren vereiteln oder zumindest wesentlich erschweren würden[1367].

Ist die Beseitigung einer Maßnahme nicht mehr möglich, ist auch eine eingetretene Rechtsverletzung des Aktionärs nicht rückgängig zu machen und eine Rechtsdurchsetzung im Hauptsacheverfahren würde scheitern[1368]. So liegt der Fall, wenn ein Unternehmensteil an einen die Rückabwicklung verweigernden Dritten übertragen wird[1369] oder wenn eine Kapitalmaßnahme umgesetzt wird und die ausgegebenen jungen Aktien nicht mehr identifiziert werden können[1370]. Bei der Ausgabe von Wandel- oder Gewinnschuldverschreibungen, ohne dass der nach § 221 I, II 1 AktG erforderliche Beschluss der Hauptversammlung vorliegt, ist es genauso, denn sie ist im Außenverhältnis wirksam und verpflichtet die AG[1371].

1366 MARKWARDT, ZIP 2004, 211 (217); SCHLITT/O. SEILER, ZHR 166 (2002), 544 (563).

1367 Das LG Duisburg nahm einen Verfügungsgrund schon deshalb an, weil die bereits eingeleitete Durchsetzung von Minderheitsrechten nach § 122 AktG zu spät käme, Urt. v. 27.06.2002 – 21 O 106/02 (Badcock Borsig), Rn. 55 f. (juris); zur Entscheidung: s. o.: 2. Teil: A III (insb. Fn. 120). Dieser Ansatz überzeugt nicht, denn eine gerichtliche Entscheidung nach § 122 III AktG oder ein darauf folgender Hauptversammlungsbeschluss hindert die AG nicht, vollendete Tatsachen zu schaffen. Maßgebend für die Beurteilung, ob Rechtsschutz nicht mehr rechtzeitig zu erreichen ist, kann nur ein solches Verfahren sein, das auch den erforderlichen Rechtsschutz bietet.

1368 MARKWARDT, ZIP 2004, 211 (216 f.).

1369 S. o.: 5. Teil: B II 2 c.

1370 SCHLITT/O. SEILER, ZHR 166 (2002), 544 (549).

1371 KOCH, in: Hüffer/Koch, AktG, § 221, Rn. 52; FLORSTEDT, in: KölnKomm, AktG, § 221, Rn. 202; SCHLITT/O. SEILER, ZHR 166 (2002), 544 (562 f.).

Die Rechtsdurchsetzung im Hauptsacheverfahren kann aber auch vereitelt oder wesentlich erschwert sein, wenn die Rückgängigmachung der umgesetzten Maßnahme rechtlich noch möglich ist. Wird ein Unternehmensteil nicht an einen Dritten übertragen, sondern an ein 100 %iges Tochterunternehmen, dann kann die AG aus ihrer Gesellschafterstellung bei dem Tochterunternehmen heraus den ausgegliederten Unternehmensteil wieder zu sich selbst zurückholen[1372]. Die unzulässige Verkürzung der Aktionärsrechte kann dann zwar für die Zukunft beseitigt werden, aber nicht für die Zeit bis zur Beseitigung. Zudem besteht die nicht unwahrscheinliche Gefahr, dass während dieses Zeitraums im Vertrauen auf die Richtigkeit des Zustands weitere darauf aufbauende Handlungen vorgenommen werden, die es letztendlich faktisch unmöglich machen, den vorherigen Zustand wiederherzustellen[1373]. Ein Unternehmensteil ist kein statisches Gebilde[1374]. Er ist einer sich kontinuierlich ändernden Marktsituation unterworfen[1375]. Das Tochterunternehmen kann den Unternehmensteil in den eigenen Betrieb integrieren, Personalveränderungen vornehmen und Verträge mit Dritten auslaufen lassen oder kündigen.

Verletzungen des Teilnahme- oder Stimmrechts können nach dem Stattfinden der Hauptversammlung auf eben dieser nicht mehr nachgeholt werden. Eine Rechtsdurchsetzung im Hauptsacheverfahren ist hier zwar theoretisch möglich. Praktisch werden Verletzungen des Teilnahme- oder Stimmrechts – wenn überhaupt – erst kurz vor der Hauptversammlung bekannt, sodass eine Rechtsdurchsetzung in einem Hauptsacheverfahren in der Regel ausgeschlossen ist[1376]. Eine anschließende Rechtsdurchsetzung mittels Anfechtungsklage dauert seine Zeit und verhindert ebenfalls nicht, dass sich die Gesellschaft in eine Richtung

1372 Vgl. HABERSACK, Die Mitgliedschaft – subjektives und „sonstiges“ Recht, S. 356; vgl. SCHÖNE, in: Semler/Volhard, Arbeitshandbuch für Unternehmensübernahmen, Bd. 1, § 34, Rn. 96; vgl. O. SEILER/SINGHOF, DK 2003, 313 (318).

1373 Vgl. (allerdings in einem anderen Zusammenhang) GRUNSKY, ZIP 1991, 778 (782).

1374 Vgl. PICOT, in: Römermann, Münchener Anwaltshandbuch GmbH-Recht, § 21, Rn. 249.

1375 Vgl. PICOT, in: Römermann, Münchener Anwaltshandbuch GmbH-Recht, § 21, Rn. 249.

1376 Vgl. BOEMKE, in: Berger, Einstweiliger Rechtsschutz im Zivilrecht, Kap. 5, Rn. 187.

weiterentwickelt, die es faktisch unmöglich macht, den vorherigen Zustand wiederherzustellen[1377].

Im Zusammenhang mit Beschlussmängelklagen ist zu unterscheiden, ob einstweiliger Rechtsschutz begleitend zu einer Anfechtungs- oder Nichtigkeitsklage oder ob er nach dem erfolgreichen Abschluss eines Beschlussmängelverfahrens begehrt wird.

Bei dem begleitenden Rechtsschutz liegt die Gefahr für eine spätere Rechtsdurchsetzung ebenfalls in der drohenden Veränderung von Tatsachen infolge der unbeschränkten Vertretungsmacht des Vorstands[1378]. Bei eintragungsbedürftigen Beschlüssen kann schon die Anmeldung zum Handelsregister genügen[1379]. Hier ist allerdings zu differenzieren[1380]. Löst das Beschlussmängelverfahren eine Registersperre aus[1381], ist einstweiliger Rechtsschutz gegen eine Eintragung überflüssig und deshalb nicht möglich[1382]. Ordnet das Gesetz keine Registersperre an, kann eine einstweilige Verfügung erwirkt werden[1383]. Sie hindert den Registerrichter gem. § 16 II HGB an einer Eintragung[1384]. Die dafür erforderliche Gefahr kann aus einer konstitutiven Wirkung der Eintragung folgen[1385]. Wird eine Satzungsänderung eingetragen, kann der Vorstand die davon betroffenen Handlungen wirksam vornehmen. Es entsteht die gleiche Gefährdungssituation, die

---

1377 GRUNSKY, ZIP 1991, 778 (782); a. A. (Aktionär soll erst den Beschluss abwarten): DRESCHER, in: Henssler/Strohn, GesR, § 246 AktG, Rn. 53.

1378 HEINZE, ZGR 1979, 293 (301 f., 305); HÜFFER/SCHÄFER, in: MünchKomm, AktG, § 243, Rn. 154.

1379 BVerfG, Beschl. v. 13.10.2004 – 1 BvR 2303/00, WM 2004, 2354; HEINZE, ZGR 1979, 293 (301 f., 305); HÜFFER/SCHÄFER, in: MünchKomm, AktG, § 243, Rn. 154; SCHLITT/O. SEILER, ZHR 166 (2002), 544 (564).

1380 SCHLITT/O. SEILER, ZHR 166 (2002), 544 (564).

1381 So etwa bei: Verschmelzung (§ 16 II 2 UmwG), Spaltung (§ 125 i. V. m. § 16 II 2 UmwG), Formwechsel (§ 198 III i. V. m. § 16 II 2 UmwG), Eingliederung (§ 319 V 2 AktG) und Squeeze-Out (§ 327e II i. V. m. § 319 V 2 AktG).

1382 SCHLITT/O. SEILER, ZHR 166 (2002), 544 (566 f.); vgl. BAUMS, Gutachten F zum 63. DJT 2000, S. 208; vgl. DRESCHER, in: Henssler/Strohn, GesR, § 246 AktG, Rn. 56; vgl. auch schon: HEINZE, ZGR 1979, 293 (302, Fn. 18).

1383 In der Praxis sollen einstweilige Verfügungen in diesem Zusammenhang selten sein, das gleiche Ergebnis würde regelmäßig mit einem formlosen in Kenntnis setzen des Registerrichters über die Anhängigkeit eines Beschlussmängelverfahrens erreicht; SCHLITT/O. SEILER, ZHR 166 (2002), 544 (565).

1384 BAUMS, Gutachten F zum 63. DJT 2000, S. 208; SCHLITT/O. SEILER, ZHR 166 (2002), 544 (564); SCHÜRNBRAND, ZHR 171 (2007), 731 (735).

1385 So etwa bei: Satzungsänderung (§ 181 III AktG), Durchführung einer Kapitalerhöhung (§ 189 AktG), Kapitalherabsetzungsbeschluss (§ 224 AktG), Fortsetzung

sich aus der unbeschränkten Vertretungsmacht ergibt[1386]. Beschließt etwa die Hauptversammlung aufgrund der Stimmgewalt von Großaktionären zusammen mit einem Gewinnverwendungsbeschluss (§ 174 I 1 AktG) einen neuen Gewinnverteilungsschlüssel (§§ 179 ff. i. V. m. § 60 III AktG)[1387], der Kleinaktionäre benachteiligt, ohne dass die benachteiligten Aktionäre zugestimmt haben, ist der Beschluss über den neuen Gewinnverteilungsschlüssel rechtswidrig[1388]. Erfolgt gleichwohl die Eintragung (§ 181 III AktG), kann der Vorstand die neue Gewinnverteilung wirksam vornehmen[1389].

Eine objektive Gefahr für eine Rechtsdurchsetzung im Hauptsacheverfahren kann auch nach einer erfolgreichen Beschlussmängelklage[1390] bestehen. Erfolgreich angefochtene nicht eintragungsbedürftige Beschlüsse kann der Vorstand weiter umsetzen und auf diese Weise neue Tatsachen schaffen. Bei eintragungsbedürftigen Beschlüssen besteht eine solche Gefahr, wenn das Registergericht aufgrund eines ihm zustehenden Ermessens (§§ 21 I, 381 FamFG) eine Eintragung trotz schwebendem Anfechtungsverfahren vorgenommen hat[1391] und der Vorstand seine Pflicht zur Urteilseinreichung verletzt (§ 248 I 2 AktG).

Unterlässt es der Vorstand einen rechtmäßigen Hauptversammlungsbeschluss umzusetzen[1392], kann sich die Gefahr für eine Rechtsdurchsetzung im Hauptsacheverfahren nicht aus seiner unbeschränkten Vertretungsmacht ergeben. Sie kann aber aus einer Änderung äußerer Zustände folgen, wenn der Vorstand währenddessen nicht rechtzeitig handelt. Stimmen beispielsweise die Aktionäre einem Vertragsentwurf über die Veräußerung eines wesentlichen Unternehmensteils zu, entfaltet der rechtmäßige Zustimmungsbeschluss

---

einer aufgelösten Gesellschaft (§ 274 III AktG); Abschluss eines Unternehmensvertrags (§ 294 II AktG); Änderung eines Unternehmensvertrags (§ 295 I i. V. m. § 294 II AktG).

1386 Vgl. HEINZE, ZGR 1979, 293 (302, 305).

1387 Die Gewinnverteilung kann völlig frei gestaltet werden; BAYER, in: MünchKomm, AktG, § 60, Rn. 18; DRYGALA, in: KölnKomm, AktG, § 60, Rn. 27; HENZE, in: Großkomm AktG, § 60, Rn. 29.

1388 DRYGALA, in: KölnKomm, AktG, § 60, Rn. 28; HENZE, in: Großkomm, AktG (4. Auflage), § 60, Rn. 21; KOCH, in: Hüffer/Koch, AktG, § 60, Rn. 8.

1389 Beispiel nach: STEIN, in: MünchKomm, AktG, § 181, Rn. 72.

1390 Zum Recht auf Wahrung der Hauptversammlungskompetenzen in diesem Kontext: s. o.: 5. Teil: B III.

1391 Vgl. SCHLITT/O. SEILER, ZHR 166 (2002), 544 (564).

1392 Zum Recht auf Wahrung der Hauptversammlungskompetenzen in diesem Kontext: s. o.: 5. Teil: B IV.

Bindungswirkung nach innen[1393]. Der Vorstand wird dadurch angewiesen, den Vertrag durchzuführen (§ 83 II AktG). Ihm steht hinsichtlich der Vollendung kein Ermessen zu[1394]. Weigert sich der Vorstand, kann der Aktionär gegen die AG auf Vornahme der notwendigen Handlungen klagen[1395]. Setzt der Vertragspartner nun eine Frist für den Abschluss des Vertrags, kann auch eine den einstweiligen Rechtsschutz rechtfertigende Gefährdungssituation für eine Rechtsdurchsetzung im Hauptsacheverfahren vorliegen.

b. Zeitmoment

In zeitlicher Hinsicht stellt sich die Frage, ab welchem Zeitpunkt von einer Gefahr für die Rechtsdurchsetzung im Hauptsacheverfahren ausgegangen werden kann. Steht die Umsetzung der Maßnahme oder der Termin der Hauptversammlung unmittelbar bevor[1396], ist das Zeitmoment unproblematisch. Liegt der die Gefahr birgende Umstand in zeitlicher Ferne, darf die Möglichkeit, ein Hauptsacheverfahren durchzuführen, nicht außer Acht gelassen werden. Dringlichkeit ist nur dann gegeben, wenn Rechtsschutz nicht mehr rechtzeitig erreicht werden kann[1397]. Es ist auf die vermeintliche Verfahrensdauer abzustellen. Andererseits führt ein langes Zuwarten in Kenntnis der Gefährdungslage zur sog. Selbstwiderlegung des Verfügungsgrunds[1398] und der Antrag auf eine einstweilige Verfügung wird unbegründet. Der antragstellende Aktionär kann mithin nicht auf ein Abwarten verwiesen werden. Im Zweifel ist davon auszugehen, dass ein Hauptsacheverfahren nicht rechtzeitig beendet werden kann.

Praktisch wird diese Frage selten zu stellen sein. Die Erwirkung einer einstweiligen Verfügung gegen Maßnahmen der Verwaltungsorgane ist davon abhängig wie gut der Aktionär informiert ist. Ohne Kenntnis bevorstehender Maßnahmen, die in seine Rechte eingreifen, sucht er auch keinen Rechtsschutz[1399]. Ein Auskunftsrecht hat der Aktionär grds. nur auf der Hauptversammlung (vgl. § 131

1393 Vgl. MERTENS/CAHN, in: KölnKomm, AktG, § 83, Rn. 10.

1394 Vgl. SPINDLER, in: MünchKomm, AktG, § 83, Rn. 27.

1395 S. o.: 5. Teil: B IV (insb. Fn. 996).

1396 MARKWARDT, ZIP 2004, 211 (217); vgl. THÜMMEL, in: Wieczorek/Schütze, ZPO, § 938, Rn. 7, § 935, Rn. 24; vgl. DRESCHER, in: MünchKomm, ZPO, § 935, Rn. 46.

1397 Vgl. DRESCHER, in: MünchKomm, ZPO, § 940, Rn. 10.

1398 DRESCHER, in: MünchKomm, ZPO, § 935, Rn. 18 f.; THÜMMEL, in: Wieczorek/Schütze, ZPO, § 935, Rn. 24.

1399 Vgl. BAYER, NJW 2000, 2609 (2614); SCHÜRNBRAND, ZHR 171 (2007), 731 (735).

AktG)[1400]. Im Übrigen kann er Informationen vor allem infolge allgemeiner Publizitätsverpflichtungen der AG erlangen. Diese sind allerdings nicht besonders stark ausgeprägt, sofern man sie unter dem Aspekt eines die Aktionärsklage rechtfertigenden Sachverhalts betrachtet. Jedenfalls bei börsennotierten Aktiengesellschaften existiert eine Ad-hoc-Publizitätspflicht für Insiderinformationen nach § 15 WpHG[1401]. So können Aktionäre Kenntnis von Maßnahmen erlangen, die geeignet sind auf den Börsenkurs Einfluss zu nehmen, wie etwa die Ausnutzung von genehmigtem Kapital mit Bezugsrechtsausschluss[1402], der geplante Abschluss von Unternehmensverträgen[1403] oder strukturändernde Maßnahmen à la Holzmüller[1404].

2. Interessenabwägung

Nach vorzugswürdiger Ansicht ist eine Interessenabwägung bei allen Arten der einstweiligen Verfügung vorzunehmen[1405]. Je nach Wirkung der einstweiligen Verfügung und der daraus folgenden Einordnung als Sicherung-, Regelungs- oder Leistungsverfügung können die gegenläufigen Interessen unterschiedlich gewichtet werden. Bei einer Sicherungsverfügung ist die Betroffenheit des Antragsgegners aufgrund der bloß sichernden Wirkung gering zu bewerten. Die Schutzinteressen des Antragstellers werden dem grds. überwiegen[1406]. Bei einer

1400 Vgl. dazu: BGH, Urt. v. 10.10.2005 – II ZR 148/03 (Mangusta/Commerzbank I), ZIP 2005, 2205 (Ablehnung einer Vorabberichtspflicht vor der Ausnutzung von genehmigtem Kapital mit Bezugsrechtsausschluss).

1401 Zum Zeitpunkt einer Publizitätspflicht bei mehrstufigen Entscheidungsprozessen: STAAKE, Ungeschriebene Hauptversammlungskompetenzen, S. 149 ff. m. w. N.

1402 Vgl. BAYER, in: MünchKomm, AktG, § 202, Rn. 89.

1403 Stellungnahme des Handelsrechtsausschusses des deutschen Anwaltvereins e.V. zur Anwendung des § 15 WpHG bei mehrstufigen Entscheidungsprozessen, NZG 1998, 136 (142).

1404 O. SEILER/SINGHOF, DK 2003, 313 (316); vgl. Stellungnahme des Handelsrechtsausschusses des deutschen Anwaltvereins e.V. zur Anwendung des § 15 WpHG bei mehrstufigen Entscheidungsprozessen, NZG 1998, 136 (142 – „Spaltungen").

1405 BOEMKE, in: Berger, Einstweiliger Rechtsschutz im Zivilrecht, Kap. 5, Rn. 41 f.; DAMM, ZHR 154 (1990), 413 (422); DRESCHER, in: MünchKomm, ZPO, § 938, Rn. 2 f.; GRUNSKY, in: Stein/Jonas, ZPO, § 935, Rn. 9; LEIPOLD, Grundlagen des einstweiligen Rechtsschutzes, S. 89 ff.; THÜMMEL, in: Wieczorek/Schütze, ZPO, § 938, Rn. 7, § 940, Rn. 1; a. A.: WALKER, Der einstweilige Rechtsschutz im Zivilprozess und im arbeitsgerichtlichen Verfahren, Rn. 245; GAUL/SCHILKEN/BECKER-EBERHARD, Zwangsvollstreckungsrecht, § 76, Rn. 7.

1406 BOEMKE, in: Berger, Einstweiliger Rechtsschutz im Zivilrecht, Kap. 5, Rn. 42.

Leistungsverfügung wird die Rechtsposition des Antragstellers nicht nur gesichert, er wird schon teilweise befriedigt. In diesem Fall kann nicht von einem grundsätzlichen Überwiegen des Einen oder Anderen ausgegangen werden. Der Einzelfall ist maßgebend.

Die Interessenabwägung ist ein Bestandteil des Verfügungsgrunds[1407] und mithin ein Element der Begründetheitsprüfung[1408]. Die Untersuchung des Verfügungsgrunds erfolgt durch die Würdigung von Rechtspositionen, Interessen und wirtschaftlichen Zusammenhängen[1409]. Die notwendige Verknüpfung dieser Punkte kann nur erreicht werden, wenn diese gemeinsam geprüft werden[1410].

a. *Prognose über den Ausgang des Hauptsacheverfahrens*

Ein bedeutender Punkt im Rahmen der Interessenabwägung ist die Prognose über den Ausgang des Hauptsacheverfahrens[1411]. Je wahrscheinlicher das Obsiegen des Aktionärs ist, desto eher gehen seine Interessen denen der AG vor[1412], denn wenn das Begehren des Aktionärs in der Hauptsache begründet ist, dann muss die AG auch die belastenden Folgen des vorgelagerten einstweiligen Rechtsschutzes hinnehmen[1413]. Die Gewichtung einer solchen Prognose im Rahmen der gesamten Interessenabwägung hängt davon ab, in welchem Maß das rechtliche Gehör der Parteien im Verfügungsverfahren gewahrt wird und wie nahe die Glaubhaftmachung der vorgebrachten Tatsachen am Vollbeweis liegt[1414].

1407 BOEMKE, in: Berger, Einstweiliger Rechtsschutz im Zivilrecht, Kap. 5, Rn. 39 ff.; DAMM, ZHR 154 (1990), 413 (422 f.); v. GERKAN, ZGR 1985, 167 (188); vgl. MARKWARDT, ZIP 2004, 211 (216 f.); vgl. für die Regelungsverfügung: GAUL/SCHILKEN/BECKER-EBERHARD, Zwangsvollstreckungsrecht, § 76, Rn. 12; zum Teil wird die Interessenabwägung auch als separater Prüfungspunkt neben dem Verfügungsgrund behandelt; so etwa: SCHLITT/O. SEILER, ZHR 166 (2002), 544 (550).

1408 Zur Einordnung des Verfügungsgrunds als Bestandteil der Begründetheitsprüfung statt vieler: BOEMKE, in: Berger, Einstweiliger Rechtsschutz im Zivilrecht, Kap. 5, Rn. 33 m. w. N.

1409 V. GERKAN, ZGR 1985, 167 (188).

1410 DAMM, ZHR 154 (1990), 413 (422 f.); v. GERKAN, ZGR 1985, 167 (188).

1411 BOEMKE, in: Berger, Einstweiliger Rechtsschutz im Zivilrecht, Kap. 5, Rn. 54; v. GERKAN, ZGR 1985, 167 (175); WALKER, Der einstweilige Rechtsschutz im Zivilprozess und im arbeitsgerichtlichen Verfahren, Rn. 261.

1412 WALKER, Der einstweilige Rechtsschutz im Zivilprozess und im arbeitsgerichtlichen Verfahren, Rn. 261.

1413 BOEMKE, in: Berger, Einstweiliger Rechtsschutz im Zivilrecht, Kap. 5, Rn. 54.

1414 Vgl. BOEMKE, in: Berger, Einstweiliger Rechtsschutz im Zivilrecht, Kap. 5, Rn. 54.

Je ausführlicher die Parteien ihre Position darlegen und glaubhaft machen konnten, umso eher kann der Ausgang des Hauptsacheverfahrens richtig vorhergesagt werden. Einerseits sind Fälle denkbar, in denen eine Entscheidung besonders eilig ergehen muss und der AG die Möglichkeit des rechtlichen Gehörs gänzlich verwehrt bleibt (einseitiges Verfahren). Eine Prognose kann dann nur schwer erstellt werden und hätte folglich kaum Gewicht[1415]. Wird der AG kurzfristig die Gelegenheit zur telefonischen Stellungnahme eingeräumt[1416], kann eine Prognose schon eher gestellt werden. Allerdings fehlt der AG insofern die Möglichkeit, sich mit dem Sachverhalt gründlich und ggf. mit rechtlicher Beratung auseinanderzusetzen. Einer Prognose darf hier auch nur geringe Bedeutung beigemessen werden. Andererseits ergeht eine einstweilige Verfügung in der Regel erst nach einer mündlichen Verhandlung (vgl. § 937 II ZPO)[1417]. Die Fehleranfälligkeit einer darauf basierenden Prognose ist kleiner, weil beide Parteien die Möglichkeit hatten, ihre Position mit anwaltlicher Unterstützung darzulegen.

Auch der Grad der Glaubhaftmachung ist für das Gewicht einer Prognose bedeutsam. Werden im Eilverfahren Tatsachen bereits durch einen Vollbeweis belegt, lässt sich eine zuverlässigere Prognose treffen, als bei einer eidesstattlichen Versicherung[1418]. Nicht ausgeschlossen ist, dass der antragstellende Aktionär seinen Tatsachenvortrag durch eine eidesstattliche Versicherung eines Vorstandsmitglieds glaubhaft macht, welches bei der Entscheidung über eine Maßnahme von den übrigen Organmitgliedern überstimmt wurde. Eine solche eidesstattliche Versicherung hat ein höheres Gewicht, als eine vom Aktionär.

b. Betroffenheit der Parteien

Nur vereinzelt wird eine Interessenabwägung allein aufgrund einer Prognose über den Ausgang des Hauptsacheverfahrens entschieden werden können. Ein weiteres wichtiges Kriterium ist die Betroffenheit der Parteien[1419]. Je geringer die Richtigkeitsgewissheit einer Prognose ist (und mithin dessen Gewichtung), umso

1415 BOEMKE, in: Berger, Einstweiliger Rechtsschutz im Zivilrecht, Kap. 5, Rn. 55; WALKER, Der einstweilige Rechtsschutz im Zivilprozess und im arbeitsgerichtlichen Verfahren, Rn. 263.

1416 DRESCHER, in: MünchKomm, ZPO, § 922, Rn. 4.

1417 Vgl. dazu: KRÄMER/KIEFNER, ZIP 2006, 301 (308).

1418 BOEMKE, in: Berger, Einstweiliger Rechtsschutz im Zivilrecht, Kap. 5, Rn. 54.

1419 BOEMKE, in: Berger, Einstweiliger Rechtsschutz im Zivilrecht, Kap. 5, Rn. 56; vgl. auch: BUSCH, NZG 2006, 81 (84).

stärker ist die Betroffenheit der Parteien zu berücksichtigen[1420]. Die Beurteilung der Betroffenheit der Parteien steht dabei in einer Wechselwirkung mit der Prognose: Je mehr die Betroffenheit der einen Partei der Betroffenheit der anderen Partei überwiegt, umso geringer (Überwiegen des Betroffenseins des Aktionärs) bzw. strenger (Überwiegen des Betroffenseins der AG) sind die Anforderungen an die Richtigkeitsgewissheit einer Prognose[1421].

Die Betroffenheit der AG bei Erlass der einstweiligen Verfügung steht der Betroffenheit des Aktionärs bei Versagung des begehrten einstweiligen Rechtsschutzes gegenüber[1422]. Auf beiden Seiten ist maßgebend, welche Folgen drohen und wie groß ein zu erwartender Schaden ist[1423]. Schafft eine einstweilige Verfügung zu Lasten der AG vollendete Tatsachen, beispielsweise wenn eine Maßnahme später nicht mehr in sinnvoller Weise umzusetzen ist, darf das einer einstweilige Verfügung nicht per se entgegenstehen, denn es handelt sich bei dieser Folge nur um die eine von zwei Seiten[1424].

Die Betroffenheit des Aktionärs richtet sich zunächst nach der oben dargestellten objektiven Gefährdungslage[1425] und ist je nach Einzelfall zu gewichten. Hierbei kann der Beteiligungsbesitz des Aktionärs eine Rolle spielen[1426]. Die Betroffenheit eines Aktionärs mit wesentlicher Beteiligung ist höher zu bewerten als bei einem Aktionär mit nur einer Aktie oder kleinem Anteilsbesitz[1427]. Unerheblich ist, ob bereits Klage im Hauptsacheverfahren erhoben wurde[1428]. Ferner kann die rechtliche und tatsächliche Möglichkeit einer Rückabwicklung eine Rolle spielen.

Auf der Seite der AG steht die unbeschränkte Leitungsmacht des Vorstands. Diese könnte durch eine einstweilige Verfügung unterlaufen werden, etwa wenn

---

1420 DAMM, ZHR 154 (1990), 413 (423); v. GERKAN, ZGR 1985, 167 (175 f.); KRÄMER/KIEFNER, ZIP 2006, 301 (308); SCHLITT/O. SEILER, ZHR 166 (2002), 544 (569 f.); SCHÜRNBRAND, ZHR 171 (2007), 731 (735 f.).

1421 DAMM, ZHR 154 (1990), 413 (423); von den Anforderungen an die Richtigkeitsgewissheit einer Prognose hängt dann auch das Maß der Glaubhaftmachung ab; vgl. dazu: DRESCHER, in: MünchKomm, ZPO, § 935, Rn. 21.

1422 DAMM, ZHR 154 (1990), 413 (422); vgl. SCHÜRNBRAND, ZHR 171 (2007), 731 (735).

1423 Vgl. BOEMKE, in: Berger, Einstweiliger Rechtsschutz im Zivilrecht, Kap. 5, Rn. 56.

1424 V. GERKAN, ZGR 1985, 167 (175).

1425 S. o.: 6. Teil: C II 1 a.

1426 V. GERKAN, ZGR 1985, 167 (176); SCHLITT/O. SEILER, ZHR 166 (2002), 544 (571); BUSCH, NZG 2006, 81 (84).

1427 SCHLITT/O. SEILER, ZHR 166 (2002), 544 (571).

1428 V. GERKAN, ZGR 1985, 167 (176 f.); a. A.: HEINZE, ZGR 1979, 293 (331).

der Vorstand im Außenverhältnis wirksam einen Vertrag über die Veräußerung eines wesentlichen Unternehmensteils abgeschlossen hat und diesen nun durchführen will[1429]. Dem ist allerdings entgegenzuhalten, dass es bei einer einstweiligen Verfügung, welche die Durchführung eines solchen Vertrags verbietet, gerade darum geht, die Gefahren zu beseitigen, die sich aus der unbeschränkten Vertretungsmacht ergeben. Bei der Veräußerung eines wesentlichen Unternehmensteils handelt es sich um eine Entscheidung, die von der Hauptversammlung zu treffen ist. Die unbeschränkbare Leitungsmacht des Vorstands ist dem Willen der Hauptversammlung insofern untergeordnet[1430]. Die Leitungsmacht des Vorstands wird durch eine einstweilige Verfügung nur dort unterlaufen, wo die einstweilige Verfügung sich im Nachhinein als falsch herausstellt. Dieses Risiko besteht bei annähernd jeder einstweiligen Verfügung und ist bei einer Interessenabwägung im Rahmen einer Prognose über den Ausgang des Hauptsacheverfahrens zu berücksichtigen. Es darf aber nicht im Rahmen der Betroffenheit der Parteien erneut in eine Interessenabwägung einfließen. Ein Unterlaufen der unbeschränkten Leitungsmacht des Vorstands ist deshalb kein Kriterium, welches sich im Rahmen der Betroffenheit auf Seiten der AG niederschlägt.

Zu berücksichtigen ist hingegen der möglicherweise eintretende Schaden, wenn die einstweilige Verfügung sich im Nachhinein als falsch herausstellt.

Streiten sich die AG und ein Aktionär etwa um die Wesentlichkeit eines Betriebsteils und damit um das Eingreifen einer ungeschriebenen Hauptversammlungskompetenz, kann die AG bei Erlass einer die Veräußerung hindernden einstweiligen Verfügung den Vertrag unter einem Zustimmungsvorbehalt zugunsten der Hauptversammlung abschließen[1431]. Anschließend kann versucht werden, den entsprechenden Hauptversammlungsbeschluss herbeizuführen[1432]. Stimmt die Hauptversammlung der Veräußerung zu, wird der AG durch eine ggf. falsche einstweilige Verfügung hinsichtlich der Maßnahme selbst kein wesentlicher Schaden entstanden sein. Nachteilig zu Buche schlagen hingegen der Organisationsaufwand und die Kosten einer zusätzlichen Hauptversammlung. Versagt die Hauptversammlung ihre Zustimmung und stellt sich im

---

1429 HÜFFER/SCHÄFER, in: MünchKomm, AktG, § 243, Rn. 157; unklar in diesem Zusammenhang: SCHLITT/O. SEILER, ZHR 166 (2002), 544 (576).

1430 MERTENS/CAHN, in: KölnKomm, AktG, § 83, Rn. 10.

1431 MARKWARDT, ZIP 2004, 211 (217).

1432 Das Abwarten auf eine rechtskräftige Entscheidung im Hauptsacheverfahren wird regelmäßig nicht im Interesse des Vertragspartners liegen; helfen wird sich der Vertragspartner dadurch, dass er der veräußernden AG für die Einholung der Zustimmung eine Frist in den Vertrag schreibt.

Hauptsacheverfahren heraus, dass es sich um einen unwesentlichen Unternehmensteil handelte, könnte eine Veräußerung ganz ausgeschlossen oder nur unter wesentlich ungünstigeren Umständen nachzuholen sein[1433]. Fraglich wäre dann wiederum, ob die Möglichkeit eines solchen Schadens hoch zu gewichten ist. Hätte der Vorstand die Hauptversammlung freiwillig (§ 119 II AktG) befragt, wäre er an den Beschluss gebunden gewesen (§ 83 II AktG)[1434]. Nun erfolgte die Hauptversammlungsentscheidung eher unter dem Druck der (falschen) einstweiligen Verfügung, weshalb auch eine spätere Bindungswirkung nach § 83 II AktG nicht ohne weiteres angenommen werden kann[1435]. Andererseits existiert ein rechtmäßiger Hauptversammlungsbeschluss, der einen Ersatzanspruch der AG gegen Organmitglieder ausschließt (§ 93 IV 1 AktG), woraus auch eine spätere Bindungswirkung abgeleitet werden könnte[1436]. Eine Entscheidung ist an dieser Stelle entbehrlich. Letztendlich lag die Veräußerung des Betriebsteils unter den besseren Umständen nicht im Interesse der Mehrheit der Aktionäre, woran sich auch das bei der Betroffenheit der Parteien zu beurteilende Interesse der AG orientieren muss[1437]. Der Umstand, dass die Veräußerung des Unternehmensteils durch die einstweilige Verfügung ganz ausgeschlossen oder nur unter wesentlich ungünstigeren Umständen nachgeholt werden kann, darf deshalb nicht überbewertet werden.

Wird eine AG mittels einstweiliger Verfügung dazu gezwungen, einen Aktionär an der Hauptversammlung oder an einer Abstimmung teilnehmen zu lassen, obwohl dessen Teilnahme- bzw. Stimmrecht nicht endgültig geklärt ist[1438], liegt der unmittelbar drohende Schaden in der Anfechtbarkeit von Hauptversammlungsbeschlüssen. Hat eine Anfechtungsklage wegen einer falschen einstweiligen Verfügung Erfolg, muss eine Hauptversammlung noch einmal durchgeführt werden. Die bis dahin im Vertrauen auf die angefochtenen Beschlüsse geschaffenen Umstände lassen sich oft nur schwer oder gar nicht rückgängig machen[1439]. Das Gleiche gilt aber auch für den zu Unrecht ausgeschlossenen Aktionär. Die

---

1433 Vgl. v. GERKAN, ZGR 1985, 167 (175); vgl. SCHLITT/O. SEILER, ZHR 166 (2002), 544 (570).

1434 KOCH, in: Hüffer/Koch, AktG, § 83, Rn. 5; FLEISCHER, in: Spindler/Stilz, AktG, § 83, Rn. 7; MERTENS/CAHN, in: KölnKomm, AktG, § 83, Rn. 9.

1435 Vgl. den Wortlaut von § 83 II AktG: „im Rahmen ihrer Zuständigkeit".

1436 Zum Verhältnis von § 83 II und § 93 IV 1 AktG: SPINDLER, in: MünchKomm, AktG, § 93, Rn. 266.

1437 Vgl. SCHLITT/O. SEILER, ZHR 166 (2002), 544 (571).

1438 Vgl. GRUNSKY, ZIP 1991, 778 (782).

1439 Vgl. GRUNSKY, ZIP 1991, 778 (782).

Betroffenheit der Parteien hält sich abstrakt gesehen in der Waage. Zu beachten ist aber, dass die AG im Zweifelsfall dazu verpflichtet ist, Aktionären den Zugang zur Hauptversammlung zu gewähren oder sie zur Abstimmung zuzulassen[1440]. Diese Verpflichtung der AG streitet für die Interessen des Aktionärs. Ursache für diese Verpflichtung ist das Interesse der AG, nur solche Hauptversammlungsbeschlüsse herbeizuführen, die nicht erfolgreich angefochten werden können[1441]. Wurde einem Aktionär rechtswidrig die Teilnahme verweigert und ein darauf gefasster Beschluss angefochten, ist die Stimme des ausgeschlossenen Aktionärs für das Abstimmungsergebnis als per se relevant zu bewerten[1442]. Würde die AG demgegenüber dem Aktionär rechtswidrig die Teilnahme an der Hauptversammlung gestatten, dann wäre eine Anfechtungsklage nur dann erfolgreich, wenn die Stimme des Aktionärs für das Abstimmungsergebnis kausal war. Das Risiko einer Kassation ist hier geringer als bei der Versagung der Teilnahme. Steht nicht die Teilnahme, sondern das Stimmrecht eines Aktionärs zur Diskussion, verhält es sich genauso. Das verringerte Risiko einer erfolgreichen Anfechtung folgt dann aber aus der Beweislastverteilung im Anfechtungsverfahren[1443]. Das Stimmrecht des Aktionärs ist der gesetzliche Regelfall (vgl. § 134 I 1 AktG)[1444]. Die AG trägt deshalb die Beweislast für das Eingreifen eines das Stimmrecht ausschließenden Umstands, wenn ein Aktionär nicht zur Abstimmung zugelassen wurde[1445]. Demgegenüber läge die Beweislast für die rechtswidrige Zulassung einer Person zur Abstimmung beim Anfechtenden[1446].

Empfindlich wird eine einstweilige Verfügung für die AG dann, wenn die betroffene Maßnahme gar nicht mehr oder nur unter wesentlich ungünstigeren

---

1440 So in Bezug auf das Eingreifen von Stimmverboten: GRUNSKY, ZIP 1991, 778 (779 ff.); ihm folgend: HIRSCHMANN, in: Hölters, AktG, § 136, Rn. 37; KOCH, in: Hüffer/Koch, AktG, § 136, Rn. 24.

1441 GRUNSKY, ZIP 1991, 778 (780 ff.); für eine Vermeidung der Anfechtbarkeit auch: ZÖLLNER, in: KölnKomm, AktG (1. Auflage), § 243, Rn. 28.

1442 OLG Düsseldorf, Urt. v. 11.07.1991 - 6 U 59/91, AG 1991, 444 (445); HOFFMANN, in: Spindler/Stilz, AktG, § 118, Rn. 16; MÜLBERT, in: Großkomm, AktG, § 118, Rn. 82; KUBIS, in: MünchKomm, AktG, § 123, Rn. 51; s. o.: 5. Teil: C I 1.

1443 So i. E. auch: GRUNSKY, ZIP 1991, 778 (782).

1444 GRUNSKY, ZIP 1991, 778 (781).

1445 GRUNSKY, ZIP 1991, 778 (781); M. ARNOLD, in: MünchKomm, AktG, § 136, Rn. 58.

1446 So im Allgemeinen für Verfahrensfehler: DRESCHER, in: Spindler/Stilz, AktG, § 243, Rn. 244; HÜFFER/SCHÄFER, in: MünchKomm, AktG, § 243, Rn. 146; konkret in Bezug auf das Stimmrecht: GRUNSKY, ZIP 1991, 778 (781); M. ARNOLD, in: MünchKomm, AktG, § 136, Rn. 58.

Umständen nachgeholt werden kann[1447]. Die Vorteile des genehmigten Kapitals (ggf. mit Bezugsrechtsausschluss) sind deren Schnelligkeit und Flexibilität[1448]. Die AG kann günstige Börsenkurse nutzen oder im Falle eines Unternehmenserwerbs Beteiligungen kurzfristig als Akquisitionswährung verwenden[1449]. Eine einstweilige Verfügung gegen die Ausnutzung des genehmigten Kapitals würde diese Vorteile zunichte machen[1450]. Diese Folge spricht dafür, das Interesse der AG hoch zu gewichten. Darüber hinaus sind aber auch die Umstände des Einzelfalls zu beachten. Die Kapitalerhöhung mit Bezugsrechtsausschluss kann für den Aktionär bedeuten, dass er seine vorherrschende Stellung, seine Sperrminorität oder die für die Ausübung eines Minderheitsrechts erforderliche Beteiligungsquote verliert[1451]. Andererseits kann die Ausnutzung des genehmigten Kapitals mit Bezugsrechtsausschluss zur Abwendung einer Insolvenz der AG erforderlich sein[1452]. Bildet das genehmigte Kapital einen Teil eines umfassenden Finanzierungspakets mit mehreren Parteien, kann eine einstweilige Verfügung das gesamte Paket in die Knie zwingen[1453].

Wiegt die Betroffenheit der Parteien etwa gleich, weil auf beiden Seiten irreparable empfindliche Schäden drohen, ist die Prognose über den Ausgang des Hauptsacheverfahrens von entscheidungserheblicher Bedeutung. Die Anforderungen an die Glaubhaftmachung sind dann entsprechend höher anzusetzen[1454], denn davon hängt die Prognose letztendlich ab.

1447 SCHLITT/O. SEILER, ZHR 166 (2002), 544 (570); vgl. v. GERKAN, ZGR 1985, 167 (175).

1448 BAYER, in: MünchKomm, AktG, § 202, Rn. 1.

1449 BAYER, in: MünchKomm, AktG, § 202, Rn. 1; APFELBACHER/NIGGEMANN, in: Hölters, AktG, § 202, Rn. 27; LUTTER, in: KölnKomm, AktG (2. Auflage), Vorb. § 202, Rn. 1.

1450 KRÄMER/KIEFNER, ZIP 2006, 301 (308).

1451 BGH, Urt. v. 13.03.1978 – II ZR 142/76 (Kali + Salz); NJW 1978, 1316 (1317); BAYER, in: MünchKomm, AktG, § 203, Rn. 132; KOCH, in: Hüffer/Koch, AktG, § 186, Rn. 28; WAMSER, in: Spindler/Stilz, AktG, § 203, Rn. 3.

1452 Vgl. LG München I, Urt. v. 23.02.2012 – 5 HK O 12377/09, WM 2012, 1543 (1544, 1551); SERVATIUS, in: Spindler/Stilz, AktG, § 188, Rn. 55 a. E.; vgl. zur Rechtfertigung eines Bezugsrechtsausschlusses zur Abwendung einer Insolvenz: KOCH, in: Hüffer/Koch, AktG, § 186, Rn. 31; EKKENGA, in: KölnKomm, AktG, § 186, Rn. 100.

1453 KRÄMER/KIEFNER, ZIP 2006, 301 (308, Fn. 93).

1454 Vgl. SCHLITT/O. SEILER, ZHR 166 (2002), 544 (570); KRÄMER/KIEFNER, ZIP 2006, 301 (308).

Verbleiben nach alldem Zweifel, ist einstweiliger Rechtsschutz nicht gerechtfertigt, denn der Antragsteller ist seiner Legitimationslast nicht nachgekommen[1455].

3. Vorwegnahme der Hauptsache

Welche Maßnahme bei einem begründeten Antrag auf Erlass einer einstweiligen Verfügung anzuordnen ist, bestimmt das Gericht im Rahmen des ihm eröffneten Beurteilungsspielraums[1456]. Im Vordergrund steht dabei die Sicherung der Rechtsdurchsetzung im Hauptsacheverfahren[1457]. Der einstweilige Rechtsschutz dient weder der endgültigen Befriedigung des Antragstellers[1458], noch soll er den Antragsgegner mehr belasten, als es dieser Sicherungszweck erforderlich macht[1459]. Aus dieser Funktion heraus, wird der einstweilige Rechtsschutz als „minus und aliud" gegenüber dem Rechtsschutz im Hauptsacheverfahren charakterisiert[1460]. Die Entscheidung im Hauptsacheverfahren soll nicht vorweggenommen werden[1461]. Vor diesem Hintergrund wird häufig auch von einem Verbot der Vorwegnahme der Hauptsache oder einem Vorwegnahmeverbot gesprochen[1462].

Ob ein solches Verbot tatsächlich zu befürworten ist, darf bezweifelt werden[1463]. Zum einen muss dieses Verbot für Regelungsverfügungen vielfach

1455 V. GERKAN, ZGR 1985, 167 (177); SCHLITT/O. SEILER, ZHR 166 (2002), 544 (571).

1456 Anders als es der Wortlaut von § 938 I ZPO vermuten lässt, steht dem Gericht kein freies Ermessen im verwaltungsrechtlichen Sinn zu, vgl. dazu: DRESCHER, in: MünchKomm, ZPO, § 938, Rn. 4; GAUL/SCHILKEN/BECKER-EBERHARD, Zwangsvollstreckungsrecht, § 76, Rn. 8; GRUNSKY, in: Stein/Jonas, ZPO, § 938, Rn. 1; HEINZE, ZGR 1979, 293 (312); VOLLKOMMER, in: Zöller, ZPO, § 938, Rn. 1.

1457 DRESCHER, in: MünchKomm, ZPO, Vorb. z. § 916, Rn. 7, § 938, Rn. 8; SCHLITT/O. SEILER, ZHR 166 (2002), 544 (572).

1458 BERGER, in: Berger, Einstweiliger Rechtsschutz im Zivilrecht, Kap. 2, Rn. 27.

1459 Vgl. DAMM, ZHR 154 (1990), 413 (441).

1460 BAUR, Studien zum einstweiligen Rechtsschutz, S. 49, 72 ff.; HUBER, in: Musielak/Voit, ZPO, § 938, Rn. 4; VOLLKOMMER, in: Zöller, ZPO, § 938, Rn. 3; vgl. auch: GRUNSKY, in: Stein/Jonas, ZPO, § 938, Rn. 18.

1461 BERGER, in: Berger, Einstweiliger Rechtsschutz im Zivilrecht, Kap. 2, Rn. 27; VOLLKOMMER, in: Zöller, ZPO, § 938, Rn. 3.

1462 Vgl. etwa: KRÄMER/KIEFNER, ZIP 2006, 301 (308); MARKWARDT, ZIP 2004, 211 (218); SCHLITT/O. SEILER, ZHR 166 (2002), 544 (572).

1463 Ausführlich dazu: v. GERKAN, ZGR 1985, 167 (169 ff.); DAMM, ZHR 154 (1990), 413 (417 ff.).

relativiert werden, um dem Sicherungsinteresse des Antragstellers überhaupt gerecht werden zu können[1464]. Zum anderen erstreckt sich die rechtliche Wirkung einer einstweiligen Verfügung nur auf den Zeitraum bis zum Abschluss des Hauptverfahrens. Eine endgültige und verbindliche Entscheidung wird mithin nicht getroffen[1465]. Zuzugeben ist, dass sich in diesem Zeitraum Umstände ändern können und dass eine einstweilige Verfügung zumindest praktisch vollendete Tatsachen schaffen kann[1466]. Aber eben dies ist im Rahmen der Betroffenheit der Parteien abzuwägen. Ein striktes Verbot über die Vorwegnahme des Hauptsacheverfahrens würde allein die Interessen des Antragsgegners berücksichtigen[1467] und ist deshalb abzulehnen.

4. Gerichtliche Prüfung des Verfügungsgrunds

Der Verfügungsgrund ist vom Gericht grundsätzlich nach dem Verfügungsanspruch zu prüfen[1468]. Nur wenn das Gericht über den Verfügungsanspruch Klarheit erlangt hat, kann es beurteilen, ob diese Rechtsposition auch gefährdet ist[1469]. Ausnahmsweise kann die Prüfung des Verfügungsgrunds auch vorgezogen werden, wenn sich die Prüfung des Verfügungsanspruchs als besonders

1464 Vgl. dazu: BAUR, Studien zum einstweiligen Rechtsschutz, S. 54 f., 56; DAMM, ZHR 154 (1990), 413 (417 ff.); v. GERKAN, ZGR 1985, 167 (170 ff.); HEINZE, ZGR 1979, 293 (312 ff.); HEIDEL, in: Heidel, AktR, § 246, Rn. 58, insb. i. V. m. Fn. 213.

1465 BERGER, in: Berger, Einstweiliger Rechtsschutz im Zivilrecht, Kap. 2, Rn. 27.

1466 S. o.: 6. Teil: C II 2 b. Auch bei Nichterlass einer einstweiligen Verfügung können sich Umstände ändern und Tatsachen geschaffen werden, die eine erneute Interessenabwägung im nachfolgenden Beschwerde- bzw. Berufungsverfahren maßgeblich beeinflussen können. So wurde beispielsweise im Rahmen der Mangusta/Commerzbank II-Verfahren die Berufung gegen den Nichterlass einer begehrten einstweiligen Verfügung deshalb zurückgewiesen, weil die Kapitalerhöhungen inzwischen eingetragen waren und eine Entscheidung im Berufungsverfahren eine Vorwegnahme der Hauptsache gewesen wäre, OLG Frankfurt a. M., Urt. v. 12.12.2000 – 5 U 146/00, WM 2001, 206; vgl. zur Chronologie die Sachverhaltsdarstellung in: BGH, Urt. v. 10.10.2005 – II ZR 90/03 (Mangusta/Commerzbank II), WM 2005, 2388 (2389).

1467 DAMM, ZHR 154 (1990), 413 (431); v. GERKAN, ZGR 1985, 167 (182).

1468 BOEMKE, in: Berger, Einstweiliger Rechtsschutz im Zivilrecht, Kap. 5, Rn. 33; WALKER, Der einstweilige Rechtsschutz im Zivilprozess und im arbeitsgerichtlichen Verfahren, Rn. 210.

1469 BOEMKE, in: Berger, Einstweiliger Rechtsschutz im Zivilrecht, Kap. 5, Rn. 33; WALKER, Der einstweilige Rechtsschutz im Zivilprozess und im arbeitsgerichtlichen Verfahren, Rn. 210.

schwierig erweist und es offensichtlich an einer ernsthaften Gefährdung der Interessen des Aktionärs fehlt[1470]. Schwierigkeiten bei der Prüfung eines Verfügungsanspruchs, die eine solche Ausnahme rechtfertigen, können sich vor allem aus rechtlichen Gesichtspunkten ergeben, etwa wenn um die Auslegung einer Norm gestritten wird, dessen Rechtsfolge aus ihr nicht eindeutig hervorgeht und keine Rechtsprechung zu dieser Frage existiert[1471]. Solche Streitigkeiten sind im Themenkreis der Aktionärsklagen nicht unwahrscheinlich[1472]. Intensivierend kommt hinzu, dass die Mitgliedschaft als Grundlage für etwaige Rechte herangezogen werden kann. Probleme bei der Tatsachenfeststellung für das Bestehen eines Verfügungsanspruchs rechtfertigen grundsätzlich keine Ausnahme von der Prüfungsreihenfolge. Solche Schwierigkeiten sind jedem Verfahren im einstweiligen Rechtsschutz immanent, denn es wird gerade kein Vollbeweis erhoben.

III. Glaubhaftmachung

Der Aktionär muss den Verfügungsanspruch und den Verfügungsgrund gem. §§ 920 II, 936 ZPO glaubhaft machen (§ 294 ZPO). Die vorgebrachten Tatsachen müssen nicht bewiesen werden. Es ist ein geringeres Maß an richterlicher Überzeugung erforderlich[1473]. Ein Urteil im Hauptsacheverfahren kann grundsätzlich erst dann ergehen, wenn Vollbeweis erbracht wurde, der Richter also voll überzeugt ist. Im Eilverfahren genügt hingegen die überwiegende Wahrscheinlichkeit von der Richtigkeit des Vortrags[1474]. Als Mittel zur Glaubhaftmachung kommt – neben den im Hauptsacheverfahren statthaften Beweismitteln (§§ 371 ff. ZPO) – die Versicherung an Eides statt in Betracht[1475]. Der antragstellende Aktionär kann auch selbst an Eides statt versichern.

§ 920 II ZPO unterscheidet bei der Glaubhaftmachung des „Anspruchs" nicht zwischen tatsächlichen Behauptungen und rechtlicher Prüfung. Deswegen wurde vorgeschlagen, dass das geringere Maß an richterlicher Überzeugung

1470 SCHLITT/O. SEILER, ZHR 166 (2002), 544 (557).

1471 SCHLITT/O. SEILER, ZHR 166 (2002), 544 (556).

1472 Vgl. DAMM, ZHR 154 (1990), 413 (419).

1473 DRESCHER, in: MünchKomm, ZPO, § 935, Rn. 13; SKAMEL, in: Berger, Einstweiliger Rechtsschutz im Zivilrecht, Kap. 6, Rn. 23.

1474 DRESCHER, in: MünchKomm, ZPO, § 920, Rn. 14; MARKWARDT, ZIP 2004, 211 (217); PRÜTTING, in: MünchKomm, ZPO, § 294, Rn. 24; SKAMEL, in: Berger, Einstweiliger Rechtsschutz im Zivilrecht, Kap. 6, Rn. 23.

1475 SKAMEL, in: Berger, Einstweiliger Rechtsschutz im Zivilrecht, Kap. 6, Rn. 23.

auch bei der rechtlichen Prüfung gelte[1476]. Bei komplexen Rechtsfragen sei eine eilige Entscheidung nicht realisierbar[1477]. Eine einstweilige Verfügung könne demnach schon ergehen, wenn der Richter eine für den Antragsteller günstige Rechtslage für überwiegend wahrscheinlich hält[1478].

Dieser Vorschlag hat sich zu Recht nicht durchgesetzt[1479]. Die Glaubhaftmachung steht schon kraft ihrer Natur nur für Tatsachen zur Verfügung. Das ergibt sich aus § 294 I ZPO[1480]. Die Glaubhaftmachung ist eine besondere Form der Beweisführung[1481]. Über Rechtsfragen kann kein Beweis erhoben werden[1482], iura novit curia. Für Rechtsfragen ist vor dem Eintritt in die Phase der Tatsachenfeststellung eine Schlüssigkeitsprüfung durchzuführen und zwar im gleichen Maße wie im Hauptsacheverfahren[1483].

Probleme bei der Klärung komplexer Rechtsfragen werden im Eilverfahren ausreichend dadurch berücksichtigt, dass im Ausnahmefall eine Änderung der Prüfungsreihenfolge zwischen Verfügungsanspruch und Verfügungsgrund möglich ist[1484].

Das Maß der Glaubhaftmachung spielt im einstweiligen Rechtsschutz eine ganz wesentliche Rolle[1485]. Von ihm hängt die Prognose über den Ausgang des

---

1476 LEIPOLD, Grundlagen des einstweiligen Rechtsschutzes, S. 64 f., 70, 87 ff.; ihm folgend: VOLLKOMMER, in: Zöller, ZPO, § 922, Rn. 6; zustimmend für absolute Ausnahmefälle auch: DAMM, ZHR 154 (1990), 413 (421).

1477 LEIPOLD, Grundlagen des einstweiligen Rechtsschutzes, S. 87; vgl. dazu auch: SCHLITT/O. SEILER, ZHR 166 (2002), 544 (555 f.).

1478 LEIPOLD, Grundlagen des einstweiligen Rechtsschutzes, S. 88 f.

1479 I. E. ebenso: MARKWARDT, ZIP 2004, 211 (217); C. SEILER, in: Thomas/Putzo, ZPO, § 920, Rn. 4; SCHLITT/O. SEILER, ZHR 166 (2002), 544 (556 f.); SKAMEL, in: Berger, Einstweiliger Rechtsschutz im Zivilrecht, Kap. 6, Rn. 27; THÜMMEL, in: Wieczorek/Schütze, ZPO, § 920, Rn. 12.

1480 A. A.: LEIPOLD, Grundlagen des einstweiligen Rechtsschutzes, S. 64.

1481 DRESCHER, in: MünchKomm, ZPO, § 920, Rn. 14; PRÜTTING, in: MünchKomm, ZPO, § 294, Rn. 1; vgl. C. SEILER, in: Thomas/Putzo, ZPO, § 294, Rn. 1.

1482 Ausnahme: § 293 ZPO.

1483 DRESCHER, in: MünchKomm, ZPO, § 920, Rn. 10; GAUL/SCHILKEN/BECKER-EBERHARD, Zwangsvollstreckungsrecht, § 74, Rn. 9; SKAMEL, in: Berger, Einstweiliger Rechtsschutz im Zivilrecht, Kap. 6, Rn. 21; WALKER, Der einstweilige Rechtsschutz im Zivilprozess und im arbeitsgerichtlichen Verfahren, Rn. 312 ff.; für eine weniger intensive (summarische) Prüfung: GRUNSKY, in: Stein/Jonas, ZPO, § 916, Rn. 4; VOLLKOMMER, in: Zöller, ZPO, § 922, Rn. 6; für eine reine Interessenabwägung: LEIPOLD, Grundlagen des einstweiligen Rechtsschutzes, S. 83 ff.

1484 S. o.: 6. Teil: C II 4.

1485 Vgl. KRÄMER/KIEFNER, ZIP 2006, 301 (308).

Hauptsacheverfahrens ab[1486]. Stellt sich im Hauptsacheverfahren heraus, dass die einstweilige Verfügung ungerechtfertigt war, droht dem Aktionär eine verschuldensunabhängige Schadensersatzpflicht nach § 945 ZPO[1487].

1486 S. o.: 6. Teil: C II 2 a.

1487 Näher dazu: MARKWARDT, ZIP 2004, 211 (218); SCHLITT/O. SEILER, ZHR 166 (2002), 544 (579 ff.).

7. Teil: Materiell- und prozessrechtliche Einzelheiten

A. Die AG als richtige Beklagte

Nach ganz h. M. und zutreffender Ansicht ist die Aktionärsklage gegen die Gesellschaft zu richten[1488].

Alternativ käme in Betracht, die einzelnen Organmitglieder[1489] oder ein Organ[1490] zu verklagen. Beide Möglichkeiten leiden unter rechtlichen und praktischen Schwierigkeiten, weshalb die Betrachtung der AG als richtige Beklagte interessengerecht und materiell-rechtlich richtig ist[1491].

Verklagt der Aktionär nur ein einzelnes Organmitglied, besteht die Gefahr, dass sich das Organmitglied nach einem Obsiegen des Aktionärs in seinem Organ nicht durchsetzen kann oder dass das einzelne Organmitglied bis zu

---

1488 BGH, Urt. v. 25.2.1987 – II ZR 174/80 (Holzmüller), BGHZ 83, 122 (134); BAUMS, Gutachten F zum 63. DJT 2000, S. 216; BRONDICS, Die Aktionärsklage, S. 100 ff., 162 ff.; CASPER, in: Spindler/Stilz, AktG, Vorb. z. §§ 241 ff., Rn. 26; FLUME, Die juristische Person, § 8 V 4 (S. 311 f.); GROSSFELD, JZ 1981, 231 (236); ders./BRONDICS, JZ 1982, 589 (590); HABERSACK, Die Mitgliedschaft – subjektives und „sonstiges" Recht, S. 209 ff.; HEIDEL, in: Heidel, AktR, § 246, Rn. 63; HIRTE, Bezugsrechtsausschluß und Konzernbildung, S. 211; KNOBBE-KEUK, in: FS Ballerstedt, 239 (248 f.); MARKWARDT, ZIP 2004, 211 (214); MERTENS/CAHN, in: KölnKomm, AktG, § 93, Rn. 212; REHBINDER, ZGR 1983, 92 (106); ROLLIN, Die Aktionärsklage in England und Deutschland, S. 208; K. SCHMIDT, in: Großkomm, AktG (4. Auflage), § 241, Rn. 6; M. SCHWAB, Das Prozeßrecht gesellschaftsinterner Streitigkeiten, S. 39; O. SEILER/SINGHOF, DK 2003, 313 (315); ZÖLLNER, ZGR 1988, 392 (432).

1489 Dafür insb.: MERTENS, in: FS Fischer, 461 (470 f.); ders./CAHN, in: KölnKomm, AktG, § 93, Rn. 211; auch ZÖLLNER zieht diese Möglichkeit in Betracht, ZGR 1988, 392 (433, Fn. 138); ebenso: CASPER, in: Spindler/Stilz, AktG, Vorb. z. §§ 241 ff., Rn. 26; der BGH lehnt diese Auffassung zwar nicht ab, hält sie aber für ungeeignet, Urt. v. 25.2.1987 – II ZR 174/80 (Holzmüller), BGHZ 83, 122 (134).

1490 Dafür etwa: HOMMELHOFF, Die Konzernleitungspflicht, § 19 A III 2, S. 469, insb. Fn. 41; LUTTER, AcP 180 (1980), 84 (142 f.); OLG Hamburg, Urt. v. 05.09.1980 – 11 U 1/80 (Holzmüller Berufungsentscheidung), JZ 1981, 231 (232); LG Darmstadt, Urt. v. 06.05.1986 – 14 O 328/85, AG 1987, 218 (219).

1491 Vgl. dazu: BRONDICS, Die Aktionärsklage, S. 162 ff.; ZÖLLNER, ZGR 1988, 392 (432).

einer rechtskräftigen Entscheidung sein Amt verliert[1492]. In beiden Fällen kann der Aktionär die Durchsetzung seiner Rechte nicht erreichen. Nun könnte der Aktionär auch alle Organmitglieder als notwendige Streitgenossen (§ 62 I ZPO) verklagen. Vor personellen Veränderungen im Organ schützt das aber auch nicht[1493]. Auch materiell-rechtlich bestehen Zweifel: Zwischen den Organmitgliedern und dem Aktionär besteht keine direkte Rechtsbeziehung[1494]. Es käme also vorwiegend eine deliktische Haftung nach § 823 I BGB in Betracht. Dieser deliktische Ansatz hat sich im Bereich der Aktionärsklagen als ungeeignet erwiesen[1495]. Es geht vordergründig um einen verbandsspezifischen Konflikt und nicht um einen persönlichen Vorwurf gegen Organmitglieder[1496]. Die Einhaltung der Kompetenzordnung schuldet das Organmitglied allenfalls der Gesellschaft[1497].

Eine Klage gegen den Vorstand oder den Aufsichtsrat als Organ ist ebenfalls nicht unproblematisch. Selbst wenn man mit der im Vordringen befindlichen Auffassung[1498] die Organe als teilrechtsfähig ansieht und mit Organrechten sowie -pflichten ausstattet[1499], wird eine materiell-rechtliche Hürde nicht zu nehmen

---

1492 BRONDICS, Die Aktionärsklage, S. 100.

1493 BAUMS, Gutachten F zum 63. DJT 2000, S. 217; eine Parteiänderung auf der Beklagtenseite ist nach den allgemeinen Regeln der ZPO durchaus möglich; vgl. dazu: HÜẞTEGE, in: Thomas/Putzo, ZPO, Vorb. § 50, Rn. 11 ff.; allerdings könnte dies von der Zustimmung der Beklagten abhängen und in der Revisionsinstanz sogar gänzlich ausgeschlossen sein; aus diesen Gründen ebenfalls kritisch: BRONDICS, Die Aktionärsklage, S. 163.

1494 Eingehend dazu: HABERSACK, Die Mitgliedschaft – subjektives und „sonstiges" Recht, S. 205 f.; SCHULZ-GARDYAN, Die sogenannte Aktionärsklage, S. 37 ff.; i. E. ebenso: MARKWARDT, ZIP 2004, 211 (214); MÜLBERT, in: Großkomm, AktG (4. Auflage), Vor § 118–147, Rn. 225; HOPT/M. ROTH, in: Großkomm, AktG, § 93, Rn. 628; a. A.: RAISER, ZHR 153 (1989), 1 (12 f., „Vertrag mit Schutzwirkung"); WIEDEMANN, Gesellschaftsrecht I, § 4 IV 2 b (S. 241).

1495 S. o.: 5. Teil: B II 4 c aa.

1496 BAUMS, Gutachten F zum 63. DJT 2000, S. 216 f.; BRONDICS, Die Aktionärsklage, S. 100; GROSSFELD, JZ 1981, 231 (236); kritisch zur einer deliktischen Haftung der Organmitglieder gegenüber den Aktionären auch: SPINDLER, in: MünchKomm, AktG, § 93, Rn. 341.

1497 M. SCHWAB, Das Prozeßrecht gesellschaftsinterner Streitigkeiten, S. 39; vgl. SCHULZ-GARDYAN, Die sogenannte Aktionärsklage, S. 39.

1498 Vgl. FLEISCHER, in: Spindler/Stilz, AktG, § 90, Rn. 69 m. w. N.

1499 Dafür: FLEISCHER, in: Spindler/Stilz, AktG, § 90, Rn. 70; HOMMELHOFF, ZHR 143 (1979), 288 (290 ff.); KORT, in: Großkomm, AktG, § 90, Rn. 193; M. SCHWAB, Das Prozeßrecht gesellschaftsinterner Streitigkeiten, S. 581 ff., 594 ff.; vgl. zur dann konsequenten Organparteifähigkeit: HOMMELHOFF, ZHR 143 (1979), 288 (305 ff.);

sein: Der Vorstand und der Aufsichtsrat als Organ stehen in keiner direkten Rechtsbeziehung zum Aktionär[1500]. Auch ein Organ schuldet die Einhaltung der Kompetenzordnung allenfalls der Gesellschaft[1501] oder anderen Organen. Der Aktionär müsste insofern als Prozessstandschafter auftreten und diese Organpflichten geltend machen[1502]. Damit würde man einerseits die actio pro socio zulassen[1503] und andererseits die Rechtsposition, die dem Aktionär aus eigenem Recht zusteht, entwerten.

Materiell-rechtlich richtiger Anspruchsgegner ist die Aktiengesellschaft[1504]. Das Organhandeln ist der Aktiengesellschaft als eigenes Handeln zuzurechnen[1505]. Es ist daher auch Sache der Gesellschaft, durch ihre Organe Abhilfe zu schaffen[1506]. Die Zurechnung ergibt sich bereits aus der Organstellung (Organtheorie)[1507]. Eine Analogie zu § 31 BGB ist nach dem hier vertretenen Ansatz nicht erforderlich[1508]. Wird die Aktionärsklage allerdings auf eine Pflichtverletzung der Aktiengesellschaft gestützt[1509] oder wird auf einen Eingriff

dagegen: KOCH, in: Hüffer/Koch, AktG, § 90, Rn. 19; MERTENS/CAHN, in: KölnKomm, AktG, Vorb. § 76, Rn. 4 ff.; SPINDLER, in: MünchKomm, AktG, Vor § 76, Rn. 60; ausdrücklich offen lassend: BGH, Urt. v. 28.11.1988 – II ZR 5/88 (Opel), BGHZ 106, 54 (62).

1500 BGH, Urt. v. 25.02.1982 – II ZR 174/80 (Holzmüller), BGHZ 83, 122 (134); BRONDICS, Die Aktionärsklage, S. 185; MERTENS, in: FS Fischer, 461 (469); M. SCHWAB, Das Prozeßrecht gesellschaftsinterner Streitigkeiten, S. 39; ZÖLLNER, ZGR 1988, 392 (433); würde man das Rechtsverhältnis zwischen dem Organmitglied bzw. dem Organ und der AG auf das Verhältnis zwischen Aktionär und Organ transferieren, würden organschaftliche und schuldrechtliche Strukturen verwischt.

1501 M. SCHWAB, Das Prozeßrecht gesellschaftsinterner Streitigkeiten, S. 39; vgl. BAUMS, Gutachten F zum 63. DJT 2000, S. 217.

1502 ZÖLLNER, ZGR 1988, 392 (433).

1503 Dazu bereits oben: 1. Teil: D II.

1504 ZÖLLNER, ZGR 1988, 392 (432).

1505 FLEISCHER, in: Spindler/Stilz, AktG, § 78, Rn. 4; GROSSFELD, JZ 1981, 231 (236); KOCH, in: Hüffer/Koch, AktG, § 78, Rn. 3; K. SCHMIDT, Gesellschaftsrecht, § 10 I 2 c; SPINDLER, in: MünchKomm, AktG, § 78, Rn. 5.

1506 BGH, Urt. v. 25.02.1982 – II ZR 174/80 (Holzmüller), BGHZ 83, 122 (134).

1507 Zur Organtheorie: BEUTHIEN, NJW 1999, 1142 ff.

1508 Vgl. REHBINDER, ZGR 1983, 92 (106).

1509 S. o.: 5. Teil: B II 4 c bb (2).

in die Mitgliedschaft abgestellt[1510], kann die Zurechnung analog § 31 BGB erfolgen[1511], denn Dritter i. S. v. § 31 BGB kann auch ein Aktionär sein[1512].

Eine Klage gegen die AG ist zudem unabhängig von einem etwaigen Wechsel der Organmitglieder und unproblematisch in puncto Partei- und Prozessfähigkeit[1513]. Für die AG als juristische Person (§ 1 I 1 AktG) ergibt sich erstere aus § 50 I ZPO und letztere aus §§ 51 I, 52 I ZPO[1514].

Dafür, der AG die Beklagtenrolle bei einer Aktionärsklage zuzuweisen, spricht auch der Vergleich mit den Beschlussmängelklagen[1515]. Diese sind gem. § 246 II 1 AktG (i. V. m. § 249 I 1 AktG) gegen die Aktiengesellschaft zu richten. Die frühere Konzeption einer Beschlussmängelklage gegen ein Organ[1516] hat der Gesetzgeber aufgegeben[1517]. Wie noch im Einzelnen zu zeigen sein wird[1518], kann ein Teil der Modalitäten der Anfechtungsklage wegen der vergleichbaren Interessenlage auf die Aktionärsklage übertragen werden. Insofern macht es Sinn, auch die Beklagtenrolle entsprechend zu behandeln[1519].

1510 S. o.: 5. Teil: B II 4 c aa und bb (3).

1511 Vgl. ZÖLLNER, ZGR 1988, 392 (432); HABERSACK, Die Mitgliedschaft – subjektives und „sonstiges" Recht, S. 211 ff.; MARKWARDT, ZIP 2004, 211 (214); O. SEILER/SINGHOF, DK 2003, 313 (315).

1512 So die h. M.: LEUSCHNER, in: MünchKomm, BGB, § 31, Rn. 23; HABERSACK, Die Mitgliedschaft – subjektives und „sonstiges" Recht, S. 211 ff.; HADDING, in: Soergel, BGB, § 31, Rn. 26; K. SCHMIDT, Gesellschaftsrecht, § 10 IV 4 c; WEICK, in: Staudinger (2005), BGB, § 31, Rn. 12; kritisch: MERTENS, in: FS Fischer, 461 (470).

1513 BRONDICS, Die Aktionärsklage, S. 163.

1514 BRONDICS, Die Aktionärsklage, S. 163; FOCK, in: Spindler/Stilz, AktG, § 1, Rn. 26; KOCH, in: Hüffer/Koch, AktG, § 1, Rn. 7; LUTTER, in: Schmidt/Lutter, AktG, § 1, Rn. 8; SOLVEEN, in: Hölters, AktG, § 1, Rn. 5; a. A. für die Prozessfähigkeit der AG: BORK, in: Stein/Jonas, ZPO (22. Auflage), § 51, Rn. 12, § 79, Rn. 3 jeweils m. w. N.; vgl. zum Streit um die Prozessfähigkeit juristischer Personen auch: LINDACHER, in: MünchKomm, ZPO, § 52, Rn. 23 ff.; praktisch ist der Streit ohne Bedeutung: ROSENBERG/SCHWAB/GOTTWALD, Zivilprozessrecht, § 44, Rn. 7; WETH, in: Musielak/Voit, ZPO, § 51, Rn. 6.

1515 BAUMS, Gutachten F zum 63. DJT 2000, S. 216; BRONDICS, Die Aktionärsklage, S. 164 f.

1516 Vgl. Art. 222 i. V. m. Art. 190a II 1 ADHGB, in: Schubert/Hommelhoff, Hundert Jahre modernes Aktienrecht, S. 392, 398.

1517 Vgl. § 199 II 1 AktG 1937, in: KLAUSING, Gesetz über Aktiengesellschaften und Kommanditgesellschaften auf Aktien, S. 176; allerdings ohne Begründung: vgl. Amtl. Begr. zu §§ 197 bis 199 AktG 1937, in: KLAUSING, Gesetz über Aktiengesellschaften und Kommanditgesellschaften auf Aktien, S. 177 f.

1518 S. u.: 7. Teil: E, F, G.

1519 BAUMS, Gutachten F zum 63. DJT 2000, S. 216.

B. Verteilung der Beweislast

Die allgemeine ungeschriebene Regel über die Verteilung der Beweislast lautet: „Jede Partei hat die Voraussetzungen der ihr günstigen Norm (= derjenigen Norm, deren Rechtswirkung ihr zugute kommt) zu behaupten und zu beweisen“[1520]. Von dieser Regel ist etwa dann abzuweichen, wenn sich aus dem Gesetz ein Regel-Ausnahme-Verhältnis ergibt[1521]. Dann trifft die Darlegungs- und Beweislast denjenigen, der sich auf das Vorliegen der Ausnahme berufen will[1522].

Das heißt, im Falle einer Verletzung des Teilnahme- oder Stimmrechts ist die AG für die vom Aktionär angegriffene Zugangsverweigerung oder den Stimmrechtsausschluss beweispflichtig, weil der Gesetzgeber das Teilnahme- und Stimmrecht des Aktionärs als Regelfall ansieht[1523]. Eine gerechte Beweislastverteilung ergibt sich insofern aus dem Gesetz. Bei einer Verletzung des Rechts auf Wahrung der Hauptversammlungskompetenzen stellt sich die Lage anders dar. Hier ist dem Gesetz kein Regel-Ausnahme-Verhältnis zu entnehmen. Mithin hätte der Aktionär die Verletzung seines Rechts auf Wahrung der Hauptversammlungskompetenzen bzw. eine solch drohende Verletzung darzulegen und zu beweisen[1524]. Dies könnte sich allerdings als schwierig erweisen, da dem Aktionär die dafür notwendigen Informationen regelmäßig fehlen werden und die nötigen Beweismittel nicht erreichbar sind[1525]. Eine Beweislastverteilung nach der allgemeinen Regel würde dem Aktionär zum Nachteil gereicht[1526].

Um diesen Nachteil zu beseitigen und die Waffengleichheit im Prozess wiederherzustellen, ist die Beweislast umzukehren[1527]. So hat die AG, nachdem der Aktionär den Vorwurf der Verletzung des Rechts auf Wahrung der Hauptversammlungskompetenzen dargelegt hat, den Beweis zu erbringen, dass eine Kompetenzverletzung nicht vorliegt bzw. nicht eintreten wird. Das ist angemessen, weil nur der Vorstand, der die AG im Verfahren zu vertreten hat, die einzelnen Umstände und Beweggründe für die angegriffene Maßnahme kennt

1520 Sog. „Rosenbergsche Normentheorie“ bzw. „Rosenbergsche Formel“; ROSENBERG, Die Beweislast, § 9 II 1 (S. 98 f.); vgl. dazu auch: THOLE, in: Stein/Jonas, ZPO, § 286, Rn. 105 ff.

1521 Vgl. THOLE, in: Stein/Jonas, ZPO, § 286, Rn. 136.

1522 Vgl. THOLE, in: Stein/Jonas, ZPO, § 286, Rn. 136.

1523 So in Bezug auf das Stimmrecht: GRUNSKY, ZIP 1991, 778 (781).

1524 Vgl. BRONDICS, Die Aktionärsklage, S. 166.

1525 BRONDICS, Die Aktionärsklage, S. 166 f.

1526 BRONDICS, Die Aktionärsklage, S. 167.

1527 BRONDICS, Die Aktionärsklage, S. 166 f.

(Beweisnähe)[1528]. Das Vorliegen einer Kompetenzverletzung kann von einem Gericht dadurch besser beurteilt werden als durch einen Vortrag des Aktionärs[1529].

Das Aktiengesetz trägt dieser Sachlage bereits an anderen Stellen Rechnung[1530]. Eine Umkehr der Beweislast findet sich beispielsweise in § 93 II 2 AktG und beruht auf den eben beschriebenen Gegebenheiten[1531]. Selbiges gilt für § 117 II 2 AktG[1532]. Der hinter diesen Vorschriften stehende Gedanke der Beweisnähe ist verallgemeinerungsfähig[1533] und kann bei Aktionärsklagen zu einer Umkehr der Beweislast führen.

C. Klagebefugnis des Aktionärs

Im Zusammenhang mit Aktionärsklagen wird zum Teil von einer „Klagebefugnis" des Aktionärs gesprochen[1534].

Dieser Begriff ist aus dem öffentlichen Recht bekannt. Dort ist die Klagebefugnis eine Zulässigkeitsvoraussetzung (vgl. § 42 II VwGO)[1535]. Sie liegt vor, wenn der Kläger geltend macht, in eigenen Rechten verletzt zu sein und die Möglichkeit einer solchen Rechtsverletzung besteht[1536].

1528 BRONDICS, Die Aktionärsklage, S. 167; vgl. zur parallel liegenden Beweislastumkehr bei § 93 AktG: HÖLTERS, in: Hölters, AktG, § 93, Rn. 269; HOPT/M. ROTH, in: Großkomm, AktG, § 93, Rn. 426 f., 435; MERTENS/CAHN, in: KölnKomm, AktG, § 93, Rn. 138.

1529 Vgl. zur parallel liegenden Beweislastumkehr bei § 93 AktG: HÖLTERS, in: Hölters, AktG, § 93, Rn. 269.

1530 BRONDICS, Die Aktionärsklage, S. 166 f.

1531 HÖLTERS, in: Hölters, AktG, § 93, Rn. 269; HOPT, in: Großkomm, AktG, § 93, Rn. 426 f., 435; MERTENS/CAHN, in: KölnKomm, AktG, § 93, Rn. 138.

1532 KORT, in: Großkomm, AktG, § 117, Rn. 206; MERTENS/CAHN, in: KölnKomm, AktG, § 117, Rn. 25.

1533 Vgl. dazu etwa: HÜFFER/SCHÄFER, in: MünchKomm, AktG, § 243, Rn. 148; PRÜTTING, in: MünchKomm, ZPO, § 286, Rn. 117; ROSENBERG/SCHWAB/GOTTWALD, Zivilprozessrecht, § 116, Rn. 13; K. SCHMIDT, in: Großkomm, AktG (4. Auflage), § 246, Rn. 81.

1534 BGH, Urt. v. 25.02.1982 – II ZR 174/80 (Holzmüller), BGHZ 83, 122 (135); BAUMS, Gutachten F zum 63. DJT 2000, S. 208, 216; BAYER, NJW 2000, 2609 (2610 f., Fn. 19, 28); HOFFMANN-BECKING, ZHR 167 (2003), 357 (359 ff.).

1535 R. P. SCHENKE, in: Kopp/Schenke, VwGO, § 42, Rn. 59; SCHMIDT-KÖTTERS, in: Posser/Wolff, VwGO, § 42, Rn. 108.

1536 R. P. SCHENKE, in: Kopp/Schenke, VwGO, § 42, Rn. 59; SODAN, in: Sodan/Ziekow, VwGO, § 42, Rn. 379 f.

Fraglich ist, ob auch für die Aktionärsklage eine Klagebefugnis als Zulässigkeitsvoraussetzung Sinn macht. Sie könnte als „Filter" für systemwidrige Klagen fungieren[1537] und es dem Gericht ermöglichen, dies bereits auf der Ebene der Zulässigkeit zu prüfen.

Wird im Zusammenhang mit Aktionärsklagen von einer Klagebefugnis gesprochen, geht es um die Rechtsposition, die der Aktionär innehat und aus derer er gegen die AG klagen kann oder eben nicht[1538]. Beschrieben wird also die Reichweite von Aktionärsklagen. Dass es sich dabei um eine materiell-rechtliche Fragestellung handelt[1539], spricht zunächst nicht gegen die Statuierung eines Zulässigkeitskriteriums. Die Klagebefugnis könnte nach dem Vorbild von § 42 II VwGO davon abhängen, was der Aktionär geltend macht und ob eine dahingehende Möglichkeit besteht. Sie könnte zu verneinen sein, wenn der Aktionär einen Anspruch auf gesetz- und satzungsmäßiges Verhalten der Verwaltungsorgane geltend macht[1540] oder Vorstandbeschlüsse anfechten will[1541].

Im öffentlichen Recht dient die Klagebefugnis dem Ausschluss von Popularklagen[1542]. Der Einzelne („quivis ex populo") soll sich nicht zum Sachwalter der Interessen der Allgemeinheit oder einzelner Dritter machen[1543]. Ihr wird insofern ebenfalls eine „Filterfunktion" zugeschrieben, weil sie diese sog. Interessentenklagen ausschließt[1544]. Bei einer Klagebefugnis des Aktionärs kann das

---

1537 HOFFMANN-BECKING, ZHR 167 (2003), 357 (361).

1538 Vgl. BGH, Urt. v. 25.02.1982 – II ZR 174/80 (Holzmüller), BGHZ 83, 122 (135: „Die Klagebefugnis des Aktionärs beruht vielmehr darauf, daß er, wie hier, geltend macht, durch eine unzulässige Ausschaltung der Hauptversammlung in seiner eigenen Mitgliedsstellung betroffen zu sein."); vgl. BAYER, NJW 2000, 2609 (2610 f., Fn. 19, 28); vgl. auch HOFFMANN-BECKING, ZHR 167 (2003), 357 (359, „Genügt es zur Begründung der Klagebefugnis, dass der Aktionär die objektive Rechtswidrigkeit des Verwaltungshandelns rügt oder muss er auch die Beeinträchtigung eines subjektiven Rechts dartun, [...]", 360, „Die Klagebefugnis für eine Abwehrklage solle vielmehr davon abhängen, dass der Kläger die Verletzung der Hauptversammlungskompetenz rügt.").

1539 ADOLFF, ZHR 169 (2005), 310 (317).

1540 Vgl. HOFFMANN-BECKING, ZHR 167 (2003), 357 (359 ff.); vgl. dazu auch: 5. Teil: A.

1541 Vgl. dazu: 6. Teil: A.

1542 R. P. SCHENKE, in: Kopp/Schenke, VwGO, § 42, Rn. 59; SCHMIDT-KÖTTERS, in: Posser/Wolff, VwGO, § 42, Rn. 109; SODAN, in: Sodan/Ziekow, VwGO, § 42, Rn. 365.

1543 SODAN, in: Sodan/Ziekow, VwGO, § 42, Rn. 365.

1544 SODAN, in: Sodan/Ziekow, VwGO, § 42, Rn. 369.

ähnlich gesehen werden. Der Aktionär soll nur eigene Rechtsverletzungen verfolgen können und sich nicht im Interesse der Allgemeinheit bzw. des Verbands zum Wächter über die Einhaltung der Gesetzes- und Satzungsbestimmungen aufschwingen.

Auf der anderen Seite ist zu beachten, dass der Aktionär bei Verstößen gegen das AktG oder die Satzung stets in seinem subjektiven Recht Mitgliedschaft sowie in dem Rechtsverhältnis Mitgliedschaft irgendwie betroffen ist[1545]. Bei der Behauptung des Aktionärs, in seinem „Mitgliedschaftsrecht" verletzt zu sein, müsste eine Klagebefugnis bejaht werden. Insofern ginge die angestrebte Filterfunktion ins Leere.

Gegen ein Zulässigkeitskriterium spricht zudem ein Vergleich zur Anfechtungsbefugnis (§ 245 AktG). Der Begriff „Klagebefugnis" wird zwar mitunter synonym für die Anfechtungsbefugnis (§ 245 AktG) verwendet[1546], allerdings ist die Anfechtungsbefugnis nach umstrittener, aber herrschender Ansicht eine materiell-rechtliche Voraussetzung und mithin keine Zulässigkeitsvoraussetzung[1547].

Der Statuierung eines Zulässigkeitskriteriums für die Aktionärsklage ist ferner entgegenzuhalten, dass der zivilrechtlichen Zulässigkeitsprüfung ein solches Kriterium schon im Grundsatz fremd ist[1548]. Der Ausschluss von Popularklagen wird im Zivilprozess mit dem Erfordernis der Prozessführungsbefugnis erreicht[1549]. Die Prozessführungsbefugnis ist die Befugnis des Einzelnen über ein eigenes oder fremdes Recht im eigenen Namen zu prozessieren[1550]. Macht der Aktionär ein eigenes Recht geltend, ist grundsätzlich von seiner Prozessführungsbefugnis

---

1545 S. o.: 3. Teil: C sowie 5. Teil: B II 4 c.

1546 Vgl. BEYERLE, DB 1982, 837; DÖRR, in: Spindler/Stilz, AktG, § 245, Rn. 49, 50, vgl. aber auch Rn. 4 f.; DRESCHER, in: Spindler/Stilz, AktG, § 243, Rn. 19; gegen die Verwendung des Begriffs „Klagebefugnis" in diesem Zusammenhang: KOCH, in: Hüffer/Koch, AktG, § 245, Rn. 2; in diese Richtung auch: ENGLISCH, in: Hölters, AktG, § 245, Rn. 1.

1547 S. o.: 5. Teil: B II 4 d bb.

1548 Vgl. BARTELS, ZGR 2008, 723 (762).

1549 WETH, in: Musielak/Voit, ZPO, § 51, Rn. 14; vgl. auch: ROSENBERG/SCHWAB/GOTTWALD, Zivilprozessrecht, § 46, Rn. 3.

1550 JACOBY, in: Stein/Jonas, ZPO, vor § 50, Rn. 27; VOLLKOMMER, in: Zöller, ZPO, Vor § 50, Rn. 16; ROSENBERG/SCHWAB/GOTTWALD, Zivilprozessrecht, § 46, Rn. 1; SCHELLHAMMER, Zivilprozess, Rn. 1202; vgl. SCHILKEN, Zivilprozessrecht, Rn. 272.

auszugehen[1551]. Ob das behauptete Recht tatsächlich besteht (Sachbefugnis), ist hier nicht relevant[1552]. Dies zu klären, ist die Aufgabe der Begründetheit. Selbst wenn ein Aktionär beantragt, einen Vorstandsbeschluss für nichtig zu erklären, wäre der Antrag dahingehend auszulegen, dass der Aktionär behauptet, ihm stehe aus eigenem Recht ein materiell-rechtliches (Kontroll-)Recht zu, den Vorstandsbeschluss einer gerichtlichen Rechtmäßigkeitsprüfung zu unterziehen[1553] und eine Prozessführungsbefugnis wäre demnach zu bejahen[1554].

Neben der Prozessführungsbefugnis ein Zulässigkeitskriterium als Filter für systemwidrige Aktionärsklagen zu schaffen, überzeugt letztendlich nicht. Wird von der „Klagebefugnis" des Aktionärs gesprochen, geht es um Fragen der Sachbefugnis und mithin um eine Materie der Begründetheit[1555].

1551 Vgl. JACOBY, in: Stein/Jonas, ZPO, vor § 50, Rn. 28; vgl. ROSENBERG/SCHWAB/GOTTWALD, Zivilprozessrecht, § 46, Rn. 5; vgl. LINDACHER, in: MünchKomm, ZPO, Vorb. z. § 50, Rn. 42.

1552 JACOBY, in: Stein/Jonas, ZPO, vor § 50, Rn. 27; VOLLKOMMER, in: Zöller, ZPO, Vor § 50, Rn. 16.

1553 Dazu bereits oben: 5. Teil: B 4 d bb.

1554 Gestaltungsklagen, die das Gesetz nicht vorsieht, sollen infolge des sog. numerus clausus der Gestaltungsklagen grundsätzlich unzulässig sein. I. E. besteht soweit Einigkeit; vgl. dazu etwa: ASSMANN, in: Wieczorek/Schütze, ZPO, Vor § 253, Rn. 15; H. ROTH, in: Stein/Jonas, ZPO, vor § 253, Rn. 89; SAENGER, in: Saenger, ZPO, Vor §§ 253–494a, Rn. 7; K. SCHMIDT, in: Großkomm, AktG (4. Auflage), § 246, Rn. 31. Als verfahrensrechtlicher Grund für die Unzulässigkeit wird allerdings – sofern er überhaupt erläutert wird – auf verschiedene Ansätze zurückgegriffen; siehe dazu: BECKER-EBERHARD, in: MünchKomm, ZPO, Vorb. z. § 253, Rn. 28 (für die Prüfung einer Statthaftigkeit); K. SCHMIDT, JuS 1986, 35 (39, für die Prüfung einer Klagebefugnis vergleichbar § 42 II VwGO). Letztendlich stellt das Gesetz für die Zulässigkeitsprüfung einer Gestaltungsklage aber keine besonderen Anforderungen; ROSENBERG/SCHWAB/GOTTWALD, Zivilprozessrecht, § 92, Rn. 17. Zudem ist eine Klage dann als unbegründet abzuweisen, wenn die Voraussetzungen des geltend gemachten materiellen (Gestaltungs-)Rechts nicht vorliegen; H. ROTH, in: Stein/Jonas, ZPO, vor § 253, Rn. 103. Vor diesem Hintergrund und dem oben dargestellten Unterschied zwischen Prozessführungsbefugnis und Sachbefugnis scheint es durchaus fragwürdig, Gestaltungsklagen, die das Gesetz nicht vorsieht, als unzulässig abzuweisen.

1555 Vgl. BAUMS, Gutachten F zum 63. DJT 2000, S. 216: „materielle Klagebefugnis"; auch die Ausführungen des BGH zur „Klagebefugnis" sind eher als Ausführungen im Rahmen der Begründetheit zu beurteilen, Urt. v. 25.02.1982 – II ZR 174/80 (Holzmüller), BGHZ 83, 122 (135).

D. Zeitliche Begrenzung

Die Aktionärsklage muss einer zeitlichen Begrenzung unterliegen. Nur so entsteht irgendwann Rechtsfrieden und die geplanten Maßnahmen können ruhigen Gewissens umgesetzt oder fortgeführt werden. Anderenfalls könnten auch nach einem längeren Zeitraum kostspielige Projekte jederzeit angegriffen und gestoppt werden[1556]. Es würde sogar Jahre nach der Umsetzung deren Rückabwicklung drohen. Die Aktionärsklage ist daher innerhalb einer angemessenen Frist zu erheben[1557] – soweit besteht Einigkeit. Was eine angemessene Frist ist, wird hingegen unterschiedlich beurteilt.

Der BGH hat dazu geäußert, dass die Frist nicht außer Verhältnis zur Monatsfrist gem. § 246 I AktG stehen darf[1558]. In der Literatur werden verschiedene Ansichten vertreten: Eine Ansicht befürwortet – wie der BGH – eine Orientierung an § 246 I AktG[1559]. Beginn für diese Frist könnte die Kenntnisnahme des Aktionärs sein[1560]. Zum Teil wird auch konkret eine Analogie zu § 246 I AktG bejaht[1561]. Eine andere Ansicht geht von zwei Monatsfristen aus: Der Aktionär

1556 PFLUGRADT, Leistungsklagen, S. 158.

1557 BAYER, NJW 2000, 2609 (2611); GROẞFELD/BRONDICS, JZ 1982, 589 (590); HEIDEL, in: Heidel, AktR, § 246, Rn. 63; REHBINDER, ZGR 1983, 92 (107); K. SCHMIDT, in: Großkomm AktG, § 241, Rn. 6.

1558 BGH, Urt. v. 25.02.1982 – II ZR 174/80 (Holzmüller), BGHZ 83, 122 (136); ebenso: OLG Koblenz, Urt. v. 27.06.2002 – 6 U 833/01, AG 2003, 522. Diese Ansicht hat der BGH nun noch einmal bestätigt, hat sich dabei aber auch gegen eine starre Frist ausgesprochen: BGH, Urt. v. 10.07.2018 – II ZR 120/16, NJW 2018, 2796 (2798); BGH, Urt. v. 07.05.2019 – II ZR 278/16, NZG 2019, 937 (937 f.).

1559 BAYER, NJW 2000, 2609 (2611); BRONDICS, Die Aktionärsklage, S. 119; CASPER, in: Spindler/Stilz, AktG, Vorb. z. §§ 241 ff., Rn. 27; HEIDEL, in: Heidel, AktR, § 246, Rn. 63; RIECKERS, in: Münchener Handbuch GesR, Bd. 4, § 18, Rn. 11; K. SCHMIDT, in: Großkomm, AktG (4. Auflage), § 241, Rn. 6; ders., Gesellschaftsrecht, § 21 V 3 a.

1560 BAUMS, Gutachten F zum 63. DJT 2000, S. 218; BRONDICS, Die Aktionärsklage, S. 119 f.; CASPER, in: Spindler/Stilz, AktG, Vorb. z. §§ 241 ff., Rn. 27; HABERSACK, Die Mitgliedschaft – subjektives und „sonstiges" Recht, S. 361; MARTENS, ZHR 147 (1983), 377 (402); PFLUGRADT, Leistungsklagen, S. 160; vgl. FLUME, Die juristische Person, § 8 V 4 (S. 311); so nun auch: BGH, Urt. 10.07.2018 – II ZR 120/16, NJW 2018, 2796 (2798).

1561 HIRTE, Bezugsrechtsausschluß und Konzernbildung, S. 210; KUBIS, DStR 2006, 188 (192); PFLUGRADT, Leistungsklagen, S. 160; in diese Richtung auch: MARTENS, ZHR 147 (1983), 377 (402); kritisch: REHBINDER, ZGR 1983, 92 (107); ausdrücklich dagegen: CASPER, in: Spindler/Stilz, AktG, Vorb. z. §§ 241 ff., Rn. 27.

müsse zunächst einen Monat haben, sein Anliegen der AG gegenüber geltend zu machen und einen weiteren für die Erhebung der Klage, nachdem feststeht, dass die Gesellschaft die angegriffene Maßnahme nicht rückgängig macht[1562]. Eine dritte Ansicht will die zeitliche Begrenzung der Aktionärsklage mit den allgemeinen Verwirkungsregeln erreichen[1563]. Schließlich hat *K. Schmidt* auf dem 63. DJT eine Jahresfrist zur Diskussion gestellt, die gelten soll, wenn der Vorstand die Aktionäre weder durch einen schriftlichen Bericht noch auf einer Hauptversammlung informiert hat[1564].

I. Anknüpfung an Kenntnisnahme und Kennenmüssen

Bei der Anfechtungsklage bildet der Hauptversammlungsbeschluss den Zeitpunkt des Fristbeginns. Vor der Hauptversammlung sind alle Aktionäre förmlich einzuberufen (§ 121 III, IV AktG) und haben damit gleichermaßen die Möglichkeit zur Kenntnisnahme. Einen solch allgemein tragfähigen Anknüpfungspunkt gibt es bei der Aktionärsklage nicht[1565]. Sich hierzu auf den Tag der Beschlussfassung des Vorstands oder des Aufsichtsrats zu berufen, scheidet ebenso aus wie eine Bezugnahme auf den Beginn der tatsächlichen Ausführungshandlungen[1566]. Würde man einen dieser Zeitpunkte als maßgeblich erachten, käme es zu einer Verkürzung oder gar zu einem Ausschluss einer Rechtsschutzmöglichkeit, wenn die Verwaltung die Maßnahme nur lange genug geheim halten kann.

Aufgrund dieser Schwierigkeiten formulierte der BGH bloß, dass eine Klageerhebung nicht außer Verhältnis zur Monatsfrist des § 246 I AktG stehen darf[1567]. Wann eine Frist zu laufen beginnt, ließ der BGH zunächst offen und berief sich

1562 FLUME, Die juristische Person, § 8 V 4 (S. 311 f.); ALTMEPPEN, DB 1998, 49 (51); SIEGER/HASSELBACH, AG 1999, 241 (248); in diese Richtung auch: BAUMS, Gutachten F zum 63. DJT 2000, S. 218; HABERSACK, Die Mitgliedschaft – subjektives und „sonstiges" Recht, S. 361 f. (mit dem Unterschied, dass die Geltendmachung gegenüber der AG unverzüglich zu erfolgen habe).

1563 ZÖLLNER, ZGR 1988, 392 (432); O. SEILER/SINGHOF, DK 2003, 313 (318); in diese Richtung auch: OLG München, Urt. v. 12.05.1993 – 27 U 459/92, AG 1994, 134 (136).

1564 K. SCHMIDT, Verhandlungen des 63. DJT 2000, Teil O, 11 (34) (ohne Erläuterung); für eine Höchstfrist auch: MARTENS, ZHR 147 (1983), 377 (402, Dreijahresfrist gem. § 242 II 1 AktG); HIRTE, Bezugsrechtsausschluß und Konzernbildung, S. 210 (einundzwanzig Monate nach Durchführung der Maßnahme).

1565 BAUMS, Gutachten F zum 63. DJT 2000, S. 217; HIRTE, Bezugsrechtsausschluß und Konzernbildung, S. 209; MARTENS, ZHR 147 (1983), 377 (402).

1566 ZÖLLNER, ZGR 1988, 392 (432).

1567 BGH, Urt. v. 25.02.1982 – II ZR 174/80 (Holzmüller), BGHZ 83, 122 (136).

stattdessen auf die Rücksichtnahme, die der Aktionär seinerseits der AG schuldet[1568]. Förderlich war dieser Ansatz nicht. Eine aus der Treuepflicht folgende Einschränkung des Rechtsschutzes sollte nicht überbewertet werden, wenn es gerade darum geht, dass die AG unzulässig in die Rechtsposition des Aktionärs eingreift[1569].

Die Literatur hat die Ausführungen des BGH dahingehend ergänzt, dass an die Kenntnisnahme des Aktionärs angeknüpft werden könnte[1570]. Das überzeugt, schließlich hat sich die Anknüpfung bestimmter Rechtsfolgen an die Kenntnisnahme schon an anderen Stellen bewährt. Beispielhaft sind § 819 BGB und § 990 BGB zu nennen. Für den Fristbeginn ist damit grundsätzlich die tatsächliche Kenntnis des Aktionärs maßgebend[1571]. Darüber hinaus genügt auch Kennenmüssen (§ 122 II BGB)[1572], um die Frist in Gang zu setzen[1573]. Dadurch wird vermieden, dass sich der einer Kenntnisnahme verschließende Aktionär eine Rechtsschutzmöglichkeit über einen längeren Zeitraum offen hält. Des Weiteren muss der AG die Gelegenheit gegeben werden, alle Aktionäre durch eine schriftliche Mitteilung oder auf der nächsten Hauptversammlung zu informieren, um einen einheitlichen Fristbeginn und damit letztendlich Rechtssicherheit zu erlangen. In bestimmten Fällen besteht sogar eine Pflicht zur Information der Aktionäre auf der nächsten Hauptversammlung. So hat der Vorstand über

---

1568 BGH, Urt. v. 25.02.1982 – II ZR 174/80 (Holzmüller), BGHZ 83, 122 (135); BGH, Urt. v. 07.05.2019 – II ZR 278/16, NZG 2019, 937 (938).

1569 HEIDEL, in: Heidel, AktR, § 246, Rn. 63.

1570 Siehe: Fn. 1560.

1571 Der tatsächlichen Kenntnisnahme einer (geplanten) Maßnahme steht dann auch die Kenntnis von Umständen gleich, aus denen sich zwingend auf die (geplanten) Maßnahme schließen lässt. Diese Regel wurde von der Rechtsprechung zu § 819 BGB und § 990 BGB entwickelt und ist in § 130 II InsO sogar ausdrücklich normiert; vgl. zu § 990 BGB: BGH, Urt. v. 22.01.1958 – V ZR 27/57, BGHZ 26, 256 (260); BGH, Urt. v. 25.02.1960 – II ZR 125/58, BGHZ 32, 76 (92); BGH, Urt. v. 12.04.1996 – V ZR 310/94, NJW 1996, 2030 (2031); BGH, Urt. v. 05.03.2010 – V ZR 106/09, BGHZ 184, 358 (362); vgl. zu § 819 BGB: BGH, Urt. v. 12.07.1996 – V ZR 117/95, BGHZ 133, 246 (250 f.); näher zu § 130 II InsO: VOLLRATH, ZInsO 2011, 1665 ff.

1572 Ausreichend ist bereits einfache Fahrlässigkeit; das wird im Schrifttum bei der Verwendung des Begriffs „Kennenmüssen“ nicht immer klar gesehen; die Legaldefinition in § 122 II BGB gilt aber für das gesamte Privatrecht; ELLENBERGER, in: Palandt, BGB, § 122, Rn. 5; SINGER, in: Staudinger (2017), BGB, § 122, Rn. 18.

1573 BRONDICS, Die Aktionärsklage, S. 119 f.; PFLUGRADT, Leistungsklagen, S. 159; vgl. HIRTE, Bezugsrechtsausschluß und Konzernbildung, S. 210; für das Ausreichen grober Fahrlässigkeit auch: ZÖLLNER, ZGR 1988, 392 (432).

die Ausnutzung von genehmigtem Kapital mit Bezugsrechtsausschluss zu informieren (§§ 203 II, 186 IV AktG) und muss bestimmte Verwaltungshandlungen in dem in der Hauptversammlung vorzulegenden Geschäftsbericht (§ 175 II AktG) aufnehmen[1574]. Hatten dadurch alle Aktionäre die Möglichkeit, von den eine Aktionärsklage begründenden Umständen Kenntnis zu nehmen, sind die in Unkenntnis verbliebenen Aktionäre nicht mehr schutzwürdig[1575]. Inzwischen hat sich auch der BGH für eine Anknüpfung an die Kenntnis oder das Kennenmüssen ausgesprochen[1576].

Eine von der Kenntnisnahme oder dem Kennenmüssen unabhängige Höchstfrist[1577] ist abzulehnen[1578]. Dadurch könnte sich der Vorstand zur Verschleierung von Maßnahmen herausgefordert fühlen[1579]. Will die AG zeitnah Sicherheit über drohende Aktionärsklagen erlangen, steht es ihr grds. frei, die Aktionäre zu informieren. Unterlässt sie dies, ist sie auch nicht schutzwürdig, wenn die Kenntnisnahme durch einzelne Aktionäre zu verschiedenen Zeitpunkten eintritt und die Fristen für eine Aktionärsklage unterschiedlich auslaufen.

II. Frist(en) oder Verwirkung

Nach Kenntnisnahme hat der Aktionär grundsätzlich zwei Möglichkeiten. Entweder er klagt direkt oder er wendet sich zunächst an die AG. Bei einer direkten Klage besteht die Gefahr, dass die AG ihren Fehler einsieht und sofort anerkennt. Der Aktionär hätte gem. § 93 ZPO die gesamten Prozesskosten zu tragen[1580]. Der Gesetzgeber will mit § 93 ZPO unnötige Prozesse vermeiden[1581] und den Gläubiger grds. dazu anhalten, sich erst direkt an den Schuldner zu wenden. Eine zu kurze zeitliche Beschränkung der Aktionärsklage könnte dem entgegenstehen. Der Aktionär muss die Gelegenheit haben, die Sache zu prüfen und ggf.

1574 HIRTE, Bezugsrechtsausschluß und Konzernbildung, S. 210.

1575 Vgl. HIRTE, Bezugsrechtsausschluß und Konzernbildung, S. 210; vgl. für die Kenntnis von der Ausnutzung von genehmigtem Kapital mit Bezugsrechtsausschluss: LUTTER, in: KölnKomm, AktG (2. Auflage), § 203, Rn. 44.

1576 BGH, Urt. 10.07.2018 – II ZR 120/16, NJW 2018, 2796 (2798); BGH, Urt. v. 07.05.2019 – II ZR 278/16, NZG 2019, 937 (937 f.).

1577 Vgl. Fn. 1564.

1578 PFLUGRADT, Leistungsklagen, S. 159.

1579 PFLUGRADT, Leistungsklagen, S. 159.

1580 Zur Anwendung des allgemeinen „Kostenverteilungsschlüssels“ der ZPO auf Aktionärsklagen: BRONDICS, Die Aktionärsklage, S. 169 ff.

1581 FLOCKENHAUS, in: Musielak/Voit, ZPO, § 93, Rn. 1; SCHULZ, in: MünchKomm, ZPO, § 93, Rn. 1.

Rechtsrat einzuholen[1582] sowie den nach seiner Ansicht unzulässigen Eingriff in seine Rechtsposition gegenüber der AG darzulegen. Sodann ist auch der AG die Möglichkeit zu geben, unter Hinzuziehung eines Rechtsbeistands darauf zu erwidern. Lehnt es die AG ab, die Maßnahme rückgängig zu machen oder etwa einen Hauptversammlungsbeschluss nachzuholen, kann der Aktionär Klage erheben, ohne dass ein Kostenrisiko nach § 93 ZPO droht. Bei diesem Szenario handelt es sich nahezu um das minimal erforderliche Geschehen im Zeitraum ab der Kenntniserlangung bis zur Klageerhebung und schon dafür ist ein Monat relativ eng bemessen. Bei der Anfechtungsklage hat der Aktionär einen Monat, um die Erfolgsaussichten einer Klage zu beurteilen und sich zur Klageerhebung zu entschließen. Im Fall der Aktionärsklage muss er davor noch in den Austausch mit der AG treten.

Sieht die AG ihren Fehler ein, muss sie schließlich auch die Gelegenheit haben, unverzüglich rechtmäßige Zustände herbeizuführen, ohne dass der Aktionär wegen eines drohenden Fristablaufs Klage erheben muss[1583]. Ein entsprechender Grundsatz, dass der Gesellschaft die Möglichkeit zur Herbeiführung rechtmäßiger Zustände gegeben werden muss, ist bei der Klage auf Nichtigerklärung der Gesellschaft geregelt (§ 275 II AktG) und sollte auch hier gelten[1584].

Schließlich stellt sich die Frage, ob diese Erwägungen besser in einer starren Frist konkretisiert werden sollten[1585] oder doch der allgemeine Verwirkungsgedanke eine bessere Handhabe gibt. Der BGH geht von dem Grundsatz aus, dass die Klage ohne unangemessene Verzögerung zu erheben ist. Ob eine unangemessene Verzögerung vorliegt, sei jeweils im Einzelfall unter Abwägung der beidseitigen Interessen zu beurteilen[1586]. Damit schafft er unter Anwendung allgemeiner Verwirkungsregeln ein hohes Maß an Flexibilität, sodass jeder Fall individuell behandelt werden kann. Dieser große Vorteil der Anwendung des Verwirkungsgedankens ist aber zugleich dessen größte Schwäche. Mit einer Befristung kann sehr viel eher Klarheit darüber geschaffen werden, ob noch mit Aktionärsklagen gerechnet werden muss oder ob man sich auf den Bestand der

---

1582 Vgl. BGH, Urt. v. 10.07.2018 – II ZR 120/16, NJW 2018, 2796 (2799).

1583 BAUMS, Gutachten F zum 63. DJT 2000, S. 218; HABERSACK, Die Mitgliedschaft – subjektives und „sonstiges" Recht, S. 362; O. SEILER/SINGHOF, DK 2003, 313 (318); in diese Richtung auch: ZÖLLNER, ZGR 1988, 392 (432).

1584 BAUMS, Gutachten F zum 63. DJT 2000, S. 218; O. SEILER/SINGHOF, DK 2003, 313 (318).

1585 Dagegen: BGH, Urt. v. 10.07.2018 – II ZR 120/16, NJW 2018, 2796 (2798).

1586 BGH, Urt. v. 10.07.2018 – II ZR 120/16, NJW 2018, 2796 (2798); BGH, Urt. v. 07.05.2019 – II ZR 278/16, NZG 2019, 937 (938).

Maßnahme verlassen kann[1587]. Das Bedürfnis nach Rechtsfrieden ist die Ursache dafür, dass die Aktionärsklage überhaupt einer zeitlichen Begrenzung unterliegt und es kann, um es mit den Worten von *Kubis* auszudrücken, „gar nicht hoch genug bewertet werden“[1588].

Eine Befristung ist deshalb die zu favorisierende Lösung. Für die Beurteilung der Länge der Frist lohnt sich ebenfalls ein Vergleich mit § 275 II AktG. Der Gesetzgeber traut es der AG offenbar zu, einen entsprechenden Hauptversammlungsbeschluss innerhalb von drei Monaten einzuholen und eintragen zu lassen. So sollte auch hier eine dreimonatige Frist genügen, um mit der AG in Austausch zu treten und ihr die Möglichkeit zu geben, rechtmäßige Zustände zu schaffen. Sollte die AG nicht unverzüglich dazu breit sein, muss der Aktionär Klage erheben und ggf. das Ruhen des Verfahrens beantragen.

Um zu verhindern, dass der Aktionär die dreimonatige Frist komplett ausschöpft, bevor er sich an die AG wendet und der AG so die Möglichkeit der Schaffung rechtmäßiger Zustände nimmt, ist eine zweite Frist notwendig. Der Aktionär hat deshalb innerhalb von einem Monat ab Kenntnisnahme sein Anliegen gegenüber der AG geltend zu machen[1589]. Mit der bloßen Erklärung eines Widerspruchs gegen die betroffene Maßnahme ist es hier nicht getan. Der Aktionär sollte die Zeit haben, den mutmaßlichen Eingriff in seine Rechtsposition zu prüfen bzw. prüfen zu lassen und der AG seinen Standpunkt substantiiert darzulegen. Demgegenüber wäre es der Sache nicht dienlich, vom Aktionär zu verlangen, sich unverzüglich nach Kenntnisnahme an die AG zu wenden und die bevorstehende Geltendmachung von Ansprüchen anzuzeigen[1590]. Innerhalb dieser Monatsfrist, kann der Aktionär auch direkt Klage erheben, wenn er das Kostenrisiko des § 93 ZPO bewusst eingehen will oder die AG sonst zu Verstehen gegeben hat, dass eine Geltendmachung etwaiger Eingriffe in die Rechtsposition des Aktionärs aussichtslos ist.

1587 Vgl. BAUMS, ZGR 1983, 300 (341); in diese Richtung auch: PAEFGEN, ZIP 2004, 145 (151).

1588 KUBIS, DStR 2006, 188 (192).

1589 FLUME, Die juristische Person, § 8 V 4 (S. 311 f.); ALTMEPPEN, DB 1998, 49 (51); SIEGER/HASSELBACH, AG 1999, 241 (248); a. A.: HABERSACK, Die Mitgliedschaft – subjektives und „sonstiges“ Recht, S. 362.

1590 So aber: HABERSACK, Die Mitgliedschaft – subjektives und „sonstiges“ Recht, S. 362; dieser Ansatz wird auch von PAEFGEN befürwortet, was natürlich damit zusammenhängt, dass er für eine Aktionärsklage analog §§ 241 ff. AktG (siehe dazu: 6. Teil: A und B I) eintritt, ZIP 2004, 145 (151).

Diese zwei an die Kenntnisnahme anknüpfenden Fristen verbinden ein hohes Maß an Rechtssicherheit mit der Möglichkeit, Fehler seitens der AG zu korrigieren. Informiert die AG alle Aktionäre und erhält innerhalb eines Monats keine Resonanz, kann sie darauf vertrauen, dass die Maßnahme Bestand haben wird. Mit dieser ersten Monatsfrist wird zugleich dem vom BGH aufgeworfenen Verhältnis zu § 246 I AktG entsprochen.

III. Prozessuale oder materiell-rechtliche Frist

Fraglich ist nun, ob es sich bei diesen zeitlichen Grenzen der Aktionärsklage um prozessuale[1591] oder materiell-rechtliche Fristen[1592] handelt, also ob die Klage bei Nichteinhaltung als unzulässig oder unbegründet abzuweisen ist.

Die überwiegend vertretenen Ansichten orientieren sich an § 246 I AktG. Dabei handelt es sich nach h. M. um eine materiell-rechtliche Frist[1593]. Ein Vergleich mit § 246 I AktG wird hier aber nicht weiterhelfen. Für den Beginn der Anfechtungsfrist kann unproblematisch auf den Hauptversammlungsbeschluss zurückgegriffen werden. Bei der Existenz eines solchen formalen Anknüpfungspunkts kann es in der Tat prozessökonomisch sein, nicht in die Begründetheitsprüfung einzusteigen und die Anfechtungsklage als unzulässig abzuweisen[1594]. Demgegenüber kommt es für die Fristen der Aktionärsklage auf die Kenntnis des Aktionärs an. Das Gericht hat dafür zu prüfen, ob der klagende Aktionär bereits tatsächlich Kenntnis genommen hat oder aufgrund sonstiger Umstände entsprechend zu behandeln ist. Das Eintreten in die Prüfung der Sache ist hier unumgänglich. Die zeitlichen Grenzen der Aktionärsklage sind daher

---

1591 PFLUGRADT, Leistungsklagen, S. 159.

1592 BAUMS, Gutachten F zum 63. DJT 2000, S. 218; HIRTE, Bezugsrechtsausschluß und Konzernbildung, S. 210; K. SCHMIDT, in: Großkomm, AktG (4. Auflage), § 241, Rn. 6; OLG Koblenz, Urt. v. 27.6.2002 – 6 U 833/01, AG 2003, 522.

1593 RG, Urt. v. 04.12.1928 – II 226/28, RGZ 123, 204 (207 f.); BGH, Urt. v. 15.06.1998 – II ZR 40/97, ZIP 1998, 1392 (1393); OLG Frankfurt, Urt. v. 13.12.1983 – 5 U 110/83, AG 1984, 110 (111); BAYER, NJW 2000, 2609 (2609, Fn. 6); DÖRR, in: Spindler/Stilz, AktG, § 246, Rn. 12; ENGLISCH, in: Hölters, AktG, § 246, Rn. 20; HEIDEL, in: Heidel, AktR, § 246, Rn. 23; KOCH, in: Hüffer/Koch, AktG, § 246, Rn. 20; KINDL, ZGR 2000, 166 (182 f.); NOACK/ZETZSCHE, in: KölnKomm, AktG, § 246, Rn. 18; K. SCHMIDT, in: Großkomm, AktG (4. Auflage), § 246, Rn. 13; a. A. (für die Qualifizierung als prozessuale Frist): DRYGALA/STAAKE/SZALAI, Kapitalgesellschaftsrecht, § 21 IV 8 c dd (Rn. 309); LANDROCK, Innenrechtsstreit in der Aktiengesellschaft, S. 249; M. SCHWAB, in: K. Schmidt/Lutter, AktG, § 246, Rn. 8.

1594 Vgl. M. SCHWAB, in: K. Schmidt/Lutter, AktG, § 246, Rn. 9.

materiell-rechtliche Fristen. Sie sind Ausschlussfristen und von Amts wegen zu beachten.

Dieses Ergebnis entspricht auch den Ansichten, die eine zeitliche Begrenzung mit der materiell-rechtlichen Verwirkung erreichen wollen.

IV. Zeitliche Begrenzung der Aktionärsklage in Gestalt einer Feststellungsklage

Die Frage einer zeitlichen Beschränkung stellt sich auch bei der Aktionärsklage in Gestalt einer Feststellungsklage[1595]. In der Mangusta/Commerzbank II-Entscheidung hat es der BGH ausdrücklich offengelassen, ob die Feststellungsklage einer bestimmten Frist unterliegt[1596]. Er hat in diesem Zusammenhang aber auch auf seine Ausführungen in der Holzmüller-Entscheidung verwiesen[1597] und damit eine positive Tendenz hinsichtlich einer zeitlichen Beschränkung ausgedrückt. Dieser Tendenz ist zum Wohle des Rechtsfriedens zu folgen. Hinsichtlich einer zeitlichen Begrenzung sollte zwischen der Aktionärsklage in Gestalt einer Leistungsklage und in Gestalt einer Feststellungsklage kein Unterschied bestehen[1598]. Das gilt insbesondere vor dem Hintergrund der hier vertretenen Wahlmöglichkeit des Aktionärs zwischen diesen Klagearten[1599].

V. Fazit zur zeitlichen Begrenzung der Aktionärsklage

Die Aktionärsklage ist durch zwei materiell-rechtliche Ausschlussfristen zeitlich zu begrenzen. Beide Fristen beginnen mit der tatsächlichen Kenntnisnahme oder der fahrlässigen Unkenntnis des Aktionärs von den eine Aktionärsklage begründenden Umständen. Der Aktionär hat zunächst einen Monat, sein Anliegen der AG gegenüber geltend zu machen oder direkt Klage zu erheben. Parallel

---

1595 Für eine Frist nach dem Vorbild von § 246 I AktG: KUBIS, DStR 2006, 188 (192); REICHERT/SENGER, DK 2006, 338 (350); WACLAWIK, ZIP 2006, 397 (405); WIEDEMANN, in: Großkomm, AktG (4. Auflage), § 182, Rn. 73; WILSING, ZGR 2006, 722 (744 f.); in diese Richtung auch LUTTER, BB 1981, 861 (864); ders., in: KölnKomm, AktG (2. Auflage), § 203, Rn. 44; gegen eine Frist: BARTELS, ZGR 2008, 723 (749).

1596 BGH, Urt. v. 10.10.2005 – II ZR 90/03 (Mangusta/Commerzbank II), WM 2005, 2388 (2391); offen lassend auch: OLG Stuttgart, Urt. v. 13.07.2005 – 20 U 1/05, ZIP 2005, 1415 (1417).

1597 BGH, Urt. v. 10.10.2005 – II ZR 90/03 (Mangusta/Commerzbank II), WM 2005, 2388 (2391).

1598 Vgl. BGH, Urt. v. 07.05.2019 – II ZR 278/16, NZG 2019, 937 (937 f.).

1599 S. o.: 6. Teil: B II 2 b.

dazu läuft eine dreimonatige Frist innerhalb derer er Klage erheben muss, sofern er sich innerhalb des ersten Monats an die AG gewendet hat.

E. Urteilswirkung

Im Grunde bewirkt ein Urteil materielle Rechtskraft gem. § 322 ZPO nur zwischen den Parteien des Verfahrens (inter-partes-Wirkung, vgl. § 325 I ZPO)[1600]. Die Rechtfertigung dafür liegt in dem Umstand, dass nur die beteiligten Parteien auf den Prozess Einfluss nehmen konnten und nur ihnen rechtliches Gehör gewährt wurde[1601].

Von diesem Grundsatz macht § 248 I 1 AktG eine Ausnahme: Das stattgebende Urteil bei einer Anfechtungsklage wirkt für und gegen alle Aktionäre sowie die Mitglieder des Vorstands und des Aufsichtsrats. Für die Nichtigkeitsklage gilt gem. § 249 I 1 AktG dasselbe[1602]. Damit auch die übrigen Aktionäre von ihrem Anspruch auf rechtliches Gehör (Art. 103 I GG) Gebrauch machen können[1603], ordnet das AktG i. V. m. der erweiterten Rechtskrafterstreckung auch eine unverzügliche Bekanntmachungspflicht an (§ 246 IV AktG) und bestimmt, dass der Termin zur mündlichen Verhandlung nicht vor Ablauf eines Monats stattfindet (§ 246 III 4 AktG)[1604]. Die Rechtskraftausdehnung bezweckt Rechtssicherheit. Ein und derselbe Hauptversammlungsbeschluss soll nicht für einen Teil der Betroffenen nichtig und für einen anderen Teil nach wie vor verbindlich sein[1605].

Nun stellt sich die Frage, ob auch die Aktionärsklage mit einer Rechtskraftwirkung analog § 248 I 1 AktG ausgestattet werden sollte[1606]. Eingriffe in den

---

1600 GOTTWALD, in: MünchKomm, ZPO, § 325, Rn. 1.

1601 GOTTWALD, in: MünchKomm, ZPO, § 325, Rn. 1.

1602 K. SCHMIDT, in: Großkomm, AktG (4. Auflage), § 248, Rn. 1.

1603 M. SCHWAB, in: K. Schmidt/Lutter, AktG, § 246, Rn. 35.

1604 BAUMS, Gutachten zum 63. DJT 2000, S. 218.

1605 DÖRR, in: Spindler/Stilz, AktG, § 248, Rn. 1; HÜFFER/SCHÄFER, in: MünchKomm, AktG, § 248, Rn. 3.

1606 Dafür: BAUMS, Gutachten zum 63. DJT 2000, S. 219; CASPER, in: Spindler/Stilz, AktG, Vorb. z. §§ 241 ff., Rn. 27 a. E.; K. SCHMIDT, in: Großkomm, AktG (4. Auflage), § 241, Rn. 6; ders., Verhandlungen des 63. DJT 2000, Teil O, 11 (34); in diese Richtung auch: KUBIS, DStR 2006, 188 (192); PFLUGRADT, Leistungsklagen, S. 166 ff.; für die Aktionärsklage in Gestalt der Feststellungsklage auch: BRONDICS, Die Aktionärsklage, S. 187 ff.; a. A. für die Aktionärsklage in Gestalt der Feststellungsklage: OLG Stuttgart, Urt. v. 13.07.2005 – 20 U 1/05, ZIP 2005, 1415 (1416); vgl. dazu Fn. 1647; a. A. für die Aktionärsklage gerichtet auf Beseitigung: HABERSACK, Die Mitgliedschaft – subjektives und „sonstiges" Recht, S. 367 ff.

Kompetenzbereich der Hauptversammlung betreffen alle Aktionäre gleichermaßen und lassen in der Person eines jeden von ihnen Unterlassungs- und Beseitigungsansprüche entstehen[1607]. Macht ein Aktionär etwa die Verletzung seines Rechts auf Wahrung der Hauptversammlungskompetenzen geltend, wäre es verfehlt, in einem zweiten Verfahren (mit einem anderen Aktionär) zu einem anderen gegenüber der AG Rechtskraft entfaltenden Ergebnis zu kommen. Mit einer Analogie zu § 248 I 1 AktG wird der mit mehreren Verfahren über dieselbe Maßnahme verbundene Aufwand und die Entstehung widersprüchlicher Entscheidungen vermieden[1608]. Bei einer Aktionärsklage gegen die drohende Verletzung des Teilnahmerechts eines Aktionärs[1609], hat eine Rechtskraftwirkung analog § 248 I 1 AktG den Vorteil, dass die Teilnahmerechtsverletzung in einem späteren Anfechtungsverfahren nicht anders beurteilt werden kann. Eine Analogie zu § 248 I 1 AktG führt zu Rechtssicherheit und ist deshalb zu bejahen[1610].

Nicht geboten ist es, die Rechtskraftwirkung des § 248 I 1 AktG auch auf das klageabweisende Sachurteil zu erstrecken[1611]. Ist eine Aktionärsklage wegen der Nichteinhaltung der Ausschlussfristen durch ein Sachurteil abzuweisen[1612], kann dies nicht zu Lasten eines anderen Aktionärs gelten, in dessen Person die Ausschlussfristen noch nicht abgelaufen sind[1613]. Darüber hinaus wird es auch praktisch nicht erforderlich sein, eine solche Rechtskraftwirkung anzunehmen, um Rechtssicherheit über die betroffene Maßnahme zu erhalten[1614]. Mit der unverzüglichen Bekanntgabe einer erhobenen Aktionärsklage in den Gesellschaftsblättern (§ 246 IV AktG analog)[1615], beginnen die Ausschlussfristen für alle Aktionäre zu laufen (Kennenmüssen)[1616]. Bis zum Vorliegen eines

1607 HABERSACK, Die Mitgliedschaft – subjektives und „sonstiges“ Recht, S. 366.

1608 BAUMS, Gutachten zum 63. DJT 2000, S. 219.

1609 S. o.: 5. Teil: C I 1.

1610 Siehe: Fn. 1606.

1611 So aber: PFLUGRADT, Leistungsklagen, S. 168.

1612 S. o.: 7. Teil: D.

1613 Vgl. zur parallel verlaufenden Thematik bei der Anfechtungsklage: HÜFFER/SCHÄFER, in: MünchKomm, AktG, § 248, Rn. 35. Freilich greift dieses Argument nicht, wenn man die zeitliche Beschränkung der Aktionärsklage mit PFLUGRADT als Klagefrist einordnet, dazu s. o.: 7. Teil: D III.

1614 Darin sieht PFLUGRADT den Grund für eine Ausdehnung der Rechtskraftwirkung des § 248 I 1 AktG auf das klageabweisende Sachurteil, Leistungsklagen, S. 168.

1615 S. u.: 7. Teil: G.

1616 S. o.: 7. Teil: D I.

abweisenden Sachurteils werden weitere Aktionärsklagen entweder verfristet sein[1617] oder – sofern sie rechtzeitig erhoben worden – mit dem ersten Verfahren verbunden sein (§ 246 III 6 AktG analog)[1618].

Von der Rechtskraftwirkung (§ 248 I 1 AktG) zu unterscheiden, ist die Gestaltungswirkung (§ 241 Nr. 5 AktG)[1619] einer stattgegebenen Anfechtungsklage[1620]. Die materielle Rechtskraftwirkung drückt die prozessuale Bindungswirkung aus, die Gestaltungswirkung beschreibt die materiell rechtsändernden Folgen[1621]. Letztere wirken für und gegen jedermann (inter-omnes-Wirkung)[1622]. Eine Gestaltungswirkung kommt der Aktionärsklage nicht zu[1623]. Es geht bei einer Aktionärsklage nicht um die Nichtigerklärung eine Maßnahme oder eines Beschlusses der Verwaltung, sondern um die Unterlassung oder Vornahme einer Handlung sowie die Feststellung eines Rechtsverhältnisses[1624].

F. Streitwert

Die Höhe der Prozesskosten ist für die Rechtsschutzsuche von enormer Bedeutung. Sind die drohenden Kosten hoch, kann die Möglichkeit im Verfahren zu unterliegen, den Aktionär von der Rechtsschutzsuche abhalten[1625]. Die Prozesskosten setzten sich aus den Gerichtsgebühren und den Rechtsanwaltsgebühren zusammen. Beide sind vom Streitwert abhängig[1626].

1617 Vgl. zur ähnlich verlaufenden Thematik bei der Anfechtungsklage: ZÖLLNER, in: KölnKomm, AktG (1. Auflage), § 248, Rn. 35.

1618 S. u.: 7. Teil: G.

1619 Dazu: K. SCHMIDT, in: Großkomm, AktG (4. Auflage), § 248, Rn. 4.

1620 HÜFFER/SCHÄFER, in: MünchKomm, AktG, § 248, Rn. 6; K. SCHMIDT, in: Großkomm, AktG (4. Auflage), § 248, Rn. 12; vgl. dazu auch: BUSCH, NZG 2006, 81 (87).

1621 K. SCHMIDT, in: Großkomm, AktG (4. Auflage), § 248, Rn. 12.

1622 DÖRR, in: Spindler/Stilz, AktG, § 248, Rn. 6; HÜFFER/SCHÄFER, in: MünchKomm, AktG, § 248, Rn. 5; KOCH, in: Hüffer/Koch, AktG, § 248, Rn. 5; K. SCHMIDT, in: Großkomm, AktG (4. Auflage), § 248, Rn. 4.

1623 BAUMS, Gutachten zum 63. DJT 2000, S. 219; KUBIS, DStR 2006, 188 (192); K. SCHMIDT, in: Großkomm, AktG (4. Auflage), § 241, Rn. 6; a. A.: PAEFGEN, ZIP 2004, 145 (152).

1624 BAUMS, Gutachten zum 63. DJT 2000, S. 219.

1625 BRONDICS, Die Aktionärsklage, S. 168, 172.

1626 Die Gerichtsgebühren richten sich gem. §§ 48 I 1, 62 1 GKG i. V. m. § 3 I ZPO nach dem Streitwert. Danach richten sich gem. §§ 2 I, 23 I 1 RVG auch die Rechtsanwaltsgebühren; vgl. dazu: WÖSTMANN, in: MünchKomm, ZPO, § 2, Rn. 5.

Nach den im Allgemeinen für Zivilprozesse geltenden Regeln bestimmt sich der Streitwert nach § 3 ZPO, sofern er nicht durch speziellere Vorschriften verdrängt wird[1627]. Danach würde die Festsetzung des Streitwerts einer Aktionärsklage im freien Ermessen des Gerichts stehen. Maßgebend dafür ist grundsätzlich allein das Interesse des klagenden Aktionärs[1628].

Eine ausdrückliche, § 3 ZPO verdrängende Sonderregelung gibt es für die Aktionärsklage nicht. Die Anwendung von § 3 ZPO liegt eng am Gesetzeswortlaut und ist deshalb gut vertretbar[1629].

Die ganz h. M. wendet allerdings § 247 AktG analog an[1630]. Dadurch kann das Gericht bei der Streitwertfestsetzung – anders als bei § 3 ZPO – auch das Interesse der beklagten Gesellschaft und die Interessen der übrigen Aktionäre berücksichtigen[1631]. Um die abschreckende Wirkung eines zu hohen Prozesskostenrisikos zu mindern, wird die Höhe des Streitwerts gem. § 247 I 2 AktG beschränkt[1632].

1627 WÖSTMANN, in: MünchKomm, ZPO, § 3, Rn. 1.

1628 BRONDICS, Die Aktionärsklage, S. 172; vgl. WÖSTMANN, in: MünchKomm, ZPO, § 3, Rn. 4.

1629 Vgl. LG Duisburg, Beschl. v. 29.05.2002 – 21 O 06/02 (Badcock Borsig), Nr. 3 des Tenors (juris); vgl. KRIEGER, ZHR 163 (1999), 343 (355); in diese Richtung auch: DRINKUTH, AG 2006, 142 (147).

1630 OLG Düsseldorf, Beschl. v. 31.08.2000 – 6 W 33/00, DB 2000, 2210 (2210 f.); zuvor schon: LG Düsseldorf, Beschl. v. 14.12.1999 – 10 O 495/99 (Mannesmann/Vodafone), WM 2000, 528 (531); OLG Hamm, Urt. v. 19.11.2007 – 8 U 216/07 (Arcandor), AG 2008, 421; BAUMS, Gutachten zum 63. DJT 2000, S. 219 f.; BRONDICS, Die Aktionärsklage, S. 174 f.; CAHN, ZHR 164 (2000), 113 (117); HEIDEL, in: Heidel, AktR, § 246, Rn. 68, § 247, Rn. 4; KNOBBE-KEUK, in: FS Ballerstedt, 239 (254); KOCH, in: Hüffer/Koch, AktG, § 247, Rn. 3; KUBIS, DStR 2006, 188 (192); MARSCH-BARNER, Verhandlungen des 63. DJT 2000, Teil O, 55 (64 f.); PFLUGRADT, Leistungsklagen, S. 164; in diese Richtung auch: GROßFELD, JZ 1981, 234 (236); REICHERT/SENGER, DK 2006, 338 (351); K. SCHMIDT, in: Großkomm, AktG (4. Auflage), § 241, Rn. 6; vgl. ders., Verhandlungen des 63. DJT 2000, Teil O, 11 (34); WACLAWIK, ZIP 2006, 397 (405); im Allgemeinen für Individualklagen des Aktionärs auch: HIRTE, in: FS Bezzenberger, 133 (137 ff.); unentschieden: O. SEILER/SINGHOF, DK 2003, 313 (317); konkrete Beispiele aus der Praxis bei: HEIDEL, in: Heidel, AktR, § 246, Rn. 60, Fn. 221; O. SEILER/SINGHOF, DK 2003, 313 (317).

1631 OLG Düsseldorf, Beschl. v. 31.08.2000 – 6 W 33/00, DB 2000, 2210 (2211).

1632 BRONDICS, Die Aktionärsklage, S. 175; KNOBBE-KEUK, in: FS Ballerstedt, 239 (254); RIECKERS, in: Münchener Handbuch GesR, Bd. 4, § 18, Rn. 11; vgl. auch: WACLAWIK, ZIP 2006, 397 (405).

So könnte auch der verhältnismäßig mittellose Aktionär[1633] effektiv Rechtsschutz suchen[1634].

Letzterer Aspekt überzeugt nicht. Wenn das Gericht den Streitwert nach § 3 ZPO festzusetzen hätte, wäre allein das Interesse des klagenden Aktionärs maßgebend und der Streitwert wäre nach dem Wert seines Aktienbesitzes zu bestimmen[1635]. Der Streitwert bei einem klagenden verhältnismäßig mittellosen Aktionär wäre entsprechend niedrig anzusetzen. Wird daneben das Interesse der Gesellschaft berücksichtigt, führt das eher zu einer für den Aktionär nachteiligen Heraufsetzung des Streitwerts[1636]. Die Gefahr, die eine Anwendung von § 3 ZPO mit sich bringt, ist eine unangemessen niedrige Streitwertfestsetzung[1637], die dem wirtschaftlichen Interesse der AG und den Interessen der übrigen Aktionäre nicht gerecht wird. Das wird besonders deutlich, wenn die angegriffene Maßnahme von erheblicher wirtschaftlicher Bedeutung ist und eine zu geringe Streitwertfestsetzung zum Ausschluss der Berufung führen würde (vgl. § 511 II Nr. 1 ZPO)[1638]. Eine Analogie zu § 247 AktG bildet hier eine deutlich flexiblere Grundlage, denn alle Interessen können berücksichtigt und angemessen in Ausgleich gebracht werden, notfalls über eine Streitwertspaltung gem. § 247 II und III AktG[1639]. Die Interessenlage zwischen Aktionärsklage und Anfechtungsklage ist insofern vergleichbar[1640].

1633 Vgl. Begr. RegE zu § 247 AktG 1965, in: KROPFF, Aktiengesetz, S. 334.

1634 Vgl. BRONDICS, Die Aktionärsklage, S. 175; vgl. HEIDEL, in: Heidel, AktR, § 247, Rn. 4.

1635 KRIEGER, ZHR 163 (1999), 343 (355); vgl. dazu auch HÜFFER/SCHÄFER, in MünchKomm, AktG, § 247, Rn. 1; K. SCHMIDT, in: Großkomm, AktG (4. Auflage), § 247, Rn. 1.

1636 BAUMS, Gutachten zum 63. DJT 2000, S. 220; vgl. KRIEGER, ZHR 163 (1999), 343 (355).

1637 Vgl. dazu: HÜFFER/SCHÄFER, in: MünchKomm, AktG, § 247, Rn. 1; FLUME, Die juristische Person, § 8 V 4 (S. 312); K. SCHMIDT, in: Großkomm, AktG (4. Auflage), § 247, Rn. 1; ZÖLLNER, in: KölnKomm, AktG (1. Auflage), § 247, Rn. 1.

1638 CAHN, ZHR 164 (2000), 113 (117); MARSCH-BARNER, Verhandlungen des 63. DJT 2000, Teil O, 55 (64); beide weisen auch auf die Gefahr hin, dass Maßnahmen von erheblicher wirtschaftlicher Bedeutung in die Zuständigkeit der Amtsgerichte fallen können; vgl. dazu auch: HIRTE, in: FS Bezzenberger, 133 (137 ff.); KUBIS, DStR 2006, 188 (192); diese Gefahr besteht freilich nur, wenn eine Analogie zu § 246 III 1 AktG abgelehnt wird; siehe dazu: 7. Teil: G.

1639 BAUMS, Gutachten zum 63. DJT 2000, S. 220; BRONDICS, Die Aktionärsklage, S. 175.

1640 I. E. ebenso: BRONDICS, Die Aktionärsklage, S. 175.

Eine analoge Anwendung von § 247 AktG ist mithin gerechtfertigt[1641]. Für den Streitwert im einstweiligen Rechtsschutz gilt selbiges[1642].

Im Rahmen einer Streitwertfestsetzung analog § 247 I 1 AktG bildet der Wert des Aktienbesitzes die Obergrenze für das zu beachtende Interesse des klagenden Aktionärs[1643]. Auf der Seite der AG können die Kosten für die Einberufung einer Hauptversammlung eine zentrale Rolle spielen, insbesondere wenn es um die drohende Verletzung des Teilnahme- bzw. Stimmrechts geht[1644] oder über eine Verletzung des Rechts auf Wahrung der Hauptversammlungskompetenzen gestritten wird[1645].

G. Analogien zu weiteren Modalitäten der Anfechtungsklage und zuständiges Gericht

Die Konsequenz einer analogen Urteilswirkung gem. § 248 I 1 AktG ist, dass auch die übrigen Aktionäre die Möglichkeit haben müssen, an dem Rechtsstreit teilzunehmen[1646]. Eine Analogie zu § 246 IV AktG und zu § 246 III 4 bis 6 AktG ist demnach ebenfalls zu befürworten[1647]. Der Vorstand hat die Erhebung einer Aktionärsklage und den Termin zur mündlichen Verhandlung unverzüglich in den Gesellschaftsblättern (§ 25 AktG) bekanntzumachen (§ 246 IV 1 AktG analog). Werden von verschiedenen Aktionären Klagen gegen dieselbe vermeintliche Kompetenzverletzung erhoben, sind die Verfahren vom Gericht zur gleichzeitigen Verhandlung und Entscheidung zu verbinden (§ 246 III 6 AktG

1641 Siehe: Fn. 1630.

1642 HEIDEL, in: Heidel, AktR, § 246, Rn. 60, insb. Fn. 221; MARKWARDT, ZIP 2004, 211 (218).

1643 OLG Düsseldorf, Beschl. v. 31.08.2000 - 6 W 33/00, DB 2000, 2210 (2211); K. SCHMIDT, in: Großkomm, AktG (4. Auflage), § 247, Rn. 15.

1644 S. o.: 5. Teil: C I 1 und 2.

1645 Vgl. OLG Düsseldorf, Beschl. v. 31.08.2000 - 6 W 33/00, DB 2000, 2210 (2211).

1646 BAUMS, Gutachten zum 63. DJT 2000, S. 219.

1647 K. SCHMIDT, Verhandlungen des 63. DJT 2000, Teil O, 11 (34); für eine Analogie zu § 246 IV AktG: BAUMS, Gutachten zum 63. DJT 2000, S. 219; PFLUGRADT, Leistungsklagen, S. 168; a. A. für die Aktionärsklage in Gestalt der Feststellungsklage: OLG Stuttgart, Urt. v. 13.07.2005 - 20 U 1/05, ZIP 2005, 1415 (1416); die Entscheidung des OLG Stuttgart basiert allerdings auf einem fragwürdigen Vergleich zwischen der Feststellungsklage eines Aktionärs und der Feststellungsklage eines fremden Dritten gegen die AG.

analog). Der dem Gericht sonst zustehende Ermessensspielraum (§ 147 ZPO) besteht nicht[1648].

Die gerichtliche Zuständigkeit ergibt sich aus § 246 III 1 AktG analog[1649]. Das in erster Instanz sachlich und örtlich ausschließlich zuständige Gericht[1650] ist das Landgericht am Sitz der Gesellschaft (§ 5 AktG)[1651] und dort die Kammer für Handelssachen (§ 246 III 2 AktG analog i. V. m. § 95 II GVG)[1652]. Wird die Klage fälschlicherweise bei der Zivilkammer eingereicht, hat die Zivilkammer die Sache von Amts wegen an die Kammer für Handelssachen zu verweisen[1653]. Ein Antrag ist nicht erforderlich, § 246 III 2 AktG ist lex specialis gegenüber § 96 GVG[1654].

Gleiches gilt im einstweiligen Rechtsschutz (§§ 937 I, 943 I ZPO i. V. m. § 246 III 1 AktG analog)[1655].

Der Analogie zu § 246 III 1 AktG liegt eine vergleichbare Interessenlage zu Grunde. Für Anfechtungsklagen existiert die ausschließliche Zuständigkeit des Landgerichts am Sitz der Gesellschaft seit der Normierung des Anfechtungsrechts[1656]. Die Ursache dafür liegt in der Vermeidung von verschiedenen Prozessen und Urteilen über denselben Hauptversammlungsbeschluss[1657]. Die erstinstanzliche Zuständigkeit des Landgerichts ergibt sich aus der Wichtigkeit

---

1648 So in Bezug auf die direkte Anwendung von § 246 AktG: ENGLISCH, in: Hölter, AktG, § 246, Rn. 48; HÜFFER/SCHÄFER, in: MünchKomm, AktG, § 246, Rn. 75.

1649 BAUMS, Gutachten zum 63. DJT 2000, S. 219; O. SEILER/SINGHOF, DK 2003, 313 (317); SCHLITT/O. SEILER, ZHR 166 (2002), 544 (577); in diese Richtung plädiert auch: K. SCHMIDT, Verhandlungen des 63. DJT 2000, Teil O, 11 (34).

1650 Vgl. dazu: DRESCHER, in: Henssler/Strohn, GesR, § 246 AktG, Rn. 34; HÜFFER/SCHÄFER, in: MünchKomm, AktG, § 246, Rn. 71.

1651 So i. E. auch: BRONDICS, Die Aktionärsklage, S. 160.

1652 SCHLITT/O. SEILER, ZHR 166 (2002), 544 (577).

1653 So in Bezug auf die direkte Anwendung von § 246 AktG: ENGLISCH, in: Hölters, AktG, § 246, Rn. 47; HÜFFER/SCHÄFER, in: MünchKomm, AktG, § 246, Rn. 69.

1654 So in Bezug auf die direkte Anwendung von § 246 AktG: HÜFFER/SCHÄFER, in: MünchKomm, AktG, § 246, Rn. 69.

1655 SCHLITT/O. SEILER, ZHR 166 (2002), 544 (577); vgl. MARKWARDT, ZIP 2004, 211 (218); vgl. für den eine Anfechtungsklage begleitenden einstweiligen Rechtsschutz: HÜFFER/SCHÄFER, in: MünchKomm, AktG, § 243, Rn. 154.

1656 Vgl. Art. 222 i. V. m. Art. 190a ADHGB, in: Schubert/Hommelhoff, Hundert Jahre modernes Aktienrecht, S. 392, 398.

1657 § 13 III B Allgemeine Begr. zum Gesetzesentwurf 1884 in: Schubert/Hommelhoff, Hundert Jahre modernes Aktienrecht, S. 468.

eines solchen Rechtsstreits für die Gesellschaft[1658]. Diese Umstände sind mit denen einer Aktionärsklage vergleichbar. Es gilt widersprüchliche Entscheidungen zu vermeiden[1659] und auf die Bedeutung eines Rechtsstreits für die AG Rücksicht zu nehmen.

1658 § 13 III B Allgemeine Begr. zum Gesetzesentwurf 1884 in: Schubert/Hommelhoff, Hundert Jahre modernes Aktienrecht, S. 468.

1659 Vgl. 7. Teil: E.

8. Teil: Zusammenfassung

A. Ergebnisse der Untersuchung

1. Eine Klage kann schon dann mit dem Terminus „Aktionärsklage“ beschrieben werden, wenn der Kläger ein Aktionär ist, unabhängig davon gegen wen er klagt oder ob er mit der Klage ein fremdes oder eigenes Recht geltend macht. Die vorliegende Untersuchung handelt von solchen Aktionärsklagen, bei denen der Aktionär Rechtsschutz aus eigenem Recht gegen Maßnahmen der Verwaltungsorgane sucht. Eine ausdrückliche gesetzliche Regelung für diese Art der Rechtsschutzmöglichkeiten existiert nicht. Gleichwohl sind sie erforderlich, um Lücken im Rechtsschutzsystem zu schließen. Das Bedürfnis nach Aktionärsklagen dieser Art ist in der Rechtsprechung und Literatur ganz überwiegend anerkannt. In dem dahinter stehenden Fragenkatalog, etwa über die Reichweite von Aktionärsklagen, dessen dogmatische Begründung oder materiell- und prozessrechtliche Einzelheiten, ergibt sich alles andere als ein homogenes Bild.
2. Die Frage über die Reichweite von Aktionärsklagen ist zuallererst eine Wertungsfrage, inwieweit man dem einzelnen Aktionär eine Einflussnahme auf die AG erlauben will oder muss. Eine Orientierung an der Rechtsposition, die das Aktiengesetz dem einzelnen Aktionär zuweist sowie dem Kompetenz- und Kontrollsystem, das zwischen den Organen der AG besteht, ist dabei unverzichtbar.
3. Die Rechtsposition des Aktionärs wird allumfassend mit dem Begriff „Mitgliedschaft“ beschrieben. Die Mitgliedschaft ist das Rechtsverhältnis zwischen dem Aktionär und der AG, aus dem alle Rechte und Pflichten erwachsen. Zugleich weist die Mitgliedschaft auch eine gewisse Eigenständigkeit auf, die es rechtfertigt, sie als ein subjektives und absolutes Recht zu behandeln.
4. Als Anknüpfungspunkt für die Aktionärsklagen eignet sich die Mitgliedschaft nicht. Bei Aktionärsklagen handelt es sich um innergesellschaftliche Streitigkeiten. Das Gesetz und die Satzung sind die Instrumente, welche die Rechtsfragen innerhalb des Rechtsverhältnisses Mitgliedschaft regeln und die das subjektive Recht Mitgliedschaft definieren und begrenzen. Dieses Verhältnis darf nicht umgedreht werden, indem man von der Mitgliedschaft auf einzelne Rechte bzw. ein notwendiges Maß an Rechtsschutz schließt. Bei allen Maßnahmen der Verwaltung wird das Rechtsverhältnis Mitgliedschaft bzw.

das Mitgliedschaftsrecht zumindest mittelbar tangiert. Eine angemessene Berücksichtigung der vom Aktiengesetz vorgesehenen Position des Aktionärs in der AG ist bei einer pauschalen Anknüpfung an die Mitgliedschaft nicht möglich. Die Verletzung der Mitgliedschaft ist vielmehr erst die Folge einer Verletzung einzelner Rechte des Aktionärs.

5. Die Rechtsposition des einzelnen Aktionärs ist in puncto Mitverwaltung und Kontrolle maßgeblich an der Hauptversammlung und deren Kompetenzen ausgerichtet. Deshalb ist die Kontrolle des Organs, dem der Aktionär selbst angehört, nahezu uneingeschränkt möglich. Für die Kontrolle der übrigen Organe ist der Aktionär an die Kontrollbefugnisse der Hauptversammlung und die kollektive Beschlussfassung in dieser gebunden.
6. Will der Aktionär aus dieser Position heraustreten, weil er sich durch Maßnahmen der Verwaltungsorgane in seinen Rechten verletzt sieht, begibt er sich grundsätzlich in den Herrschaftsbereich der Verwaltungsorgane und bewegt sich außerhalb der ihm durch das Aktiengesetz zugewiesenen rechtlichen Position. Um eine zu arge Unterwanderung der Kompetenzordnung sowie eine zu starke Gewichtung der Interessen des einzelnen Aktionärs gegenüber den Interessen der AG und der übrigen Aktionäre zu verhindern, ist im Grundsatz von einer restriktiven Handhabung von Aktionärsklagen auszugehen.
7. Einen allgemeinen Anspruch des Aktionärs auf gesetz- und satzungsmäßiges Verhalten der Verwaltungsorgane gibt es nicht. Dadurch würde ein möglicher Wirkungskreis des Aktionärs zu weit ausgedehnt. Der Aktionär bekäme eine systemfremde Stellung und es würde ein erhebliches Missbrauchspotential entstehen.
8. Damit der Aktionär seine an die Hauptversammlung gebundenen Befugnisse und Kontrollmöglichkeiten wahrnehmen kann, muss die Hauptversammlung bei den in ihrem Zuständigkeitsbereich liegenden Maßnahmen beteiligt werden und ihre Entscheidungen haben Beachtung zu finden. Zuständig für die Einberufung der Hauptversammlung und damit für das Stattfinden einer Kontrolle sind die Organe, die kontrolliert werden sollen. An dieser Stelle leidet das Kontrollsystem an einer Unregelmäßigkeit. Es besteht eine Lücke hinsichtlich der Kontrolle über die Wahrung der Hauptversammlungskompetenzen seitens des Vorstands und des Aufsichtsrats.

9. Diese Lücke im Kontrollsystem ist ursächlich für eine Lücke im Aktionärsrechtsschutz und ist durch ein Recht des einzelnen Aktionärs auf Wahrung der Hauptversammlungskompetenzen zu schließen. Aufgrund dieses Rechts hat der Aktionär einen Unterlassungs- bzw. einen Beseitigungsanspruch, wenn die Kompetenzen der Hauptversammlung verletzt werden. Der Unterlassungsanspruch richtet sich auf die Unterlassung der Durchführung bzw. auf die Unterlassung der Fortsetzung einer bereits begonnenen Durchführung einer Maßnahme. Der Beseitigungsanspruch richtet sich auf die Beseitigung der bereits umgesetzten Maßnahme bzw. auf Beseitigung der Folgen, die aufgrund des Beginns mit einer Umsetzung bereits eingetreten sind. Beide Ansprüche sind verschuldensunabhängig. Der Beseitigungsanspruch kann durch Unmöglichkeit eingeschränkt sein. Im Übrigen ist der Beseitigungsanspruch nicht zu beschränken, da die Möglichkeit besteht, den Hauptversammlungsbeschluss nachzuholen und der Aktionärsklage so den Boden zu entziehen.
10. Das Aktionärsrecht auf Wahrung der Hauptversammlungskompetenzen ergibt sich de lege lata aus einer Gesamtschau der §§ 119, 245 AktG und mithin infolge gesetzesimmanenter Auslegung.
11. Die Erhebung einer auf das Recht auf Wahrung der Hauptversammlungskompetenzen gestützten Aktionärsklage kommt bei allen Arten von Verletzungen der Hauptversammlungskompetenzen in Betracht. Hier kann in drei Fallgruppen unterschieden werden. Eine Verletzung der Hauptversammlungskompetenzen liegt vor, wenn:
    - die Hauptversammlung trotz der ihr zugewiesenen Kompetenz gar nicht beteiligt wird,
    - die Hauptversammlung zwar beteiligt wird, aber der Vorstand es unterlässt, einen ordnungsgemäßen Hauptversammlungsbeschluss umzusetzen oder entgegen einer stattgegebenen Beschlussmängelklage mit der Umsetzung eines nichtigen Hauptversammlungsbeschlusses beginnt oder
    - die Hauptversammlung eine eigentlich ihr zustehende Kompetenz durch Hauptversammlungsbeschluss zumindest teilweise auf die Verwaltungsorgane überträgt und diese den ihr übertragenen Kompetenzrahmen überschreiten.
12. Von einer Beschränkung der Aktionärsklagen auf Verletzungen der Hauptversammlungskompetenzen ist abzuraten. Nicht nur das gänzliche Fehlen einer notwendigen Rechtsschutzmöglichkeit führt zu einer Rechtsschutzlücke. Ursächlich kann auch das Defizit an einer interessengerechten Rechtsschutzmöglichkeit sein. Eine Aktionärsklage ist deshalb auch im sachlichen Anwendungsbereich der Beschlussmängelklagen anzuerkennen, wenn

Verfahrensfehler drohen, die so rechtzeitig bekannt werden, dass Rechtsschutz im Vorfeld der Hauptversammlung noch möglich ist oder der Aktionär im Nachhinein Verfahrensfehler geltend machen will und mit dem Hauptversammlungsbeschluss inhaltlich einverstanden ist. Aktionärsklagen sind insofern vor allem bei Verletzungen des Teilnahme- und Stimmrechts relevant.

13. Die Möglichkeit einer (späteren) Beschlussmängelklage stellt für diese Art von Aktionärsklagen kein Hindernis dar. Die Beschlussmängelklagen haben nur eine auf Inhaltsfehler beschränkte Sperrwirkung. Ausgeschlossen ist die Aktionärsklage, wenn mit ihr Inhaltsfehler eines Hauptversammlungsbeschlusses geltend gemacht werden sollen.
14. Zu erlauben sind Aktionärsklagen auch bei der Durchsetzung von Vermögensrechten. Der Aktionär muss die Möglichkeit haben, Rechtsschutz zu suchen, wenn es um den Abschluss eines Zeichnungsvertrags zur Durchsetzung seines Bezugsrechts geht. Selbiges gilt bei der Klage auf Zustimmung zum Verkauf vinkulierter Namensaktien, sofern darauf auch ohne eine Verletzung des Gleichbehandlungsgebots ein Anspruch besteht.
15. Der alleinige Verstoß gegen das Gleichbehandlungsgebot rechtfertigt keine Aktionärsklage. Eine Aktionärsklage gegen eine Maßnahme der Verwaltungsorgane, die gegen das Gleichbehandlungsgebot verstößt, ist nur dort zu bejahen, wo gleichzeitig mit einem solchen Verstoß eine weitere Rechtsverletzung vorliegt, deretwegen eine Aktionärsklage erhoben werden kann.
16. Auch bei einem Verstoß gegen § 57 AktG ist ergänzender Rechtsschutz mittels Aktionärsklage abzulehnen. Dies würde den Wertungen der §§ 57, 62 I, 148 I 1 AktG widersprechen.
17. Die Aktionärsklage kann als Leistungsklage oder als allgemeine Feststellungsklage erhoben werden. Erstere erfordert einen Anspruch des Aktionärs. Letztere ist zulässig, wenn ein Beschluss der Verwaltung bzw. deren Umsetzung objektiv geeignet ist, ein Aktionärsrecht (abgesehen vom Mitgliedschaftsrecht) zu verletzten und eine – vom Aktionär darzulegende – besondere Situation vorliegt, warum durch das Feststellungsurteil der Streit sinnvoller und sachgemäßer beigelegt werden kann als durch eine andere Klageart. Kommen beide Klagearten in Betracht, hat der Aktionär ein Wahlrecht.
18. Der Rechtsschutz mit Aktionärsklagen sieht sich nicht selten mit der Schnelligkeit ökonomischer Entwicklungen konfrontiert. Ein Bedürfnis zeitnah zumindest vorübergehenden Rechtsschutz zu erhalten, ist nicht von der Hand zu weisen. Droht die Gefahr, dass vollendete Tatsachen eine endgültige Rechtsdurchsetzung mittels einer regulären Aktionärsklage wesentlich erschweren oder vereiteln, kann der Aktionär zu Sicherungszwecken eine einstweilige Verfügung beantragen. Der Erlass einer solchen hängt

maßgeblich von einer Interessenabwägung ab. Gegenstand dieser ist eine Prognose über den Ausgang des Hauptsacheverfahrens und die Betroffenheit der Parteien. Ein striktes Vorwegnahmeverbot gibt es nicht. Die tatsächliche Vorwegnahme der Hauptsache kann im Ergebnis durchaus gerechtfertigt sein.

19. Die Aktionärsklage ist gegen die AG zu richten und ist durch zwei materiellrechtliche Ausschlussfristen zeitlich begrenzt. Beide Fristen beginnen mit der tatsächlichen Kenntnisnahme oder der fahrlässigen Unkenntnis des Aktionärs von den eine Aktionärsklage begründenden Umständen. Der Aktionär hat zunächst einen Monat, sein Anliegen der AG gegenüber geltend zu machen oder direkt Klage zu erheben. Parallel dazu läuft eine dreimonatige Frist innerhalb derer er Klage erheben muss, sofern er sich innerhalb des ersten Monats an die AG gewendet hat. Die Verteilung der Beweislast kann aufgrund eines gesetzlich vorgegebenen Regel-Ausnahme-Verhältnisses oder aufgrund einer Beweisnähe der AG von der Rosenbergschen Formel abweichen. Im Übrigen gelten die §§ 246 III und IV, 247, 248 I 1 AktG analog.

B. Empfiehlt sich eine gesetzliche Regelung?

Die Schaffung eines gesetzlichen Rahmens für die Aktionärsklage ist bislang unterblieben. Selbst auf dem 63. DJT wurde sich – im Anschluss an die Empfehlung aus dem Gutachten von *Baums* – dagegen ausgesprochen. Die weitere Entwicklung in Praxis und Rechtsprechung sollte abgewartet und notwendiger Spielraum nicht versagt werden[1660].

Seitdem ist mehr als ein Jahrzehnt vergangen und Rechtssicherheit hinsichtlich der Reichweite von Aktionärsklagen oder materiell- und verfahrensrechtlichen Einzelheiten besteht noch immer nicht. Im Gegenteil, das Spektrum der Ansichten zu jedem umstrittenen Punkt wächst kontinuierlich. Die Rechtsprechung hangelt sich notdürftig an den Grundsätzen der Holzmüller-Entscheidung entlang. Der mutige Aktionär nimmt den BGH beim Wort und versucht zunehmend den „Anspruch darauf, daß die Gesellschaft seine Mitgliedsrechte achtet und alles unterläßt, was sie über das durch Gesetz und Satzung gedeckte Maß hinaus beeinträchtigt“[1661] durchzusetzen. Unter Berufung auf „die Mitgliedschaft“ sind die Maßnahmen, gegen die sich der Aktionär wenden kann, mannigfaltig. Andererseits besteht auch bei einem nachvollziehbaren Begehren

1660 S. o.: 2. Teil: B III; BAUMS, Verhandlungen des 63. DJT 2000, Teil O, 218.
1661 BGH, Urt. v. 25.02.1982 – II ZR 174/80 (Holzmüller), BGHZ 83, 122 (133).

eines Aktionärs die Gefahr, dass sich erst in der dritten Instanz herausstellt, was Recht ist[1662].

Die Diskussion über eine gesetzliche Regelung der Aktionärsklagen darf daher erneut angestoßen werden. Schon *K. Schmidt* sprach sich dafür aus[1663]. Der von ihm vorgeschlagenen Domestizierung kann in der Sache zwar nicht gefolgt werden, der Vorschlag an sich verdient aber Zustimmung. Eine gesetzliche Regelung bringt in erster Linie Rechtssicherheit. Ein solches Bedürfnis sollte keineswegs unterschätzt werden.

Um diesem Bedürfnis in Teilen gerecht zu werden und gleichzeitig eine Weiterentwicklung der Aktionärsklagen offen zu halten, könnte das AktG wie folgt ergänzt werden:

1. Dem § 119 AktG wird folgender Absatz 3 angefügt:
   „(3) Jeder Aktionär kann die Wahrung der Hauptversammlungskompetenzen verlangen."

2. Nach § 119 AktG wird folgender § 119a AktG eingefügt:
   „(1) Ist ein einzelner Aktionär wegen einer Maßnahme des Vorstands oder des Aufsichtsrats zur Erhebung einer Klage befugt, ist die Klage gegen die Gesellschaft zu richten.
   (2) Die Klage muss innerhalb eines Monats nach Kenntnisnahme oder fahrlässiger Unkenntnis von den die Klage begründenden Umständen erhoben werden, sofern sich der Aktionär nicht direkt an die Gesellschaft wendet. Anderenfalls muss die Klage innerhalb von drei Monaten nach Kenntnisnahme oder fahrlässiger Unkenntnis von den die Klage begründenden Umständen erhoben werden. §§ 246 Abs. 3 und 4, 247, 248 Abs. 1 Satz 1 AktG gelten entsprechend."

1662 GÖTZ, Verhandlungen des 63. DJT 2000, Teil O, 215 (216).

1663 S. o.: 2. Teil: B III 2.

Abbildungs- und Tabellenverzeichnis

Literaturverzeichnis

Adolff, Johannes, Zur Reichweite des verbandsrechtlichen Abwehranspruchs des Aktionärs gegen rechtswidriges Verwaltungshandeln, ZHR 169 (2005), S. 310–328

Adolff, Johannes / Tieves, Johannes, Über den rechten Umgang mit einem entschlusslosen Gesetzgeber: Die aktienrechtliche Lösung des BGH für den Rückzug von der Börse, BB 2003, S. 797–805

Altmeppen, Holger, Ausgliederung zwecks Organschaftsbildung gegen die Sperrminorität?, DB 1998, S. 49–54

Angerer, Lutz / Geibel, Stephan / Süßmann, Rainer (Hrsg.),Wertpapiererwerbs- und Übernahmegesetz, 3. Auflage, München 2017 *zitiert als: Bearbeiter, in: Angerer/Geibel/Süßmann, WpÜG*

Axhausen, Michael, Anfechtbarkeit aktienrechtlicher Aufsichtsratsbeschlüsse, Frankfurt a. M. 1986

Bamberger, Heinz Georg / u. a. (Hrsg.) ,Beck'scher Online-Kommentar BGB, 50. Edition, München 2019 *zitiert als: Bearbeiter, in: BeckOK, BGB*

Bartels, Klaus, Die allgemeine Feststellungsklage im Kreis der verbandsinternen Aktionärsklagen, ZGR 2008, S. 723–773

Baumbach, Adolf / Hueck, Alfred (Hrsg.),GmbHG, 21. Auflage, München 2017 *zitiert als: Bearbeiter, in: Baumbach/Hueck, GmbHG*

Baumbach, Adolf / Hueck, Alfred / Hueck, Götz (Hrsg.) ,Aktiengesetz' 13. Auflage, München 1968 *zitiert als: Bearbeiter, in: Baumbach/Hueck, AktG*

Baums, Theodor, Der Aufsichtsrat – nützlich, schädlich, überflüssig? Arbeitspapier 7/94, Universität Osnabrück

Baums, Theodor, Empfiehlt sich eine Neuregelung des aktienrechtlichen Anfechtungs- und Organhaftungsrechts, insbesondere der Klagemöglichkeiten von Aktionären?, Gutachten F für den 63. DJT in Leipzig 2000, Verhandlungen des 63. DJT, Band I, München 2000, Teil F

Baums, Theodor, Der fehlerhafte Aufsichtsratsbeschluß, ZGR 1983, S. 300–345

Baur, Fritz, Der Beseitigungsanspruch nach § 1004 BGB AcP 160 (1961), S. 645–493

Baur, Fritz, Studien zum einstweiligen Rechtsschutz, Tübingen 1967

Bayer, Walter, Aktionärsklagen de lege lata und de lege ferenda, NJW 2000, S. 2609–2619

Bayer, Walter / Habersack, Mathias (Hrsg.), Aktienrecht im Wandel, Band I, Tübingen 2007 *zitiert als: NAME, in: Bayer/Habersack, Aktienrecht im Wandel, Bd. I*

Bayer, Walter / Habersack, Mathias (Hrsg.), Aktienrecht im Wandel, Band II, Tübingen 2007 *zitiert als: NAME, in: Bayer/Habersack, Aktienrecht im Wandel, Bd. II*

Becker, Michael, Verwaltungskontrolle durch Gesellschafterrechte, Tübingen 1997

Berger, Christian (Hrsg.), Einstweiliger Rechtsschutz im Zivilrecht, Berlin 2006 *zitiert als: Bearbeiter, in: Berger, Einstweiliger Rechtsschutz im Zivilrecht*

Beuthien, Volker, Gibt es eine organschaftliche Stellvertretung?, NJW 1999, S. 1142–1146

Beuthien, Volker, Zur Mitgliedschaft als Grundbegriff des Gesellschaftsrechts, in: Festschrift für Herbert Wiedemann, München 2002, S. 755–768

Beyerle, Konrad, Zur Klagebefugnis eines Aktionärs bei Übertragung der Aktien auf Dritte, DB 1982, S. 837–845

Bitter, Georg / Rauhut, Tilman, Grundzüge zivilrechtlicher Methodik – Schlüssel zu einer gelungenen Fallbearbeitung, JuS 2009, S. 289–298

Boemke, Burkhard / Ulrici, Bernhard, BGB Allgemeiner Teil, 2. Auflage, Berlin, Heidelberg 2014

Bork, Reinhard / Roth, Herbert (Hrsg.), Stein/Jonas, Kommentar zur Zivilprozessordnung, Band 1, Einleitung, §§ 1–77, 23. Auflage, Tübingen 2014 *zitiert als: Bearbeiter, in: Stein/Jonas, ZPO*

Bork, Reinhard / Roth, Herbert (Hrsg.), Stein/Jonas, Kommentar zur Zivilprozessordnung, Band 3, §§ 148–270, 23. Auflage, Tübingen 2016 *zitiert als: Bearbeiter, in: Stein/Jonas, ZPO*

Bork, Reinhard / Roth, Herbert (Hrsg.), Stein/Jonas, Kommentar zur Zivilprozessordnung, Band 4, §§ 271–327, 23. Auflage, Tübingen 2018 *zitiert als: Bearbeiter, in: Stein/Jonas, ZPO*

Bötticher, Eduard, Besinnung auf das Gestaltungsrecht und das Gestaltungsklagerecht, in: Festschrift für Hans Dölle, Tübingen 1963, S. 41–77

Boujong, Karlheinz, Rechtsmißbräuchliche Aktionärsklagen vor dem Bundesgerichtshof, in: Festschrift für Alfred Kellermann, Berlin, New York 1991, S. 1–14

Brondics, Klaus, Die Aktionärsklage, Berlin 1988

Bühring-Uhle, Christian / Nelle, Andreas, Aktionärsklage und Konzernklage im amerikanischen Recht – ein Modell?, AG 1989, S. 41–53

Büdenbender, Ulrich, Die Kontrolle des Vorstandes durch den Aufsichtsrat in der deutschen Aktiengesellschaft (Rechtslage und rechtstatsächliche Übung), JA 1999, S. 813–821

Bungert, Hartwin, Ausnutzung eines genehmigten Kapitals mit Bezugsrechtsausschluss – Anmerkung zu den BGH-Urteilen Mangusta/Commerzbank I und II, BB 2005, S. 2757–2759

Bürgers, Tobias, Aktienrechtlicher Schutz beim Delisting, NJW 2003, S. 1642–1644

Bürgers, Tobias / Körber, Torsten (Hrsg.), Aktiengesetz, 4. Auflage, Heidelberg, München, Landsberg, Frechen, Hamburg 2017 *zitiert als: Bearbeiter, in: Bürgers/Körber, AktG*

Cahn, Andreas, Ansprüche und Klagemöglichkeiten der Aktionäre wegen Pflichtverletzungen der Verwaltung beim genehmigten Kapital, ZHR 164 (2000), S. 113–154

Casper, Matthias, Das Anfechtungsklageerfordernis im GmbH-Beschlußmängelrecht, ZHR 163 (1999), S. 54–86

Drinkuth, Henrik, Rechtsschutz beim genehmigten Kapital, AG 2006, S. 142–147

Drygala, Tim, Aufsichtsratsbericht und Vertraulichkeit im System der Corporate Governance, AG 2007, S. 381–392

Drygala, Tim / Staake, Marco, Delisting als Strukturmaßnahme, ZIP 2013, S. 905–916

Drygala, Tim / Staake, Marco / Szalai, Stephan, Kapitalgesellschaftsrecht, Berlin, Heidelberg 2012

Fezer, Karl-Heinz, Markenrecht, 4. Auflage, München 2009 *zitiert als: FEZER, MarkenG*

Fikentscher, Wolfgang, Methoden des Rechts, Band IV, Dogmatischer Teil, Tübingen 1977

Flume, Werner, Allgemeiner Teil des Bürgerlichen Rechts, Erster Band, Zweiter Teil, Die juristische Person, Berlin 1983

Flume, Werner, Der Gesellschafter und das Vermögen der Kapitalgesellschaft und die Problematik der verdeckten Gewinnausschüttung, ZHR 144 (1980), S. 18–33

Gaul, Hans Friedhelm / Schilken, Eberhard / Becker-Eberhard, Ekkehard, Zwangsvollstreckungsrecht, 12. Auflage, München 2010

Geßler, Ernst, Vorstand und Aufsichtsrat im neuen Aktiengesetz, JW 1937, S. 497–503

Geßler, Ernst / u. a. (Hrsg.), Aktiengesetz, Band II, §§ 76–147, München 1974 *zitiert als: Bearbeiter, in: Geßler/Hefermehl, AktG*

Geyrhalter, Volker / Zirngibl, Nikolas, Alles unklar beim formalen Delisting – eine Zwischenbilanz 18 Monate nach „Macrotron", DStR 2004, S. 1084–1053

Goette, Wulf / Habersack, Mathias (Hrsg.), Münchener Kommentar zum Aktiengesetz, Band 1, §§ 1–75, 5. Auflage, München 2019 *zitiert als: Bearbeiter, in: MünchKomm, AktG*

Goette, Wulf / Habersack, Mathias (Hrsg.), Münchener Kommentar zum Aktiengesetz, Band 2, §§ 76–117, 5. Auflage, München 2019 *zitiert als: Bearbeiter, in: MünchKomm, AktG*

Goette, Wulf / Habersack, Mathias (Hrsg.), Münchener Kommentar zum Aktiengesetz, Band 3, §§ 118–178, 4. Auflage, München 2018 *zitiert als: Bearbeiter, in: MünchKomm, AktG*

Goette, Wulf / Habersack, Mathias (Hrsg.), Münchener Kommentar zum Aktiengesetz, Band 4, §§ 179–277, 4. Auflage, München 2016 *zitiert als: Bearbeiter, in: MünchKomm, AktG*

Goette, Wulf / Habersack, Mathias (Hrsg.), Münchener Kommentar zum Aktiengesetz, Band 5, §§ 278–328, 4. Auflage, München 2016 *zitiert als: Bearbeiter, in: MünchKomm, AktG*

Goette, Wulf / Habersack, Mathias (Hrsg.), Münchener Kommentar zum Aktiengesetz, Band 6, §§ 329–410, WpÜG, 4. Auflage, München 2017 *zitiert als: Bearbeiter, in: MünchKomm, AktG*

Grossfeld, Bernhard, Anmerkung zum Urteil vom OLG Hamburg vom 5.9.1980 – 11 U 1/80, JZ 1981, S. 231–236

Grunewald, Barbara, Rechtsschutz gegen fehlende Maßnahmen der Geschäftsführung, DB 1981, S. 407–409

Grunsky, Wolfgang, Stimmrechtsbeschränkungen in der Hauptversammlung, ZIP 1991, S. 778–782

Habersack, Mathias, Die Aktionärsklage – Grundlagen, Grenzen und Anwendungsfälle, DStR 1998, S. 533–537

Habersack, Mathias, Die Mitgliedschaft – subjektives und „sonstiges" Recht, Tübingen 1996

Hadding, Walther, Die Mitgliedschaft in handelsrechtlichen Personengesellschaften – Ein subjektives Recht? in: Festschrift für Rudolf Reinhardt, Köln 1972, S. 249–262

Hadding, Walther, Ergibt die Vereinsmitgliedschaft „quasi-vertragliche" Ansprüche, „erhöhte Treue- und Förderpflichten" sowie ein „sonstiges Recht" im Sinne des § 823 Abs. 1 BGB?, in: Festschrift für Alfred Kellermann, Berlin, New-York 1991, S. 91–113

Hadding, Walther, Verfügung über Mitgliedschaftsrechte, in: Festschrift für Ernst Steindorff, Berlin, New York 1990, S. 31–44

Handelsrechtsausschuss des deutschen Anwaltvereins e.V., Stellungnahme des Handelsrechtsausschusses des deutschen Anwaltvereins e.V. zur Anwendung des § 15 WpHG bei mehrstufigen Entscheidungsprozessen, NZG 1998, S. 136–143

Heidel, Thomas (Hrsg.), Aktienrecht und Kapitalmarktrecht, 4. Auflage, Baden-Baden 2014 *zitiert als: Bearbeiter, in: Heidel, AktR*

Heinze, Meinhard, Bestandsschutz durch Beschäftigung trotz Kündigung?, DB 1985, S. 111–129

Heinze, Meinhard, Einstweiliger Rechtsschutz in aktienrechtlichen Anfechtungs- und Nichtigkeitsverfahren, ZGR 1979, S. 293–333

Hellgardt, Alexander / Hoger, Andreas, Transatlantische Konvergenz der Aktionärsrechte, ZGR 2011, S. 38–82

Henckel, Wolfram, Parteilehre und Streitgegenstand im Zivilprozeß, Heidelberg 1961

Hennrichs, Joachim, Zum Formwechsel und zur Spaltung nach dem neuen Umwandlungsgesetz, ZIP 1995, S. 794–801

Henssler, Martin / Strohn, Lutz (Hrsg.),Gesellschaftsrecht, 4. Auflage, München 2019 *zitiert als: Bearbeiter, in: Henssler/Strohn, GesR*

Hirte, Heribert, Bezugsrechtsausschluß und Konzernbildung, Köln, Berlin, Bonn, München 1986

Hirte, Heribert, Einige Gedanken zur Entwicklung des Bezugsrechts in den Vereinigten Staaten, AG 1991, S. 166–170

Hirte, Heribert, Kurzkommentar zu BGH, Urt. v. 10.10.2005 – II ZR 90/03, EWiR 2006, S. 65–66

Hirte, Heribert, Umgekehrte Streitwertspaltung, in: Festschrift für Gerold Bezzenberger, Berlin, New York 2000

Hirte, Heribert / Mülbert, Peter O. / Roth, Markus (Hrsg.), Aktiengesetz Großkommentar, Dritter Band, Teilband 2, §§ 67–75, 5. Auflage, Berlin, Boston 2018 *zitiert als: Bearbeiter, in: Großkomm, AktG*

Hirte, Heribert / Mülbert, Peter O. / Roth, Markus (Hrsg.), Aktiengesetz Großkommentar, Vierter Band, Teilband 1, §§ 76–91, 5. Auflage, Berlin, München, Boston 2015 *zitiert als: Bearbeiter, in: Großkomm, AktG*

Hirte, Heribert / Mülbert, Peter O. / Roth, Markus (Hrsg.), Aktiengesetz Großkommentar, Vierter Band, Teilband 2, §§ 92–94, 5. Auflage, Berlin, München, Boston 2015 *zitiert als: Bearbeiter, in: Großkomm, AktG*

Hirte, Heribert / Mülbert, Peter O. / Roth, Markus (Hrsg.), Aktiengesetz Großkommentar, Fünfter Band, §§ 95–116, 5. Auflage, Berlin, Boston 2019 *zitiert als: Bearbeiter, in: Großkomm, AktG*

Hirte, Heribert / Mülbert, Peter O. / Roth, Markus (Hrsg.), Aktiengesetz Großkommentar, Sechster Band, § 117, Unternehmensmitbestimmung, § 76 Abs. 4, 5. Auflage, Berlin, Boston 2018 *zitiert als: Bearbeiter, in: Großkomm, AktG*

Hirte, Heribert / Mülbert, Peter O. / Roth, Markus (Hrsg.), Aktiengesetz Großkommentar, Siebter Band, Teilband 1, §§ 118–130, 5. Auflage, Berlin, Boston 2017 *zitiert als: Bearbeiter, in: GroßKomm, AktG*

Hirte, Heribert / von Bülow, Christoph (Hrsg.), Kölner Kommentar zum WpÜG, 2. Auflage, Köln 2010 *zitiert als: Bearbeiter, in: KölnKomm, WpÜG*

Hoffmann-Becking, Michael, Grenzenlose Abwehrklage für Aktionäre?, ZHR 167 (2003), S. 357–364

Hoffmann-Becking, Michael (Hrsg.), Münchener Handbuch des Gesellschaftsrechts, Band 4, 4. Auflage, München 2015 *zitiert als: Bearbeiter, in: Münchener Handbuch GesR, Bd. 4*

Hoffmann-Becking, Michael (Hrsg.), Münchener Handbuch des Gesellschaftsrechts, Band 4, 3. Auflage, München 2007 *zitiert als: Bearbeiter, in: Münchener Handbuch GesR, Bd. 4 (3. Auflage)*

Hölters, Wolfgang (Hrsg.), Aktiengesetz, 3. Auflage, München 2017 *zitiert als: Bearbeiter, in: Hölters, AktG*

Hommelhoff, Peter, Der aktienrechtliche Organstreit, ZHR 143 (1979), S. 288–316

Hommelhoff, Peter, Die Konzernleitungspflicht, Köln 1982

Hommelhoff, Peter, 100 Bände BGHZ: Aktienrecht, ZHR 151 (1987), S. 493–516

Hopt, Klaus / Wiedemann, Herbert (Hrsg.), Aktiengesetz Großkommentar, Zweiter Band, §§ 53a-75, 4. Auflage, Berlin 2008 *zitiert als: Bearbeiter, in: Großkomm, AktG (4. Auflage)*

Hopt, Klaus / Wiedemann, Herbert (Hrsg.), Aktiengesetz Großkommentar, Fünfter Band, §§ 118–149, 4. Auflage, Berlin 2008 *zitiert als: Bearbeiter, in: Großkomm, AktG (4. Auflage)*

Hopt, Klaus / Wiedemann, Herbert (Hrsg.), Aktiengesetz Großkommentar, Sechster Band, §§ 150–220, 4. Auflage, Berlin 2006 *zitiert als: Bearbeiter, in: Großkomm, AktG (4. Auflage)*

Hopt, Klaus / Wiedemann, Herbert (Hrsg.), Aktiengesetz Großkommentar, Siebenter Band/Teil 2, §§ 241–277, 4. Auflage, Berlin 2013 *zitiert als: Bearbeiter, in: Großkomm, AktG (4. Auflage)*

Hüffer, Uwe / Koch, Jens (Hrsg.), Aktiengesetz, 13. Auflage, München 2018 *zitiert als: Bearbeiter, in: Hüffer/Koch, AktG*

Jacobs, Matthias, Der Gegenstand des Feststellungsverfahrens, Tübingen 2005

Jauernig, Othmar / Berger, Christian, Zwangsvollstreckungs- und Insolvenzrecht, 23. Auflage, München 2010

Kindl, Johann, Die Notwendigkeit einer einheitlichen Entscheidung über die aktienrechtliche Anfechtungs- und Nichtigkeitsklagen, ZGR 2000, S. 166–185

Kindler, Peter, Bezugsrechtsausschluß und unternehmerisches Ermessen nach deutschem und europäischem Recht, ZGR 1998, S. 35–68

Kipp, Theodor, Über Doppelwirkungen im Recht, insbesondere über die Konkurrenz von Nichtigkeit und Anfechtbarkeit, in: Festschrift der Berliner Juristischen Fakultät für Ferdinand von Martitz, Berlin 1911, S. 211–233

Kissel, Otto Rudolf, 100 Jahre einheitliche Rechtspflege in Deutschland, NJW 1979, S. 1953–1959

Kissel, Otto Rudolf, 125 Jahre Reichsjustizgesetze, NJW 2004, S. 2872–2876

Klausing, Friedrich, Gesetz über Aktiengesellschaften und Kommanditgesellschaften auf Aktien (Aktien-Gesetz): nebst Einführungsgesetz und „Amtlicher Begründung", Berlin 1937 *zitiert als: Amtl. Begr. zu § xx AktG 1937, in: KLAUSING, Gesetz über Aktiengesellschaften und Kommanditgesellschaften auf Aktien*

Knobbe-Keuk, Brigitte, Das Klagerecht des Gesellschafters einer Kapitalgesellschaft wegen gesetz- und satzungsmäßiger Maßnahmen der Geschäftsführung, in: Festschrift für Kurt Ballerstedt, Berlin 1975, S. 239–255

Koch, Jens, Empfiehlt sich eine Reform des Beschlussmängelrechts im Gesellschaftsrecht?, Gutachten F zum 72. DJT in Leipzig 2018, Verhandlungen des 72. DJT, Band I, München 2018, Teil F

Köhler, Helmut, Vertragliche Unterlassungspflichten, AcP 190 (1990), S. 496–537

Kopp, Ferdinand O. / Schenke, Wolf-Rüdiger, Verwaltungsgerichtsordnung, 24. Auflage, München 2018 *zitiert als: Bearbeiter, in: Kopp/Schenke, VwGO*

Kornblum, Udo, Bundesweite Rechtstatsachen zum Unternehmens- und Gesellschaftsrecht (Stand 1.1.2013), GmbHR 2013, S. 693–703

Kötz, Hein / Wagner, Gerhard, Deliktsrecht, 13. Auflage, München 2016

Krämer, Lutz / Kiefner, Alexander, Präventiver Rechtsschutz und Flexibilität beim genehmigten Kapital, ZIP 2006, S. 301–310

Krieger, Gerd, Aktionärsklage zur Kontrolle des Vorstands- und Aufsichtsratshandelns, ZHR 163 (1999), S. 343–363

Kropff, Bruno, Aktiengesetz, Textausgabe des Aktiengesetzes vom 6.9.1965 und des Einführungsgesetzes zum Aktiengesetz vom 6.9.1965 mit Begründung des Regierungsentwurfs *zitiert als: Begr. zu § xx RegE zum AktG 1965, in: KROPFF, Aktiengesetz*

Krüger, Wolfgang / Rauscher, Thomas (Hrsg.), Münchener Kommentar zur Zivilprozessordnung, Band 1, §§ 1–354, 5. Auflage, München 2016 *zitiert als: Bearbeiter, in: MünchKomm, ZPO*

Krüger, Wolfgang / Rauscher, Thomas (Hrsg.), Münchener Kommentar zur Zivilprozessordnung, Band 2, §§ 355–945b, 5. Auflage, München 2016 *zitiert als: Bearbeiter, in: MünchKomm, ZPO*

Kubis, Dietmar, Die Entlastung nach rechtswidrigem Organhandeln in der Aktiengesellschaft, NZG 2005, S. 791–796

Kubis, Dietmar, Information und Rechtsschutz der Aktionäre beim genehmigten Kapital, DStR 2006, S. 188–193

Kübler, Friedrich / Mendelson, Morris / Mundheim, Robert H., Die Kosten des Bezugsrechts, AG 1991, S. 461–475

Landrock, Gisela, Der Innenrechtsstreit in der Aktiengesellschaft, Mainz 1993

Larenz, Karl, Allgemeiner Teil des Bürgerlichen Rechts, 7. Auflage, München 1989

Larenz, Karl, Methodenlehre der Rechtswissenschaft, 6. Auflage, Berlin, Heidelberg, New York 1991

Larenz, Karl / Canaris, Claus-Wilhelm, Lehrbuch des Schuldrechts, Zweiter Band, Besonderer Teil, 2. Halbband, 13. Auflage, München 1994

Larenz, Karl / Wolf, Manfred, Allgemeiner Teil des Bürgerlichen Rechts, 9. Auflage, München 2004

Lehmann, Heinrich / Hübner, Heinz, Allgemeiner Teil der Bürgerlichen Gesetzbuches, 15. Auflage, Berlin 1966

Leipold, Dieter, BGB I: Einführung und Allgemeiner Teil, 9. Auflage, Tübingen 2017

Leipold, Dieter, Grundlagen des einstweiligen Rechtsschutzes, München 1971

Lemke, Christian Peter, Der fehlerhafte Aufsichtsratsbeschluss, Baden-Baden 1994

Lüke, Gerhard, Zur Klage auf Feststellung von Rechtsverhältnissen mit oder zwischen Dritten, in: Festschrift für Wolfram Henckel, Berlin, New York 1995, S. 563–577

Lutter, Marcus, Anmerkung zum Urteil vom BGH vom 10.10.2005 – II ZR 90/03 (Mangusta/Commerzbank II), JZ 2007, S. 371–372

Lutter, Marcus, Aktionärs-Klagerechte, JZ 2000, S. 837–842

Lutter, Marcus, Bezugsrechtsausschluß und genehmigtes Kapital, BB 1981, S. 861–864

Lutter, Marcus, Der Bericht des Aufsichtsrats an die Hauptversammlung, AG 2008, S. 1–11

Lutter, Marcus, Die entgeltliche Ablösung von Anfechtungsrechten – Gedanken zur aktiven Gleichbehandlung im Aktienrecht –, ZGR 1978, S. 347–372

Lutter, Marcus, Die Rechte und Pflichten des Vorstands bei der Übertragung vinkulierter Namensaktien, AG 1992, S. 369–375

Lutter, Marcus, Information und Vertraulichkeit im Aufsichtsrat, 3. Auflage, Köln, Berlin, München 2006

Lutter, Marcus, Professionalisierung der Aufsichtsräte, NJW 1995, S. 1133–1134

Lutter, Marcus, Theorie der Mitgliedschaft, AcP 180 (1980), S. 84–159

Lutter, Marcus, Treuepflichten und ihre Anwendungsprobleme, ZHR 162 (1998), S. 164–185

Lutter, Marcus, Zur Herrschaft mehrerer Unternehmen über eine Aktiengesellschaft, NJW 1973, S. 113–118

Lutter, Marcus / Krieger, Gerd / Verse, Drik A., Rechte und Pflichten des Aufsichtsrats, 6. Auflage, Köln 2014

Lutter, Marcus / Leinekugel, Rolf, Der Ermächtigungsbeschluss der Hauptversammlung zu grundlegenden Strukturmaßnahmen – zulässige Kompetenzübertragung oder unzulässige Selbstentmachtung?, ZIP 1998, S. 805–817

Markwardt, Karsten, „Holzmüller" im vorläufigen Rechtsschutz, ZIP 2004, S. 211–219

Marsch-Barner, Reinhard, Referat zum Thema „Empfiehlt sich eine Neuregelung des aktienrechtlichen Anfechtungs- und Organhaftungsrechts, insbesondere der Klagemöglichkeiten von Aktionären?" zum 63. DJT in Leipzig 2000, Verhandlungen des 63. DJT, Band II/1, München 2000, Teil O, S. 55–72

Martens, Klaus-Peter, Die Entscheidungsautonomie des Vorstands und die „Basisdemokratie" in der Aktiengesellschaft, ZHR 147 (1983) S. 377–428

Maslo, Armin, Interessenwahrung und Rechtsschutz der Aktionäre beim Bezugsrechtsausschluss im Rahmen des genehmigten Kapitals, Berlin 2006

Maurer, Hartmut / Waldhoff, Christian, Allgemeines Verwaltungsrecht, 19. Auflage, München 2017

Medicus, Dieter / Petersen, Jens, Allgemeiner Teil des BGB, 11. Auflage, Heidelberg 2016

Mertens, Hans-Joachim, Deliktsrecht und Sonderprivatrecht – Zur Rechtsfortbildung des deliktischen Schutzes von Vermögensinteressen, AcP 178 (1978), S. 227–262

Mertens, Hans-Joachim, Die Geschäftsführerhaftung in der GmbH und das ITT-Urteil, in: Festschrift für Robert Fischer, Berlin, New York 1979, S. 461–475

Mertens, Hans-Joachim, Unternehmensgegenstand und Mitgliedschaftsrecht, AG 1978, S. 309–313

Mes, Peter, Patentgesetz Gebrauchsmustergesetz, 4. Auflage, München 2015 *zitiert als: MES, PatG/GebrMG*

Mes, Peter (Hrsg.), Beck'sches Prozessformularbuch, 14. Auflage, München 2019 *zitiert als: Bearbeiter, in: Beck'sches Prozessformularbuch*

Michaelis, Karl, Der materielle Gehalt des rechtlichen Interesses bei der Feststellungsklage und bei der gewillkürten Prozeßstandschaft, in: Festschrift für Karl Larenz, München 1983, S. 443–485

Müller-Erzbach, Rudolf, Das private Recht der Mitgliedschaft als Prüfstein eines kausalen Rechtsgedankens, Weimar 1948

Musielak, Hans-Joachim / Voit, Wolfgang (Hrsg.), Zivilprozessordnung, 16. Auflage, München 2019 *zitiert als: Bearbeiter, in: Musielak/Voit, ZPO*

Noack, Ulrich, Der Widerspruch des Aktionärs in der Hauptversammlung, AG 1989, S. 78–87

Noack, Ulrich, Fehlerhafte Beschlüsse in Gesellschaften und Vereinen, 1989

Noack, Ulrich, Feststellungsklage bei pflichtwidrigem Handeln von Organen der Aktiengesellschaft – Mangusta/Commerzbank II, LMK 2006, 169673 (beck-online)

Ohly, Ansgar / Sosnitza, Olaf (Hrsg.), Gesetz gegen den unlauteren Wettbewerb, 7. Auflage, München 2016 *zitiert als: Bearbeiter, in: Ohly/Sosnitza, UWG*

Paefgen, Walter G., „Holzmüller" und der Rechtsschutz des Aktionärs gegen das Verwaltungshandeln im Rechtsvergleich, ZHR 172 (2008); S. 42–80

Paefgen, Walter G., Justiziabilität des Verwaltungshandelns beim genehmigten Kapital, ZIP 2004, S. 145–156

Paefgen, Walter G., Unternehmerische Entscheidungen und Rechtsbindung der Organe in der AG, Köln 2002

Palandt, Otto, Bürgerliches Gesetzbuch, 78. Auflage, München 2019 *zitiert als: Bearbeiter, in: Palandt, BGB*

Paschos, Nikolaos, Berichtspflichten und Rechtsschutz bei der Ausübung eines genehmigten Kapitals, DB 2005, S. 2731–2732

Pawlowski, Hans-Martin, Zum Verhältnis von Feststellungs- und Leistungsklage, MDR 1988, S. 630–632

Pflugradt, Michael, Leistungsklagen zur Erzwingung rechtmäßigen Vorstandsverhaltens in der Aktiengesellschaft, München 1990

Posser, Herbert / Wolff, Heinrich Amadeus (Hrsg.), VwGO, 2. Auflage, München 2014 *zitiert als: Bearbeiter, in: Posser/Wolff, VwGO*

Raiser, Thomas, Das Recht der Gesellschafterklagen, ZHR 153 (1989), S. 1–34

Raiser, Thomas / Veil, Rüdiger, Recht der Kapitalgesellschaften, 6. Auflage, München 2015

Rebmann, Kurt / Säcker, Franz-Jürgen / Rixecker, Roland (Hrsg.), Münchener Kommentar zum Bürgerlichen Gesetzbuch, Band 6, Sachenrecht, §§ 854–1296, WEG, ErbbauVO, SachenRBerG, SchuldRÄndG, 3. Auflage, München 1997 *zitiert als: Bearbeiter, in: MünchKomm, BGB (3.Auflage)*

Regenfus, Thomas, Die „doppelte Analogie" – Erscheinungsformen und Voraussetzungen, JA 2009, S. 579–584

Rehbinder, Eckard, Zum konzernrechtlichen Schutz der Aktionäre einer Obergesellschaft, ZGR 1983, S. 92–108

Reichert, Jochem / Senger, Michael, Berichtspflicht des Vorstands und Rechtsschutz der Aktionäre gegen Beschlüsse der Verwaltung über die Ausnutzung eines genehmigten Kapitals im Wege der allgemeinen Feststellungsklage, DK 2006, S. 338–352

Reichold, Klaus / Hüßtege, Rainer / Seiler, Christian (Hrsg.), Thomas/Putzo, Zivilprozessordnung, 40. Auflage, München 2019 *zitiert als: Bearbeiter, in: Thomas/Putzo, ZPO*

Reuter, Dieter, Die Mitgliedschaft als sonstiges Recht im Sinne des § 823 I BGB, in: Festschrift für Hermann Lange, Stuttgart, Berlin, Köln 1992, S. 707–728

Ritter, Carl / Ritter, Justus, Aktiengesetz, 2. Auflage, Berlin, München 1939

Röhl, Klaus F. / Röhl, Hans Christian, Allgemeine Rechtslehre, 3. Auflage, Köln, München 2008

Rollin, Felix, Die Aktionärsklage in England und Deutschland, Baden-Baden 2001

Römermann, Volker (Hrsg.), Münchener Anwaltshandbuch GmbH-Recht, 4. Auflage, München 2018 *zitiert als: Bearbeiter, in: Römermann, Münchener Anwaltshandbuch GmbH-Recht*

Rosenberg, Leo, Die Beweislast, 5. Auflage, München 1965

Rosenberg, Leo / Schwab, Karl-Heinz / Gottwald, Peter, Zivilprozessrecht, 18. Auflage, München 2018

Roth, Herbert, Subjektives Recht oder prozessuale Befugnis als Voraussetzung einer „Aktionärsklage", in: Festschrift für Wolfram Henckel, Berlin, New York 1995, S. 707–721

Rüthers, Bernd / Fischer, Christian / Birk, Axel, Rechtstheorie mit Juristischer Methodenlehre, 6. Auflage, München 2011

Säcker, Franz Jürgen / Rixecker, Roland (Hrsg.), Münchener Kommentar zum Bürgerlichen Gesetzbuch, Band 1, Allgemeiner Teil, §§ 1–240, ProstG, AGG, 7. Auflage, München 2015 *zitiert als: Bearbeiter, in: MünchKomm, BGB (7. Auflage)*

Säcker, Franz Jürgen / u. a. (Hrsg.), Münchener Kommentar zum Bürgerlichen Gesetzbuch, Band 1, Allgemeiner Teil, §§ 1–240, AllgPersönlR, ProstG, AGG, 8. Auflage, München 2018 *zitiert als: Bearbeiter, in: MünchKomm, BGB*

Säcker, Franz Jürgen / u. a. (Hrsg.), Münchener Kommentar zum Bürgerlichen Gesetzbuch, Band 2, Schuldrecht – Allgemeiner Teil I, §§ 241–310, 8. Auflage, München 2019 *zitiert als: Bearbeiter, in: MünchKomm, BGB*

Säcker, Franz Jürgen / u. a. (Hrsg.), Münchener Kommentar zum Bürgerlichen Gesetzbuch, Band 6, Schuldrecht – Besonderer Teil IV, §§ 705–853, PartGG, ProdHaftG, 7. Auflage, München 2017 *zitiert als: Bearbeiter, in: MünchKomm, BGB*

Säcker, Franz Jürgen / u. a. (Hrsg.), Münchener Kommentar zum Bürgerlichen Gesetzbuch, Band 7, Sachenrecht, §§ 854–1296, WEG, ErbbauRG, 7. Auflage, München 2017 *zitiert als: Bearbeiter, in: MünchKomm, BGB*

Saenger, Ingo, Gesellschaftsrecht, 4. Auflage, München 2018

Saenger, Ingo (Hrsg.), Zivilprozessordnung, 8. Auflage, Baden-Baden 2019 *zitiert als: Bearbeiter, in: Saenger, ZPO*

Saenger, Ingo / u. a. (Hrsg.), Handels- und Gesellschaftsrecht, Praxishandbuch, 2. Auflage, Baden-Baden 2011 *zitiert als: Bearbeiter, in: S/A/L/S, Handels- und Gesellschaftsrecht*

Schäfer, Frank A., Wandel- und Optionsanleihen in Deutschland, Praxisprobleme von Equity-linked-Emissionen, in: Lutter/Hirte, Wandel- und Optionsanleihen in Deutschland und Europa, Berlin, New York 2000, S. 62–85

Schellhammer, Kurt, Zivilprozess, 15. Auflage, Heidelberg 2016

Schiessl, Maximilian, Ist das deutsche Aktienrecht kapitalmarkttauglich?, AG 1999, S. 442–452

Schilken, Eberhard, Zivilprozessrecht, 7. Auflage, München 2014

Schlitt, Michael / Seiler, Oliver, Einstweiliger Rechtsschutz im Recht der börsennotierten Aktiengesellschaften, ZHR 166 (2002), S. 544–584

Schlosser, Peter, Gestaltungsklagen und Gestaltungsurteile, Bielefeld 1966

Schmidt, Karsten, Anfechtungsbefugnisse von Aufsichtsratsmitgliedern, in: Festschrift für Johannes Semler, Berlin, New York 1993, S. 229–345

Schmidt, Karsten, Das Recht der Mitgliedschaft, ZGR 2011, S. 108–135

Schmidt, Karsten, Die Vereinsmitgliedschaft als Grundlage von Schadensersatzansprüchen, JZ 1991, S. 157–162

Schmidt, Karsten, Gesellschaftsrecht, 4. Auflage, Köln, Berlin, Bonn, München 2002

Schmidt, Karsten, Grundfälle zum Gestaltungsprozeß, JuS 1989, S. 35–41

Schmidt, Karsten, Nichtigkeitsklagen als Gestaltungsklagen, JZ 1988, S. 729–737

Schmidt, Karsten, Referat zum Thema „Empfiehlt sich eine Neuregelung des aktienrechtlichen Anfechtungs- und Organhaftungsrechts, insbesondere der Klagemöglichkeiten von Aktionären?" zum 63. DJT in Leipzig 2000, Verhandlungen des 63. DJT, Band II/1, München 2000, Teil O, S. 11–38

Schmidt, Karsten, Rezension von Olaf Schulz-Gardyan, Die sogenannte Aktionärsklage, ZHR 157 (1993), S. 87–90

Schmidt, Karsten, Zum Streitgegenstand von Anfechtungs- und Nichtigkeitsklagen im Gesellschaftsrecht, JZ 1977, S. 769–777

Schmidt, Karsten / Lutter, Marcus (Hrsg.), Aktienrecht Kommentar, I. Band, §§ 1–149, 3. Auflage, Köln 2015 *zitiert als: Bearbeiter, in: K. Schmidt/Lutter, AktG*

Schmidt, Karsten / Lutter, Marcus (Hrsg.), Aktienrecht Kommentar, II. Band, §§ 150–410, 3. Auflage, Köln 2015 *zitiert als: Bearbeiter, in: K. Schmidt/Lutter, AktG*

Schneider, Uwe H., Die Zielgesellschaft nach Abgabe eines Übernahme- oder Pflichtangebots, AG 2002, S. 125–133

Schubert, Werner / Hommelhoff, Peter, Hundert Jahre modernes Aktienrecht, Berlin, New York 1985, *zitiert als: Begr. zum Gesetzesentwurf 1884 in: SCHUBERT/HOMMELHOFF, Hundert Jahre modernes Aktienrecht, S. xx*

Schulz-Gardyan, Olaf, Die sogenannte Aktionärsklage, Berlin 1991

Schürnbrand, Jan, Bestands- und Rechtsschutz beim genehmigten Kapital, ZHR 171 (2007), S. 731–746

Schwab, Karl-Heinz, Rechtskrafterstreckung auf Dritte und Drittwirkung der Rechtskraft, ZZP 77 (1964), S. 124–160

Schwab, Martin, Das Prozeßrecht gesellschaftsinterner Streitigkeiten, Tübingen 2005

Schwark, Eberhard / Zimmer, Daniel (Hrsg.), Kapitalmarktrechts-Kommentar, 4. Auflage, München 2010 *zitiert als: Bearbeiter, in: Schwark/Zimmer, KMRK*

Seiler, Oliver / Singhof, Bernd, Zu den Rechtsfolgen bei Nichtbeachtung der Holzmüller-Grundsätze, DK 2003, S. 313–326

Semler, Johannes, Die Überwachungsaufgabe des Aufsichtsrats, Köln, Berlin, Bonn, München 1980

Semler, Johannes / Volhard, Rüdiger (Hrsg.), Arbeitshandbuch für Unternehmensübernahmen, Band 1, München 2001 *zitiert als: Bearbeiter, in: Semler/Volhard, Arbeitshandbuch für Unternehmensübernahmen, Bd. 1*

Semler, Johannes / Volhard, Rüdiger / Reichert, Jochem (Hrsg.), Arbeitshandbuch für die Hauptversammlung, 3. Auflage, München 2011 *zitiert als: Bearbeiter, in: Semler/Volhard/Reichert, Arbeitshandbuch für die Hauptversammlung (3. Auflage)*

Sieger, Jürgen J. / Hasselbach, Kai, Die Holzmüller-Entscheidung im Unterordnungskonzern, AG 1999, S. 241–249

Sinewe, Patrick, Kurzkommentar zu LG Duisburg, Besch. v. 29.05.2002 – 21 O 106/02, EWiR 2002, S. 839–840

Sodan, Helge / Ziekow, Jan (Hrsg.), Verwaltungsgerichtsordnung, 5. Auflage, Baden-Baden 2018 *zitiert als: Bearbeiter, in: Sodan/Ziekow, VwGO*

Soergel, Hans Theodor (Hrsg.), Bürgerliches Gesetzbuch mit Einführungsgesetzen und Nebengesetzen, Band 1, §§ 1–103, 13. Auflage, Stuttgart, Berlin, Köln 2000 *zitiert als: Bearbeiter, in: Soergel, BGB*

Soergel, Hans Theodor (Hrsg.), Bürgerliches Gesetzbuch mit Einführungsgesetzen und Nebengesetzen, Band 12, §§ 823–853, ProdHG, UmweltHG, 13. Auflage, Stuttgart 2005 *zitiert als: Bearbeiter, in: Soergel, BGB*

Spindler, Gerald / Schuster, Fabian (Hrsg.), Recht der elektronischen Medien, 3. Auflage, München 2015 *zitiert als: Bearbeiter, in: Spindler/Schuster, Recht der elektronischen Medien*

Spindler, Gerald / Stilz, Eberhard (Hrsg.), Kommentar zum Aktiengesetz, Band 1, §§ 1–149, 4. Auflage, München 2019 *zitiert als: Bearbeiter, in: Spindler/Stilz, AktG*

Spindler, Gerald / Stilz, Eberhard (Hrsg.), Kommentar zum Aktiengesetz, Band 2, §§ 150–410, 4. Auflage, München 2019 *zitiert als: Bearbeiter, in: Spindler/Stilz, AktG*

Staake, Marco, Ungeschriebene Hauptversammlungskompetenzen in börsennotierten und nicht börsennotierten Aktiengesellschaften, Köln, Brühl 2009

Stadler, Astrid, Der Schutz von Unternehmensgeheimnissen im Zivilprozeß, NJW 1989, S. 1202–1206

Stein, Friedrich / Jonas, Martin (Hrsg.), Kommentar zur Zivilprozessordnung, Band 2, §§ 41–127a, 22. Auflage, Tübingen 2004 *zitiert als: Bearbeiter, in: Stein/Jonas, ZPO (22. Auflage)*

Stein, Friedrich / Jonas, Martin (Hrsg.), Kommentar zur Zivilprozessordnung, Band 9, §§ 916–1068, 22. Auflage, Tübingen 2002 *zitiert als: Bearbeiter, in: Stein/Jonas, ZPO*

Steinbeck, Anja, Zur „Einheitlichkeit“ der Mitgliedschaft in einer Personengesellschaft, DB 1995, S. 761–765

Steinmeyer, Roland (Hrsg.),WpÜG, Wertpapiererwerbs- und Übernahmegesetz Kommentar, 3. Auflage, Berlin 2013 *zitiert als: Bearbeiter, in: Steinmeyer, WpÜG*

Stober, Rolf / Kluth, Winfried, Wolff/Bachof/Stober/Kluth, Verwaltungsrecht I, 13. Auflage, München 2017

Sundermann, Werner, Rezension von Klaus Brondics: Die Aktionärsklage; AcP 190 (1990), S. 198–202

Sünner, Eckart, Anfechtung eines Hauptversammlungs-Entlastungsbeschlusses, AG 2006, S. 450–453

Sünner, Eckart, Aktionärsschutz und Aktienrecht, Anmerkungen zur Seehafenbetriebe-Entscheidung BGH, AG 1983, S. 169–173

Teichmann, Arndt, Strukturüberlegungen zum Streit zwischen Organen in der Aktiengesellschaft, in: Festschrift für Otto Mühl, Berlin, Köln, Mainz 1981, S. 663–686

Thomale, Chris, Anmerkung zum Beschluss vom BGH vom 08.10.2013 – II ZB 26/12 (Frosta), DStR 2013, S. 2529

Timm, Wolfram, Hauptversammlungskompetenzen und Aktionärsrechte in der Konzernspitze, AG 1980, S. 172–187

Verse, Dirk A., Der Gleichbehandlungsgrundsatz im Recht der Kapitalgesellschaften, Tübingen 2006

Vollrath, Robert, Insolvenzanfechtung von Lohnzahlungen, ZInsO 2011, S. 1665–1675

von Gerkan, Hartwin, Die Gesellschafterklage, ZGR 1988, S. 441–452

von Gerkan, Hartwin, Gesellschafterbeschlüsse, Ausübung des Stimmrechts und einstweiliger Rechtsschutz, ZGR 1985, S. 167–190

von Staudinger, Julius (Hrsg.), Kommentar zum Bürgerlichen Gesetzbuch mit Einführungsgesetz und Nebengesetzen, Buch 1, Allgemeiner Teil, §§ 21–79, Neubearbeitung, Berlin 2005 *zitiert als: Bearbeiter, in: Staudinger (2005), BGB*

von Staudinger, Julius (Hrsg.), Kommentar zum Bürgerlichen Gesetzbuch mit Einführungsgesetz und Nebengesetzen, Buch 1, Allgemeiner Teil, §§ 90–124; 130–133, Neubearbeitung, Berlin 2017 *zitiert als: Bearbeiter, in: Staudinger (2017), BGB*

von Staudinger, Julius (Hrsg.), Kommentar zum Bürgerlichen Gesetzbuch mit Einführungsgesetz und Nebengesetzen, Buch 2, Recht der Schuldverhältnisse, Einleitung zum Schuldrecht; §§ 241–243, Neubearbeitung, Berlin 2015 *zitiert als: Bearbeiter, in: Staudinger (2015), BGB* von Staudinger, Julius (Hrsg.), Kommentar zum Bürgerlichen Gesetzbuch mit Einführungsgesetz und Nebengesetzen, Buch 2, Recht der Schuldverhältnisse, §§ 255–304, Neubearbeitung, Berlin 2014 *zitiert als: Bearbeiter, in: Staudinger (2014), BGB*

von Staudinger, Julius (Hrsg.), Kommentar zum Bürgerlichen Gesetzbuch mit Einführungsgesetz und Nebengesetzen, Buch 2, Recht der Schuldverhältnisse, §§ 652–661a, Neubearbeitung, Berlin 2016 *zitiert als: Bearbeiter, in: Staudinger (2016), BGB*

von Staudinger, Julius (Hrsg.), Kommentar zum Bürgerlichen Gesetzbuch mit Einführungsgesetz und Nebengesetzen, Buch 2, § 823 A-D, Neubearbeitung, Berlin 2017 *zitiert als: Bearbeiter, in: Staudinger (2017), BGB*

von Staudinger, Julius (Hrsg.), Kommentar zum Bürgerlichen Gesetzbuch mit Einführungsgesetz und Nebengesetzen, Buch 3, Sachenrecht, §§ 903–924, Neubearbeitung, Berlin 2016 *zitiert als: Bearbeiter, in: Staudinger (2016), BGB*

von Staudinger, Julius (Hrsg.), Kommentar zum Bürgerlichen Gesetzbuch mit Einführungsgesetz und Nebengesetzen, Buch 3, Sachenrecht, §§ 985–1011, Neubearbeitung, Berlin 2012 *zitiert als: Bearbeiter, in: Staudinger (2012), BGB*

von Staudinger, Julius (Hrsg.), Kommentar zum Bürgerlichen Gesetzbuch mit Einführungsgesetz und Nebengesetzen, Buch 4, Familienrecht, Einleitung zum Familienrecht; §§ 1297–1352; Anhang zu §§ 1297 ff, Neubearbeitung, Berlin 2015 *zitiert als: Bearbeiter, in: Staudinger (2015), BGB*

Vorwerk, Volkert / Wolf, Christian (Hrsg.), Beck'scher Online-Kommentar ZPO, 32. Edition, München 2019 *zitiert als: Bearbeiter, in: BeckOK, ZPO*

Wilhelm, Jan, Kapitalgesellschaftsrecht, 3. Auflage, Berlin 2009

Wilsing, Hans-Ulrich, Berichtspflichten des Vorstands und Rechtsschutz der Aktionäre bei der Ausübung der Ermächtigung zum Bezugsrechtsausschluss im Rahmen eines genehmigten Kapitals, ZGR 2006, S. 722–747

Winter, Martin, Mitgliedschaftliche Treuebindungen im GmbH-Recht, München 1988

Winter, Martin / Harbarth,Stephan, Verhaltenspflichten von Vorstand und Aufsichtsrat der Zielgesellschaft bei feindlichen Übernahmeangeboten nach dem WpÜG, ZIP 2002, S. 1–18

Würdinger, Hans, Aktienrecht und das Recht der verbundenen Unternehmen, 4. Auflage, Karlsruhe 1981

Zimmer, Maximilian, Der Anwendungsbereich der Feststellungsklage und des Feststellungsantrags im arbeitsrechtlichen Verfahren, Göttingen 1997

Zöller, Richard (Hrsg.), Zivilprozessordnung, 32. Auflage, Köln 2018 *zitiert als: Bearbeiter, in: Zöller, ZPO*

Zöllner, Wolfgang, Das Teilnahmerecht der Aufsichtsratsmitglieder an Beschlußfassungen der Gesellschafter bei der mitbestimmten GmbH, in: Festschrift für Robert Fischer, Berlin, New York 1979, S. 905–922

Zöllner, Wolfgang, Die sogenannten Gesellschafterklagen im Kapitalgesellschaftsrecht, ZGR 1988, S. 392–440

Zöllner, Wolfgang (Hrsg.), Kölner Kommentar zum Aktiengesetz, Band 1, §§ 1–147, 1. Auflage, Köln, Berlin, Bonn, München 1985 *zitiert als: Bearbeiter, in: KölnKomm, AktG (1. Auflage)*

Zöllner, Wolfgang (Hrsg.), Kölner Kommentar zum Aktiengesetz, Band 2, §§ 148–290, 1. Auflage, Köln, Berlin, Bonn, München 1985 *zitiert als: Bearbeiter, in: KölnKomm, AktG (1. Auflage)*

Zöllner, Wolfgang (Hrsg.), Kölner Kommentar zum Aktiengesetz, Band 1, §§ 1–75, 2. Auflage, Köln, Berlin, Bonn, München 1988 *zitiert als: Bearbeiter, in: KölnKomm, AktG (2. Auflage)*

Zöllner, Wolfgang (Hrsg.), Kölner Kommentar zum Aktiengesetz, Band 2, §§ 76–117, 2. Auflage, Köln, Berlin, Bonn, München 1996 *zitiert als: Bearbeiter, in: KölnKomm, AktG (2. Auflage)*

Zöllner, Wolfgang (Hrsg.), Kölner Kommentar zum Aktiengesetz, Band 5/1, §§ 179–240, 2. Auflage, Köln, Berlin, Bonn, München 1995 *zitiert als: Bearbeiter, in: KölnKomm, AktG (2. Auflage)*

Zöllner, Wolfgang / Noack, Ulrich (Hrsg.), Kölner Kommentar zum Aktiengesetz, Band 1, §§ 1–75, 3. Auflage, Köln 2011 *zitiert als: Bearbeiter, in: KölnKomm, AktG*

Zöllner, Wolfgang / Noack, Ulrich (Hrsg.), Kölner Kommentar zum Aktiengesetz, Band 2/1, §§ 76–94, 3. Auflage, Köln 2010 *zitiert als: Bearbeiter, in: KölnKomm, AktG*

Zöllner, Wolfgang / Noack, Ulrich (Hrsg.), Kölner Kommentar zum Aktiengesetz, Band 2/2, §§ 95–117, 3. Auflage, Köln 2013 *zitiert als: Bearbeiter, in: KölnKomm, AktG*

Zöllner, Wolfgang / Noack, Ulrich (Hrsg.), Kölner Kommentar zum Aktiengesetz, Band 3, 2. Teillieferung, §§ 121–130, 3. Auflage, Köln 2011 *zitiert als: Bearbeiter, in: KölnKomm, AktG*

Zöllner, Wolfgang / Noack, Ulrich (Hrsg.), Kölner Kommentar zum Aktiengesetz, Band 3/2, §§ 142–178, 3. Auflage, Köln 2015 *zitiert als: Bearbeiter, in: KölnKomm, AktG*

Zöllner, Wolfgang / Noack, Ulrich (Hrsg.), Kölner Kommentar zum Aktiengesetz, Band 4, 1.Teillieferung, §§ 182–191 AktG, 3. Auflage, Köln 2017 *zitiert als: Bearbeiter, in: KölnKomm, AktG*

Zöllner, Wolfgang / Noack, Ulrich (Hrsg.), Kölner Kommentar zum Aktiengesetz, Band 4, 2.Teillieferung, § 221 AktG, 3. Auflage, Köln 2017 *zitiert als: Bearbeiter, in: KölnKomm, AktG*

Zöllner, Wolfgang / Noack, Ulrich (Hrsg.), Kölner Kommentar zum Aktiengesetz, Band 5, §§ 241–290 AktG, 3. Auflage, Köln 2018 *zitiert als: Bearbeiter, in: KölnKomm, AktG*